부부, 연인보다 아름답게 사는 법

부부심리 워크북

David Olsen · Douglas Stephens 공저
신희천 · 한소영 · 윤미혜 · 배병훈 · 백혜영 공역

The Couple' s Survival Workbook
by David Olsen and Douglas Stephens

역자 서문

2005년 겨울, 부부 상담 및 치료에 관심을 가지고 있는 몇몇 대학원생들과 함께 공부 모임을 시작하게 되었다. 이 학생들 대부분은 배움에 대한 열의는 높았으나 아직 부부상담에 대한 지식과 경험이 부족하였다. 이런 가운데 만나게 된 책이 데이비드 올슨(David Olsen)과 더글라스 스티븐스(Douglas Stephens)의 *The Couple's Survival Workbook*이다.

학생들과 함께 이 책을 읽어 나가면서 가장 좋았던 것은 부부생활에서 일어날 수 있는 어려움과 난관에 대한 생생한 예가 제시되어 있어 전문가가 아닌 독자들이 읽어도 쉽게 이해할 수 있도록 쓰였다는 것이다. 부부생활의 경험이 있는 사람은 물론 연애 경험이 있는 독자라면 매 장을 넘기면서 "우리도 그랬는데!" 라고 감탄할 정도로 공감이 가는 부분이 많을 것이다(본문에 나오는 외국 인명을 한국 인명으로 바꾼것도 이 때문이다). 또한 워크북이라는 특징을 잘 살려 부부생활을 긍정적인 방향으로 변화시킬 수 있는 길을 독자 스스로 쉽게 따라갈 수 있도록 구성되어 있다. 마지막으로 이 책은 부부 중 한 사람이 먼저 시작하여 이후 부부와 가족 전반에 좋은 영향을 끼치는 것이 가능하다는 생각의 전환을 일으켜 주고, 그 구체적인 방법과 변화에 대한 희망을 던져 준다. 우리나라에서는 아직 부부가 함께 상담을 받는 문화가 정착되지 않았다는 점을 고려해 보면, 이 책에서 제안하는 여러 가지 방법은 부부 상담 및 치료 전문가뿐만 아니라 부부생활에서 어려움을 겪고 있는 일반인들에게 상당히 고무적인 것으로 느껴진다. 이러한 이유들로 이 책을 여러 사람과 함께 나누자는 소망이 이 역서를 출판하는 계기가 되었다.

번역에는 직접 참여하지 않았으나 처음부터 부부상담 세미나에 참여하여 함께 이 책을 읽었던 장진아, 배정은, 서정선, 최태한과 결실의 기쁨을 함께 나누고 싶다. 그리고 번역 마감일을 잘 지키지 못했음에도 인내심을 가지고 출판 과정에 아낌없는 협조를 해 주신 학지사 김진환 사장님과 편집부 직원 여러분께 진심으로 감사드린다.

2009년 2월 수원에서

역자 대표 신희천

차 례

역자 서문 3

PART I

01 결혼해서 사는 게 왜 이렇게 힘이 들까 • 11
이혼할 가능성은 ... 건강한 결혼생활 ... 우리의 접근법 ... 평 가 ...
당신이 예측할 수 있는 문제는 무엇인가

02 결혼생활에 대한 열 가지 잘못된 통념 • 29
삶은 끊임없이 변화한다 ... 통념의 내막 알아보기

03 이렇게 힘들게 노력하는데 왜 관계가 더 악화될까 • 55
불평에서 패턴화된 싸움으로 ... 관계 패턴의 법칙 ... 패턴 바꾸기

04 당신의 생각이 바로 문제의 일부다 • 87
부부의 상호작용, 신념체계 및 해석 ... 당신의 신념과 해석에 도전하라 ...
당신의 사고 오류는 어디에서 발생할까 ... 문제를 점차 확대시키는 것: 신념체계

05 한 사람의 생각이 어떻게 서로의 생각을 강화시킬까 • 113
친밀함을 위한 투쟁 ... 신념은 의사소통을 왜곡시킨다 ... 내적 · 외적 대화 ...
변화 실행하기 ... 영수증에서 침실까지 ... 더 많은 변화 일으키기 ... 관계 내의 변화

06 여기 우리 외에 다른 누가 더 있는 게 분명해 • 137
결혼에 대한 아동기 신념 ... 내적 관계 지도란 ... 분리와 결합 ... 가족 통념 ... 성역할과 관계된 문제 ...
가족의 역할 ... 삼각관계와 불안 ... 독이 되는 가족 문제와 가족 비밀 ... 정리하기

07 조각 맞추기 • 161
변화 창조하기 ... 변화의 과정 시작하기 ... 조각 맞추기 ... 변화는 굴복이 아니다 ...
결혼생활에서 변화 시도해 보기

08 혼자서 바꿀 수는 없는 걸까 • 183
그리 쉬운 일은 아니다 ... 분화란 무엇인가 ... 불안의 역할 ...
불안에 자신을 노출하기 ... 변화의 열쇠: 자기 정의하기

PART II

09 사각의 링 안에서 싸워라: 관계 속에서 갈등 해결하기 • 211
갈등은 결혼생활의 한 부분이다 ... 변화를 창조하기 위한 단계

10 친밀해지기 위하여 • 239
친밀함이란 무엇인가 ... 친밀함의 유형 ... 문제가 있는 상호작용 패턴 ... 신 념 ... 원가족 문제 ...
관계 속에서 자기 되기 ... 공 감

11 성적 불만족 회복시키기 • 267
성에 관한 잘못된 통념 ... 무엇 때문에 단순한 것이 그처럼 복잡해질까 ...
성과 관련된 문제의 유형 ... 당신의 문제는 무엇인가 ... 성적 패턴 변화시키기 ...
패턴과 신념 변화시키기 ... 내적 대화를 기억하라 ...
성차에 기반한 신념 ... 성관계 자체에 대한 일반적인 신념 ... 원가족의 영향 ...
가족 경계와 성적 메시지 ... 성생활 향상시키기

12 부모로서의 부부 • 305
두 가지 역할 균형의 어려움 ... 당신의 자녀양육 패턴은 어떤 유형인가 ...
자녀양육에 대한 신념체계 ... 자녀양육에 대한 통념 ... 아이들의 발달 욕구에 대한 신념 ...
역할에 대한 신념 ... 부모로서의 배우자에 대한 신념 ... 자녀양육에 대한 원가족의 영향 ...
다른 강력한 영향 ... 당신의 가족은 자녀양육에 대해 어떻게 가르쳤는가 ...
불안의 역할—행동 촉진제 ... 삼각관계와 아이들

13 재혼한 부부: 혼합가족 • 339
재혼해서 사는 일이 왜 이리 힘든 걸까 ... 핵심은 상실, 상실 또 상실이다 ...
과거를 실은 화물차 ... 현재 관계에서의 상호작용 패턴 ... 재혼가족에게 예측 가능한 마찰점 ...
재혼에 대한 통념 ... 자신을 새롭게 바꾸고 버릴 것은 버리라

14 돈과 주도권 • 365
무엇이 문제인가 ... 전형적인 재정적 문제 ... 돈의 상징적 의미 ... 돈에 대한 신념체계 ...
돈과 재정: 신뢰를 향한 시련 ... 재정적인 상호작용에서 역할 변화시키기

15 백년해로의 길 • 389
원칙 1: 헌신 ... 원칙 2: 삶은 험난하다 ... 원칙 3: 자기 초점과 자기 정의 ...
원칙 4: 반사적으로 행동하지 말고 먼저 행동하라 ... 원칙 5: 수용

참고문헌 401
찾아보기 403

PART I

The Couple's Survival Workbook

01 결혼해서 사는 게 왜 이렇게 힘이 들까
02 결혼생활에 대한 열 가지 잘못된 통념
03 이렇게 힘들게 노력하는데 왜 관계가 더 악화될까
04 당신의 생각이 바로 문제의 일부다
05 한 사람의 생각이 어떻게 서로의 생각을 강화시킬까
06 여기 우리 외에 다른 누가 더 있는 게 분명해
07 조각 맞추기
08 혼자서 바꿀 수는 없는 걸까

01 결혼해서 사는 게 왜 이렇게 힘이 들까

희영은 화가 나서 시계를 보며 중얼거렸다. "이게 도대체 몇 번째야." 아이는 엄마가 화가 났고 부부싸움 직전이라는 것에는 무신경한 채 멍하니 TV를 보고 있다. 자동차 들어오는 소리를 듣자마자 희영은 지갑을 들고 의자에서 일어났다. 그녀는 아이에게 외투를 입고 기다리라고 무섭게 말했다.

준헌이 집에 들어오자 희영은 그를 가로막고 말했다. "어디 있었어? 제 시간에 오겠다고 했잖아. 또 20분이나 늦었어. 당신 말은 믿을 수가 없어. 내가 왜 이렇게 무시를 당해야 돼?"

준헌은 한숨을 푹 쉬고 소리쳤다. "날더러 어쩌라고? 상사가 일거리를 가지고 왔는데 못한다고 할 수는 없었잖아. 난 할 만큼 했어. 매번 일거리를 내동댕이치고 달려오면 회사에서 쫓겨날지도 몰라!"

희영은 대답했다. "오늘 영화 보기로 한 건 미리 약속한 거야. 기억 안 나? 같이 계획도 짰잖아. 당신은 우리 약속에는 관심도 없어. 도대체 우리는 어디서부터 잘못된 거지?"

두 사람 사이가 늘 이런 식은 아니었다. 대부분의 부부처럼 그들도 높은 기대와 이상을 가지고 결혼생활을 시작했다. 18년 전, 그들도 설레는 마음으로 결혼했고 사랑하는 마음만 있다면 앞으로 겪게 될 문제들을 극복할 수 있을 것이라 확신했다. 그러나 이제 환상은 깨졌고 절망으로 가득하다. 배우자와 결혼생활에 대한 분노와 실망은 극복할 수 없는 장애물처럼 느껴진다.

무슨 일이 일어난 걸까? 낙관적이고 이상적이었던 출발이 어떻게 이토록 부정적으로 바뀌었을까? 무엇이 잘못된 것일까? 단순히 대화의 부족 때문일까? 낭만이 사라진 것일까? 실상 그리 단순하지 않다. 성공적인 결혼생활에는 분명하지만 복잡한 문제가 있다. 준헌과 희영은 18년 동안 서로 만족할 수 있는 결혼생활을 꾸려 가기 위해 애써 왔고, 그동안 그들은 서로를 매우 잘 알게 되었다. 그럼에도 불구하고 결혼생활은 심각한 위기에 봉착했다. 여기서 변화가 일어나지 않으면 그들은 이혼하게 될 것이다.

✻ 이혼할 가능성은

과거 30년 동안 미국의 이혼율은 놀랄 만큼 급증했다. 결혼 유지 기간에 상관없이 초혼 부부의 절반이 이혼하며(Gottman, 1999; Bray & Hetherington, 1993; Glick & Lin, 1986), 전체 부부의 절반이 결혼 7년 내에 이혼한다. 부부 모두 초혼이 아니라면 불화가 일어날 가능성은 더 크다. 재혼이 매우 보편적임에도 불구하고 재혼 첫 7년 동안의 이혼율은 70%에 달하고 있다(Gottman, 1999). 이혼가정의 어른과 아이는 모두 피해자가 된다. 최근 출판된 주디스 월러스타인(Judith Wallerstein)의 『이혼에서 발생하는 예기치 않은 유산(The Unexpected Legacy of Divorce)』(2000)에서 설명하듯이, 이혼 부부의 자녀가 겪는 상처는 실로 막대하다.

월러스타인과 동료 연구자들은 이혼가정의 자녀를 대상으로 25년간 연구한 결과, 부모의 이혼이 자녀에게 부정적인 영향을 미친다는 결론을 내렸다. 이혼가정의 자녀를 대상으로 그들이 성인이 되었을 때와 결혼생활을 할 때 면담을 실시해 보니 이혼의 부정적 영향이 더욱 명백해졌다. "결혼생활에서 나타날 수 있는 일상적 스트레스 상황에서 이혼가정에서 자란 성인은 보다 어려운 상황에 놓여 있었다. 관계와 관련된 불만이 성격의 밑바탕에 깔려 있어, 그들은 행복한 결혼생활에서도 계속 불안해했다. 삶에 만족하고 있을 때에도 갑작스러운 상실이나 재앙에 대한 공포가 일어났다. 자신이 사랑받고 있지 않다고 생각될 때는 버림받음, 배신, 거부에 대한 공포가 증폭되었다. 그들은 부모가 이혼했던 아주 짧은 시간 동안 '하지 말아야 할 것' 과 '배워야 할 것' 을 너무 많이 알아 버린 사람들이었다" (Wallerstein, 2000: 300).

무엇이 결혼생활을 이토록 어렵게 만드는가? 부부간 대화 기술의 결핍인가, 아니면 맞벌이로 인한 압박감 때문인가? 재정적인 압력인가, 아니면 가족의 지지가 부족한 탓인가? 남녀 간의 성차 때문일까? 정말 남자와 여자는 완전히 다른 인종일까? 혹은 어떤 정치가가 말한 것처럼 가족적 가치관이 추락한 것일까? 부부 열 쌍에게 왜 결혼생활이 어렵냐고 묻는다면 열 쌍 모두 전혀 다른 이유를 댈 것이다. 분명 이는 복잡한 문제다.

그러나 이혼율의 증가 원인에 대한 기존의 설명은 단순한 추정이나 저자의 편견이 포함된 것이 많았다. 가정생활에 대한 경험적인 연구가 시작되기 전에는 대부분의 사람들(심지어 정신건강 전문가도)이 이를 경험이나 종교적인 신념상의 문제로 보았다. 1970년대 초반, 텍사스의 달라스에 있는 팀버론 정신병원(Timberlawn Psychiatric Hospital)에서 가정생활의 정신건강 요인에 관한 대규모 연구가 시작되었다. 이 연구를 통해『복잡한 실마리: 가족 내의 정신건강(No Single Thread: Psychological Health in Families)』(Lewis, Beavers, Gossett, & Phillips, 1976)을 포함하여 여러 관련 도서가 출판되었다. 이를 시작으로 결혼과 가정생활에 대한 연구 풍조가 조성되고 후속 연구들이 이어졌다.

❋ 건강한 결혼생활

최근 존 고트맨(John Gottman)은 결혼의 성공과 실패 원인에 대한 연구를 지속하였다. 고트맨은 수백 쌍의 커플을 대상으로 수집한 연구 자료를 통해 결혼생활을 성공으로 이끄는 요인과 실패로 이끄는 요인, 그리고 결혼생활을 재건시키고 회복시키는 요인을 알아보았다(Gottman, 1999).

심리학자이자 시애틀 부부가족연구소(Seattle Marriage and Family Institute)의 공동 관리자(책임자)인 고트맨은 상담에서 대화 기술과 경청 학습이 매우 유용하지만 이것만으로는 성공적인 부부관계를 만들지 못한다는 것을 밝혀 냈다. 그는 진정한 우정과 때로 상대방의 욕구에 맞추어 주는 것, 그리고 상생적 해결책(win-win solution)을 위해서 어려운 결정을 할 수도 있음을 아는 것이 중요하다고 이야기한다.

그는 최근의 저서 『성공적인 결혼생활을 위한 일곱 가지 원칙(The Seven Principles for Making Marriage Work)』(2000)에서 서로를 이해하고 존중하며 존경하는 관계가 즐겁고 건강하며 오래 지속되는 결혼을 결정한다고 밝혔다. 성공적인 결혼생활을 하는 부부는 갈등 상황에서도 서로에 대한 긍정적인 호감을 유지하며, 논쟁을 하는 동안에도 상대방의 흠을 잡기보다는 문제 자체에 초점을 둔다.

물론 이것은 이론적으로 훌륭하지만 실행하기는 어렵다. 서로를 이해하고 존중하며 존경하는 것은 대부분의 사람이 인정하고 자녀에게 가르치고자 하는 가치다. 대부분의 사람은 고트맨이 말한 결혼생활에서의 우정의 중요성에 동의한다. 그러나 현실의 결혼생활에서 이것은 어려운 것이며, 이런 가치는 결혼생활의 가혹한 시련 속에서 유지되기가 어렵다.

하지만 좋은 결혼생활은 모든 면에서 가치 있다. 사람들은 결혼생활을 잘 유지하는 것이 개인의 건강에 좋다는 것을 알고 있다(가정폭력이 있는 결혼생활은 제외). 『성공적인 결혼생활을 위한 일곱 가지 원칙』(2000)에서 고트맨은 미시간 대학교의 로이스 버브루게(Lois Verbrugge)와 제임스 하우스(James House)의 "불행한 결혼생활은 발병률을 약 35%가량 증가시키고 수명을 평균 4년가량 단축시킨다." (p. 4)라는 결과를 지지했다. 고트맨은 "행복한 결혼생활은 질병에 대한 신체적 방어의 중요한 면역체계에 작용하여 건강을 유지해 준다." (p. 5)라고 밝혔다.

왜 결혼생활을 잘 꾸려 가려는 동기가 생기지 않는 것일까? 왜 어려울까? 결국 인생에서 더 큰 즐거움을 얻으려는 것이 상식적이지 않을까? 그럴 수도 있고 아닐 수도 있다. 희영과 준헌의 결혼생활로 돌아가서 몇몇 복잡한 문제를 살펴보자.

극장에 도착한 뒤, 준헌은 영화를 보는 내내 기분이 언짢았다. 자신이 희영의 기대에 맞추느라 극장에 앉아 있다는 생각에 약이 오르고 화가 났다. 희영은 영화와 아들에게 온 신경을 쏟고 있었다.

준헌은 희영과 자신이 지난 몇 년 동안 대화방법을 이해하고 개선했다고 느꼈다. 또한 진전이 있었다고 생각했다. 자신이 때때로 늦게까지 일해야 하고 승진을 위해 회사일에 매진해야 한다는 것을 이해한다고 희영이 말한 후부터는 더욱 그러했다. 행복한 결혼생활을 위해 자신이 헌신하고 있다는 것을 증명하려고 경청 기술을 배우기도 했다. 그럼에도 불구하고 오늘 저녁에는 오해받고 무시당한다는 기분이 들었다. 가족과 결혼생활에 조금만 덜 노력했어도 직장에서 일하는 것이 이처럼 힘들지 않았을 것이다.

희영은 영화를 보고 있긴 하지만 여전히 좌절감과 긴장을 느꼈다. 목이 뻣뻣하고 어깨가 쑤시고 속이 상했다. 그동안 남편과 좋은 의사소통 기반을 다지기 위해 무척 노력했다. 특히, 올해는 더욱 그랬다. 여동생처럼 결혼생활이 불행할까 봐 두려웠다. 희영은 결혼생활을 개선하고 싶었지만 경청과 대화 기술을 향상시키는 것 외에는 다른 방도를 알 수 없었다. 그녀는 남편과 함께하려 했던 노력들이 무가치하게 느껴졌다. 남편은 가족과 함께 시간을 보내는 것이 자신에게 얼마나 중요한지 이해하지 못했다. 이제 그녀는 남편이 정말 가족에게 신경 쓰지 않는다고 믿게 되었다. 희영은 두려웠고 더욱 상처받았으며 화가 났다. 결혼생활 18년이 지난 지금까지 가족과의 시간이 그녀에게 주는 의미를 그는 어떻게 모를 수 있을까? 결국 그가 자신에게 관심이 있기나 했던 건지 의심이 갔다.

준헌과 희영은 대화 기술만으로는 더 나은 결혼생활을 할 수 없다는 것을 아직 깨닫지 못했다. 실제로 관련 연구를 살펴보면 부부치료를 받은 부부의 30~50%가 어째서 원래의 갈등 상태로 되돌아가는지를 명백하게 알 수 있다(Gottman, 2000; Jacobson, 1984; Jacobson & Addis, 1993). 많은 부부치료자는 부부에게 대화와 경청 기술을 가르치고 평등하게 가사를 분담하도록 하면 문제 있는 결혼생활이 개선될 것이라고 믿는다. 그러나 부부 650쌍을 대상으로 한 고트맨과 동료 연구자들의 연구에 따르면, 갈등을 성공적으로 해결한다고 해서 결혼생활에 성공하는 것은 아니다. 그들은 성공적인 결혼의 열쇠가 서로 존중하고 보듬어 주는 친구관계에 있다는 것을 발견했다(Gottman, 2000). 이러한 연구 결과는 너무 단순해서 믿기 어려울 수도 있다. 하지만 희영과 준헌의 말다툼을 되짚어 본다면 그들이 서로 존중받지 못한다고 느꼈던 것을 기억할 수 있을 것이다.

무엇이 성공적인 결혼생활을 만드는가

그렇다면 결혼생활을 성공적으로 이끄는 요인은 무엇인가? 성차에 상관없이 남자와 여자는 부부관계에서 상당히 비슷한 경험을 하기를 원한다. 그것은 성관계, 로맨스, 열정 그리고 동료의식으로, 깊은 우정이 바탕이 된 결혼생활에서 발견되는 것들이다. 자신의 배우자가 가족을 위해 최선을 다한다는 믿음은 결혼생활에서 어려운 순간을 넘어설 수 있는 희망을 준다.

또 하나의 핵심 요소는 초월적 가치체계, 즉 자신보다 더 큰 무언가가 있다는 것에 대한 믿음이다. 삶에 영향을 주는 거대한 테마가 있다는 신념은 결혼생활에서 발생하는 많은 시련 속에서도 배우자와의 유대를 놓지 않도록 깊은 의미와 목적의식을 준다(Beavers, 1977; 1985).

깊은 우정

분명 건강한 결혼생활에도 갈등은 있다. 몇몇 부분, 예를 들어 양육, 가사, 성관계, 친척 문제 등에서는 자주 싸움이 일어난다. 고트맨은 행복한 결혼생활을 하는 부부들이 성격과 흥미, 가치에서의 분명한 차이에도 불구하고 여전히 부부관계에서 높은 만족감을 보이는 것을 발견하였다. 갈등의 순간에도 그들을 지탱하는 것은 깊은 우정이다. 깊은 우정은 갈등의 한가운데에서도 서로를 파괴하지 않고 상처받은 마음을 드러낼 수 있게 해 준다. 결혼생활에서의 깊은 우정이란 무엇인가?

결혼생활에서의 우정은 많은 기술을 요구한다. 그러나 건강한 결혼생활을 위한 기초는 두 가지다. 첫째, 갈등 중이든 아니든 전반적으로 긍정적인 분위기가 형성되어 있어야 한다. 둘째, 깊은 우정을 가지고 있는 건강한 부부는 부정적인 감정을 감소시킬 수 있다. 즉, 서로의 감정을 수용하고 배우자에 대한 평가와 판단을 자제함으로써 갈등에서 생긴 감정적 부산물을 감소시킬 수 있다. 깊은 우정을 가진 부부는 배우자의 감정을 개인적 공격으로 여기지 않는다. 사이가 좋은 친구도 상대방의 감정을 받아들이는 문제로 다툴 수 있다. 그러므로 이러한 문제는 타협되어야만 한다. 부부는 서로를 항상 가치 있고 존중하는 대상으로 여겨야 한다.

광범위한 감정 표현과 갈등은 건강한 우정과 건강한 결혼생활에서 필수적으로 나타난다. 성공적인 결혼생활에서는 갈등이 일어나고 해결되며 감정이 표현되고 이해된다. 배우자와 부부관계를 신뢰하는 건강한 부부는 갈등 중에도 서로에 대한 존중을 지속적으로 유지하는데, 이는 충돌을 일으키는 감정을 회피하지 않도록 돕는다. 그러나 건강하지 못한 결혼생활에서는 이것이 불가능하다.

고트맨은 최근 연구에서 건강하지 못한 결혼생활에서는 다음과 같은 행동이 나타남을 밝혔다(Gottman, 2000).

- 상대방을 비난한다(고트맨에 따르면 비난은 행동에 대한 불평보다 더한 것이다. 비난에는 상대방의 인격과 성격에 대한 부정적인 언어가 들어간다).
- 싸울 때 자주 상대방을 경멸한다. 그러면 상대방은 어쩔 수 없이 방어적이 된다.
- 입을 다물거나 회피하는 패턴이 나타난다. 갈등이 해결되지 않을 뿐더러 상대를 더 오해하고 무시하게 만든다.

더 자세히 알아보기 위해 불행한 결혼생활을 보여 주는 또 다른 부부의 예를 살펴보자.

박태원, 이승희 부부의 사례

태원의 얼굴에 화난 것이 확 드러났다. 그는 얼굴에서 열이 났고 테이블 위에서 주먹을 쥐었다 폈다를 반복했다. 승희는 그를 쳐다보고 불쑥 말했다. "대체 원하는 게 뭐야? 애들 옷 좀 그만 사라고? 내가 돈 쓰는 게 그렇게 불만이야? 당신은 별 생각 없이 복권 사잖아. 당신이 필수품이라고 산 건 철물점에서 산 잡동사니뿐이야! 그 물건들만 보면 신물이 나. 같이 살면서 매번 같은 싸움이야. 당신한테 정말 질렸어."

태원은 도저히 참지 못하고 되받아쳤다. "당신은 쓸데없는 것에 낭비하고 있어! 애들 옷이 너무 많잖아. 집 안 온 천지에 애들 옷이야. 왜 그런지 알아? 당신이 지질이도 인색한 집안에서 자라서 그래. 그렇다고 당신 인생이 보상받는 줄 알아? 이렇게 돈 쓰면 안 된다고! 그리고 뭘 잘못 아는 것 같은데 복권은 매주 똑같은 돈만 내는 거야. 나는 나름대로 지출 계획이 있어. 당신하고는 다르다고." 승희가 대답하기도 전에 태원은 의자를 넘어뜨리고 부엌을 나가 버렸다.

태원과 승희의 사례는 불행한 결혼생활에서 경멸과 방어가 얼마나 자주 발견되는지를 보여 준다. 그들이 관계 개선이 가능한지 알 수 있으려면 자신들의 결혼생활에서 어떤 것이 효과적이고 비효과적인지, 서로의 요구사항은 무엇인지, 그리고 가장 중요한 것으로 서로가 서로를 돌봐 주는 진실한 친구가 될 수 있는지를 알아볼 필요가 있다. 이러한 점검은 엄청난 부담이 되기 때문에, 어떤 부부는 관계 개선을 위한 노력을 시작하기도 전에 포기할 수도 있다.

우리의 접근법

당신은 다음과 같은 의문이 생길지도 모른다. "왜 결혼에 관한 책을 또 읽어야 하지? 이 책이 다른 책하고 뭐가 달라?" 이 의문에 대한 답은 '다르다' 는 것이다. 이 책은 부부가 독립적인 개체로서 자신과 배우자 사이에 발생하는 상호작용을 변화시키도록 도와준다. 당신의 배우자까지 이 책을 읽고 과제를 수행하지 않아도 좋다. 이 책은 결혼생활 안에서 자신의 역할을 변화시키도록 도울 것이다.

자기 초점

그럼 깊은 우정이 바탕이 된 장기적인 결혼생활을 하려면 어디서 무엇부터 시작해야 할까? 우리의 경험상 건강한 결혼생활과 그렇지 못한 결혼생활을 구별하는 핵심 요인은 바로 자신에게 초점을 두는 것이다. 자기 초점(self-focus), 즉 자신에게 초점을 둔다는 것은 무엇인가? 잠시 책을 멈추고 부부치료를 시작하는 부부를 생각해 보자. 대부분은 문제가 무엇인지 정확히 알고 있다. 바로 나의 배우자가 문제다. 순진하게도 대부분의 사람들은 배우자가 변하면 결혼생활이 개선될 것이라고 믿는다. 더 솔직히 말한다면, 배우자만 변하면 모든 문제가 땡이라고 말할 것이다. 그들이 말하는 만족스러운 결혼생활은 상대방이 변하는 것이다. 결혼생활에서 발생한 문제에서 자신이 기여한 것은 생각하지 않는다.

50년간의 치료 경험을 통하여, 우리는 불행한 결혼생활에서 가장 흔히 나타나는 잘못된 생각은 배우자만 확 바뀌면 부부관계가 아주 좋아질 것이라는 믿음임을 발견했다. 하지만 이런 생각은 당신뿐 아니라 당신의 배우자도 똑같이 하고 있는 오해다.

이 책은 다르다. 이 책은 당신이 건강하지 못한 결혼생활에 어떻게 기여하고 있는지 그 역할에 초점을 두도록 도울 것이다. 배우자가 변하길 바라고 있다면 이 책은 당신에게 적합하지 않다. 그러나 자신이 변화함으로써 결혼생활을 바꿔 보고자 한다면 도움이 될 것이다. 이 책은 결혼생활에서 당신이 맡고 있는 부분을 단계별로 차근차근 살펴보도록 안내할 것이다. 즉, 자신이 변화시킬 수 있는 것을 바꿈으로써 자신과 결혼생활이 성장할 수 있는 새로운 가능성을 열어 줄 것이다. 자기 초점은 말 그대로 자기 자신에게 초점을 두는 것이다. 이 책을 읽고 실천에 옮긴다면 배우자나 부모, 자녀가 아닌 오직 당신 자신에게 초점을 맞추게 될 것이다.

이 책은 결혼생활에서 당신이 영향을 주는 방식을 변화시킬 수 있는 분명한 방법을 제시할 것이다. 이 방법은 당신이 변화시킬 수 있는 것은 배우자가 아니라 오직 당신 자신일 뿐이라는 오랜 세월에 걸쳐 검증된 신념에 바탕을 두고 있다. 당신이 누군가의 배우자로서 자신을 이해하고 변화시키는 방법을 배운다면 결혼생활에서 새로운 만족과 기쁨을 느낄 수 있을 것이다.

✻ 평 가

그렇다면 어디서부터 변화를 시작해야 할까? 가장 단순한 것부터 시작해 보자. 당신의 결혼생활은 어떠한가? 만족할 만한가? 때로는 우선 시작해 보는 것이 생각을 명확히 하는 데 도움이 된다. 생각을 깨우치게 해 주는 간단한 과제가 하나 있다. 전반적인 자신의 결혼 만족도를 1에서 10까지의 범위에서 점수를 매겨 보는 것이다. 10은 훌륭한 결혼생활을 나타내고, 1은 매우 고통스럽고 불만족스러운 결혼생활을 나타낸다.

우선 결혼생활에 대해 점수를 매긴 다음, 당신의 배우자가 몇 점을 매길지 생각해 보자. (당신 혼자서 해 보길 바란다. 일단 이 책을 모두 읽고 실천에 옮기면 자기 초점 방식이 개선된다. 그 후에 배우자가 결혼생활을 어떻게 평가하는지 알아볼 수 있다. 이것은 결혼생활에 관한 두 사람 사이의 상호작용보다는 당신의 생각을 점검하기 위한 것이다.)

이 간단한 과제를 통하여 자신이 결혼생활을 어떻게 보고 있으며, 그것이 실제 결혼생활과 얼마나 유사한지 혹은 다른지 알 수 있을 것이다. (주의사항: 만일 당신이 결혼 만족도에 10점을 매기고 배우자가 2점을 줄 것이라고 생각한다면 앞으로 할 일이 산더미처럼 많다!) 다음 빈칸에 점수를 매겨 보자.

- 나의 결혼생활은 현재 ______점
- 나의 배우자가 생각하는 우리 결혼생활은 ______점

그다음 배우자의 어떤 면에 끌렸는지 돌이켜 생각해 보자. 외모, 유머감각 혹은 가족을 책임질 수 있는 능력? 배우자와 있을 때 어떻게 느꼈는가? 이는 배우자가 옆에 있을 때만 느껴지는 특별한 느낌을 말하는 것이다. 처음 친구와 가족들에게 배우자를 어떻게 묘사했는가? 연애 초기의 데이트를 떠올려 보고, 데이트 후에 느꼈던 그 느낌을 되살려 보자. 서로 무엇에 끌렸는지 기억을 되살려 보라. 그리고 다시 현재로 돌아오라.

처음 매력적으로 느꼈던 면이 현재에도 여전히 매력적인가, 아니면 변했는가? 처음에 매력적이었던 것도 살아가면서 점점 싫증이 나는 것으로 변하기 쉽다. 예를 들어, 아내의 무사태평하고 시원시원한 성격에 끌렸던 남자는 결혼 15년 후에 자연스럽게 아내를 '골 빈 여자' 로 생각할 수 있다. 또 반듯하고 착실한 남편에게 끌렸던 여자는 이제 남편을 '따분한 사람' 이라고 평가할 수 있다. 처음에 끌렸던 것이 여전히 매력적인지, 아니면 싫증 나는 것으로 변했는지 스스로에게 물어보라. 이런 일이 어떻게 나타나는지에 대해서는 부부간의 상호작용을 다룬 3장에서 더 이야기할 것이다.

이제 다음의 질문에 답해 보자. 당신의 결혼생활의 강점은 무엇인가? 상황이 아무리 절망적이라도 여전히 결혼생활에 강점과 안정감을 주는 것은 무엇인가? 어떤 것이 효과가 있고 어떤 것이 없는지 시도해 보고 이를 평가해 보라. 성공적인 부부는 그들의 강점에 초점을 맞추고 강점을 토대로 관계를 이루어 간다. 다음 빈칸에 답을 적어 보라.

✔ 당신의 결혼생활의 강점은 무엇인가?

....

....

....

✔ 당신은 변화를 위해 어떤 노력을 하는가?

....

....

....

✔ 당신이 문제를 해결하려 할 때 주로 잘못되는 부분은 무엇인가?

❋ 당신이 예측할 수 있는 문제는 무엇인가

이번에 해 볼 평가는 좀 더 심층적 수준의 것으로 당신이 결혼생활에서 예측할 수 있는 문제에 대해 생각하는 것이다. 대부분의 부부는 몇몇 문제 영역을 찾아낼 수 있다. 당신과 배우자가 성공적인 해결책을 찾지 못하는 갈등 영역(예: 양육방식, 밤늦게까지 일하는 배우자, 돈 문제로 인한 말다툼)이 무엇인지 알아야 한다.

대개 부부치료에서는 부부들이 결코 해결될 것 같지 않은 갈등이나 만성적인 문제에 대해서 생각해 보도록 함으로써 관계의 질을 평가한다. 싸움이나 말다툼과 항상 연관되어 나타난 문제 유형을 목록으로 작성해 보자. 모든 싸움이나 갈등이 비명을 지르는 격렬한 결투는 아니다. 그것은 서로 동의한 침묵과 회피, 혹은 말과 침묵을 함께 사용하는 싸움일 수도 있다.

독이 되는 주제

'독이 되는 주제(toxic topics)'란 당신과 배우자가 매우 격렬하게 지속적으로 싸우는 주제를 말한다. 즉, 확실한 결론에는 도달하지 못하면서 금세 극렬한 대화와 논쟁으로 불붙는 주제를 말한다. 부부에 따라서는 이런 주제가 한두 가지일 수도 있고 여러 가지일 수도 있다. 행복한 부부나 불행한 부부 모두 독이 되는 주제를 가지고 있다. 다음 항목을 훑어보고 잦은 다툼을 유발하는 주제를 구분해 보라. 한쪽 배우자에게는 문제 되지 않는 주제라도 갈등을 유발하는 주제라면 이를 주목하라.

- ____ 음주
- ____ 자녀
- ____ 약물(불법 혹은 처방)
- ____ 친구
- ____ 재정
- ____ 도박
- ____ 취미
- ____ 인터넷 사용
- ____ 시댁 또는 처가
- ____ 음악(연주 또는 감상)
- ____ 이웃
- ____ 포르노
- ____ 성관계
- ____ 운동(관람 또는 참여)
- ____ TV
- ____ 일
- ____ 기타

'대화의 부재' 가 이 문제 영역 목록에 없다고 의문을 가질 수도 있다. 목록에 없는 이유는 단순한 의사소통의 증진만으로는 결혼생활이 개선되지 않기 때문이다. 대화를 할 때 우리는 대화나 토론을 북돋아 주면서 서로에게 개방적이고 수용적일 수도 있고, 반대로 마음을 닫고 대화의 여지를 주지 않는 태도를 보일 수도 있다. 우리의 대화는 이 둘 중 하나겠지만, 비록 대화가 개방적일지라도 문제를 완전히 해결하지는 못한다. 왜냐하면 대화가 우리 마음 깊은 곳의 신념이나 상호작용 동안에 생길 예측 가능한 논쟁에는 영향을 주지 못하기 때문이다.

따라서 의사소통은 문제 영역이 아니다. 의사소통이 효과적이든 그렇지 않든, 그것은 어딘가로 우리를 도달하게 하거나 혹은 꼼짝 못하게 할 수도 있는 단순한 전달 수단일 뿐이다. 대화가 단절되었다면 전달 수단이 고장난 것이므로 수리해야 한다. 하지만 여전히 무엇이 우리에게 중요한지, 우리가 배우자에게 존중받고 존경받는다고 느끼는지의 여부를 알아야 한다. 앞에 나열된 문제를 해결하기 위해서는 당면한 문제를 부부가 함께 공유하는 것, 관계 개선을 위한 헌신 그리고 효과적인 대화가 필요하다. 이 책의 전반을 통해 이를 논의할 것이다.

문제의 증폭

한 가지 어려운 문제는 그 문제를 해결하려다가 다른 문제를 발생시킨다. 다른 문제란 원래 문제에 관한 상호작용과 논쟁이다. 이에 대해서는 3장에서 자세히 설명하겠다. 하지만 우선 갈등의 영역을 해결하려는 과정에서 새로운 문제가 발생될 수 있다는 것을 깨달아야 한다. 게다가 당신이 실패한 해결책 자체가 문제로 대두될 수도 있다. 이런 역동은 자신의 상호작용 습관에 대한 이해 부족과 비생산적인 관계 패턴에 기여하는 도움이 안 되는 자신의 신념에서 기인한다.

부부가 재정 문제 등으로 맹렬히 싸울 때는 각자의 신념이 싸움에 개입한다. 이러한 신념은 고집스럽게 의견을 내세워 격렬한 대화에 불을 붙인다(신념체계에 관한 논의는 4, 5장을 보라). 만약 재정 문제가 한 사람에게는 걱정스러운 문제이지만 다른 사람에게는 아니라면 한쪽 배우자는 수동적이거나 무사안일한 사람이 된다. 그러나 두 사람 모두 원가족이나 이전 결혼생활에서 재정 문제가 독이 되는 주제였다면 재정 문제에 대한 대화는 매우 격렬해질 것이다. 심지어 전화요금을 내는 것에 대한 대화조차 문제가 될 수 있다.

자기 평가

이 책에서 실시할 몇 가지 평가들은 잘못된 의사소통 시도와 불만족스러웠던 '해결책' 이 바로 문제의 일부임을 알려 준다. 문제를 고치려고 할 때는 자신이 무엇을 잘못 하고 있는지 알아야 스스로를 변화시킬 수 있다. 당신의 목소리 톤은 어떤가? 어떤 몸짓을 하는가? 논쟁이 어떻게 극단적으로 고조되고 어떤 요구를 하는가? 다음 질문에 답해 보자.

체크리스트

나는……	예	아니요
• 말을 하거나 상대방의 말을 들을 때 눈을 맞추는가?	____	____
• 배우자에게 적절한 목소리 톤과 크기로 말하는가?	____	____
• 존중하는 어투를 사용하는가?	____	____
• 상대의 말이 끝날 때까지 기다리는가?	____	____
• 화났을 때에도 상대를 존중하는 모습을 보여 주는가?	____	____
• 화났을 때에는 신체적 접촉을 삼가는가?	____	____
• 문제가 해결되었다고 두 사람 모두 동의할 때까지 논의를 계속 하거나 혹은 다른 정해진 시간까지 논의를 유보하는가?	____	____
• 그 주제에 계속 머무르는가?	____	____
• 상호 간에 만족할 때까지 그 문제를 논의하는 데 관심을 보이는가?	____	____

이 체크리스트를 사용하여 자신에게 초점을 맞추어 보자. 적어도 하루에 한 번은 볼 수 있는 곳에 이것을 붙여 놓는다. 책상, 자동차 계기판, 자주 보는 거울, 냉장고 문이나 침대 머리맡 어디든 좋다. 가슴에 새길 때까지 매일 반복해서 보라.

배우자와 다투지 않을 때에도 이 체크리스트를 검토하는 것이 좋다. 즐거운 일이든 아니든 하루 동안에 있었던 일, 직장 동료 또는 세상 돌아가는 일에 대해 이야기할 때도 마찬가지다. 이러한 관찰 기술을 연습하면 할수록 당신은 논쟁에서 좀 더 느긋해질 것이며 자신에게 초점을 맞추게 될 것이다.

이러한 관찰 기술은 결혼생활의 대화 문제에서 당신이 기여하는 역할을 주의 깊게 살펴보도록 해 줄 것이다. 앞의 체크리스트에 나온 행동은 당신이 실제로 보이는 행동으로, 종종 배우자의 행동에 의해 전의식적으로 활성화되어 다시 상대의 반응을 일으킨다. 이 역동적인 교환은 매우 빠르게 일어나, 나중에 기억을 더듬어 상호작용을 되짚어 보기 전까지는 거의 의식할 수 없다. 이 책은 이러한 빠른 상호작용적 순환을 좀 더 이해하기 쉽도록 도울 것이다. 더불어 그 상호작용 안에서의 당신의 역할을 명확히 하도록 도울 것이다.

평가는 시작일 뿐이다

앞의 평가 질문들에 답해 보는 것은 유용하지만, 이것은 단지 시작일 뿐이다. 관계 문제나 결혼에 대한 더 심도 있는 평가는 다음 장에서 보기로 한다. 각 장을 신중히 읽고 항상 자신에게 초점을 맞추라. 그럴 만한 가치가 있다. 각 장을 넘어갈수록 더욱 심층적인 자기 평가를 하게 될 것이다.

이 책을 읽는 방법

이 책은 두 부분으로 구성되어 있다. 첫 번째 부분(1~8장)은 결혼생활에서의 당신 역할을 다각도에서 이해할 수 있게 돕는다. 8장의 끝부분에 이르면 결혼생활에서 자신의 역할을 새롭게 이해하고 원하는 대로 변화시킬 수 있는 확실한 원리를 알게 될 것이다.

두 번째 부분은 결혼생활의 특정 문제 영역에 초점을 맞추어 1부에서 배운 것을 어떻게 적용할지 돕는다. 갈등(9장), 친밀감(10장), 성관계(11장), 자녀양육(12장), 재혼가정(13장), 재정(14장)의 영역을 살펴볼 것이다. 이 모든 문제 영역에서 결혼생활을 변화시키고 향상시키기 위해 자신의 행동을 변화시키는 방법을 찾아볼 것이다. 마지막으로 15장에서는 결혼생활을 더 조화롭게 꾸릴 수 있는 다섯 가지 원칙을 요약해 볼 것이다.

이 책을 사용하려면 여기에 집중하고 헌신적으로 참여해야 한다. 당신의 문제가 어떤 것이든 여러 수준의 신념체계와 상호작용을 다루므로 매우 어려운 일일 것이다. 그럼에도 불구하고 이 책을 다 읽고 노력한다면 더 깊은 자기 이해와 내적인 힘이라는 보상이 따를 것이다. 자신에게 초점을 맞추는 것은 결코 쉬운 일이 아니다. 자기 수양과 대단한 집중력이 필요하다. 자신과 자신의 행동을 변화시키는 것은 힘든 작업이지만 그것이 결혼생활을 향상시키는 최선의 방법이다.

02 결혼생활에 대한 열 가지 잘못된 통념

오랜 결혼생활을 유지하는 일은 매우 힘든 과정이다. 하지만 질 높은 결혼생활을 통해 얻는 보상은 크다. 여러 학자들은 결혼생활이 성공적일 때 누릴 수 있는 혜택에 관해 연구해 왔으며, 성공적인 결혼이 건강에 좋다고 주장하는 학자들도 있다. 한편 주디스 월러스타인(Judith Wallerstein, 2000)과 같은 연구자는 부모의 이혼이 자녀에게 장기적으로 끔찍한 악영향을 미친다는 사실을 증명했다.

부부들은 대부분 결혼생활을 오래도록 유지하기를 원하지만 그 방법을 잘 모른다. 당신은 질적인 면에서 만족스럽고 깊이 있는 부부관계를 만들도록 이끌 역할 모델을 어디서 찾는가? 많은 부부가 부모님의 결혼생활이 유용한 모델을 제시해 줄 거라고 생각한다. 그러나 그들은 지금 자신이 무엇을 하고 있는지 인식하지 못한 채 이런 가정(assumption)을 품고 있다. 부모님의 불행한 결혼생활을 본 젊은 부부의 경우, 부모와는 정반대로 자신들의 관계를 유지하려고 노력하기도 한다(6장 참조). 어떤 부부는 교회와 종교적인 관습에서 결혼생활의 길잡이를 찾으려고 한다. 또 건강한 결혼생활의 모델을 대중문화에서 얻으려는 부부도 있다.

청소년은 결혼을 고려할 만한 나이가 되기 전에 좋은 결혼생활이란 어떠해야 한다는 여러 가지 잘못된 통념(myths)에 먼저 노출된다. 영화, TV, 대중음악 등은 대중문화에 열광하는 십대에게 통념을 심어 준다. 십대는 통념을 확실히 이해하기도 전에 그것이 전하는 메시지를 흡수한다. 그러한 통념은 십대가 훌륭하다고 생각하는 결혼생활의 모델이 된다.

대중문화 속에 존재하는 결혼생활에 관한 통념은 위험천만한 청사진이다. 그 통념은 질 높은 결혼생활을 지속하는 데 있어서 올바르지 않은 설계도이며 매우 불확실한 삶의 목표를 조장한다. 일단 받아들여진 통념은 거의 진리나 다름없기 때문에 대단한 힘을 발휘한다.

더욱이 대중은 이러한 통념이 맞는지 거의 의문을 갖지 않고 불변의 진리로 생각한다. 이러한 통념들이 덧붙여져서 결혼생활에 대한 잘못된 믿음이 아주 단순한 주장이 되기도 한다. 또한 통념은 건강한 관계를 평가하는 기준이 될 수 있다.

노래 가사나 TV 토크쇼에 나온 영화배우의 사생활 이야기에는 수많은 결혼에 관한 통념, 즉 결혼생활은 어떠해야 한다는 법칙이 들어 있다. 예를 들어, 배우자는 이런 사람이어야 한다, 결혼에 대한 만족은 이 정도여야 한다 등이다. 결혼생활은 참고 견뎌내야 하는 것일까, 아니면 해탈의 경지에 이르러야 하는 것일까? 결혼은 천국일까, 지옥일까? 당신의 모든 욕구가 채워지도록 만들어진 것일까? 토크쇼나 대중가요뿐 아니라 주점이나 교회 혹은 사교 집단에서 오가는 이야기들을 잘 들어 보라. 그러면 통념을 믿는 사람들이 말하는 수많은 잘못된 믿음들을 들을 수 있을 것이다.

삶은 끊임없이 변화한다

사람들이 통념을 믿는 것은 결혼생활이 변화무쌍한 두 사람 사이에서 일어나는 늘 변화하는 관계임을 알지 못하기 때문이다. 생활환경은 계속 변하며, 생활주기에 따라 다른 문제가 발생하는 것이 인생이다. 그러므로 그에 맞춰 결혼생활도 항상 변해야 하고 적응적이어야 한다. 그러나 통념은 시간이 흐르면서 어쩔 수 없이 나타나는 변화는 고려하지 않은 채 결혼생활을 극단적으로 단순화시켜 이해하도록 조장한다. 통념이 진실이라고 믿는 사람은 비현실적인 기대를 안고 결혼생활을 시작한다. 그리고 통념이 정한 도달 불가능한 높은 기준의 잣대로 건강한 부부관계를 평가한다.

만약 질 높은 결혼생활을 오래 지속하는 것이 당신의 목표라면 관계를 지속시키기 위해 사실에 바탕을 둔 청사진을 그려야 한다. 이러한 청사진은 적응과 변화에 매우 강하고 여러 가지 삶의 문제와 위기도 이겨낼 수 있을 것이다. 통념이 아닌 사실에 뿌리를 둔 결혼생활은 폭풍우 속의 따듯한 은신처처럼 안전하다. 반대로 사회 일반적인 통념을 토대로 한 결혼생활은 계속 유지하거나 회복할 힘이 없는 관계가 되어 폭풍우 속으로 버려질 것이다. 다음의 결혼생활에 대한 통념을 살펴보자. 우선 당신에게 해당되는 통념이 있는지 스스로에게 물어보라. 그런 다음 당신이 믿는 그 통념이 결혼생활에 상처가 되고 있지는 않는지 생각해 보라.

통념 1: 관계를 개선시키려면 부부가 함께 변해야 한다

진실은 당신을 변화시킬 수 있는 사람은 오직 당신뿐이라는 것이다. 많은 사람들은 두 사람 모두 변화 동기가 있어야만 부부관계에 변화가 일어난다고 생각한다. 그리고 관계 개선을 위해 부부가 함께 헌신하지 않는다면 진정한 변화는 일어날 수 없다고 생각한다. 관계의 변화가 필요하다고 느낀 사람은 배우자에게 변화 동기를 일으키는 데 많은 시간을 할애한다. 이는 결국 배우자를 변화시키려는 노력이다. "당신이 이 책을 당장 읽었으면, 나와 더 많은 대화를 나눴으면, 친구를 만나러 외출하지 않았으면, 나와 취미를 공유했으면, 시어머니를 덜 뵙는다면……" 요구사항은 끝도 없다. 결국 이런 목록은 배우자를 변화시키려는 시도로 '해야 할 일' 목록이 된다. 그리고 더 열심히 노력해 보지만 관계는 점점 더 악화된다.

어떤 사람은 관계 개선을 위해 자신이 결정한 대로 배우자가 똑같이 노력할 때까지 결혼생활에 파업을 선언하고 자신은 전혀 노력하지 않는다. 그들은 배우자가 최소한 똑같은 노력을 기울이지 않는다면 자신도 노력할 필요가 없다는 입장을 취한다. 이에 결혼생활은 이전보다 더욱 고통스러워지고 궁지에 몰린다. "당신이 노력할 때까지 나도 안 해." 그 결과 막다른 골목에 다다르고 아무것도 변하지 않는다.

배우자를 변화시키려고 하는 것과 배우자가 노력하지 않는다면 자신도 노력하지 않겠다는 것 모두에는 관계를 개선하려면 부부 두 사람의 참여가 필요하다는 통념이 숨어 있다. 여기에는 당신을 변화시킬 수 있는 사람은 오직 당신뿐이라는 사실을 분명 놓치고 있다. 결혼생활에서 당신의 역할을 변화시킨다면 결혼생활 자체가 바뀔 것이다. 그러나 이는 결혼생활이 항상 더 나아지기만 한다는 것을 의미하지는 않는다. 단지 결혼생활은 변화 가능하고 더 이상 교착 상태가 되지 않을 것임을 의미한다. 당신은 자기 자신만을 바꿀 수 있으며, 비록 배우자가 변하려는 노력을 하지 않으려 해도 자신이 변함으로써 성공적인 결혼생활을 영위할 수 있다.

두 사람의 관계에서 한 사람이 어떻게 변하느냐에 따라 둘의 관계는 더 나아지거나 더 악화된다. 가족체계이론에서는 관계의 합은 부분보다 더 크다고 가르친다. 즉, 결혼생활에서는 1 + 1은 2가 아니다. 남편 더하기 아내는 관계(3장 참조)라는 제3의 실체를 만들어 낸다. 두 사람의 관계에서 한 사람이 변화해서 전과 다르게 행동한다면, 결국 그들의 관계도 변화하게 된다.

김준우, 이다희 부부의 사례

이 부부는 매번 똑같이 되풀이되는 관계 패턴을 보인다. 준우는 성공한 의사로 장시간 일만 한다. 그는 결혼생활에 만족하지 못하고 있지만 부부상담가의 도움을 받을 시간이 없다. 다희는 남편을 설득하기도 하고, 더 많은 대화를 요구하기도 한다. 또 부부를 위한 자가치유서를 사서 중요한 부분을 표시해 남편의 침대맡에 올려놓곤 했다. 그녀는 자신이 얼마나 불행한지, 얼마나 무시당하고 있는지에 대해 계속해서 우는 소리를 했다. 이 모든 행동은 오히려 역효과를 가져왔다. 준우는 평상시보다 더 일에 몰두했고, 다희는 점점 더 불행해졌다.

다희는 친구의 제안으로 상담을 받기 시작했고, 결혼생활에서 자신의 역할을 돌아보기 시작했다. 그녀는 자신의 역할에 변화가 필요하다고 느꼈다. 또한 남편을 변화시킬 수 없음을 깨닫고 자신이 변하기로 결심했다. 다희는 대학원 과정을 시작했고 가끔씩 친구들과 어울려 외출하곤 했다. 또 성가대에 가입했고, 큰 만족감을 얻었다. 친구들과 우정이 쌓여 가고 사회생활이 늘어나면서 집 밖에서 보내는 시간이 늘어났다. 준우는 점차 안절부절못하였다. 이들 부부의 상호작용은 변했다. 예전에 남편은 아내의 끊임없는 집착에 불평했지만, 이제는 아내가 집 밖에 있는 것에 대해 불안해했다. 남편은 아내와 더 많이 함께하길 원하기 시작했고, 이에 따라 그들 관계에 변화가 일어났다. 아내가 변신에 성공하자 관계 내에서 그녀의 역할도 함께 변했고, 결국 결혼생활도 변했다. 이것이 이 책의 기본을 이루는 중요한 원칙으로 바로 '한 사람 변화 모델(one-person model of change)' 이다. 결혼생활에서 당신이 기여하는 바, 즉 역할을 성공적으로 변화시킬수록 결혼생활은 더욱 쉽게 변화할 것이다.

통념 2: 내가 더 열심히 노력하면 배우자를 바꿀 수 있다

앞서 내가 먼저 변해야 관계의 변화가 시작된다는 사실을 살펴보았다. 하지만 사람들은 대부분 은밀히 두 번째 통념을 마음에 품고 있다. 그것은 자신이 더 노력한다면, 더 창조적이라면, 혹은 새로운 전략을 짠다면 배우자를 변화시킬 수 있다는 믿음이다.

오랜 세월 동안 결혼생활을 한 부부라면 이것이 불가능하다는 것을 알 것이다. 그러나 불가능하다는 생각을 하면서도 상대방을 바꿀 수 있다는 환상을 아직 품고 있을지도 모른다. 대부분의 부부가 속으로는 배우자가 변하도록 설득시킬 수 있다면 결혼생활이 바뀔 것이고 행복해질 것이라고 확신한다.

이 때문에 그들은 배우자를 변화시키기 위해 더욱 열심히 노력한다. 배우자에게 정신건강에 관한 이야깃거리를 제때 읽히기 위해 책이나 기사를 건네 주기도 한다. 배우자가 변하기를 바라는 마음으로 얼마나 많은 책과 기사를 놓아두었는지 생각해 보자. 배우자에게 부부를 위한 자가치유서를 부지런히 건네 주면서 배우자가 변할 거라는 잘못된 기대를 하는 부부가 많이 있다.

이 통념 때문에 고통받은 사람들은 배우자가 '깨닫기'를 희망하고 기원한다. 마음 속으로 배우자가 눈이 번쩍 뜨여 자신이 그토록 갈망해 왔던 이상적인 짝이 될 날을 기다리고 있다. 배우자가 환상적인 짝으로 변하기를 고대하는 것이다. 이 환상을 잘 생각해 보면 정말이지 어리석기 짝이 없다. 그러나 아직도 많은 부부가 자가치유서를 사고, 배우자를 깨닫게 하기 위해 열심히 노력하고 있다.

이기성, 조은영 부부의 사례

은영은 기성과의 관계가 달라지기를 원했다. 그녀는 기성이 클래식 음악과 발레를 좋아하고 자기 친구들과 즐겁게 지낼 수 있는 사람이길 원했다. 그리고 더 깊고 의미 있는 대화를 나누고 싶었다. 은영이 동성 친구들에게 얘기하듯이 기성과 대화하길 원했던 반면, 남편인 기성은 축구와 록 음악을 좋아했다. 그는 유명한 록 밴드 콘서트에 가는 것이 발레 공연을 보러 가는 것보다 더 근사한 외출이라고 생각했다. 그는 은영과 대화하길 꺼리지는 않았지만 대화할 때마다 항상 그녀가 실망하는 것처럼 느꼈다. 또한 은영이 바라는 것이 무엇이든 늘 그것을 만족시킬 수 없다고 느꼈다. 이런 식으로 계속 반복되자, 기성은 '뭐하러 신경 써?'라고 생각하게 되었다.

은영은 기성을 변화시키려는 노력을 계속했다. 그녀는 함께 발레를 보러 가자고 간청했다. 기성은 가끔씩 발레를 보러 가긴 했지만 발레 타이츠를 입은 남자에 대해 심한 농담을 하곤 했다. 그녀가 정서적인 친밀감에 관한 글을 읽어 보라고 주면, 그는 대충 훑어 넘기곤 했다. 은영이 기성을 변화시키기 위해 열심히 노력할수록, 그는 더욱 멀어져 갔다. 결국 기성은 은영에게 "나랑 사는 게 그렇게 불행하다면 다른 남편감을 찾아보지 그래? 그래도 당신 남편인데, 왜 당신은 내가 당장 다른 사람이 되기를 바라는 거야?"라고 말했다.

지금 은영은 남편을 변화시키려고 계속 시도하면서 더 좌절할 것인지, 아니면 자신의 상호작용 방식을 변화시켜서 결혼에 대한 기대를 적절하게 맞추는 데 초점을 둘 것인지 힘든 선택을 해야 한다. 즉, 남편을 변화시키려고 애쓰는 것과 자기 자신에게 초점을 맞추는 것 중에서 선택해야만 한다. 후자야말로 만족할 수 있는 유일한 선택이 될 것이다.

'배우자의 변화는 내 노력에 달려 있다.'는 두 번째 통념은 실제 관계에서는 정반대다. 따라서 당신이 변화시킬 수 있는 사람은 오직 당신뿐이라는 이 기본적인 법칙을 받아들여야 비로소 관계가 변화할 수 있는 것이다.

통념 3: 배우자는 내 인생의 전부다

함께 결혼을 계획하고 앞으로 펼쳐질 삶에 대해 이야기하는 젊은 부부들의 꿈을 들어 보면 그들은 놀랍고도 거창한 기대를 품고 있다. 예비부부 상담 시 앞으로의 결혼생활에서 어떤 문제가 발생할 것으로 예상하는지 질문을 던지면 예비부부들은 아연실색하곤 한다. "문제요? 이해하지 못하셨나 본데요, 우리는 사랑하고 있어요." 그들의 이상은 높기만 하고, 기대는 그보다 더 높다. 그들은 어떤 문제라도 함께 헤쳐 나가면서 이상적인 결혼생활을 누릴 것처럼 보인다. 그러나 불행히도 최근 50%가 넘는 이혼율은 이러한 부부 중에 적어도 절반은 결혼생활에 실망하게 될 것임을 말해 준다 (Gottman, 2000; Bray & Hetherington, 1993; Glick & Lin, 1986).

세 번째 통념은 낭만적인 배우자를 고를 때 우리는 자기 인생의 전부가 될 배우자를 선택한다는 사실을 내포한다. 이러한 이상적인 기대를 비난하자는 것이 아니라, 이들 부부가 기대하고 있는 것에 대해 냉정히 생각할 필요가 있다는 것이다. 그들은 상대방에게 강한 성적 에너지를 느끼고, 완전히 홀린 상태에서 배우자가 자기 삶의 전부(성적 파트너, 가장 좋은 친구, 자녀들의 양육자, 가족 부양자, 재정 지원자, 살림꾼, 병에 걸린다면 간호사나 개인 간병인 등)가 될 인생의 동반자이기를 기대한다. 물론 그것은 한 사람에게 있어서 엄청난 주문이다. 20세기에 거대한 문화적 변화가 있었고 확대가족과 공동체 기반이 감소한 점을 고려한다면 계속 이런 기대를 하는 것은 무척 위험하다. 배우자가 당신의 '모든 것'이 될 가능성은 매우 낮다. 그럼에도 이 통념에 집착한다면 엄청난 실망을 안게 될 것이다.

보통 평범한 결혼생활은 높은 기대에서 출발하여 이상에 대한 환상에서 깨어나고, 건강한 결혼생활인 경우 마침내 서로를 수용하게 된다. 세 번째 통념에 집착하는 사람은 환멸을 느끼게 되고, 그에 집착하면 할수록 더욱더 좌절하게 된다. 또한 근심과 실망감을 느낄수록 한층 더 배우자를 변화시키려고 할 것이다. 결국 그들은 삶의 모든 활동을 배우자와 함께 하길 원하며, 또 그렇게 되기 위해 힘쓴다. 그들은 힘들게 애쓸수록 더욱 환멸을 느끼게 되고 실망도 점점 커져 간다.

많은 사람들이 깨닫지 못한 것이 있는데, 이 세 번째 통념은 결혼생활을 훨씬 부정적으로 해석하는 신념체계를 야기한다는 점이다. 다음 주성호, 오수정 부부의 사례에서 이것이 잘 묘사되어 있다.

주성호, 오수정 부부의 사례

성공한 사업가인 성호는 부모님과 형제들과 멀리 떨어져 살고 있어서 거의 접촉이 없다. 그는 아내 수정과 살면서 얼마나 실망했는지 고통스럽게 말했다. "결혼 전만 해도 전 그녀가 가장 좋은 친구가 되어 주고 모든 것을 함께 할 걸로 생각했어요. 모든 것을 함께 공유하는 영혼의 친구가 될 거라 생각했죠. 전 아내에게 생일선물로 비싼 자전거를 사주었어요. 우리가 주말마다 오랜 시간 함께 자전거를 탈 수 있을 거라고 기대하면서요. 아내는 고마워하는 듯 보였지만, 결코 몇 킬로미터 이상 타려고 하지 않았어요. 그녀는 좀처럼 저와 자전거를 탈 기분이 아니었어요."

언뜻 보면 이는 단순한 취미 차이와 같이 간단한 문제로 보인다. 그러나 남편은 아내가 가장 가까운 친구여야 하고, 같은 흥미를 가져야 하며, 서로의 요구를 모두 충족시켜 주어야만 한다고 믿었기 때문에 중요한 문제인 것이다. 남편은 '즐겁게 자전거 타는 것' 에 대한 아내의 흥미 부족을 그들에게 공통점이 전혀 없다는 증거로 받아들였다. 그때부터 그들은 그 외에 평소 다르다고 생각했던 부분에 대해 대화하기 시작했다. 대화를 통해 그는 서로에게 전부가 될 수 없다는 것을 알았고, 이 때문에 그동안 행복하게 살지 못했다는 것도 깨닫게 되었다.

많은 부부는 이 세 번째 통념 때문에 고생한다. 부부들은 (종종 그에 대해 말하지 않고) 자신들이 멋진 성적 파트너가 되고, 모든 흥미를 공유하며, 영혼의 동반자가 될 것으로 기대한다. 그리고 깊은 정서적 수준에서 모든 관심사를 공유하게 될 것으로 기대한다. 그들이 진정으로 바라는 것은 배우자가 자신의 모든 요구를 충족시켜 주는 것이다. 물론 그것은 불가능하다.

통념 4: 배우자는 내 모든 욕구를 충족시켜 주어야 한다

당신은 이 네 번째 통념을 보고 어리석은 생각이라고 느낄 것이다. 어떻게 배우자가 내 모든 욕구를 충족시켜 줄 것이라 기대할 수 있는가? 하지만 우리는 흔히 그 사실을 깨닫지 못한 채 배우자가 자신의 모든 욕구를 만족시켜 주지 않으면 깊은 상처를 받는다. 그리고 우리의 기대가 얼마나 높은지 깨닫지 못한다.

네 번째 통념은 세 번째 통념('배우자는 내 인생의 전부다')과 유사하지만 사실 더 깊은 내용을 담고 있다. 우리는 관계에서 바라는 것이 매우 간단하다고 생각한다. 우리는 동료애, 성, 대화, 역할 분담, 조화를 원한다. 그러나 관계 내에서 이런 욕구를 충족하기란 굉장히 어려울 수 있다.

그러나 어떤 욕구는 확실치 않다. 다음의 예를 곰곰이 생각해 보자. 만약 당신이 자라면서 긍정적인 말이나 인정을 거의 받지 못했다면 성인이 되더라도 깊은 상처와 내적인 허탈감이 남아 있다. 그러한 상처와 허탈감은 결혼생활에까지 이어진다. 당신은 거의 의식하지 못하는 깊은 수준에서 어릴 적 받지 못했던 긍정적인 말을 배우자가 해 주길 바랄지도 모른다.

당신이 학대 가정에서 성장했다면 정서적 · 신체적으로 안전함을 느끼고 싶은 강한 욕구를 갖게 될 수 있다. 당신은 마음속 깊은 곳에서 자신이 아직도 아이인 것처럼 모든 욕구를 충족시켜 주는 양육관계를 원할지도 모른다. 또한 사소한 부부갈등조차도 안전하지 않은 것으로 해석할 수 있다. 그 결과 배우자와 정서적으로 멀어질지도 모른다.

혹은 당신은 아이였을 때 '완벽' 할 거란 기대를 받았지만, 결코 그 기대를 충족시킬 수 없었다. 그래서 당신은 결혼생활에서 균형을 바랐으나 결국 어렸을 때와 같은 역할을 하고 있는 자신을 발견한다. 당신은 결코 배우자의 기대에 전적으로 부합할 수 없으며, 결국 자신의 욕구가 충족되지 않은 것처럼 느끼게 된다.

그러나 문제는 우리가 이러한 욕구를 자각하지 못하거나 혹은 배우자가 그것을 채워 주기를 무의식적으로 기대한다는 것을 알지 못한다는 것이다. 네 번째 통념이 배우자가 우리의 모든 욕구를 충족시켜 주어야 한다고 암시하기 때문에, 결과적으로 우리는 큰 실망을 할 수 있다. 우리는 원가족 문제를 다룬 6장에서 이러한 복잡한 문제를 해결하기 위한 전략을 논의할 것이다.

통념 5: 결혼생활은 많은 노력이 필요치 않다

흔히 부부들은 강렬한 낭만적인 느낌과 대단한 이상을 품고 사랑에 빠진 채 결혼생활을 시작한다. 그들은 신혼여행에서 돌아와 함께 인생 계획을 세우길 바란다. 많은 부부가 결혼생활에 어느 정도는 문제가 있을 것이라 예상하지만, 그런 문제는 대부분 쉽게 풀릴 거라고 생각한다. 그들은 사랑으로 모든 것을 극복할 수 있을 거라고 믿는다. 또한 별개의 가족에서 자라나 다른 직업을 가지고 있으며 거기다 결혼에 대한 훈련조차 안 된 두 사람이 관계를 이루는 것이 그다지 어려운 일은 아니라고 생각할지도 모른다. 인생의 동반자를 선택하는 것이 매우 복잡하다는 것을 이해하는 사람은 매우 드물다. 우리가 대학원에서 학생들에게 부부치료를 가르칠 때, 학생들은 결혼을 하려면 생각해야 할 것들이 너무나 많기 때문에 결혼은 상상조차 못한다고 말하곤 했다.

결혼생활은 생활주기(life cycle)에 따라 발생하는 위기를 통해 발전한다. 하지만 많은 부부는 이 사실을 알지 못한다. 이러한 위기는 관계를 위협하기도 하고, 성장을 위한 기회가 되기도 한다. 결혼생활에서 부딪힐 여러 가지 관계생활주기(relationship life cycle) 문제에 대해서 생각해 보자. 각 단계는 성장을 위한 도전과 기회를 제공한다. 모든 단계마다 적응, 변화 그리고 건강한 부부간의 대화가 필요하다. 많은 저자가 이를 매우 상세하게 정리했지만, 카터(Carter)와 맥골드릭(Mcgoldrick)이 그들의 책 『가족생활주기(Family Life Cycle)』(1980)에서 가장 명확하게 정리하였다. 그들이 말하는 결혼생활의 6단계는 다음과 같다.

결혼생활의 6단계

가족생활주기의 첫 번째 단계는 사실 결혼생활 이전에 시작된다. 여기에는 원가족으로부터의 독립, 가족이 아닌 다른 사람들과의 관계 발달, 그리고 직업과 관련된 진로 결정이 포함된다. 이는 본질적으로 자신의 가족에서 독립하여 별개의 자기를 확립하는 것이다. 이것이 결혼생활에 얼마나 중요한 의미를 담고 있는가는 이 책의 뒷부분에서 보게 될 것이다(특히, 8장을 보라).

두 번째 단계에서 부부는 원가족으로부터 독립해야 한다. 그리고 자신들만의 독립된 부부관계를 구축해야 한다. 이는 보기보다 어렵다. 부부 각자 원가족에 있을 때 확립된 기대들, 즉 누가 금전을 관리할 것인지, 어떻게 성역할을 분담할 것인지, 누구의 직업이 우선인지, 어느 쪽 종교(어떤 것이든)를 따를 것인지, 어떻게 휴가를 보낼 것인지, 휴일에 어느 쪽 가족을 방문할 것인지 등을 타협하는 것이다. 이는 다른 배경에서 자란 두 사람이 '우리' 가 되려 할 때 발생하는 당연한 문제들이다. 이것이 결혼생활의 첫 번째 '위기' 다. 이와 같은 복잡한 문제들을 해결하려면 상당한 노력이 필요하다.

부부마다 자신들만의 부부 정체감을 형성하고 나면 세 번째 단계로 발달적 위기 또는 기회를 맞게 된다. 바로 '아이' 다. 가족구성원으로 아이가 등장하면서 부부가 갑작스러운 수면장애에 시달리게 되면 여러 해에 걸쳐 함께 보낸 휴가, 일에서 자신의 경력을 쌓고 연구를 개발하기 위한 충분한 시간, 친구들과 즐길 시간을 가져왔던 부부에게 어떤 일이 일어나겠는가? 부부가 '우리' 가 되면 또 다른 사람, 즉 아이(도움도 안 되고 해 달라고 요구만 하는 사람)가 우리 안으로 들어온다. 이때 서로의 역할에 대해 논쟁이 벌어질 수 있다. 누구의 생활을 가장 많이 변화시켜야 하는가? 누가 일을 그만두고 쉴 것인가? 원가족에서의 자녀양육에 대한 역할과 규칙은 무엇인가? 분명 이것은 많은 부부에게 중요한 도전이 될 수 있으며, 역할 분담 문제는 그들을 압박할 것이다.

네 번째 단계로 자녀가 청소년이 되었을 때 주요한 도전이 발생한다. 십대와 함께 모든 새로운 도전거리가 나타난다. 청소년은 한계와 규칙에 도전하고자 하는 욕구가 있고 자신의 정체감을 발달시키고자 한다. 이런 점에서 청소년은 종종 부모를 심하게 압박하곤 한다. 이와 동시에 부모는 대개 중년의 위기를 경험하고 직업적으로 성공해야 한다는 엄청난 압력을 받는다. 그들은 이러한 문제에 정면으로 맞설 만한 에너지가 거의 남아 있지 않다. 이때 부부는 결혼생활에 무엇이 남았는가의 문제로 싸우게 된다. 무엇이 부부를 아직도 함께하게 하는가? 아직도 그들은 서로의 동반자로서 함께하며 즐기는가?

이러한 압력에 더해 노부모가 나이가 들어 건강관리에 위기를 맞을 수도 있다. '샌드위치 세대(sandwich generation)' 라는 새로운 용어는 청소년 자녀와 부모님의 문제 중간에 낀 느낌을 갖기 시작하는 중년의 부부를 잘 묘사해 준다.

자녀가 성장해 보금자리를 떠났을 때, 부부는 결혼생활의 다섯 번째 단계에 이른다. 청소년기 자녀를 둔 부부는 빈 보금자리의 고요함과 평온을 갈망한다. 그들은 전화가 시끄럽게 울리지 않고, 아이들이 심야 파티를 여는 일도 없으며, 새벽 3시에 집으로 돌아오는 자동차 소리에 걱정하며 귀 기울일 필요가 없는 생활을 상상한다. 그들은 자유를 꿈꾼다. 아이들이 돌아다니는 소리를 듣지 않고, 밤새워 일하지 않고, 둘이서 사랑을 나눈다면 얼마나 감미로울까 생각한다. 어쩌면 그들은 마음껏 자고 싶을지도 모른다. 그러나 아이들이 보금자리를 떠난 후에 찾아오는 것은 바로 적막함이다. 시간은 다 어디로 흘러갔는가? 우린 언제 이렇게 늙어 버렸단 말인가? 오랜 시간 아이들을 위해 살아왔는데, 결국 우리 결혼생활에 남은 것은 무엇인가? 우리가 함께할 수 있는 공통 관심사는 무엇일까?

이 단계에는 많은 도전이 있다. 그것은 결혼생활의 건강 정도를 평가하는 것, 새로운 관심사를 만드는 방법 또는 그 관심사와 관련된 사항들을 결정하는 것이다. 더불어 이 새로운 단계는 다시 역할을 조율할 기회를 준다. 두 배우자가 자신들의 직업적 목표를 재조정함으로써 결혼생활이 더욱 불균형적으로 변할 수도 있다.

비록 부부가 자녀의 빈자리에 적응하고 즐기기 시작하더라도 새로운 위기가 전개될 수 있다. 누군가 집으로 다시 돌아오는 것이다. 성인이 된 자녀는 대학원 공부를 하기 위해서, 혹은 이혼을 해서 돌아올지도 모른다. 거기다 자신의 아기와 함께 집으로 돌아올 수도 있다. 어쩌면 직업이 없을 수도 있고, 우선 회복하고 나서 새로운 출발을 해야 할 수도 있다. 이유야 어찌됐든 빈 보금자리는 다시 채워진다. 그래서 이에 적응할 수 있게 대비가 필요하다. 성인이 된 자녀가 부모님과 살기 위해 돌아오면, 모든 가족은 함께 어렵사리 적응을 해야만 한다. 혹은 앞서 말했듯이 부모님의 건강이 나빠지는 어려움이 더해질 수도 있다. 이런 경우 먼 거리를 오가며 부모님을 보살펴야 할 수도 있고, 장기간 간호하는 것을 결정하는 데 곤란을 겪을 수도 있으며, 어쩌면 얼마간 부모님을 모셔야 할지도 모른다. 이것은 결혼생활에 엄청난 부담을 가중시킬 수 있다.

마지막 여섯 번째 단계로 부부가 은퇴 연령이 되어 감에 따라 다시 새로운 문제들이 나타난다. 여가 시간에 무엇을 해야 하나? 둘이서 그렇게 많은 시간 동안 무엇을 하나? 재정 문제, 성인이 된 자녀와의 갈등, 질병과 노화 그리고 결국엔 죽음과의 싸움이 문제가 된다. 이때의 사랑은 사랑하는 사람이 곧 죽게 된다는 현실을 안은 채 사랑하는 우울한 것이다.

간단히 말하자면, 생활주기 문제들은 사실상 살면서 '한 문제가 수습되면 또 다른 문제가 생긴다' 는 것을 확실하게 일깨워 준다. 생활주기의 변화는 위기를 의미하는가? 반드시 그런 것은 아니다. 생활주기 문제는 단계마다 상당한 노력이 필요하다는 것을 의미한다.

현실적인 결혼생활에서는 통념과는 반대로 많은 노력이 필요하다. 생활주기에 따라 발생하는 문제가 이렇게 많은데, 어떻게 결혼생활에 노력하지 않을 수 있겠는가? 부부가 이를 납득하지 못한다면 환멸감과 스트레스가 점점 커질 것이다. 그러나 이러한 현실을 받아들인다면 결혼생활의 스트레스를 통제할 수 있게 되고, 문제를 해결하는 데 뜻을 갖고 더욱 노력할 수 있게 된다.

통념 6: 부부간의 역할은 지속되고 결혼생활에 변화는 없다

정말 많은 부부가 부부관계는 영원히 그대로 지속된다는 통념을 믿는다. 일단 결혼하고 나면 문젯거리와 논쟁이 잘 풀릴 것이고 모든 일이 언제나 순조로울 거라고 생각한다. 일단 부부가 좋은 결혼생활을 이루고 진정으로 서로를 알게 되면 순풍에 돛을 단 듯이 바다를 항해할 수 있다고 가정하는 것이다.

그러나 현실에서 결혼생활과 부부간의 역할은 계속해서 변해야 한다. 앞서 언급했듯이, 부부들은 생활주기에 따른 위기를 경험한다. 그들은 연로해 가는 부모님, 성장하는 아이들과 관련된 문제에 한꺼번에 대처해야 한다. 또한 직업의 변화와 문제, 건강 문제, 상실의 문제를 겪으며 나아간다. 그러므로 끊임없이 적응해야 한다. 결혼생활은 계속해서 변화해야만 하고, 그들은 항상 변화하는 생활주기에 대처하기 위해서 적응해야만 한다.

변함없이 그대로 머무는 것은 없다. 변하지 않는 것은 변한다는 사실뿐이다. 이는 부부가 지속적으로 변화해야 하며 자신을 개혁해야 함을 의미한다. 결혼은 불변이라는 통념을 믿는 사람들은 무지한 상태에 있는 것이다. 건강한 결혼생활을 위해서는 이 통념의 정체를 바로 알고 결혼생활에 대한 적응과 변화가 있어야 한다는 것을 깨달아야 한다.

김주민, 박세은 부부의 사례

주민과 세은의 결혼생활은 여섯 번째 통념을 잘 보여 준다. 결혼생활을 시작했을 때, 두 사람은 전통적인 성역할을 취했다. 이 부부는 어려서 결혼했고 이러한 역할에 의문을 품지 않았다. 부모님들도 전통적인 성역할대로 잘 살아왔기 때문에 자신들도 그 역할을 잘할 수 있을 거라고 생각했다. 주민은 직장에서 열심히 일했고, 세은은 집에서 세 아이를 길렀다.

세월이 흐르자, 세은은 집에만 틀어박혀 있는 엄마의 역할에 자신이 갇혀 있다는 느낌을 갖게 되었다. 그녀는 자신은 집에서 고작 남편과 나누는 대화가 전부인 반면 남편은 일을 통해 우정도 쌓고 사회적 교제도 하는 사실에 분개했다. 이따금 그녀는 빈정대는 투로 주민에게 말하곤 했다. "재미있는 사람들과 점심을 먹는다니 얼마나 좋겠어." 이에 주민은 "당신은 내가 힘들어서 허덕이면 좋겠어?"라고 반응하곤 했다. 세은은 이런 소리를 들으면 더 이상 불평하지 못하고 잠잠해졌다. 그들 사이에 팽팽한 신경전도 있었지만 비교적 결혼생활은 순탄하게 이어져 갔다. 하지만 세은이 강좌를 몇 개 듣고 다시 일하기로 결심하자 문제가 생기기 시작했다.

그들의 '결혼 계약'은 변해 버렸다. 주민은 아내에게 경제적 여유가 생기고 동료들과 점심 약속도 많아지자 놀랐다. 세은은 자신의 일을 잘 해냈고 몇 차례 승진도 했다. 그녀의 빠른 성공에 주민은 더욱더 놀랐다. 그녀는 주민에게 전통적인 성역할을 요구하지 않았다. 하지만 그녀는 자신에게 직업이 생겼는데도 그들의 역할이 왜 전혀 변하지 않는지를 원망하기 시작했다. 그녀는 여전히 집안일의 90%를 맡아 했으며, 남편은 몇 가지 집안일을 하고는 대단한 일을 한 것처럼 여겼다.

이 사례에서 주민과 세은 부부는 자력으로 탄탄한 결혼생활을 해 왔다. 그러나 그들이 결혼생활에는 변화가 없다는 통념을 계속 믿는다면 진짜 어려움에 빠질 것이다. 이 시점에서 부부는 결혼생활에 다시 적응해야 하며 초기에 전통적 성역할을 하기로 했던 약속에 대해 다시 타협해야 한다.

통념 7: 사랑은 느낌이다

사랑은 오직 느낌일 뿐이라고 믿는다면 '사랑이 식으면 부부가 할 수 있는 것은 거의 없다' 는 결론이 나온다. 이것은 부부들이 믿기 쉬운 가장 파괴적인 통념들 중의 하나다. 남녀가 사랑에 빠졌을 때 실제로 어떤 일이 생기는가? 초기에 데이트할 때도 사랑에 깊이 빠져 있는가? 아마도 아닐 것이다. 사실 그들은 상대방을 거의 알지 못한다. 그들은 만나서 욕정과 함께 낭만에 깊게 심취한다. 이것이 나쁜 것은 아니다. 그러나 이런 느낌은 경이롭지만 영원히 지속되지는 않는다. 사실 부부가 사랑에 빠진 것을 묘사할 때 내 배우자는 날 사랑하고 인정해 주고 원한다는 식으로 느낌을 설명한다. 어쩌면 그들은 이제 막 결혼하려고 하는 사람과 사랑에 빠졌다기보다는 이런 감정과 더 '사랑에' 빠진 것인지도 모른다.

대개 그들은 사랑에 빠져 있는 감정과 사랑을 한다. 성숙한 사랑이란 수년, 심지어 수십 년이 걸리는 법이다. 실제로 자신이 '사랑에 빠진' 사람이 어떤 사람인지 알아내는 데는 많은 시간이 소요되기 때문이다. 이를 위해서는 많은 노력이 필요하다. 현실에서 사랑은 느낌이면서 동시에 의지로 행하는 것이다. 오랜 세월을 살아온 부부들과 이야기해 보라. 그들이 함께 겪어 온 위기에 대해 대화를 나눠 보라. 그리고 그 위기를 어떻게 견뎠는지 물어보라. 사랑의 감정을 되살리기 위해 수동적으로 기다리는 것은 관계를 오히려 더 멀어지게 할 뿐 사랑을 지탱해 주지도 깊어지게도 하지 못한다.

사랑에 빠지는 것의 일부는 배우자가 당신을 사랑하고 소중히 여기는 그 느낌을 즐기는 것이다. 그것은 당신 애인의 눈을 통해 이상화된 이미지로 자신을 보는 것이다. 이것이 지속될 때 그 느낌은 경이롭다. 이 세상 그 무엇보다도 강력한 감정이다. 당신은 배우자를 거의 완벽한 사람으로 보고, 배우자도 당신을 완벽한 이상형으로 본다. 그러나 수년이 지나면 완벽함은 현저하게 시들어진다. TV나 축구 경기를 너무 많이 보는 것, 가족이 아닌 친구와 함께 혹은 직장에서 지나치게 많은 시간을 보내는 것, 늘어난 몸무게, 세탁물을 빨래 바구니에 넣지 않는 것 등과 같은 배우자의 짜증나는 행동들이 완벽함을 닳아 없어지게 한다. 더 이상 부부는 서로를 완벽한 사람으로 보지 않는다. 사랑에 빠졌던 감정은 멀리 사라져 버린다. 낭만과 열정의 고결한 느낌은 예전 같지 않다. 섹스는 조금씩 지루해지기 시작한다. 배우자는 점점 더 당신을 짜증나게 한다. 심지어 내가 왜 이 사람에게 끌렸을까 하고 의문이 생기는 시점에 이르게 된다.

이러한 것이 모든 관계의 정상적인 과정이다. 낭만적인 감정이 상실됐다고 소극적으로 끙끙거리고 있기보다는 오히려 지금이 행동할 때다. 당신 자신에게 물어보라. 관계가 원만할 때는 무엇이 달랐는가? 과거에 당신은 배우자에게 어떻게 사랑을 표현했는가? 감정을 되살리기 위해 하염없이 기다리지 말고, 당신이 사랑에 빠졌을 때 했던 일을 더 많이 하라. 그리고 어떤 일이 일어나는지 보라.

비록 사랑이 경이로운 감정이더라도, 사랑에는 또한 의지가 작용한다. 인생에서 가치 있는 것들이 그렇듯이, 결혼생활에 만족하려면 시간과 에너지 그리고 노력이 필요하다. 프로 야구선수들은 자연스럽고 부드럽게 스윙하는 것처럼 보인다. 발레는 힘들이지 않아도 우아하고 유연해 보인다. 그러나 이런 훈련은 오랜 시간의 고된 노력과 연습을 요구한다. 타자가 3루타를 쳤을 때나 발레 무용수가 완벽하게 앙트르샤(entrechat, 뛰어올라서 발꿈치를 맞부딪치거나 교차시키는 발레 동작-역자 주)를 했을 때, 이는 저절로 마음에서 넘쳐 흐르는 자연스러운 감정에 의한 것이 아니다. 대신 그것은 몸짓이 자연스럽고 아름답게 보이도록 하는 반복되고 계획적인 연습에 의한 것이다. 이처럼 사랑에 빠진 '감정' 은 부부 사이에 얼마나 노력을 기울이냐에 달려 있다.

발전적인 변화는 결혼생활의 일부이고 중요한 변화들이 필연적으로 발생함을 가정할 때, '사랑에 빠져 있는' 느낌이 지속될 거라고 생각하는 것은 비현실적이다. 사랑하는 감정을 유지하기 위한 비결은 필요에 따라 자신을 변화시키는 데 초점을 두고 적응하려는 사랑에 대한 자신의 의지인 것이다.

통념 8: 이상적인 연인은 결혼생활 밖에 있다

대개 이상적인 연인에 관한 통념은 '사랑이 식었다' 고 느꼈을 때 생긴다. 이 통념은 "어딘가에 내 이상적인 연인이 있을 거야. 그 사람을 찾아야 해. 나는 미친 듯이 사랑에 빠질 테고 언제나 행복할 거야."라고 말한다. 많은 여성은 동화 속 왕자님에 대한 환상을 갖는다. 그리고 물론 동화 속 왕자님은 현재의 배우자보다 당신을 훨씬 더 사랑한다는 내용이다. 이 환상은 동화 속 왕자님 또는 공주님이라는 높은 이상화가 이루어질 수 있다는 희망을 갖게 한다. 다시 말해, 문제에 대한 해결책이 자기 외부에 있다고 생각하는 것이다. 이 통념을 믿는다면, 현재 남편과의 관계에서 자신을 변화시키기 위해 할 수 있는 일이나 어떻게 행동하는 것이 당신의 사랑을 어렵게 만드는지에 초점을 두는 대신 완벽한 연인을 찾는 일에 집중하게 된다. 이는 곧 당신의 행복이 외부의 누군가에 의해서 정해진다는 통념이다.

이종찬, 유정담 부부의 사례

종찬과 정담은 결혼 11년차 부부다. 그들은 여행 중에 만나 감정의 소용돌이 속에서 자극적인 휴가를 보내고 열정적인 섹스로 관계를 시작했다. 하지만 그런 감정은 오래 전에 사그라졌다. 둘 다 일에만 몰두하여 오랜 시간 일했으며, 예전의 열정적인 감정을 그리워했다. 공교롭게도 이 점에 대해 깊이 의논하기에는 둘 다 '너무 바빴다.' 그리고 각자 다음 휴가 기간이면 문제를 해결할 시간이 될 거라 기대했다.

그러나 정담은 자신의 마음을 사로잡을 새로운 남자를 만나 특별한 사랑을 나누는 백일몽을 꾸는 자신을 발견하였다. 이런 생각을 하면 할수록 점점 더 그녀는 남편과 있는 것이 화가 났다. 결국 남편은 아내를 위해 무엇을 해 주었을까? 사실상 종찬은 아내에게 거의 관심이 없었다.

시간이 지나자, 정담은 분노로 인해 남편과 전보다 더 거리를 두었다. 그리고 그녀의 열정과 낭만적인 감정을 다시 불붙여 줄 이상적인 연인을 찾기 위해 하룻밤 환상을 꿈꾸었다. 얼마 후 한 동료가 그녀에게 한잔하자고 제의했고, 그녀는 그 사람이야말로 진정한 사랑을 (다시) 찾아 헤매는 자신을 도와줄 사람으로 여겨졌다. 그녀는 그와 함께하는 삶을 상상했다. 그러는 사이에 남편과 더욱더 거리감이 생겼으며, 남편에게 화를 내고 남편을 더욱 짜증나게 했다.

이 사례에서 정담에게 여덟 번째 통념은 현실적인 문제다. 통계치를 보면 첫 결혼의 50%가 실패하며, 두 번째 결혼의 약 70~75%가 실패한다고 한다(Gottman, 1999; Bray & Hetherington, 1993; Glick & Lin, 1986). 그녀가 이상적인 연인을 찾는 데 성공할 확률은 통계적으로 봐도 매우 낮은 수준이다. 이상적인 연인 통념의 문제점은 결혼생활에서 당신의 역할과 진정한 자신의 모습을 바라볼 수 없게 한다는 것이다. 예를 들어, 알코올중독자와 결혼한 사람은 이상적인 배우자를 만나게 되기를 열망하지만, 두 번째, 때로는 세 번째에도 알코올중독자와 결혼한다. 당신이 자신의 외부에서 해법을 찾으려 한다면, 당신은 항상 실패할 것이다.

통념 9: 부모의 결혼생활이 원만했다면 내 결혼생활도 그럴 것이다

만약 당신이 이혼이나 별거를 한 적이 없는 가정에서 자랐다면 부모의 결혼생활에 대한 기억은 당신의 결혼에 참고할 만한 청사진이 된다. 반면 당신이 어렸을 때 이혼과 재혼으로 인해 다른 가족과 살았다면, 당신은 여러 모델을 가질 수도 있다. 이런 모델들도 결혼생활을 위한 청사진이 된다. 혹은 당신은 부모의 결혼생활이나 이혼을 싫어했을 수도 있고, 부모처럼 살지 않겠다고 맹세했을 수도 있다. 어쩌면 부모의 결혼생활(또는 재혼)을 존경할지도 모르고 당신의 결혼생활도 유사하기를 바랄지도 모른다. 어느 쪽이든 당신은 성장함에 따라 당신이 관찰한 부모의 결혼생활을 바탕으로 결혼생활에 대한 자신의 모델을 내면화하기 시작한다.

결혼생활에 대한 당신과 배우자의 모델은 뒤섞일 수도 있다. 둘 사이가 좋더라도 어느 쪽 부모의 결혼생활을 얼마만큼 따라야 하는지 결정하는 문제로 다툼이 벌어질 수 있다. 현재 결혼생활에 어느 쪽 부모를 모델로 하느냐, 그리고 어느 쪽의 영향력이 더 강하게 작용할 것이냐 때문에 심하게 싸울 수도 있다. 반대로 부모의 결혼생활 중에 피하고 싶은 것도 꽤 많을 것이다. 그래서 부모와 정반대의 결혼생활을 원할 수도 있다.

부모나 양부모의 결혼생활을 본받거나 혹은 부모와 정반대로 살려고 시도하는 것의 어느 하나를 결정하기란 쉬운 일이 아니다. 대개는 최악의 부모일지라도 신혼부부가 본받을 만한 아주 사소한 행동 한 가지쯤은 있다. 심지어 학대 속에서 자랐더라도 부모의 결혼생활에서 잠깐이라도 서로 존중하는 모습을 봤다면 그 존중이 당신의 결혼생활에 반영되고 또 확대되는 것을 발견할 수 있을 것이다. 반면에 부모의 결혼생활이 완벽하게 보였을지라도, 당신에게 그 모델이 반드시 효과적인 것은 아니다.

부모의 결혼생활과 정반대로 살려는 노력은 거의 소용이 없다. 부모의 결혼생활에 반발하며 정반대로 생활하면서 최선을 다한다 해도 결국 우리는 익숙한 패턴을 반복하고 있다는 것을 알게 될 것이다.

강성태, 이수련 부부의 사례

성태와 수련의 이야기는 부모와 완전히 다른 결혼생활을 유지하려는 예다. 그러나 결국 그들은 그렇게 깨고 싶었던 많은 패턴을 반복하기 시작했다. 두 사람은 스스로가 역기능적이라 생각하는 가족 안에서 부모님 사이가 매우 긴장되어 있었던 것을 보며 자랐다.

수련은 아버지와 같은 남성우월주의자와 결혼하길 원치 않았다. 아버지는 그녀가 모든 정서적인 욕구를 돌보도록 강요했다. 성태도 마찬가지로 그의 어머니처럼 과도하게 감정에 호소하는 여자와 결혼하길 원치 않았다. 그들은 부모의 결혼생활과 완전히 다른 결혼생활을 결심했다. 시작은 좋았지만, 아이들이 십대가 되면서 그들은 서로 낯익은 행동을 하는 것을 발견하게 됐다. 성태는 업무와 관련된 압박감으로 인해 스트레스를 받을 때 더욱 수련의 아버지처럼 행동했고, 매우 고압적이고 강요적이 되었다. 이에 수련은 점점 더 실망했고 스트레스를 받았다. 그리고 더 감정적이 되어 화를 냈다. 한마디로 그들의 결혼생활은 부모의 결혼생활과 닮기 시작했다. 이것은 결혼생활에서 일상적으로 겪는 긴장과 압박감보다 부부를 더욱 낙담시켰다. 그들은 둘 다 그토록 애써 달아나려고 노력했던 그 모델로 도대체 어떻게 돌아가 버렸는지 궁금해했다.

어디에도 비할 데 없이 만족스러운 부부관계를 위해서 자신의 청사진을 그리는 방법을 발견하기 위해서는 엄청난 노력이 필요하다. 통찰에서 변화에 이르기까지의 과정을 7장에서 살펴볼 것이다.

통념 10: 큰 변화가 있어야 결혼생활을 바꿀 수 있다

결혼생활에 활기가 없어지거나 갈등이 몹시 심해지면, 부부는 이 열 번째 통념이 사실이라고 생각하기 시작한다. 즉, 오직 기적이 일어나야만 결혼생활을 바꿀 수 있다고 여긴다. 관계가 통째로 변해야만 건강한 결혼생활을 할 수 있다고 믿는다. 그 결과 전체적인 변화를 기대하고 노력한다. 그러나 이 과정은 점점 더 실망을 안겨 줄 뿐이다. 이는 체중 감량법으로 달리기를 하기로 결심하고는 첫 걸음에 마라톤을 시작하는 사람과 같다. 조급하게 서두른 계획으로 인해 고통과 실의를 느껴 다시 달리는 것조차 힘들어진다. 만약 예쁜 몸매를 갖고 싶다면, 당신은 처음부터 차근차근 지도를 받아야 한다. 당신은 15분 동안 걷고 뛰는 것으로 시작해서 천천히 몸을 단련한다. 준비운동 없이 마라톤을 시도하면 실의와 고통을 느끼며 실패할 것이 분명한다. 이것은 당연한 이치다. 하지만 우리는 결혼생활에서 체력과 지구력을 단련하지도 않고 '마라톤' 부터 시도한다. 우리는 작은 것부터 시작해야 한다는 것을 잊어버리고 우리의 바람대로 큰 변화가 일어나기를 원한다.

당신이 결혼생활의 변화를 기대하면서 이 책을 샀다면 승산이 있다. 이 책이 당신에게 도움이 될 거라 생각한다. 그러나 작은 걸음부터 시작해야만 도움을 받을 수 있다. 이 작은 걸음에는 항상 당신 스스로 변화하려는 노력이 포함된다.

해결중심치료(O' Hanlon & Weiner-Davis, 1989) 이론의 영향을 받은 부부치료자들은 다음과 같이 표준화된 질문으로 상담을 시작한다. "어느 날 잠에서 깨어 보니 자는 동안 기적이 일어나서 결혼생활이 기적적으로 변했습니다. 당신이 원하던 대로 똑같이 말입니다. 자, 무엇이 달라졌습니까? 무엇이 눈에 띕니까?" 귀에 익은 질문인가? 아마도 당신은 이전에 다른 형태로 이런 질문을 들어봤을 것이다.

그러나 많은 사람이 이 질문에서 멈추고 만다. 그들은 결혼생활을 전적으로 변화시킬 수 있는 커다란 기적이 일어날 수 있는지에만 신경 쓴다. 한 번에 해결하는 일종의 절제수술로 생각하는 것이다. 그 결과 다음과 같이 필수적인 질문은 하지 않는다. "그런 기적이 일어나려면 당신이 이전과 다르게 해야 하는 것은 무엇입니까?" (다시 말하지만, 초점은 당신 자신을 변화시키는 데 있다는 것을 주목하라.) 그리고 기적이 일어났다고 가정한다면 당신이 지금 당장 조금이라도 할 수 있는 행동은 무엇입니까?

작은 변화가 큰 변화를 이끌고, 작은 성공이 더 큰 성공을 가져온다. 결혼생활을 변화시키기 위한 최선의 방법은 한 번에 한 걸음씩 가는 것이다. 달리기를 시작하기로 결심했다고 해서, 그리고 다음 주에 마라톤에 참가한다고 해서 처음부터 마라톤을 하지는 않는다. 사람들은 한 번에 한 걸음씩 혹은 1km씩 연습한다. 꾸준히 연습하여 몸이 단련되면 그때부터 마라톤을 할 수 있다. 마찬가지로 결혼생활에서도 작은 일에 초점을 둠으로써 점진적인 변화가 이루어지고, 그것이 더 나아가 근본적인 대변화를 가능하게 하는 밑거름이 되는 것이다. 한 번에 큰 변화를 이룰 수는 없다.

❖ 통념의 내막 알아보기

지금까지 살펴본 열 가지 통념의 공통점은 자신의 외부에서 해결책을 찾으려고 한다는 것이다. 이 통념들은 배우자는 변할 것이고 당신은 배우자를 변화시키기 위해 더욱 노력해야 하며, 어쩌면 더욱 이상적인 배우자를 찾을 수도 있다는 기대를 담고 있다. 이러한 통념은 결혼생활이 쉬울 거라는 신념과 초기에 부부 문제를 잘 해결한다면 인생이 항상 순탄할 거라는 믿음에서 비롯된다. 그러나 이 열 가지 통념은 결혼생활을 어렵게 만드는 거대한 문화적 변화를 무시하고 있다.

이러한 통념을 자세히 알아보는 것은 결혼생활은 부단한 노력이 필요하고, 인생은 문제와 도전의 연속이며, 변화는 항상 계속된다는 현실을 수용하기 위한 것이다. 그것은 사랑에 빠지는 환상이나 이상적인 왕자님 또는 공주님의 환상을 포기하는 것이며, 실제로 변화가 일어나는 곳(자신의 마음속)이 어디인지 인식하는 것이다.

결혼: 변화하는 제도

우리는 지난 세기 동안에 가족과 결혼 제도에 일어난 거대한 변화를 자주 잊곤 한다. 이러한 변화는 우리가 가족과 결혼 제도를 바라보는 관점에 중요한 영향을 미쳐 왔다. 몇 가지 변화를 간단히 검토해 보자.

- 우리 문화는 농경사회에서 산업화된 조직사회로 변화했다. 과거 농경사회 구조에서 사람들의 역할은 뚜렷하게 나누어졌다. 남편과 아내는 정해 놓은 역할 내에서 농장이나 가족 안에서 일했다. 확대가족 구성원은 자녀양육과 역할 모델에 유용했다.
- 산업화와 함께 아버지는 공장을 향해서 농장을 떠났다. 역할은 변하기 시작했다. 남녀의 역할은 농장에서 했던 역할과 완전히 달라지기 시작했다.
- 회사생활과 함께 가족의 대이동이 시작되었다. 멀리 이사하는 것도 흔한 일이 되었고, 빈번히 이사하는 경우도 많았다. 그 결과 확대가족의 결속력이 약화되었다. 가족구성원은 여러 지역과 세계 도처로 흩어졌다. 확대가족은 점차 줄어들었다.
- 최근 30년 동안 남녀평등(여권신장)주의적 사고가 자리 잡히면서, 여성은 남성과

유사한 직업을 선택하기 시작했다. 오늘날 많은 여성이 노동인구가 되면서 부부는 전일제로 일하게 되었다. 이에 따라 자녀를 누가 돌볼 것인지, 누구의 직업을 우선으로 할 것인지가 중요한 이슈가 되었다. 자녀양육을 도와주고 맞벌이 부부에게 휴식 시간을 제공해 줄 확대가족원이 근처에 없는 경우도 많다. 이러한 문제 때문에 긴장이 고조된다. 아이가 아플 때 누가 집에 남아서 아이를 돌볼 것인가? 누가 요리하고 청소하고 학교를 방문할 것인가? 휴식 시간과 부부끼리 있을 시간은 더 말할 여지도 없다. 부부 둘이 보내는 시간은 뒤로 미루더라도 아이들과 보내는 시간이 적은 것에는 스트레스를 받고 죄의식을 느낀다.

- 여기에 다른 지역에 계신 연로하신 부모님에 대한 걱정, 기업의 인원 감축, 아이들은 질 높은 활동에 가능한 한 많이 참여해야 하고 부모 둘 다 그 과외 활동에 가능한 한 자주 참여해야 한다는 기대, 높은 스트레스 등이 더해진다. 이러한 모든 문화적 변화가 일어나면서 사회 전반의 공통적 요소도 변한다. 그런데 결혼에 관한 통념만은 쓸모없음에도 불구하고 여전히 존재한다.

이러한 문화적 변화가 결혼생활을 불가능하게 하는가? 그렇지 않다. 그러나 그것은 도전을 만들어 낸다. 우리가 이런 문제를 드러내고자 하는 목적은 오늘날의 상황을 그려 보자는 것이다. 모든 것은 변화한다. 전후 사회는 이미 지나갔고, 미국의 TV 드라마 '리브 잇 투 비버(Leave It to Beaver, 1950년대 미국 가정의 생활상을 엿보게 해 주는 TV 시트콤-역자 주)' 에서처럼 모든 여자가 가정주부인 시대도 갔다. 요즘 같은 21세기에 그 시대처럼 살려는 것은 헛된 짓이다. 이러한 엄청난 문화적 변화를 되돌릴 수 없음에도 불구하고 결혼에 관한 통념은 여전히 남아 있다. 이러한 통념은 마치 아무것도 변하지 않았다는 듯이 젊은 사람들에게 계속해서 영향을 끼친다.

오늘날 결혼생활에 성공하기 위해서 사람들은 일상에서 부딪히는 변화에 적응해야 한다. 그것은 문화적 변화, 생활주기에 따르는 도전, 건강 또는 직업상의 위기일 수도 있다. 성공적인 결혼생활을 위해 이 통념을 지침으로 삼는 것은 마치 오래된 지도를 보고 운전하면서 원하는 목적지에 성공적으로 도착하기를 바라는 것과 같다. 하지만 이런 식으로는 목적지에 도착할 수 없을 것이다.

결국 결혼생활을 변화시키는 유일한 길은 당신 자신이 변하는 것이다. 부부를 위한 자가치유서들을 읽어 보라. 어떤 책은 매우 유용하며 결혼생활을 변화시키는 데 필요한 많은 기술을 제공하기도 한다. 그러나 이러한 책들은 '당신이 변화시킬 수 있는 유일한 사람은 바로 당신 자신' 이라는 가장 기본적인 변화의 토대를 종종 빠트리곤 한다.

이 책은 당신 자신을 변화시키는 전략적 방법을 알려 주는 데 초점을 둘 것이다. 그러면 결혼생활도 변화할 수 있을 것이다. 우리는 결혼생활의 여러 가지 측면에서 당신의 역할을 변화시키도록 도울 것이다. 그러나 그 단계를 밟기 전에 좌절과 고통을 이끌어 냈던 낡은 통념들을 멀리 던져 버리라. 우리는 당신 스스로 변화하는 것에 초점을 두고, 결혼생활을 변화시키는 데 필요한 지도를 그려 나가도록 도울 것이다.

결혼생활의 변화를 위해 노력하려면, 먼저 결혼생활의 질을 평가해야 한다. 당신은 1장에서 이러한 작업을 했다. 아직 하지 않았다면 다시 1장으로 돌아가라. 평가를 마친 후의 다음 단계는 우리가 지금까지 알아보았던 통념을 스스로 검토하는 것이다. 다음 빈칸에 답을 적어 보라. 만약 이 질문들을 깊이 탐색하고자 한다면 다른 종이를 더 이용해도 좋다.

✔ 당신이 공감하는 통념은 어느 것인가? 왜 당신은 그 통념에 공감하는가? (하나 이상도 가능)

....

....

....

....

....

✔ 결혼생활이나 부부간의 동반자 관계를 바라보는 당신의 관점을 가장 잘 나타낸 통념은 어느 것인가? (하나 이상도 가능)

....

....

....

....

....

✔ 당신이 처음 결혼생활에 대해 생각하기 시작했을 때, 미래의 결혼생활에 대해 기대했던 바를 가장 잘 나타낸 통념은 무엇인가?

....

....

....

....

....

✔ 결혼생활의 여러 단계를 거쳐 오면서 당신의 결혼생활은 어떻게 변했는가?

....

....

....

....

....

03 이렇게 힘들게 노력하는데 왜 관계가 더 악화될까

부부는 여러 가지 문제에 대해서 뻔히 예상되는 싸움을 되풀이한다. 불행히도 이러한 패턴은 자생적으로 악순환을 하며, 사람들은 자신이 반복적인 다툼을 일으키는 데 어떤 역할을 하는지 깨닫지 못한다. 이런 싸움은 예측이 가능함에도 불구하고 변화시키기가 매우 어렵다. 어떻게 부부의 말다툼은 이렇게 역효과를 낳게 되는가? 어떻게 가벼운 불평이 서로에게 상처를 주고 상심하게 하는 극심한 말다툼이 되는가? 앞으로 몇몇 부부의 행동 패턴을 설명하고 이러한 상호작용이 어떻게 발전하는지 검토할 것이다. 그리고 부부 사이에서 자신의 역할을 변화시킴으로써 그런 패턴을 변화시킬 수 있는 방법을 살펴볼 것이다.

우리의 경험에 비추어 보면, 대부분의 부부는 할 수 있는 한 최선을 다한다. 분명 싸움을 원하지 않는다. 불행한 관계로 사는 것도 원하지 않는다. 자신들의 문제를 해결하고 더 가까워져서 서로에게 보다 나은 친구가 되기 위해 노력하곤 한다. 그러나 대개는 그들이 문제를 해결하려고 할수록 문제는 더욱 악화된다. 더 나은 방향으로 가기 위해 노력하는 것이 어떻게 문제를 더 악화시킬 수 있는가? 당신은 "나도 문제를 해결하기 위해서 노력했지만 그렇게 한 게 당신을 더 화나게 만든 것 같아."라고 말한 적이 있는가?

많은 부부가 의사소통 기술만 배우면 문제가 해결될 것이라고 교육을 받았다. 그래서 그들은 경청 기술을 가르치는 강좌를 듣고, 워크숍에 참석하며 책을 읽는다. 하지만 의사소통 기술을 많이 배우더라도 오래된 패턴들은 금세 되돌아온다.

평소의 언쟁이나 싸움을 생각해 보자. 당신이 여느 부부와 같다면 처음 시작한 싸움이 점차 확대되어 당신과 배우자는 좌절하고 낙담하며, 때로는 앞으로의 관계에 절망감을 안겨 주는 뻔히 내다보이는 싸움으로 발전하게 된다. 싸움의 주제는 다양하다. 하지만 처음 다툼이 시작되게 한 주제가 당신이 말하고자 했던 원래 주제는 아니다. 싸움은 항상 사소한 것에서 시작되고 점차 여러 가지 문제로 확대되어 결국 커다란 위기에 이르고 만다. 이럴 때마다 절망 속에서 의아해하고 있는 자신을 발견하게 된다. "어떻게 말다툼이 이렇게 극단적으로 나가게 되는가? 어떻게 사소한 문젯거리에 대한 싸움이 결혼생활을 끝내겠다는 이야기로 끝을 맺는가?"

김영석, 이서희 부부의 사례

영석과 서희 부부는 이러한 과정을 보여 주는 좋은 예다. 어느 날 저녁, 함께 침대에 누워서 뉴스를 보다가 서희가 영준에게 말했다. "우리 결혼생활의 모든 일은 다 내가 떠맡고 있는 것 같아. 애들 문제, 집안일, 식사 준비까지. 힘들어. 정말 도움이 필요해." 영석 은 이렇게 대답했다. "내가 그렇게나 형편없는 남편이라니 미안하군! 난 제대로 하는 게 하나도 없다는 얘기네."

서희는 정색을 하면서 그 말에 대답했다. "뭔 말을 못하게 하네. 당신은 항상 이렇게 방어적이야. 그만둬, 그럼." 영석이 맞받아쳤다. "그만두자. 나는 무슨 말도 못 해? 당신은 내가 직장에서 얼마나 스트레스를 많이 받는지 모르지? 나한테 뭘 원해? 당신 눈엔 내가 제대로 하는 게 있기나 해?"

"그럼 나는 어쩌라고?" 서희가 대답했다. "당신은 내가 매일 무엇을 하는지 몰라. 당신은 일에만 매달려 있잖아. 당신 자신만 생각하잖아." 그러자 영석이 대답했다. "그럼 직장을 그만둘까? 그렇게 되면 당신이 당장 우리를 먹여 살릴 수 있는 직장을 구해야 할 걸. 한번 해 봐. 당신은 절대로 내 잔소리를 안 들으려 할거야. 난 이런 게 넌더리 난다고." 바로 그때 서희가 베개를 움켜쥐고 침실을 뛰쳐나가면서 소리쳤다. "각방 써, 그럼!" 그날 밤 두 사람은 모두 편히 잠을 자지 못했다.

이 사례에서 사소한 언쟁이 일어나는 동안 무슨 일이 벌어졌는가? 어떻게 이처럼 급속히 극단적으로 치닫는가? 서희의 입장에서는 매우 사소한 불평을 이야기했을 뿐이다. 그녀는 자신이 많은 일을 하고 있다는 것을 남편이 이해해 주기를 바랐다. 그리고 남편이 가사에 대한 책임감을 가지고 어느 정도 도와주길 바라는 자신의 마음에 반응했으면 했다. 그녀는 너무 많은 가사일에 압도되는 것 같았고 도움이 필요했다.

하지만 서희의 불평은 결혼생활에서 주기적으로 되풀이되는 커다란 주제의 일부다. 많은 부부처럼, 그들은 결혼생활에서의 역할 문제를 진지하게 해결하려고 한 적이 한 번도 없었다. 그 결과 커다란 미해결 문제가 남게 되었다. 미해결 문제에 대한 싸움을 하다 보면 그동안 쌓여 있던 감정이 쏟아지게 되고, 사소한 불평이 싸움으로 변하게 된다. 자신들이 무엇을 하고 있는지도 깨닫지 못한 채, 서희와 영석의 싸움은 더욱더 심해졌다. 그 결과 그들은 그날 밤 잠을 제대로 이룰 수 없었고, 다음 날도 우울한 기분으로 시작했다. 문제를 해결하기 위한 시도는 오직 문제를 악화시켰을 뿐이다. 솔직히 우리 대부분이 이런 식으로 대화하곤 한다. 우리는 이와 같은 싸움이 어떻게 생활 속에서 일어나는지를 잘 알고 있다.

✻ 불평에서 패턴화된 싸움으로

파멸로 치닫는 언쟁을 이해하려고 할 때, 우리는 종종 그렇게 된 원인을 매우 단순한 것으로 생각한다. 즉, 배우자의 잘못임에 틀림없다고 생각하는 것이다. 오직 배우자가 변화하기만 한다면, 심리치료를 받기만 한다면, 또는 의사소통 기술을 배우기만 한다면 문제가 해결될 것으로 본다. 우리는 문제에 대한 책임을 한 사람에게 돌리고 싸움에서 자신의 역할과 기여를 무시한다. 대체로 문제에 책임이 있는 사람은 상대방이라고 생각한다. 물론 한 사람에게 문제에 대한 책임이 있을 때도 있다. 예를 들어, 가정폭력이 있을 때는 분명히 폭력을 행사한 사람의 잘못이 크고, 그러한 경우에 피해자는 우선 안전하게 있을 필요가 있다. 하지만 부부 사이에서 일어나는 대부분의 싸움에서는 두 사람 모두가 문제를 더 악화시키는 상호작용을 한 것이다.

대부분의 부부는 다루기 힘든 화제에서 반복되는 유형의 의사소통이 만들어진다는 것을 이해하지 못한다. 이러한 상호작용은 자기 발생적인 것으로 계속 순환하게 된다. 이 말은 의사소통에서의 모든 문제는 두 사람 문제(two-person problem)라는 것이다. 우리가 '두 사람 문제'란 용어를 사용하는 것은 문제가 부부 두 사람에 의해서 만들어지고 유지되기 때문이다. 둘 중 한 사람만 있다면 문제는 존재하지 않는다.

결혼생활에서 한 사람 문제(one-person problem)란 없다. 성인(聖人)도 죄인(罪人)도, 착한 사람도 나쁜 사람도 없다. 대부분의 문제는 두 사람 모두의 잘못이다. 더욱 중요한 것은 문제가 두 사람에 의해 유지된다는 사실이다. 특히, 이 말은 문제에 대해 언쟁하는 방식이 항상 문제가 해결되는 것을 가로막는다는 것을 의미한다. 싸움은 두 사람이 함께 만들어 내고, 불행하게도 싸움은 또 다른 싸움을 부른다. 부부는 함께 말싸움에 기름을 부어 반복되는 익숙한 상호작용을 발생시킨다. 두 사람 문제란 곧 '손바닥도 마주쳐야 소리가 나는 법'이라는 말을 의미한다. 두 사람은 각자 싸움에 기여한다. 부부관계나 다른 의미 있는 관계에서 하나 더하기 하나는 둘이 아니다. 다시 말해, 두 사람이 창조한 의사소통 패턴(1)이 그들(1+1)에게 더해진다. 이러한 의사소통 패턴은 생명을 가지고, 결국에는 문제로 변하게 된다. 역설적이게도 이러한 패턴은 원래 문제를 해결하려고 시도하면서 나타난 것이다.

관계 패턴의 법칙

결혼생활에서 효과적인 변화가 일어나려면 변화를 원하는 당사자가 자기 자신에게 초점을 맞추기 시작해야 한다. 이러한 힘든 과정을 시작하기 위해서 관계에 대한 사고 방식을 많이 변화시켜야 한다. 앞에서 언급했듯이, 많은 사람은 배우자가 바뀌었을 때에만 진정한 변화가 생길 수 있다고 믿는다. 그들은 자신이 문제에 얼마나 기여하고 있는지는 알지 못한다. 게다가 싸움에서 한 발짝 뒤로 물러나는 것을 힘들어하며, 싸움은 반복된 패턴이고 예측 가능한 상호작용이라는 것을 알아차리지 못한다. 당신이 관계 내에서 자신의 역할을 이해하는 방식을 변화시키기 위해 새로운 관점을 학습하는 첫 단계로 다음의 네 가지 법칙을 숙고해 보라.

법칙 1: 결혼생활에서 모든 의사소통 문제는 두 사람의 몫이다

결혼생활에서 당신의 역할을 다르게 바라보기 시작하려면 법칙 1을 이해해야 한다. 이 법칙을 이해한다면, 당신은 배우자를 변화시키려는 노력을 멈추게 될 것이다. 아울러 결혼생활에서 의사소통 문제를 두 사람 문제로 보고 그 문제에서 당신이 기여하고 있는 역할에 초점을 맞추게 될 것이다.

대부분의 부부는 상담을 시작할 때 문제가 무엇인지 정확하게 알고 있다고 확신한다. 문제는 배우자에게 있다. 부부는 자신들의 상호작용이 예측 가능한 패턴으로 서서히 발전되고, 자신들이 해결하고자 하는 문제를 지속시킨다는 것을 이해하지 못한다. 대신에 상담자가 진짜 문제는 배우자에게 있다는 사실을 깨달아서 (자기가 원하는 세세한 요구사항대로) 배우자를 변화시켜 주기를 은밀히(또는 은근히 드러내면서) 기대한다. 또는 결혼생활에 관한 자가치유서를 읽고 배우자도 그 책을 읽는다면 기적 같은 변화가 일어날 것이라는 환상에 빠진다. 그래서 배우자가 책을 읽고 공부해서 변화될 것이라는 헛된 희망을 품은 채 집안 곳곳에 (적절한 내용이 있는 페이지를 펼쳐 둔) 책을 놓아둔다.

변화가 일어나려면 이 첫 번째 법칙을 받아들여야 한다. 파트너가 변화해야 결혼생활이 나아질 것이라는 환상을 포기해야 한다. 이 환상은 말하긴 쉽지만 행동으로 실천하기는 어렵다. 웬만해선 사라지지 않기 때문이다. 자기 초점(문제가 발생할 때 자신의 역할을 검토할 수 있는 능력)이 향상될 때, 결혼생활에서 진정한 변화가 시작된다. 이 말은 부부 각자가 배우자에게 책임을 돌리기보다는 스스로가 상호작용에 기여하는 것이 무엇인지에 대해 더 많이 바라보기 시작하는 것을 의미한다. 자기 초점은 다음의 질문을 가지고 시작된다. "내가 이 문제에 기여하고 있는 것은 무엇일까?"

물론 이것은 대부분의 사람에게 급격한 변화다. 당신이 자신들을 포함한 다른 부부의 싸움을 들어 보면 익숙한 패턴을 알아차리게 된다. 그것은 항상 '죄를 묻는 사람/자신을 방어하는 사람' 유형의 싸움일 것이다. 한 사람은 상대방의 관심사에 대한 핵심을 제기하는 검사가 되고, 다른 한 사람은 자신을 변호해 나간다. 서로 역할이 바뀔 수는 있으나, 기본적인 '검사/변호사' 패턴은 유지한다. 부부는 문제가 상대방에게 있다고 확신한다. 일단 '검사/변호사' 상태에 놓인다면 승자는 없다. 어느 누구도 상대방의 관점을 수용할 수 없다.

만약 당신이 정말로 속마음을 그대로 이야기한다면, 결혼생활에서의 가장 큰 문제는 전적으로 배우자의 책임이라고 생각할지도 모른다.

자, 스스로에게 정직한 모습으로 다음 문장을 완성해 보라.

만약 배우자가 ....

.... 한다면,

우리의 결혼생활은 좋아질 것이다.

다음과 같은 말로 빈칸을 채운다고 상상해 보라. '뒤로 물러나서 거리를 두는 것을 그만둠' 이라고 쓰고 그다음 완전해진 문장을 읽어 보라. "만약 배우자가 뒤로 물러나서 거리를 두는 것을 그만둔다면, 우리의 결혼생활은 좋아질 것이다."

이제 완전히 다른 태도를 가지고 두 사람을 모두 포함한 언어(two-person language)를 사용하여 '두 사람 문제' 로서 같은 문제를 기술해 보자. 다음은 두 사람을 모두 포함한 언어의 예다. "내가 바가지를 긁으면, 배우자는 뒤로 물러나면서 점점 더 거리를 둔다." 이러한 두 사람 언어는 두 사람이 상호작용에 기여하는 바를 포함하고 있다는 사실에 주목하라. 더욱 중요한 것은 이렇게 해 봄으로써 자신이 문제에 어떻게 기여하

고 있는지 스스로 확인할 수 있다는 것이다. 당신이 변화시킬 수 있는 사람은 오직 당신 자신뿐이기 때문에, 두 사람 언어는 자신을 변화시킬 수 있는 행동 측면을 이해할 수 있게 해 준다. 문제를 두 사람 문제로 이해하고 기술할 수 있을 때, 당신은 문제에 대한 당신의 역할과 기여를 검토할 수 있다. 이 법칙을 받아들이고 두 사람 언어로 문제를 기술했다면 다음의 법칙 2를 이해할 수 있다.

법칙 2: 의사소통 패턴은 그것을 만들어 낸 부부보다 더 크다

매우 재능 있는 댄서 두 명이 춤을 추고 있는 것을 본다면 무엇이 눈에 띄는가? 댄서들의 부드럽고 우아한 댄스 스텝은 서로 뒤섞인다. 그들이 창조하는 춤은 두 사람을 가려 버린다. 춤 자체가 실체(entity)를 지니게 된다. 매우 재능 있는 두 사람이 함께 춤을 추고 있는 것을 볼 때, 결국 개개인이 아닌 춤을 보게 된다. 전체는 부분보다 크다. 만약에 당신이 춤이 아닌 두 사람을 주로 본다면, 그때의 춤은 제대로 되고 있는 것이 아니다. 반대로 두 명의 능숙하고 우아한 댄서들은 제3의 실체를 창조한다. 그것은 춤 자체다. 만일 발레를 관람하는데 남자와 여자가 완전히 어긋나게 스텝을 하고 들어올리고 도약하는 것을 본다면, 두 사람이 창조하는 춤은 각 부분들을 모아 놓은 것일 뿐이다. 만일 한 사람만 무대에 있다면, 완전한 실체는 존재할 수 없다. 의사소통 패턴은 춤과 매우 비슷하다. 부부는 결혼생활의 문제를 처리하려고 애쓴다. 그러한 문제는 돈이나 성관계, 친척, 양육과 같은 커다란 문제일 수도 있고, 누가 쓰레기를 버리는가와 같은 사소한 문제일 수도 있다. 하지만 부부가 해결하고자 시도하는 이러한 문제에서 의사소통 패턴이 생겨난다. 예를 들어, 누가 쓰레기를 버리는가로 부부싸움을 할 때 당신은 아마도 싸움이 어떤 식으로 흘러갈 것인지, 누가 어떻게 말할지, 그리고 싸움이 어떻게 끝날 것인지를 정확히 알고 있을 것이다. 안무가가 자신이 창조한 춤에 이름을 붙이는 것처럼, 당신은 이러한 것에 '쓰레기 춤' 이나 '집안의 허드렛일 끝내기 춤' 으로 이름을 붙일 수 있다. 당신에게도 쓰레기를 내다 버리는 것과 같은 '사소한 문제' 를 해결하려 할 때마다 일어나는 예측 가능한 의사소통 패턴이 있을 것이다.

그 결과 부부싸움에는 두 가지 갈등이 포함된다. 즉, 문제 자체와 본래 문제를 해결하기 위한 노력에서 일어난 싸움이나 상호작용이 그것이다. 여기서 첫 번째 '문제'는 돈이나 성관계, 친인척 문제 등과 같이 부부가 서로 싸우는 주제를 말한다. 그리고 두 번째 문제는 원래의 문제를 해결하기 위한 진지한 시도로 나타나는 예측 가능한 유형화된 싸움을 말한다.

이런 패턴화된 싸움은 본래 문제의 해결을 불가능하게 하여 그 자체로 난관이 된다. 부부는 특정한 문제를 해결하려 하면 할수록 새로운 문제를 더욱더 만들어 내는데, 바로 특정한 문제에 대한 의사소통 패턴이나 싸움이 새로운 문제다.

좀 더 쉽게 이해하길 원한다면 당신 부부가 다투고 있는 문제(예: 돈)에 대해서 생각해 보라. 정진우, 권진아 부부는 가계부의 수지(收支)에 대해 의견 일치를 이룰 수 없었다. 진아는 가계부가 십 원 단위까지 맞아떨어져야 한다고 주장했지만, 진우는 가계부 정리를 자주 잊어버렸다. 진우는 잔고를 확인하기 위해 은행에 전화하면 그만이라고 말했다. 이 부부의 문제는 돈이다. 하지만 그들이 이 문제를 해결하려 할 때 어떤 일이 벌어지는지 한번 지켜보자.

진아는 엄청 흥분한 상태에서 불평을 털어놓는다. "여보, 가계부에 빠진 영수증이 세 장이나 있어요! 가계부 좀 잊지 말고 적을 수 없어요?" 진우가 대답한다. "진정해. 언제든지 은행에서 잔액을 알아볼 수 있잖아. 이런 일에 너무 밴댕이같이 굴 거 없잖아." 진아는 짜증이 난 상태에서 '밴댕이'란 말에 더욱 더 흥분한다. "밴댕이 같다고? 내가 그렇게 말하면 당신은 나한테 한 푼도 안 줄걸. 밴댕이? 유치하게시리. 철 좀 들어!" 진우는 기어들어가는 소리로 욕을 한다. "제기랄! 뭐가 그렇게 심각해? 꼭 엄마처럼 잔소리를 해대는군." 이쯤 되면 싸움은 본래의 주제에서 벗어나게 되고, 문제를 해결할 가능성은 사라져 버린다. 이제는 싸움 자체가 문제가 된다. 화가 난 정도, 욕설이나 비방 그리고 '철없는 아이와 잔소리쟁이 엄마'와 같은 상호작용이 문제가 된다. 지금 그들은 두 가지 문제를 처리해야 한다. 하나는 가계부 문제이고 다른 하나는 그 얘기만 하면 흥분하고 싸우게 되는 문제다. 당신에게도 흔히 일어나는 일인가?

이제 자신의 결혼생활과 반복되는 싸움을 생각해 보자. 싸움을 비디오로 녹화한다고 가정해 보라. (비디오로 당신 부부의 싸움을 본다면 얼마나 부끄러울지 상상해 보라.) 느린 화면으로 되돌려 보면 무엇이 보이는가? 자신이 어떻게 하고 있는가? 배우자는 무엇을 하고 있는가? 잠시 시간을 가지고 다음의 빈칸에 관찰한 것을 써 보라.

....

....

....

....

당신이 대부분의 부부와 유사한 싸움을 한다면, 그 싸움은 매우 예측 가능한 과정을 따를 것이다. 당신은 늘 말하던 것처럼 말하고, 배우자도 늘 하던 식으로 반응하며, 싸움은 점차 확대되고, 늘 그렇듯 예측 가능한 결말로 이어진다. 당신이 상상한 논쟁에 대한 비디오를 생각해 보았을 때, 부부간의 싸움에서 어떤 새로운 정보가 교환되는가? 절대 생산적인 해결방안이 될 수 없는 늘 하던 식의 싸움에 창조적인 변화가 있었는가? 아마도 아닐 것이다. 대개 배우자가 무엇을 말할지, 당신이 무엇을 말할지 앞이 뻔히 보인다. 부부의 반응은 완전히 예측 가능한 것이다.

이는 첫 번째 법칙과 두 번째 법칙이 사실이라는 많은 증거를 제공해 준다. 부부 문제는 부부가 만들어 낸다. 정진우, 권진아 부부는 두 사람 다 문제가 단계적으로 확대되는 것에 기여했다. 그리고 그들의 싸움은 스스로 재생산되어 가계부 문제를 해결하려는 시도가 불가능해졌다.

당신도 매우 격렬하고 빠르게 감정적으로 흥분해서 본래 문제가 무엇인지 잊어버린 채 한밤중에 부부싸움을 한 적이 있는가? 첫 번째 법칙은 부부 두 사람이 함께 문제에 기여한다는 것을 일깨워 주고, 두 번째 법칙은 본래의 문제에 대한 싸움이 결국 문제 그 자체가 된다는 것을 상기시켜 준다.

우리는 이러한 싸움에 어떤 식으로 걸려드는가

왜 좋아하는 사람과 늘 똑같고 예측 가능한 싸움에 걸려 들어 좌절하고 멀어지는가? 분명 당신이 무지해서도 아니고 의사소통 기술이 부족해서도 아니다. 그렇다면 무엇이 문제인가?

모든 관계에는 특별한 의사소통 패턴이 있는데, 그것은 각 부부만이 가지는 예측 가능하고 반복적이며 독특한 상호작용 스타일이 된다. 그래서 관계에는 부부 두 사람보다 더 상위에 있는 상호작용 순환이 있게 된다. 이 순환 내에서 변화하려 하면 할수록 같은 상황에 더 묶이게 된다. 대개 본래의 문제를 위한 해결책이 실제로 문제가 된다. 당신은 싸움 밖으로 나오길 원한다. 그렇다면 당신과 배우자가 어떻게 싸움을 부채질하는지 정확하게 알기 위해 부부싸움을 녹화해서 보고 있다고 상상해 보라.

이러한 패턴을 인식하기 시작해야만 상호작용 순환에서 자신의 역할을 변화시킬 수 있다. 사실 '특히 자주 일어나는' 싸움이 시작되면, 상호작용 패턴은 말하는 사람과 상관없이 진행된다. 일단 싸움이 시작되면, 멈추는 것은 거의 불가능하다. 그것은 펄펄 뛰어다니는 강아지가 주인으로부터 도망치는 과정을 지켜보는 것과 같다. 강아지가 속력을 늦출 때마다 주인은 거의 다 잡았다고 생각하지만, 강아지는 또다시 도망친다. 강아지는 계속 뱅뱅 돌고, 주인은 좌절감을 느낀다. '특히 자주 일어나는' 싸움을 진정시키고 해결하려는 시도는 이와 무척 유사하다. 혈기왕성한 강아지처럼, 이러한 싸움은 대개 붙잡기 힘들다.

당신의 언쟁 유형은 무엇인가

부부간의 싸움에는 많은 유형이 있다. 이러한 싸움의 몇 가지 유형을 기술하기 위해 권태광, 윤미혜 부부의 문제를 한번 살펴보자.

미혜는 남편인 태광과 나누는 대화에서 더 이상 정서적인 친밀감을 느낄 수 없어 좌절감을 느끼고 상처를 받았다. 그녀는 동성 친구들과 대화할 때처럼 남편과 인생에서의 친밀한 부문에 대해 대화를 나눌 수 있는 충분한 시간을 가질 수 있길 바랐다. 그녀는 남편과 이야기를 나눌 때 남편이 자신을 충분히 이해해 주고 이야기를 더 하도록 격려해 주기를 원했다. 사실 미혜가 한 말에 대해 남편이 신문을 보면서 툴툴거리며 반응하는 것이 그나마 다행이었다. 그녀는 상처를 받거나 깊은 좌절감을 느낄 때마다 남편을 쫓아다니며 문제를 해결하려 했다.

미혜: 말 좀 해 봐요. TV 좀 끄고 이야기하면 안 돼? 축구 경기가 진짜 나보다 중요해?
태광: 조용히 TV 좀 보자. 오늘 힘들었어. 나중에 대화하자.

남편이 그녀와 거리를 두려 하자, 미혜는 더 집요하게 반응하고 더 비판적이고 감정적으로 변한다.

미혜: 당신과 사는 것이 얼마나 외로운 줄 알아? 당신은 왜 그렇게 무심해?

그녀가 이처럼 대화를 격렬하게 이끌자, 태광 역시 더욱더 거리를 두면서 반응하게 되고 아내를 더욱 화나게 만든다.

태광: 바가지 좀 그만 긁어. 당신이 잔소리를 그만두면 그때 이야기하지.

이들은 계속해서 상대방이 문제라고 주장한다. 이들의 상호작용은 '쫓기/거리두기(pursuer/distancer) 패턴' 을 보이는데, 이 패턴은 두 사람이 대화를 나눌수록 더욱 커져 갔다. 이들은 싸움을 멈출 수 없다는 것에 무기력함을 느낀다. 이제 친밀감에 대한 싸움 자체가 문제로 변하여 생명을 가지게 된다.

이 부부의 문제는 이들에게 익숙한 것이다. 이들은 문제를 해결하려고 노력하고 둘 다 친밀한 관계를 원한다. 문제를 해결하려 시도할 때, 이들은 특정한 유형의 상호작용 패턴을 만들어 낸다. 바로 쫓기/거리두기 패턴이다.

태광과 미혜가 일부러 이러한 패턴을 만들어 내려 했는가? 이들은 이 패턴이 생기길 원했는가? 물론 아니다. 이들의 쫓기/거리두기 패턴이 친밀함의 문제를 해결하려는 데 실패하게 했으며, 이제는 그 자체가 문제가 되었다. 사실 쫓기/거리두기 패턴은 그 자체가 문제가 되었을 뿐만 아니라 본래의 문제(친밀감 조성)를 해결할 수 없게 만들었다.

이러한 패턴이 익숙하게 느껴지는가? 당신이 하는 가장 일상적인 싸움이나 언쟁은 어떤 것인가? 다음 빈칸에 자세히 묘사해 보라. 부부싸움을 할 때마다 반복적으로 일어나는 것을 적어 보라.

....

....

....

....

다음으로 당신이 앞에서 기술했던 싸움이 점차 확대되는 방식을 적어 보라. 무엇을 어떻게 하여 싸움이 점차 확대되었는가? 배우자와 자신의 반응을 써 보자. 이를 위해서는 부부싸움을 녹화한 비디오를 보고 있다고 상상하며 자신에게 거리를 두는 것이 가장 좋다. 싸움을 확대시키는 데 당신이 어떤 역할을 하는지 주의를 기울이라. 솔직하게 다음의 빈칸을 채워 보라.

✔ 싸움은 ....

....

.... 에 대한 이야기로 시작한다.

✔ 나는 항상 ....

....

.... 라고 말한다.

✔ 그러면 배우자는 항상 ....

....

.... 라고 반응한다.

✔ 배우자의 반응에 대해 나는 ....

....

.... 라고 반응한다.

마지막으로 싸움의 예측 가능한 결말을 써 보라. 예를 들어, 만족스러운 해답을 이끌어 내는가? 어느 한 사람이 폭발하는가? 누군가가 소파에서 자거나 문을 쾅 닫고 나가 버리는 것으로 끝나는가?

....

....

....

....

앞의 빈칸을 다 채웠다면, 당신은 여기서 무엇을 배웠는가? 당신이 여느 부부와 유사하다면, 당신과 배우자가 쓴 내용들은 대체로 예측 가능하다. 이러한 싸움에서 창의적인 해결책이 있는 경우는 거의 없다. 그리고 만족스러운 형태로 끝나는 경우도 거의 없다.

어떠한 관계든 수많은 문제가 있다는 것을 기억하라. 문제는 단지 삶의 한 부분일 뿐이다. 우리가 이러한 문제에 대해 배우자와 어떻게 의사소통하느냐가 문제를 악화시키거나 혹은 문제를 해결한다. 문제를 해결하려는 우리의 시도는 종종 특정한 관계 패턴을 만들기도 한다. 당신의 독특한 패턴과 그 패턴에서 자신의 역할을 더 잘 이해하려면, 싸움을 녹화한다고 상상해 보고 예측 가능한 과정이 두 사람 뒤를 따라온다는 것을 깨달아야 한다. 또한 항상 상호작용에 기여하는 당신의 확실한 역할에 주의를 집중하라.

법칙 3: 싸움은 예측 가능한 과정과 패턴을 가진다

단체 경기에서 우수한 선수가 되려면 다른 선수와 조화를 이룰 수 있는 능력이 필요하다. 팀원들은 각자의 포지션을 적절히 소화해야 하며, 이로써 팀이 하나로 뭉치고 조화를 이루게 된다. 미식축구에서 공격수에게는 수비수가 필요하다. 그렇지 않으면 역습을 당할 것이다. 투수는 포수와 야수가 필요하다. 경기에서 팀이 적절히 활동하고 이기기 위해서는 서로 조화를 이루고 매끄럽게 움직일 수 있어야 한다.

균형 잡힌 관계 패턴

가족체계이론(family systems theory)에서는 이러한 균형을 상보성(complementarity)이라 한다. 상보성이란 결혼생활에서 두 배우자가 서로 균형을 이루는 것을 말한다(Watzlawick, Bavelas & Jackson, 1967). 균형 잡힌 관계 패턴(balanced relational patterns)의 종류는 다양하다. 단체 경기와는 달리, 가족관계에서 이러한 패턴은 긍정적일 수도 있고 부정적일 수도 있다.

쫓기/거리두기 패턴 첫 번째 균형 잡힌 관계 패턴은 앞의 권태광, 윤미혜 부부의 예에서 보여 준 패턴이다. 바로 쫓기/거리두기 패턴(pursuer/distancer pattern)이다. 이 패턴에서는 한 사람은 거리를 두려는 반면에 다른 사람은 쫓아간다. 쫓는 자는 항상 "얘기 좀 해. 나한테 잠시 시간을 주면 안 돼? TV 끄고 이야기 좀 해."라고 요구한다. 당연히 쫓기는 자는 거리를 조금 더 벌리면서 "나한테서 좀 떨어져. 귀찮게 하지 마. 날 혼자 내버려 둬."라고 반응한다. 그들은 무의식중에 균형을 잡는다. (균형 잡힌 관계 패턴이 반드시 긍정적이지는 않다는 것을 기억하라.)

이 패턴으로 스스로를 얽매는 부부에게 변화는 불가능하다. 왜냐하면 이런 부부는 이 패턴으로 균형을 잡고 서로의 위치를 강화하기 때문이다. 말하자면 쫓는 자가 계속 쫓는 한 거리를 두려는 자는 항상 더 많은 거리를 두려 할 것이다. 거리를 두려는 자가 정서적으로 거리를 두려 하면 할수록 쫓는 자는 쫓는 행동을 계속할 것이다. 이것은 두 사람 문제다. 부부는 서로를 강화하고 바뀌기 매우 힘든 관계 패턴을 함께 만든다.

과대기능/과소기능 관계 패턴 또 다른 관계 패턴은 과대기능/과소기능 관계 패턴(overfunctioning/underfunctioning relational pattern)이다. 한 사람은 과도하게 일을 하고, 다른 한 사람은 거의 일을 하지 않는다. 과도하게 일을 하는 사람은 종종 좌절하고 불평한다. "왜 내가 전부 다 해야 되는 거야." 그들은 종종 자신이 모든 것을 다 하고 있고 배우자는 그 역할을 다하지 않는다고 생각한다. 문제는 부부가 서로의 행동을 강화하고 있다는 것이다. 누군가 일을 적게 하면 할수록 상대방은 과도하게 일을 하게 된다. 반대의 경우도 그렇다. 부부는 이 사실을 깨닫지 못하고 계속 상대방을 강화시키고, 그 결과 패턴은 계속된다. 이러한 패턴은 류근석, 이유경 부부의 예를 통해서 자세히 볼 수 있다.

류근석, 이유경 부부의 사례

유경은 집 안이 정돈되어 있는 것을 좋아한다. 뭐든지 제자리에 있어야 했기 때문에 그녀는 한순간도 느긋하게 있을 수 없었다. 계속 청소와 정리정돈을 하고 치우는 것을 반복했다. 하지만 남편인 근석은 그녀와 정반대다. 옷을 벗어서 아무데나 던져 놓고 온 집 안을 난장판으로 만든다. 그는 막 정리하려고 했다는 말만 되풀이하곤 했다.

유경은 남편의 수입과 지출을 맞추고, 빨래를 세탁기에 집어넣고, 식사를 차린다. 옷장 정리도 그녀가 한다. 그녀는 지쳤고 모든 것을 혼자서 해야 한다는 것에 불평을 하지만 그만두지도 않는다. 근석은 자신이 지금보다 집안일을 더 해야 하고 경우에 따라서 그녀를 도와야 한다는 것을 알고 있지만, 그가 하려고 하면 아내는 종종 이렇게 말한다. "제대로 안 할 거면 신경 쓰지 말아요. 설거지는 내가 마저 할 테니까 당신 할 일이나 해." 그녀가 일을 많이 할수록 남편은 일을 더 적게 한다. 그리고 남편이 일을 안 할수록 그녀는 일을 많이 해서 균형을 맞춘다. 그들은 서로를 비난하고, 행동을 변화시키는 것이 어렵다고 확신한다.

지배적/복종적 관계 패턴 지배적/복종적 관계 패턴(dominant/submissive relational pattern)은 균형 잡힌 관계 패턴의 또 다른 예다. 이것은 또한 성 고정관념으로도 불린다. 지배적인 사람은 관계를 통제하기를 원하고, 복종적인 사람은 뒤로 물러서서 지배적인 파트너가 하려는 대로 그냥 놔둔다. 이러한 패턴은 겉으로 보기에는 사실처럼 보인다. 그러나 안을 들여다보면 잘 드러나지 않는 영역에서는 복종적인 사람이 통제력을 지닌다. 예를 들어, 지배적인 남편은 부인과 아이들에게 소리를 지르며 명령한다. 그리고 누구도 그의 적대적인 권위에 도전하지 않는 듯하다. 부인은 항상 그의 말에 순종하는 것처럼 보인다. 그러나 아이들은 뭔가 필요하거나 조언을 구할 때 아버지가 아닌 어머니를 찾는다. 그 결과, 지배적인 아버지는 실제로 가정의 일상사에서 거의 발언권이 없다.

싸움/도주 패턴 균형 잡힌 부부의 상호작용에 대한 또 다른 예는 싸움/도주 패턴(fight/flight pattern)이다. '도주하는' 사람은 고상하게 조용히 있으려 하고, 어떻게 해서든지 충돌을 피하려 한다. 그러나 '싸움을 거는' 사람은 거의 모든 것에 대해 상대와 언쟁하려 한다. 이러한 패턴은 부부간의 화합을 방해한다.

이상이 균형 잡힌 관계 패턴의 예다. 모든 패턴에서 부부는 서로 조화를 이루게 된다. 그러나 이러한 방법으로는 진정한 변화가 일어날 수 없다. 이는 모두 두 사람 문제로서 각자의 문제를 넘어서는 더 큰 패턴을 만들어 낸다. 결국 더 큰 패턴은 부부가 중요한 문제를 해결하는 것을 방해하고 그 자체가 문제가 되어 버린다.

이제 관계 패턴에 대해서 기술했던 부분으로 되돌아가서 다시 한 번 읽어 보라. 그리고 당신들의 관계를 제일 잘 설명한다고 생각하는 패턴을 찾아보라. 이때 패턴이 하나 이상일 수 있다는 사실을 유념하라. 그런 후에 다음의 예들을 한 번 보고 그와 같이 당신의 관계 패턴을 표에 맞게 적어 보라. 칸이 모자라면 다른 종이를 사용해도 좋다.

나는 무엇을 하는가?	배우자는 무엇을 하는가?	관계 패턴
집안일을 좀 도와달라고 한다. 집안일과 아이 돌보는 일까지 전부 내가 한다. 더군다나 나는 시간제 일도 하고 있다.	배우자는 내 요청을 무시하거나, 주중에 40시간 일을 하고 나서 토요일 오후에 아이들을 데리고 영화 보러 가는 것은 자신에게 무리라고 말한다.	과대기능/과소기능 관계 패턴
멀리 살고 있는 친정에 가고 싶다. 시간과 경제적 비용은 충분히 여유가 있는데 배우자가 허락하지 않는다.	배우자는 내가 집안에 있어야 한다고 말한다. 이게 다다. 이것으로 대화가 끝난다.	지배적/복종적 관계 패턴

앞의 두 예를 참조해서 당신의 관계 패턴을 기술해 보라.

나는 무엇을 하는가?	배우자는 무엇을 하는가?	관계 패턴

법칙 4: 관계 패턴은 부부 각자의 생각과 행동을 강화한다

지금까지 기술한 모든 관계 패턴은 균형이 잡혀 있다. 쫓는 자는 거리를 두려는 자에 의해 균형이 잡히고, 그 반대도 마찬가지다. 과대기능하는 사람도 과소기능하는 사람에 의해 균형이 잡히고, 그 반대도 마찬가지다. 이처럼 잘 맞춰진 균형은 변화가 일어나지 못하도록 방해한다. 결국 서로가 너무 효율적으로 균형을 맞추고 있어서 변화가 일어날 수 없다.

우리를 더욱 실망시키는 것은 이러한 정서적 균형에 더해 그 관계 패턴이 서로를 강화한다는 사실이다. 이러한 패턴은 지속적으로 강화하는 순환적 패턴을 따른다. 다시 말해서, 쫓는 자가 더 열심히 쫓을수록 상대방은 더 거리를 두려 하고, 그 반대도 마찬가지다. 부부는 자신의 패턴을 반복하다가 결국 상대방의 패턴도 강화시킨다. 쫓는 자는 거리를 두려는 자가 도망갈수록 자신이 계속 쫓아가야 한다고 확신한다. 반대로 거리를 두려는 자는 쫓는 자의 정서적 추격으로부터 벗어나기 위해 계속 거리를 두어야 한다고 확신한다.

관계 강화에 대한 이러한 개념은 때때로 이해하기가 어렵다. 그렇다면 집의 난방장치를 한번 생각해 보자. 난방장치에는 지속적으로 온도가 유지되도록 설계된 피드백 루프(feedback loops) 시스템이 있다. 이 자동 온도조절장치는 특정 온도에 맞추어져 있다. 온도가 떨어지면 자동 온도조절장치가 즉시 보일러에 신호를 보낸다. 이에 보일러는 점화되고 열기를 내보낸다. 맞춰 놓은 온도까지 올라가면 자동 온도조절장치가 또 다른 신호를 보내서 보일러가 꺼진다. 그래서 온도가 적당하게 유지되는 것이다. 가족체계이론은 이러한 패턴을 항상성(homeostasis)이라고 말한다. 즉, 집의 난방장치에 있는 피드백 루프 시스템은 온도를 지속시켜서 항상성을 유지하는 것이다.

이와 마찬가지로 관계 속에 있는 사람들도 정서적 온도를 유지하기 위해 특별한 피드백 루프를 사용한다. 쫓는 자와 거리를 두려는 자가 함께 자신들의 패턴대로 춤을 춘다면 아무것도 변화하지 않는다. 세상의 어떤 의사소통 기술도 부부의 피드백 루프를 변화시키지 못한다.

쫓는 자는 자신의 바람과는 달리 거리를 두려는 자의 스타일을 강화한다. 마찬가지로 거리를 두려는 자 또한 쫓는 자의 스타일을 강화한다. 상상조차 못했겠지만, 부부 둘 다 자신들이 바꾸고자 하는 바로 그 행동을 배우자에게서 강화하고 있는 것이다. 더욱 나쁜 것은 그들이 노력하면 할수록 더욱더 자신들이 원망하는 배우자의 행동은 강화된다는 것이다.

아이를 둔 부모라면 이러한 패턴을 매우 잘 알 수 있다. 만일 세 살짜리 아이가 떼를 쓰는데 어떤 부모가 아이를 달래려고 사탕을 사 준다면, 그 부모는 자신이 바꾸고자 했던 아이의 행동(떼쓰기)을 더 강화하게 된다. 만일 어떤 부모가 아이가 떼를 쓸 때마다 잘했다고 보상을 주는 것을 본다면 대부분의 부모는 깜짝 놀랄 것이다. 결혼생활에서 대부분의 사람들이 자각하지 못하는 것은, 자신이 싫어하는 배우자의 행동을 정작 자신이 무의식중에 강화하고 있다는 사실이다. 우리가 조금 전 기술했던 관계 패턴이 좋은 예다. 생각해 보라. 아마도 당신이 필사적으로 변화시키려고 하는 배우자의 행동을 바로 당신이 강화하고 있을 것이다!

쫓는 자가 더 열성적으로 쫓으면 무의식중에 거리를 두려는 자가 더욱더 물러나도록 떠미는 꼴이 된다. 그리고 거리를 두려는 자가 후퇴하면 무의식중에 쫓는 자가 더욱더 쫓아오도록 부추기는 꼴이 된다. 이렇듯 예측 가능한 피드백 루프를 통하여 부부는 상대방의 태도를 강화한다. 태광과 미혜 부부의 문제를 상기해 보라. 이 부부는 쫓기/거리두기의 좋은 예다. 아내는 남편을 계속 쫓아가는 것이 변화시키고자 했던 남편의 행동을 강화시킨다는 사실을 깨닫지 못하고 있다. 그녀의 행동 때문에 남편은 더욱더 거리를 두게 된다. 이와 동시에 남편이 계속 정서적인 거리를 두면 아내는 더욱 집요하게 쫓아가게 된다. 대부분의 사람은 이런 현실을 받아들이기 힘들어한다. 그러나 부부들은 자신이 스트레스를 받는 배우자의 그 행동을 오히려 배우자가 지속적으로 하도록 만들고 있다.

마찬가지로 과대기능하는 사람도 과소기능하는 배우자의 행동을 강화한다. 과대기능자가 알아서 모든 것을 하면 할수록 과소기능자는 더욱더 하지 않을 것이다. 훌륭한 부모는 말로는 아이들에게 스스로 방을 청소하라고 하면서도 부모가 대신 청소를 해 주는 것은 아이들에게 자신의 방을 청소할 책임이 없다는 것을 가르치는 것임을 잘 알고 있다. 이와 유사하게 과대기능하는 배우자는 스스로 순교자가 되고 자신이 하고 있는 일에 대해 불평하면서도 과소기능하는 배우자가 행동을 덜 하도록 가르친다. 이처럼 부부 각자의 행동은 서로의 행동에 의해 강화된다.

이보다 더 괴로운 것은 많은 관계에서 이런 식의 균형(balance)과 강화(reinforcement)가 변화가 일어나는 것을 불가능하게 만든다는 사실이다. 관계에 대해 다른 각도로 생각하지 못하고, 당신을 괴롭히는 배우자의 행동을 강화시키는 당신의 역할을 알지 못한다면 변화는 일어나지 않을 것이다.

더 명확한 설명을 위해 당신이 가장 빈번히 일어나는 부부싸움을 다시 생각해 보자. 배우자를 변화시키기 위해 당신이 얼마나 노력했는지 생각해 보라. 심지어 대화가 이어지는 방식을 바꾸기 위해 계획을 세웠을지도 모른다. 그러나 알지도 못하는 사이에 당신은 예전의 그 패턴으로 되돌아간다. 마치 그런 패턴이 자유의지를 가진 것처럼 말이다. 어떻게 그런 일이 일어났는지 알 수는 없지만, 마치 싸울 때마다 녹음 테이프를 틀어 놓은 것 같다. 부부싸움은 주제를 벗어나서 마치 끊임없이 반복되는 틀에 박힌 레코드판처럼 작동할 것이다. 불행하게도 이러한 관계의 균형과 강화의 습관은 우리를 강력한 부부생활 패턴—빠져나오길 원하지만 종종 덫에 걸린 것처럼 좌절하게 하는—에 갖히게 만든다. 이러한 패턴을 알아차리는 방법을 학습하는 것만으로도 이러한 패턴을 변화시킬 수 있을 것이다.

이러한 균형 잡힌 상보적 상호작용에 더해, 이제 상호작용의 두 가지 다른 패턴을 더 살펴보도록 하자. 이 상호작용들은 상호 보완적이라기보다는 각자가 스트레스 상황에서 유사한 반응을 보인다는 점에서 앞서 본 것과 다르다. 이 패턴들에서 부부는 함께 충돌을 확대시켜 나가거나 혹은 서로 회피한다.

고속 에스컬레이터 패턴

고속 에스컬레이터 패턴(rapid-escalator pattern)은 부부가 갈등을 빠르게 고조시키면서 서로를 강화하는 패턴이다. 서로가 싸움에 불을 지피기 때문에, 싸움은 빠르고 강력하게 확대된다. 어느 누구도 문제로부터 한발 물러서지 않으며, 싸움이 시작된 시점의 문제로부터 한참이나 벗어나도록 더 많은 문제를 추가한다. 그래서 결국 많은 피해를 겪게 된다. 이러한 부부의 싸움은 순식간에 가속도를 밟아 가열된다.

부부는 항상 '작은 문제' 로 싸움을 시작한다. 그러나 감정적이 되면서 다양한 불평거리를 시시콜콜한 것까지 말해대기 시작하고, 얼마 지나지 않아 싸움은 통제할 수 없을 정도로 확대된다. 각자가 문제나 인신공격을 더해 가면서 싸움이 확대되고, 정서적 강도와 목소리가 커져 가면서 싸움이 계속 확대된다. 가장 단순한 것에서 시작해서 순식간에 가장 큰 문제로까지 나아가게 된다.

예를 들어, 남편은 퇴근하면서 저녁 식사거리로 초밥을 사오겠다고 아내와 약속했다. 하지만 일을 하다가 약속을 까맣게 잊어버렸다. 그가 집으로 돌아오자, 아내는 짜증을 내면서 날카롭게 말했다. "어떻게 그걸 잊어버릴 수가 있어? 간단한 부탁이었잖아. 초밥 몇 개 사오는 일이 그렇게 어려워?" 이에 남편도 똑같이 짜증내며 대답했다. "미안해, 하지만 하루 종일 너무 바쁘고 스트레스가 많았어. 그렇게 화낼 정도로 심각한 일은 아니잖아." 아마 아내의 분노에 찬 대답을 예상할 수 있을 것이다. "당신은 고객이 필요로 하는 것은 절대 잊는 법이 없잖아. 내가 필요한 것은 안중에도 없으면서." 남편도 더 큰 소리로 말하기 시작했다. "당신은 왜 항상 모든 것을 대단한 일로 확대시켜? 당신은 지독하게 감정적이야!" 아내도 큰 소리로 맞받아쳤다. "당신이 나한테 제대로 해 주는 것이 하나도 없으니까! 그렇게 사소한 것도 잊어버리는데 다른 것을 어떻게 믿을 수 있어? 진짜 중요한 건 제대로 기억할 수나 있겠어? 초밥 하나도 기억 못 하면서!" 그들의 이야기는 주제에서 벗어났다. 각자 상대방의 단점만을 꺼내고 있고 감정이 펄펄 끓고 있다. 사소한 짜증이 전투로 확대된 것이다.

갈등/회피 패턴

앞에서 설명한 고속 에스컬레이터 패턴은 하나의 극단적인 패턴이다. 또 다른 극단적인 패턴으로 갈등/회피 패턴(conflict/avoidant pattern)을 들 수 있다. 고속 에스컬레이터 패턴의 부부와 달리, 갈등/회피 패턴의 부부는 서로 간에 예의를 지키려 한다. 이러한 부부의 관계는 겉으로는 긍정적인 것처럼 보이지만, 실상 곤란한 주제에 대한 대화를 하지 않는 대가를 치르며 유지되는 관계다. 겉으로는 모든 것을 조용하게 처리하는 패턴을 유지하는 것 같지만, 부부 서로에게 예의를 차림으로써 어려운 문제는 결코 해결되지 않는다. 이러한 관계 패턴이 위험한 이유는 부부간에 예의는 있지만 그 밑에 숨겨진 미해결된 갈등 때문에 정서적, 심지어 성적으로 거리가 있는 관계를 낳기 때문이다.

사랑의 반대는 분노가 아닌 무관심이다. 무관심은 부부간의 친밀감에 치명적이다. 친밀감은 일상에서 일어나는 갈등을 해결하면서 형성된다. 갈등/회피 패턴은 이러한 친밀감을 파괴한다. 이 패턴에 매여 있는 부부는 그것이 자신들의 관계에 피해를 주고 있다는 사실을 자각하지 못한다.

모든 부부들은 서로와 관련되어 있는 독특하고 예측 가능한 관계 패턴을 가지고 있다. 긴장이 확대되면 이 패턴은 마치 생명을 가진 것처럼 살아나서 여간해서는 변화시키기가 어렵다. 또한 이 패턴은 상호 보완성, 균형, 예측 가능한 피드백 루프를 보유하고 있다.

이제 다음 빈칸에 당신이 자주 하는 싸움과 당신과 배우자가 서로를 강화시키는 과정을 기술해 보라. 칸이 모자란다면 다른 종이를 사용해도 된다.

....

....

....

....

....

....

....

부부관계 패턴의 네 가지 법칙

변화를 만들어 내기 위한 첫 단계는 부부관계 패턴의 네 가지 법칙을 이해하고 당신의 패턴을 인지하기 시작하는 것이라는 사실을 기억해야 한다. 또한 그 패턴에서 당신이 맡고 있는 독특하지만 예측 가능한 역할을 이해하는 것도 중요하다.

❶ 한 사람 문제는 없다. 모든 문제는 둘이서 만들어 낸다.
❷ 부부가 창조하는 상호작용 패턴은 두 사람보다 더 크다.
❸ 그 패턴은 균형을 갖춘 예측 가능한 단계를 가진다.
❹ 그 패턴은 서로를 강화시키는 피드백 루프를 가진다.

이러한 법칙 속에 내재된 의미를 생각해 보자. 행복한 결혼생활을 해 나가는 것은 힘든 일이다. 게다가 부부는 해결해야 하는 다양한 문제 외에도 발생이 예측되는 수많은 생활주기 문제가 있다. 돈, 성관계, 친척, 양육 등과 같은 소위 '큰 문제 영역'이라 부르는 문제를 생각해 보라. 이러한 문제는 당연히 해결하는 데 힘이 든다. 이를 해결하려 할 때, 부부는 패턴적인 상호작용이나 싸움을 만들어 낼 것이다. 부부는 두 가지 문제를 가진다. 근본적인 문제(돈, 성관계, 친척)와 문제를 만들어 내는 상호작용이 그것이다. 문제에 대한 해결책(예측 가능한 토론, 언쟁, 싸움)은 또다시 문제가 된다. 문제에 대한 해결책은 근본적인 문제보다 해결하기 더 어렵다. 사실 이러한 해결책이 근본적인 문제를 해결할 수 없게 만든다.

✻ 패턴 바꾸기

이 장을 읽는 동안 당신은 실망했을지도 모른다. 아마 당신은 다른 부부의 사례에서 자신의 모습을 보았을 것이다. 더 나아지기 위해서 변화한다는 것이 절망적인 것으로 들렸을 것이다. 우리는 관계를 순식간에 변화시키는 마술 같은 해결책을 약속하지 않는다. 대신에 부부 패턴에서 당신의 역할을 변화시킬 수 있는 출발점을 마련해 줄 몇 가지 중요한 단계를 간단히 설명하려 한다. 이것은 당신이 배우자를 변화시키는 것을 도와주는 것이 아니다. 관계에서 당신이 변화시켜야 할 사람은 배우자가 아니라 오직 당신 자신뿐이다. 하지만 자신의 역할을 바꾸기 위해서는 패턴을 바꾸어야 한다. 다음의 단계들을 따라가면서 어떻게 자신의 패턴과 역할, 반응을 변화시킬 수 있을지 진지하게 생각해 보라. 결국 당신은 스스로를 변화시킴으로써 결혼생활을 변화시킬 수 있을 것이다.

1단계

이 단계는 복습처럼 보일 수도 있다. 1장에서 부부관계의 강점과 약점을 검토, 평가하는 방법을 소개하였는데, 1단계는 1장에서 제시한 전반적인 평가를 좀 더 정교히 하는 단계이기도 하다.

변화를 일으키기 위한 첫걸음은 문제 영역과 그 주위에서 나타나는 패턴을 인식하는 것을 배우는 것이다. 이를 위해 우선 1단계에서는 결혼생활의 근본적인 문제 영역을 확인해야 한다. 이때 당신은 자신을 괴롭히는 문제들에 대해 솔직해져야 한다. 2단계는 이 1단계를 토대로 하기 때문이다.

결혼생활에서 나타나는 문제 영역을 중요한 순서대로 다음에 써 보라. (1장으로 되돌아가서 이미 작성했던 부부간의 문제 체크리스트를 참조해서 써 보라.) 배우자가 생각하는 결혼생활의 문제 영역이 무엇일지도 생각해 보라.

우리 부부의 가장 중요한 세 가지 문제

1. ....

2. ....

3. ....

2단계

2단계는 조금 더 까다롭다. 1단계인 문제 영역 기술은 2단계에 비해 비교적 쉬운 것이다. 문제를 해결하고자 할 때는 문제 영역에서 일어나는 상호작용 패턴이나 싸움을 구체화, 범주화하는 것이 더 어렵다. 이제부터는 당신이 앞서 알아봤던 세 가지 문제 영역에서 부부가 해결점을 찾으려 할 때 패턴이 어떻게 나타나는지 더 분명하게 볼 수 있도록 노력해야 한다. 그러기 위해서 항상 두 가지 문제, 즉 근본적인 문제와 그것을 해결하려는 당신의 시도가 있다는 것을 기억하라.

제삼자 입장에서 바라보기

싸움에서 드러나는 상호작용 패턴을 구체화하기 가장 쉬운 방법은 싸움을 비디오카메라로 녹화한다고 가정해 보는 것이다. 편안한 상태에서 TV 앞에 앉아 비디오로 찍은 자신의 싸움을 본다고 상상해 보자.

당신과 배우자가 싸우는 것을 녹화해서 느린 화면으로 본다고 상상해 보자. 무엇이 보이는가? 운동 코치들은 팀을 분석하기 위해 시합을 녹화해서 다시 본다. 그들은 상내 팀이 무엇을 하고 있는지뿐만 아니라 자기 팀이 무엇을 하는지도 관찰한다. 그들은 느린 화면으로 특정한 행동을 관찰한다. 이를 통해 상대편 선수와 우리편 선수 각각의 잘못을 확인할 수 있다.

만일 당신이 싸움을 녹화해서 본다면 무엇을 볼 수 있을까? 느린 화면으로 재생했을 때 무엇이 보일까? 어떠한 것이 느껴질까? 대부분은 자신할 수 없을 것이다. 어쩌면 난처함을 느낄지도 모른다.

다음 빈칸에 마음의 눈을 통해서 당신의 익숙한 싸움 '비디오'를 생생하게 떠올려 보고, 당신이 본 것을 기술해 보라.

3단계

3단계는 훈련 단계다. '비디오'를 본다고 상상하는 동안 자신의 반응에만 집중할 수 있도록 스스로를 단련해야 한다. 자신이 문제 해결을 어떻게 방해하고 있는지에 초점을 맞추라. 앞서 말했듯이, 우리는 자신이 아닌 배우자에게 집중하고 싶어 한다. 배우자가 문제라고 확신한다. 그 결과 자기 초점과 자기 인식(self-awareness)을 놓쳐 버리고, 스스로가 문제에 기여한다는 사실도 놓쳐 버린다.

따라서 비디오를 보는 순간에는 당신 자신의 개인적 반응에만 집중해야 한다. 느린 화면으로 틀어 보면서 당신 스스로를 관찰해 보라. 무엇이 눈에 띄는가? 상호작용이 싸움으로 증폭되는 과정 중 당신은 배우자와 문제에 대해 어떻게 반응하는가?

방어적으로 대하는가? 공격하는가? 싸움을 전반적인 문제로 확대시키는가? 주제를 바꾸어서 갈등을 피하려 하는가? 갈등을 축소하기 위해서 유머를 이용하는가? 혹은 문제를 빨리 해결하여 배우자의 이야기에 진심으로 귀 기울이는 시간을 줄이려고 하는가?

배우자의 말에 반응할 때 공감을 잘하는가? 배우자와 눈을 마주 보는가? 공간적으로 거리를 두고 배우자에게서 떨어지려 하는가? 목소리를 높이고 지나치게 감정적으로 반응하는가? 반응은 매우 다양할 수 있다. 그러나 상호작용이 격렬해지는 그때 당신 자신이 무엇을 하고 있는지에 초점을 맞추라.

이제 당신의 반응에 대해 깨닫게 된 것들을 다음에 써 보라.

언쟁 중에 나의 반응은 이렇다.

마지막으로 당신의 반응이 배우자에게 어떠한 영향을 끼치는지 가능한 한 명료하게 기술해 보라. 가령, 당신이 문제를 고치려고 시도하는 것이 배우자를 도와주는가, 아니면 더 좌절하게 만드는가? 유머를 사용하는 것이 갈등을 줄이는가, 아니면 더 악화시키는가? 문제의 범위를 확대시켜 다른 문제를 꺼내거나 이전 문제를 꺼내는 행동이 상황을 호전시키는가 혹은 악화시키는가? 당신이 배우자에게 어떠한 영향을 끼치는지 잘 알 수 있도록 마음속의 비디오를 계속 틀어 보라. 실제로 당신의 반응이 어떻게 배우자를 더 방어적으로 만드는가?

이제 당신의 반응이 배우자에게 어떤 영향을 끼치는지 다음에 써 보라.

나의 반응은 배우자에게 이런 식으로 영향을 준다.

4단계

4단계는 변화를 이끌어 내는 데 효과적인 방법이다. 하지만 그러기 위해서는 이전 단계들이 제대로 이루어져 왔어야 한다. 우선 이러한 상호작용 패턴을 이해하고 그것에 자신이 어떻게 기여하는지 알아야 변화가 일어날 수 있다. 이 단계까지 오면 변화 과정이 시작될 수 있다. 문제가 당신이 아닌 다른 사람에게 있다는 환상을 붙잡고 있는 한 변화는 일어나지 않을 것이다. 이 모든 단계를 거치는 동안 당신의 유일한 목표는 상호작용 패턴을 이해하고 거기에서 자신의 역할을 변화시키는 것이다.

4단계는 상호작용 패턴에서 자신의 역할을 이해하고, 자신의 역할에 책임감을 지니는 것을 토대로 한다. 이는 자기 초점과 자기 인식을 증가시키고 당신의 반응방법을 수정하기 위해 의사소통을 훈련하는 것을 의미한다.

건설적 혼란

당신의 반응방법을 수정하는 가장 효과적인 방법은 건설적 혼란(constructive confusion) 기술을 연습하는 것이다. 건설적 혼란이란 무엇인가? 이는 당신이 늘 하던 대로 반응하지 않고 이전과 다르게 반응해서 배우자에게 혼란을 주는 시도를 말한다. 당신이 자주 하는 싸움을 되돌아보고 예측 가능한 당신의 반응을 관찰해 보면, 당신이 무엇을 어떻게 말하느냐에 배우자가 크게 영향을 받는다는 사실을 알아차릴 수 있을 것이다. 직구를 던지던 투수가 커브볼을 던져 타자를 혼란스럽게 만드는 것처럼, 지금까지와는 완전히 다른 반응으로 배우자를 혼란스럽게 해 보는 것은 어떨까?

건설적 혼란 기술은 상호작용이 어떻게 진행되는지 예측하고, 자신이 늘 하던 방식과 그에 대한 배우자의 반응이 어떠한지 인식하며, 상대가 기대했던 것과 전혀 다르게 반응할 수 있는 능력을 기초로 한다. 이를 이해함으로써 우리는 혼란을 통해서 변화를 창출하는 능력을 가질 수 있다. 늘 하던 방식으로 언쟁을 계속하기보다는 조금 다른 방식으로 해 봄으로써 패턴을 혼란스럽게 해 보라. 예를 들어, 당신이 항상 배우자에게 함께할 시간을 요구하는 '쫓는 자' 라면 배우자의 뒤를 쫓아다니기보다는 친구를 많이 만들어 보라. 항상 갈등을 회피하는 편이라면 오히려 민감한 주제로 이야기를 시작해 보라. 관계에서 거리를 두는 편이라면 저녁 식사 후 산책을 하거나 하루 동안 있었던 일들을 이야기할 수 있도록 편안한 커피 한 잔을 제안해서 배우자를 놀라게 해 보라. 배우자에게 공격적이거나 방어적인 편이라면 굳이 반응할 필요가 없는 배우자의 말에는 즉각적으로 반응하기보다 느긋하게 그 말을 한번 들어 보라. 그리고 반응이 필요한 경우라면 반응하기 전에 그 문제에 대해서 생각할 수 있는 시간을 배우자에게 요구해 보라.

혼란을 주는 기술

건설적 혼란을 주기 위한 기술은 관계에 큰 도움이 될 수 있다. 이러한 기술을 사용할 때 배우자의 얼굴에서 놀라움과 혼란스러움을 보는 것은 재미있는 일이다. 배우자는 당신이 예측 가능한 방식으로 행동하는 데 익숙하다. 당신이 변화를 시도했을 때, 배우자는 어떻게 반응해야 할지 혼란스러워한다. 혼란을 줄 수 있는 네 가지 기술을 다음과 같이 제시한다. 이러한 기술을 어떻게 사용할 수 있을지 생각해 보라.

질문하기 첫 번째 기술은 방어하기의 반대인 질문하기다. 싸우는 동안 우리의 일반적인 패턴은 스스로를 방어하는 것이다. 우리는 방어적으로 대응하면 배우자에게 현재의 입장에 대한 타당성을 어떻게든지 확신시켜 줄 수 있다고 착각한다. 그러나 실제로 이렇게 해 보면 그것이 얼마나 쓸데없는 짓인지 알 수 있다. 방어적인 태도는 결코 도움이 될 수 없으며, 단지 상호작용을 점차적으로 확대시킬 뿐이다.

당신의 입장을 방어하기보다는 질문을 하라. 배우자가 자신의 주장을 관철시키려 한다면 그에 대해 즉시 반응하기보다는 질문을 해 보라. 예를 들어, "당신이 뭘 말하는지 알 수 없어서 그러는데 조금 더 설명해 줄 수 있어?" 또는 "당신이 하는 말을 정말 이해하고 싶은데 좀 더 말해 줄 수 있겠어?" 이러한 기술은 상호작용의 속도를 떨어뜨릴 수 있고, 방어하기보다 당신이 배우자를 이해하는 것에 정말로 관심이 있다는 것을 보여 줄 수 있다. 만일 질문을 함으로써 '당신의 생각과 느낌을 진정으로 이해하길 원해.' 라는 믿음을 배우자에게 줄 수 있다면, 싸움의 강도는 약화될 것이고 심지어 싸움의 방향이 다른 쪽으로 전환될 수도 있다.

바꿔 말하기 이 기술은 첫 번째 기술과 유사하다. 배우자가 말한 것을 바꿔 말하기는 당신이 그 말을 정말로 이해하고 있다는 것을 확인시켜 줄 수 있다. 이 기술은 싸움이 더욱 고조되는 것을 막아 준다. 싸움이 고조되어 다른 문제로 번지고 있을 때, 싸움에 걸려들거나 극도로 방어적이 되는 자신을 보게 될 때, 배우자의 말을 다시 바꾸어 말해 보라. 예를 들어, "당신은 우리의 역할 균형이 깨졌다고 보는 것 같고, 당신의 원래 역할보다 훨씬 더 많은 일을 하고 있다고 느끼나 봐. 내가 제대로 이해한 건가?" 와 같이 말해 보라.

만일 배우자가 심장에 아무 이상이 없다면, 이것은 (배우자를 놀라게 할 수 있는) 매우 효과적인 기술이다. 이렇게 하려면 상당한 훈련이 필요하다. 그렇지만 싸움이 어떤 식으로 진행되는지 알고 예측 가능한 패턴을 인지했다면 스스로 훈련하는 것이 필요하다.

주제에 머무르기 만일 당신이 먼저 싸움을 시작했다면 주제에 머무르는 것에 책임감을 가져야 한다. 싸움은 보통 고조되거나 다양한 주제로 확대되는 경향이 있다. 만일 당신의 불만에 "당신은 지금 내가 아버지 노릇을 제대로 못한다고 말하는 거야?" 라고 배우자가 반응한다면 이렇게 대답해 본다. "절대 그런 뜻으로 한 말이 아니야. 당신은 정말 좋은 아버지야. 그러나 내 말은 당신의 업무 일정 때문에 아이들과 보낼 시간이 충분하지 않다는 거야." 배우자는 다른 식으로 갈등의 고조를 시도하기도 한다. "직장에서 얼마나 스트레스를 받는지 당신은 이해 못 해." 이 말을 듣고 당신은 "뭐가 괴로운지 나한테 말도 안 하잖아." 라고 반응하고 싶은 유혹에 빠질지도 모른다. 대신에 "당신이 어떤 스트레스를 받는지 정말 이해하고 싶어. 하지만 우선 내가 염려하는 것을 당신이 들어줬으면 좋겠어. 난 당신이 아이들과 충분한 시간을 함께 보내지 못하는 것이 걱정이야." 라고 말해 본다.

이 예에서 처음에 관심사를 제기한 배우자는 싸움이 다른 주제로 확대되는 것을 막을 책임이 있다. 다시 말하지만, 이것은 엄청난 자기 훈련이 필요하다. 그렇지 않으면 바라는 어떠한 것도 일어나지 않을 것이다.

잠시 중단하기(time-out) 싸움이 매우 격렬해졌을 때 가장 좋은 혼란 기술은 "지금 내가 너무 방어적이어서 상황을 악화시킬 것 같아. 잠시 멈추고 나중에 다시 이야기하면 안 될까?" 라고 말하는 것이다. 이러한 짧은 중단 시간은 서로에게 상처를 주는 것을 줄일 수 있다. 이것은 화가 나서 하고 싶은 말을 다 하는 것보다 훨씬 더 효과적이다. 물론 이것으로 끝나는 것이 아니라 잠시 후에 싸움으로 되돌아가는 것도 포함한다. 그렇게 하지 않으면 단지 싸움을 회피하는 것이 되어 배우자가 괘씸하게 여길 것이다. 잠시 중단하기는 격렬한 상호작용을 감소시키면서 이후에 진정되었을 때 다시 돌아갈 수 있는 방법이다.

앞에서 말했던 것처럼 싸움이 예측 가능한 방향으로 점차 확대된다면 기본 규칙을 정하는 것이 유용하다. 기본 규칙이란 무엇인가? 거리 난투극과 권투 경기의 차이점을 생각해 보라. 거리 난투극에서는 어떤 것도 다 허용된다. 싸우는 사람은 어디든 때릴 수 있고 무엇이든 무기로 사용할 수 있다. 규칙도 없고 무엇이든 다 통한다. 그저 적자생존의 원칙만 있을 뿐이다. 대조적으로 권투경기는 조금은 거칠어 보여도 분명히 규칙이 있다. 때릴 수 있는 곳이 정해져 있다. 또 시간의 제한이 있고 심판이 있으며 싸우는 장소도 링 안으로 정해져 있다.

때때로 부부들은 거리의 싸움꾼처럼 행동한다. 규칙도 없고, '벨트 아랫부분' 을 때리기도 하며, 과거를 들먹거리고, 싸움을 빠르게 고조시키며, 시간 제한도 없다. 권투선수처럼 부부에게도 기본 규칙이 필요하다. 다음은 그러한 기본 규칙의 몇 가지 예다.

- 아이들 앞에서는 싸우지 않는다.
- 지나간 문제는 꺼내지 않는다.

- 욕은 하지 않는다.
- 자정 이후에는 심각한 언쟁을 피한다.

당신과 배우자가 싸움을 어떻게 확대시키는지 이해하고 나면 각자 예의를 지킬 수 있는 기본 규칙 목록을 작성해야 한다. 기본 규칙을 정하는 것이 힘들다면 자신의 어떤 행동이 언쟁을 어렵게 만드는지 배우자에게 물어보라. 그런 다음에 당신이 이전과 다르게 할 수 있는 것이 무엇인지 생각해 보라. 만일 어느 정도 기본 규칙을 세울 수 있게 되었다면, 다음의 빈칸에 그 규칙을 써 보라.

우리 부부의 기본 규칙

1. ....
2. ....
3. ....
4. ....

마지막으로 배우자에게 뭔가를 요구할 때는 그 내용을 구체적으로 말하라. 싸움이 고조되면 더욱더 다른 영역으로 확대되고 해결되기 어려워진다는 것에 주의하라. 자신에게 초점을 두고 스스로에게 물어보라. "내가 진정으로 원하는 것은 무엇인가?" 이제 긍정적인 행동 요구로 바꿔 보라. 예를 들어, "제발 잔소리 좀 그만해."는 긍정적인 요구가 아니다. "내가 오늘 하루 동안 어떤 일이 있었는지 말할 때 긴장을 풀 수 있게 10분만 들어주었으면 좋겠어." "저녁 식사 이후에 15분 동안 당신과 산책하며 하루 동안의 우리 일을 생각해 보면 좋겠어." 또는 "나는 한 달에 한 번 아이들 없이 외식하거나 영화를 봤으면 좋겠어."라고 요청하라.

이러한 모든 것에는 분명히 많은 훈련이 필요하다. 자기 초점과 자신을 변화시키는 데는 엄청난 에너지가 필요하다. 하지만 문제를 자꾸만 악화시키는 만성적인 고통 속에서 사는 것보다는 엄청난 에너지를 들여 훈련하는 것이 더 쉽다.

04 당신의 생각이 바로 문제의 일부다

부부싸움에 옳고 그른 것은 없다. 부부싸움에서는 이기려는 마음이 있는 한 질 수밖에 없다. 가장 중요한 것은 바로 어떻게 보느냐다. 즉, 대화에서 이루어지는 모든 것은 지각과 해석의 문제다. 해석은 신념체계에서 비롯된다. 이 장은 당신이 가진 핵심 신념체계를 이해하는 데 도움이 될 것이다. 그리고 이러한 신념이 배우자의 말을 해석하는 데 어떤 영향을 주고, 어떤 식으로 해석하도록 만드는지 제시할 것이다.

아마도 당신은 앞 장을 읽고 나서 관계에서 예측 가능한 패턴을 변화시키는 것이 매우 어렵다는 것을 알게 되었을 것이다. 이러한 패턴은 때로 너무 깊게 몸에 배어 있어서 변화에 저항한다. 사실 노력하면 할수록 모든 것이 더욱 제자리에 있는 것처럼 느껴질 수도 있다. 이런 패턴에서 자신의 역할을 변화시켜서 해결하려 할수록 그것이 얼마나 힘든 일인지 깨닫게 될 것이다. 만약 당신이 앞 장에서 제시한 연습을 통해 변화를 시도해 봤다면 아마도 좌절감을 느꼈을 것이다. 변화하는 것도 어렵지만 그 변화를 유지하는 것은 더욱 어렵다.

앞 장에서 설명했듯이, 당신의 의사소통 패턴과 그 패턴에서 자신의 역할을 이해하는 것은 변화를 이루어 가는 과정의 첫걸음이다. 하지만 우리는 종종 의사소통에서 중요한 요소를 무시해 버리는데, 그것이 바로 신념체계(belief system)다. 의사소통 패턴 속에서 자신의 역할뿐만 아니라 자신의 신념체계가 문제의 일부일 수 있음을 이해해야 한다.

우리는 자신이 보고 믿는 것을 토대로 대화를 한다. 다른 사람의 말을 들을 때, 우리는 어쩔 수 없이 신념을 통해 모든 말을 걸러서 듣는다. 이는 들은 내용을 해석할 때도 영향을 준다. 우리는 주관적 신념을 통해 사물을 경험하고, 이를 토대로 느끼고 말하는 것을 결정한다. 이것이 복잡하게 느껴질 수도 있다. 하지만 다음의 짧은 대화는 이런 신념체계가 어떻게 작용하는지를 보여 준다. 태원과 영희 사이의 이 '간단한 대화' 에서 무슨 일이 일어났는지 살펴보자.

태원: 영수증 어디 있어?
영희: 왜 늘 당신은 모든 것을 내 탓으로 돌려? 불공평해.
태원: 뭐가 문제야? 그냥 물어본 걸 가지고.

이 '간단한 대화' 에서 잘못된 것은 무엇일까? 영희는 왜 그렇게 성급하게 화를 냈을까? 표면상으로는 태원이 간단한 질문을 했을 뿐인데 영희가 화를 낸 것으로 볼 수도 있다. 물론 물어보는 것이 잘못된 것은 아니다. 하지만 어쩌면 태원은 질문을 할 때 억양이나 시선에 신경 쓰지 않았거나 신문을 보며 물어봤을지도 모른다. 어쩌면 이것은 예전부터 있어 왔던 부부의 논쟁일지도 모른다. 이렇듯 태원이 질문하는 방식 때문에 상호작용이 감정적으로 고조될 수 있다.

한편 영희는 태원의 질문을 자신의 신념 중 하나를 통해 해석했다. '남편은 늘 나를 탓하고 나무란다.' 는 영희의 신념은 태원의 질문을 '영수증을 잃어버렸다고 자신을 탓하는 것' 으로 해석했다. 이 신념은 잘못된 해석을 하게 만들었고, 그로 인해 위와 같은 반응을 만들어 냈다. 결과적으로 그녀는 남편이 자신을 탓하고 나무라는 억양으로 들은 것이고, 이것이 그녀를 화나게 하고 방어적으로 만들었다. 앞서 설명했듯이, 영희의 해석은 남편의 억양과 눈 맞춤의 부족, 혹은 신문을 보고 말하는 태도에 영향을 받았을 것이다. 어떤 경우든 영희의 반응과 분노는 그녀 자신이 만들어 낸 결과다.

말하는 그대로 소통되지 않는다. 모든 것은 해석의 문제다.

앞의 간단한 대화에서처럼, 어떤 질문이나 진술은 자신의 신념체계를 통해서 (종종 자동적으로) 해석되고, 이러한 해석은 다시 반응을 이끌어 낸다. 어떤 대화에서든 대화가 단순한지의 여부와 무관하게 해석이 이루어진다. 모든 의사소통은 다음의 세 단계로 이루어진다.

❶ 화자가 청자에게 메시지를 보낸다.
❷ 청자의 신념체계는 청자가 그 메시지를 해석하는 데 영향을 준다.
❸ 이러한 해석은 화자에게 보내는 청자의 반응을 결정한다.

또 다른 예를 살펴보자. 퇴근 시간이 다 되었는데 재원이 생각했던 것보다 회의가 너무 길어졌다. 그래서 재원은 회의가 끝나기만을 바랐고 집으로 돌아가 아내인 예원과 함께 저녁을 먹고 싶었다. 전화를 할까 했지만 회의가 곧 끝나겠지 하고 생각하며 하지 않았다. 결국 거의 한 시간 뒤에나 집에 도착해서 저녁을 먹을 수 없었다. 예원은 재원이 집에 왔을 때 너무 화가 나서 입을 다물어 버렸다. 재원이 인사를 하자, 그녀는 차가운 목소리로 "저녁이 다 식었네. 그럼 많이 드세요."라는 말만 하고서 침실로 들어가 버렸다.

✻ 부부의 상호작용, 신념체계 및 해석

예원은 왜 그렇게 화가 났을까? 남편이 집에 늦게 들어왔을 때 화를 내는 것은 분명

정상적인 것이다. 그렇지만 왜 그렇게 심하게 화를 냈을까? 예원은 재원이 늦은 것을 거부의 의사로 해석했을 것이다. 그녀는 속으로 이렇게 생각했다. '분명 남편은 결혼 생활보다 일을 더 중요하게 생각해. 나를 아껴 주지도 않는 그에게 의지할 수 없어.' 재원은 아내가 자신을 피하는 것은 일에서 받는 압박감을 이해하지 못하기 때문이라고 해석했다. 그는 아내를 원망하며 뒤로 물러나 버렸다. 그 주 내내 부부간에는 철회와 분노가 계속될 것이다.

이 부부는 자신의 해석이나 신념을 토대로 서로에 대해 결론을 내렸다. 그들은 서로가 서로에게 만들어 낸 해석을 근거로 한 상호 회피와 원망의 패턴으로 지금 막 진입하려 한다. 해석은 서로가 상대에 관해 믿고 있는 신념에 기초한다. 예원은 남편이 자신보다 일에 가치를 둔다고 믿는다. 반면 재원은 아내가 직장 스트레스를 전혀 이해하지 못한다고 믿는다.

부부에게 가장 어려운 문제 중 하나는 부부가 대화할 때 '객관적 현실'은 존재하지 않는다는 사실을 수용하지 못하는 것이다. 부부는 현실에 대한 자신의 시각을 상대가 받아들이도록 하기 위해서 여러 날 동안 논쟁하기도 한다. 그들은 진의(really meant)가 무엇이었는지, 진짜 말한 것(really said)이 무엇이었는지에 관해 실랑이한다. 이런 논쟁에 승자는 없다. 배우자들은 '진짜 말한 것'이 무엇인지 혹은 최소한 '그 말의 의미'가 무엇인지를 알아내려고 계속 싸운다. 당신이 자주 하는 싸움에 대해 생각해 보라. 정말 솔직하게 생각해 보면, 당신은 자신이 옳다고 믿고 있다. 당신은 객관적 현실에 대한 자신의 지각과 주장이 옳다고 증명하려 한다. 여기서 의사소통에 각자의 해석과 신념이 내포되어 있다는 사실은 완전히 무시된다.

자기 식대로 듣는다

당신이 듣는 모든 것은 당신 마음속의 필터를 통과한 것이다. 그 필터는 당신의 신념 체계로 구성된다. 빨간 안경을 쓰면 만물이 빨갛게 보이는 것처럼, 마음속에 있는 필터는 당신이 보고 듣는 것을 결정한다.

독일의 철학가 루드비히 비트겐슈타인(Ludwig Wittgenstein)은 이를 '오리토끼(duck rabbit)' 그림을 통해 설명했다. 그는 이 토끼의 머리를 보여 주고, 학생들에게 자신이 본 것에 이름을 붙이거나 묘사해 보라고 했다. 물론 학생들은 단지 토끼를 보았을 뿐이다. 그러나 그가 같은 그림을 비스듬히 돌렸을 때 학생들은 오리를 보았다. 그의 철학적 요점은 토끼나 오리를 그리는 것이 아니었다. 학생들이 본 것은 그림을 어떤 액자에 넣어 보여 주느냐에 따라 결정된다. 그림을 세운 수직 액자에 넣어 보여 주면 토끼가 보인다. 그림을 가로로 된 액자에 넣어 보여 주면 오리가 보인다. 액자가 보이는 것을 결정한다. 다시 말해, 학생들은 액자를 어떤 식으로 놓느냐에 따라 그림을 다르게 해석한 것이다. 여기서 액자는 신념체계와 같은 기능을 한다. 그것은 맥락(context)을 창조한다. 실제 그 그림은 오리도 토끼도 아니다. 그 틀은 '객관적인' 사실을 해석하는 데 있어 신념체계가 작용하는 것과 마찬가지로 우리가 보고 느낀 것에 대한 해석을 결정했다.

인지심리학에서는 우리가 '순수하게' 혹은 '객관적으로' 보는 것은 없다고 제안한다. 우리는 모든 것을 개념적 틀(conceptual frame) 혹은 신념체계에 기초하여 본다. 그리고 이를 통해 해석을 만들어 낸다. "영수증 어디 있어?"라는 질문은 '남편은 항상 나를 탓한다.'는 틀 혹은 신념을 통해 해석되었다. 집에 늦게 귀가한 것은 재원이 결혼생활보다 일을 중요하게 여긴다는 해석에 근거하여 '거부'로 이해되었다.

이렇게 강력한 신념체계는 대화를 매우 어렵게 만들 수 있다. 신념체계는 인식 없이 작동되기 때문에 소통을 더욱 어렵게 한다. 영희는 '나는 남편의 질문을 그가 나를 탓한다는 신념에 의거해 해석하고 있어.' 라고 생각하지 않는다. 재원 씨가 늦게 귀가했을 때, 예원 씨는 '내 신념체계는 남편이 결혼생활보다 일에 가치를 두고 있다고 말하고 있어.' 라고 생각하지 않는다. 이들 신념과 해석은 자동적으로 시작되며 대부분 의식할 수 없다.

신념은 자동적이다

인지심리학자들은 이런 식의 해석이 자동적으로 매우 빠르게 일어난다고 말한다(Beck, 1976; 1988). 사고나 인지적인 선택을 통한 것이 아니라 자동적인 반응으로 나타난다는 것이다. 자동적으로 일어나기 때문에 거의 의문을 갖지 않고, 심지어 그에 대해 생각해 보지도 않는다. 영희가 태원의 질문을 받았을 때, '남편이 그런 질문을 하는 진짜 의미가 뭘까? 생각해 봐야겠는걸.' 하고 스스로에게 물었을까? 물론 아니다. 자동적으로 그가 자신을 탓한다고 가정했다. 신념체계는 즉각적으로 시작되며 질문하거나 반추해 볼 새가 없다. 이것이 어떻게 작동하는지 또 다른 예를 살펴보자.

오명철, 박진아 부부의 사례

명철은 감기몸살로 집에 있었다. 그는 아내인 진아에게 직장에서 일찍 돌아올 수 있다면 와서 옆에 있어 달라고 말했다. 진아가 회사에서 중요한 발표가 있기 때문에 올 수 없다고 말하자 명철은 우울해졌다. 그는 아내가 자기 요구를 중요하게 생각하지 않아 거절했다고 해석했다. 그리고 속으로 생각했다. '그냥 옆에 있어 달라고 하는 것도 못해 주는데 내가 진짜 무언가 필요로 할 땐 어떻겠어?' 이러한 해석으로 인해 명철은 분노를 느끼고 뒤로 물러났다.

또다시 문제는 해석이었다. 명철은 자동적으로 진아가 자신을 진정으로 사랑한다면 회사의 모든 일을 취소하고 자신을 위해 집으로 왔을 것이라고 가정했다. 사실 회의를 취소하고 집으로 오지 않은 것이 그녀가 그를 사랑하지 않는다는 증거는 아니다. 그는 왜 이렇게 생각하지 않을까? 그의 신념과 해석은 자동적으로 시작되었다. 회의를 그만두고 좀 와 달라는 요구에 진아가 "안 돼요."라고 말하자마자 자동적으로 아내가 자신의 요구를 중요하게 여기지 않는다는 증거로 받아들였다. 더 나아가 이것이 부부간의 신뢰 문제로 확대되어, 명철은 진아를 계속 믿을 수 있을지 의구심을 가지게 되었다.

이 사례에서 명철을 성급히 비난하기 전에 당신이 이와 유사한 해석을 얼마나 자주 하는지 자문해 보라. 사랑하는 사람의 행동은 어때야만 한다는 당신만의 신념에 기초하여 얼마나 자주 상대방의 특정한 행동을 보살핌이 부족하다는 증거로 해석하는가? 나아가 배우자와 함께 당신의 신념을 얼마나 자주 검토하는가?

불행하게도 이러한 각자의 신념체계는 배우자와의 상호작용을 감정적으로 자극한다. 배우자는 당신이 하는 모든 말을 자기 식대로 해석하고, 당신 역시 배우자의 말을 자기 식대로 해석한다. 우리는 끊임없이 상대의 행동 혹은 대화가 진짜 의미하는 바가 무엇인지 자동적으로 해석하고, 그 결과 의사소통 패턴을 바꾸는 것은 더 어려워진다. 우리의 신념체계가 의사소통 문제의 큰 부분을 차지하게 된다.

✻ 당신의 신념과 해석에 도전하라

만일 의사소통 문제에 당신의 신념체계가 크게 일조한다면 어떻게 변화를 시작할까? 그 대답은 다음과 같다. 첫째, 문제가 되는 당신의 대화 패턴을 분석한다. 둘째, 이 패턴에서 당신의 역할을 바꾼다. 셋째, 당신이 배우자가 진짜로 의미하는 것 혹은 진짜로 말하는 것을 해석하는 데 당신의 자동적 신념이 어떻게 작동하는지 깨닫는다. 독심술은 결혼생활에서 매우 도움이 안 되는 행동이다. 솔직히 생각해 보면, 당신은 배우자가 말한 바를 종종 잘못 해석한다는 것을 깨달을 수 있을 것이다.

진정한 변화는 대화를 왜곡할 수 있는 신념체계와 해석을 탐색함으로써 시작된다. 이는 당신이 배우자가 말한 바를 항상 자신의 신념체계에 기초하여 해석하고 있으며, 이것이 결혼생활에서 문제가 될 수 있다는 사실을 수용하는 것을 포함한다.

변화로 향하는 첫 단계는 신념체계를 토대로 끊임없이 상대방의 말을 해석한다는 사실을 받아들이는 것이다. 이것은 당신이 좋아하는 신화(또는 통념) 중 하나를 포기해야 한다는 뜻이다. 이 신화는 '객관적 현실의 신화'다. 이는 누가 옳고 그른지 밝혀 내는 것이 가능하고, 누가 무슨 말을 했는지 정확히 알 수 있다고 생각하게 만든다. 많은 부부는 서로가 말한 것이 정확히 무엇이었으며 그게 사실 무슨 뜻이었는지 증명하느라 심하게 다투었으나 모두 헛수고였다고 말하곤 한다.

누가 옳고 그른지 증명하려 하는 것은 쓸데없는 시간 낭비다. 변화로 향하는 첫 단계는 당신이 들은 것을 어떻게 해석하느냐가 당신이 말하는 것만큼 중요하다는 사실을 이해하는 것이다. 자신의 신념체계에 대해 이해하고 그것이 어떻게 대화를 왜곡할 수 있는지에 대해 스스로 책임감을 가져야 한다.

여기서 수용이란 자신이 '왜곡된 사고(distorted thinking)'를 통해 어떻게 대화를 곡해할 수 있는지 자문하는 것을 의미한다. 예를 들어, 명철은 자신이 아플 때 아내가 회의를 취소하고 집에 와서 함께 있어 주지 않았기에 아내가 자신을 사랑하지 않으며, 앞으로도 결코 자신을 위해 와 주지 않을 거라는 왜곡된 생각을 하였다. 그는 있지도 않은 증거를 바탕으로 커다란 결말로 뛰어들었다. 그의 '왜곡된 사고'는 증거를 시험해 보지도 않은 채 결론으로 이끌었다. 그는 아내가 회의를 취소하지 않은 것이 정말 그를 사랑하지 않아서인지 잠시 멈춰 스스로에게 질문하지 않았다.

다음에서 명철의 경우처럼 관계에서 어려움을 증대시키는 왜곡된 사고의 몇 가지 방식을 설명할 것이다. 흔히 발생하는 사고 오류에는 어떤 것이 있는가? 인지치료자들은 부부간 대화를 왜곡하는 사고 오류를 살펴보는 치료방법을 사용해 왔다.

당신의 사고 오류에 도전하라

심각하게 대화를 곡해시키는 사고의 오류나 왜곡은 다양하다. 벡(Beck, 1988), 다틸리오와 파데스키(Dattilio & Padesky, 1990)가 이를 상세히 요약하였다. 여기서는 부부가 사용하는 가장 흔한 사고의 오류 다섯 가지를 정리한다. 다음을 보면서 당신이 가장 흔하게 사용하는 오류와 부부간 대화에서 가장 큰 문제를 일으키는 오류는 무엇인지 생각해 보자.

오류 1: 파국적 사고

파국적 사고(catastrophic thinking)란 단순한 말 혹은 행동에 기초해 '파국적인' 결론으로 뛰어드는 것을 말한다. 객관적으로는 원래의 말이 파국적 결론을 의미하는 것이 아니지만, 이런 식의 '파국적 사고'에 의문을 갖지 않는다. 예를 들어, 예원은 남편이 늦게 귀가한 것이 자신을 많이 사랑하지 않는 증거라고 가정하는 파국적 결론에 도달했다. 명철도 아내가 집에 돌아와 자신의 옆에 있지 않은 것은 자신을 사랑하지 않아서라는 파국적 사고를 했다. 두 사례 모두에서 단지 한 가지 예를 근거로 커다란 결론을 내렸다.

이러한 형태의 사고는 더욱 위험해질 수 있다. 왜냐하면 일단 자신의 결론을 무비판적으로 받아들이면 자신의 결론과 신념을 토대로 계속 대화를 진행해 가기 때문이다. 파국적 사고를 통한 대화는 배우자의 허를 찔러 공격하기 때문에 상호작용에서 감정이 더욱 고조된다. 명철이 아내에게 심술을 부리고 그녀를 무시하면서 그녀가 자신을 사랑하지 않는다고 믿을 때, 진아는 어떻게 반응했을까? 그녀는 남편의 심술과 철회에 짜증이 나거나 화가 났을 것이다. 공격받았다고 여기고 그에 따라 반응했을 수도 있다. 이는 명철을 더 우울하게 만들고, 곧 그들은 서로에게 상처를 주는 부부싸움을 하게 될 것이다.

파국적 사고는 부부가 올바른 토론을 하지 못하게 만든다. 한쪽 배우자는 타당하지 않은 결론에 도달하고, 다른 쪽 배우자는 공격받거나 상처받은 느낌 혹은 분노의 감정을 느끼게 된다.

오류 2: 실무율적 사고

이 오류는 파국적 사고의 확장이다. 예컨대, 명철은 이번에 아내가 일찍 집으로 오지 않으면 아내가 앞으로도 계속 와 주지 않을 것이라고 결론을 내렸다. 예원은 남편이 늦게 왔을 때 중요한 일이 있을 때에도 그가 집에 와 줄지 확신할 수 없다는 결론을 내렸다. 그들은 '실무율적' 사고를 했다.

실무율적 사고(all-or-nothing thinking)는 다음과 같은 특징이 있다. 즉, 지금 일어나지 않는 일이라면 앞으로도 일어나지 않을 것이다, 배우자가 지금 오지 않는다면 앞으로도 절대 오지 않을 것이다, 배우자가 무언가를 잊었다면 앞으로도 기억하지 않을 것이다 등과 같은 사고를 한다. 이러한 사고는 또다시 해결되지 못하는 논쟁으로 이어지고 양쪽을 계속 지치게 한다. "나는 인생에서 중요한 일이 있을 때 절대 당신에게 의지할 수 없어. 왜냐면 내가 아플 때 당신이 직장에서 돌아와 함께 있어 주지 않았기 때문이야."라고 말한다면 배우자는 어떻게 반응할까? '당신은 항상' 이나 '당신은 절대' 라는 말을 자주 사용하고 있다면 실무율적 사고를 하고 있는 것이다. 이는 다시 흑백논리를 이끈다.

흑백논리(black-and-white thinking)의 문제는 명확하다. 극단적으로 생각하게 하는 것이다. 이것은 훌륭하거나 혹은 끔찍하거나 둘 중 하나다. 자신이 원하는 방식으로 사랑받거나 혹은 전혀 사랑받지 못하는 것이다. 성관계는 훌륭하거나 혹은 끔찍하다. 항상 정시에 집으로 돌아오거나 혹은 절대 정시에 오지 않는 것이다.

대체로 이런 형태의 사고를 깨닫는 것은 쉽다. 하지만 격렬한 상호작용 가운데에서 이를 알아채는 것은 어려운 일이다. 남편이 한 번 식료품 가게에서 저녁 식사를 위해서 장을 봐 오지 않은 것을 안 여자가 다시는 남편을 믿을 수 없다고 생각하는 것은 흑백논리에 얽매인 것이다. 자전거 여행을 아내가 같지 가지 않겠다고 거절한 것을 자신과 아내에게는 공통점이 하나도 없다고 결론짓는 남편 또한 흑백논리에 빠진 것이다. 이런 형태의 사고는 부부간에 부정적인 상호작용을 유발하며 타협점을 발견하기 어렵게 한다. 이는 종종 한쪽 배우자에게 기습이나 공격을 당한 느낌을 받게 하며, 더욱 강렬하게 방어하도록 만든다. 곧 그 부부는 비생산적인 또 다른 논쟁에 발이 묶일 것이다.

불행하게도 우리는 결론이 확실하지 않은 상황에서도 이러한 사고를 한다. 아주 작은 증거 하나에 기초해 상대가 정말 믿음직스럽지 못한 사람이라는 결론을 내린다. 배우자가 자신에게 말한 한 측면에 대한 비난을 배우자가 정말로 자신을 사랑하지 않는다는 증거로 해석한다. 배우자에게 작은 실망을 느낀 것을 다른 누군가와 결혼했다면 더 행복했을 거라는 증거로 보기도 한다.

오류 3: 터널 시야

터널 시야(tunnel vision)는 해변의 리조트에서 10일간의 휴가를 마치고 막 돌아온

한 부부의 사례에서 잘 알 수 있다. 친구들이 휴가가 어땠느냐고 물었을 때 이 부부는 둘 다 끔찍했다고 말했다. 무엇이 잘못되었냐고 묻자, 돌아오는 길에 고속도로에서 길을 잃었고 부부가 다투게 되었다고 하였다.

이 부부는 길을 잃은 것을 상대의 탓으로 돌렸고, 그 결과 부부싸움은 더 감정적이고 격렬해졌다. 하지만 휴가를 즐기는 동안에는 어땠느냐고 좀 더 묻자, 돌아올 때를 뺀 나머지 시간은 멋졌고 잘 쉬었으며 로맨틱했다고 이야기했다. 부부의 문제는 차를 몰고 집으로 오는 동안 길을 잃었을 때 생긴 것이다. 이를 인식하지 못하고 그들은 '터널 시야' 에 갇힌 것이다. 그들은 가장 최근에 한 싸움에 관해서만 생각했던 것이다. 이들 부부는 '넓은 시야(wide angle lens)' 를 통해 보지 못했기 때문에 휴가의 대부분이 근사했다는 것을 기억하지 못한 것이다.

이런 일은 매우 자주 발생한다. 터널 시야에 갇힐 때에는 관계의 한 측면, 주로 부정적인 측면에만 초점을 맞출 수 있다. 이로 인해 더 큰 시야에서 보지 못한다. 만족스러운 결혼생활을 하는 부부는 몇 년에 걸쳐 보다 넓은 시야로 조율하는 능력을 기른다. 자신들이 몇몇 문제 영역을 가지고 있다는 것을 인정하지만 그것이 결혼생활로 확장될 때에는 좀 더 균형 잡힌 조망을 사용한다.

터널 시야는 장점을 보지 못하게 만든다. 휴가에서 돌아온 부부처럼, 터널 시야를 통해 보면 잘못된 것만 보게 될 수 있다. 부부는 결혼생활마다 다른 측면이 있다는 것을 잊어버린다. 그들은 종종 장점을 기억하지 못하고 오직 문제 영역에만 초점을 둔다.

오류 4: 빈약한 추론

훌륭한 형사는 어떤 결론을 내리기 전에 범죄 장면에서 유용한 모든 증거를 세심하게 수집한다. 빈약한 추론(poor detective work)은 이와 정반대로 거의 존재하지 않는 증거를 바탕으로 확고한 결론을 내린다. 이런 형태의 사고는 증거가 불충분한 상황에서 잘못된 결론에 이르게 한다.

예를 들어, 어떤 남편은 아내가 파티에서 한 시간 정도 늦게 집에 돌아온다면 '다른 남자를 만나는 것이 틀림없어.' 라고 생각한다. 그는 아내가 왜 늦는지, 파티는 어땠는지 묻지 않고, 심지어 자신의 두려움조차 드러내지 않는다. 그는 곧바로 결론을 내리고, 그의 상처와 분노를 회피하는 아내를 공격한다. 아내가 피하면 피할수록 파티에서 무슨 일이 있었다는 증거로 해석한다. 아내가 침묵하는 것은 필시 죄책감을 느껴서라고 해석하고 더욱 자신의 결론이 옳다고 확신한다. 이러한 빈약한 추론은 서로를 소원케 하는 상호작용의 악순환으로 이끌 뿐이다.

어떤 사람들은 교묘한 방법으로 배우자를 시험하기도 한다. 그들은 일단 침묵하여 배우자와 약간 거리를 둔다. 그러고 나서 배우자가 자신이 소원해진 것을 알아차리길 기다린다. 또는 생일에 무엇을 받고 싶은지 힌트를 주고는 상대가 그 힌트를 받아들이는지의 여부를 지켜본다. 시험이 무엇인지에 상관없이, 상대가 그 시험에 통과하지 못할 경우 배우자가 자신을 사랑하지 않는다는 증거로 채택한다. 빈약한 추론과 비밀 시험은 항상 거리감과 고통스러운 부부싸움을 일으킨다.

오류 5: 독심술

독심술(mind readng)의 사고 오류는 언어적인 대화 없이 상대의 마음을 읽을 수 있다는 생각을 말한다. 대부분 독심술을 제대로 할 수 없다는 것을 인식하면서도 생각보다 자주 독심술의 오류가 일어난다는 것을 알 것이다. 우리는 부부를 대상으로 이야기할 때 서로에게 자신이 원하는 것을 분명하게 표현하라고 격려한다. 이에 그들은 분개한다. 전형적인 반응은 다음과 같다. "18년 동안이나 결혼생활을 했는데 배우자에게 그런 걸 말할 필요는 없어요. 당연히 알고 있어야죠."

이런 잘못된 사고는 휴가를 갔다가 집으로 돌아오는 길에 말다툼을 한 부부의 이야기에서 잘 묘사된다. 휴게소를 지난 후, 남편은 화를 내며 소란을 피워댔다. 운전을 하고 있던 아내는 당황하여 무엇이 잘못됐느냐고 물었다. 그는 화를 내며 커피를 마시려고 했던 휴게소를 방금 지나쳤다고 말했다. 그러고는 아내에게 왜 멈추지 않았는지 추궁했다. 그녀는 말했다. "당신이 커피를 마시고 싶어 하는지 몰랐어. 나한테 말하지 않았잖아." 남편이 대답했다. "10년이나 결혼생활을 했는데 내가 커피를 마시고 싶어 한다는 걸 모른다면 당신은 나를 사랑하지 않는다는 거야."(통역: "당신이 나를 사랑한다면 나의 마음을 읽을 수 있어야지.")

불완전한 독심술의 결과로 부부는 모든 것을 배우자의 탓으로 돌린다. 남편은 아내가 무디고 부주의하다고 믿는다. 그리고 자신의 신념에 의거해 아내에게 반응한다. 우리는 이러한 사고의 또 다른 형태를 볼 수 있다. 아내가 특별히 자신에게 잘해 줄 때 뭔가 숨겨진 동기가 있다고 생각하는 남자가 있다. 그는 이렇게 생각한다. '나는 그녀가 뭘 생각하는지 알고 있어. 주말에 친구들과 외출하길 원하는 거야. 그래서 지금 나에게 잘해 주는 거지. 그녀에겐 다른 숨겨진 동기가 있어.' 그는 아내의 친절함을 자신을 조종하기 위한 증거로 해석하며, 아내의 친절함 뒤에 다른 꿍꿍이속이 있다고 생각한다.

✻ 당신의 사고 오류는 어디에서 발생할까

당신이 솔직하다면 앞의 사례에서 자신의 모습을 보았을 것이다. 이런 형태의 사고 오류는 배우자가 말하거나 행한 것의 상당수를 해석하도록, 더 정확하게는 잘못 해석하도록 유발한다. 이는 거센 논쟁과 오해의 소지를 불러일으키기 쉽다.

이제 이 책을 더 읽기 전에 잠시 동안의 시간을 갖자. 앞 장에서 당신은 자신의 패턴과 예측 가능한 논쟁에서 자신의 역할 변화를 분석하고자 했다. 이제 결혼생활 중에 당신이 하고 있는 이러한 '사고 오류'에 관하여 생각해 보라. 가장 빈번하게 행하는 오류는 어떤 것인가? 다음의 빈칸에 당신의 사고 오류들을 기록하라. 가장 많이 하는 사고 오류를 이해하는 것은 자신의 대화 패턴을 바꾸는 출발점이 된다.

....

....

....

....

....

내가 가장 많이 하는 사고 오류

앞에서 사고 오류를 적어 보았다. 이제 시간을 갖고 이러한 사고 오류가 당신 결혼생활의 의사소통에 어떤 영향을 주었으며, 어떻게 잘못된 의사소통 패턴을 부추기는지 설명해 보자. 당신이 사고 오류를 일으켰을 때 정확히 어떤 일이 벌어졌는가? 당신의 배우자에게 어떤 영향을 주었는가? 다음의 빈칸에 이 질문들에 대한 답을 작성해 보라.

사고 오류는 의사소통 문제를 증가시킨다

사고의 왜곡은 배우자 간의 비생산적인 의사소통 패턴에 불을 붙이는 의사소통의 왜곡을 일으킨다. 예를 들어, 독심술은 '남편은 내가 말하지 않아도 무슨 선물을 원하는지 알고 있어야 해.' 와 같은 신념을 이끌어 낸다. 이것은 결국 실망, 다툼, 감정의 골을 만든다. 대부분의 배우자는 마음을 읽는 재능을 타고나지 않았다.

기존에 가지고 있던 신념에 기초한 빈약한 추론은 의사소통에 악영향을 주는 왜곡된 해석으로 이어진다. 아내가 지난 몇 주간 늦게 퇴근했기 때문에 분명히 외도하고 있을 거라고 생각하는 남편은 아내를 더욱 의심하게 된다. 그는 목소리를 깔고서 아내에게 질문을 시작할 것이다. 그리고 이런 식의 태도 때문에 아내는 그에게서 더 멀어지게 되고 문제가 되는 의사소통 방식은 증가하게 될 것이다.

❊ 문제를 점차 확대시키는 것: 신념체계

'사고 오류' 와 더불어 배우자의 행동을 부정확하게 해석하게 만들며 종종 배우자와의 거리감을 증가시키는 강한 신념들을 알아보도록 하자. 사람들은 오랜 시간 동안 성차에 관한, 좋은 결혼이 무엇인지에 관한, 또 스스로에 관한 다양한 신념을 형성하게 된다. 그리고 이 신념의 시야를 통해 자신의 관계가 건강한지를 평가한다. 이런 신념은 확고한 해석을 하도록 만들며 대화를 왜곡시킨다.

성차에 관한 신념

성차(gender)에 관한 몇 가지 신념은 성공적인 결혼을 심각할 정도로 파괴할 수 있다. 자신에게 솔직하다면, 당신은 남녀 성차와 더불어 이성에 대한 특정 시각을 가지고 있다는 것을 인정할 것이다. 당신의 시각은 가족, 학교, 하위문화 등 다양한 곳에서 영향을 받아 나타난 것이다. 이제 이성에 관한 느낌을 묻는 다음의 문항에 가능한 한 솔직하게 답하라.

✔ 모든 남자/여자는 ....

....

....

✔ 남자/여자의 대화방식은 ....

....

....

✔ 대부분의 남자는 ....

....

.... 에 관심이 있다.

✔ 대부분의 여자는 ....
....
.... 에 관심이 있다.

✔ 여자는 좋은 결혼생활을 ....
....
.... 로 정의한다.

✔ 남자는 좋은 결혼생활을 ....
....
.... 로 정의한다.

✔ 남자는 좋은 성관계를 ....
....
.... 로 정의한다.

✔ 여자는 좋은 성관계를 ....
....
.... 로 정의한다.

이 연습을 다 한 후에 발견한 성차에 기초한 신념체계는 무엇인가? 솔직하게 답했다면 남들이 보기에 좋은 대답만 나오지는 않았을 것이다. 아마도 당신은 이성에 대해 편향된 강한 신념이 있음을 깨달았을 것이다. 남자끼리 혹은 여자끼리 있을 때 이성에 관한 유머를 한번 들어 보라. 여성운동, 동성애운동과 같은 노력이나 비차별 법안이 의회와 주 입법부를 통과하였음에도 불구하고 성에 관한 오래된 신념은 매우 강력하며, 종종 배우자 간의 바람직한 의사소통을 방해한다.

남자는 화성에서 오고 여자는 금성에서 왔다는 것이 아니다. 어느 정도 성차가 실재하는 것이 사실이나, 성차에 관한 강력한 신념이 부부의 의사소통을 망가뜨린다는 것이다. 고트맨(Gottman)은 남자와 여자는 종종 관계에서 같은 것을 원한다고 지적하였다. 남녀 모두 70%가 결혼으로부터 얻는 주된 이점을 우정이라고 말하였다(Gottman, 2000).

우진호, 한미수 부부의 사례

진호와 미수 부부의 이야기는 성차에 대한 신념이 결혼생활에 어떻게 영향을 주는지를 잘 보여 주는 사례다. 진호는 여자는 지나치게 감정적이며 비논리적으로 행동하는 경향이 있다고 믿는다. 이 때문에 그는 아내인 미수와 이야기할 때 정서적인 주제에서는 등을 돌린다. 그는 자신의 감정에 지나치게 솔직해지거나 급격히 통제력을 상실해 버리는 '너무 감정적인' 논의가 이루어지지는 않을까 두려워한다. 미수는 부부간에 민감하고 중요한 주제를 논의할 수 없음에 자주 좌절한다. 그녀는 한참을 속으로 참고 있다가 좌절감이 쌓이고, 결국 매우 감정적인 방식으로 폭발한다. 그때 진호는 뒤로 물러서서 이렇게 말한다. "이게 내가 당신과 대화하지 않는 이유야. 당신은 너무 감정적이야!"

진호는 자신이 가장 두려워하는 문제를 스스로 일으켰음을 깨닫지 못한다. 그는 느낀 것을 솔직하게 말하지 않고 아내가 감정을 솔직히 표현하는 것을 차단하여 좌절하도록 했으며, 이로 인해 아내는 더욱 감정적으로 폭발한 것이다. 자신을 표현할 수 없어 좌절할수록, 아내는 더욱 감정적으로 폭발하였다.

한편으로 미수가 남자는 오직 일과 스포츠에만 관심이 있다는 신념을 가지고 있다면, 그녀는 그 신념에 의거해 행동했을 것이다. 그녀는 자신의 감정이나 아이들에 관한 정보를 혼자 쥐고 있을 수도 있다. 왜냐하면 그녀는 남편이 그런 문제에 관해 듣고 싶어 하지 않는다고 믿기 때문이다. 남자는 여자의 욕구에 관해 듣는 것에 관심이 없다고 가정한 미수는 진호에게 자신의 욕구를 말하지 않는다. 결국 미수는 남편이 스포츠 중계를 볼 때 그를 원망한다. 이런 남편의 행동은 자신의 신념체계가 옳다는 것을 증명하기 때문이다. 시간이 흐를수록 두 사람은 서로에게 더욱 거리를 둘 것이고 정서적인 대화를 더욱 하지 않게 될 것이다.

이 사례에서 알 수 있듯이 문제는 성에 기초한 차이가 아니라 '성차에 관한 신념' 이며, 이것이 우리의 행동을 지배한다. 이 신념을 바탕으로 행동하면 할수록 더 많은 문제가 발생할 것이고, 배우자와의 사이는 더욱 멀어질 것이다.

당신은 앞에서 성차에 관한 당신의 신념을 작성하였다. 이제 시간을 갖고 성차에 관한 당신의 신념이 배우자와의 의사소통 방식에 어떻게 영향을 주는지 묘사해 보라.

결혼생활에 관한 나의 신념

우리는 성차에 관한 신념과 더불어 결혼생활에 관한 깊은 신념을 가지고 있다. 성차에 기초한 신념처럼, 결혼에 관한 신념은 결혼생활의 질을 평가하는 렌즈가 된다. 이 신념들은 가족, 학교, 문화, 종교집단으로부터 학습된다. 그리고 이것은 건강한 결혼생활을 평가하는 또 하나의 렌즈가 된다.

예를 들어, 당신이 좋은 결혼생활이란 논쟁을 하지 않는 것이라고 믿는다면, 논쟁을 할 때마다 결혼생활에 문제가 있다는 증거로 받아들이게 된다. 만약 훌륭한 결혼생활을 하는 부부는 같은 흥미를 공유한다고 믿는다면, 당신과 배우자가 다른 흥미를 가졌다는 것을 발견할 때 그것이 결혼생활이 만족스럽지 않다는 또 다른 증거가 되는 것이다.

배우자와의 토론을 실패하게 만드는 결혼에 관한 신념은 무수히 많다. 한 유명한 영화에서 "사랑은 결코 미안하다고 말하는 것이 아니야."라는 대사가 있었다. 만일 당신이 이러한 신념을 가지고 있다면 아마도 당신의 결혼생활에는 문제가 있을 것이다. 이 대사는 신념이 문화에서 어떻게 대중화되는지, 또 어떻게 각자의 결혼생활을 비교하고 평가하는 또 다른 렌즈가 되는지 보여 주는 예다.

대부분의 사람이 인정하기 싫어하는 대중적인 신념들은 분명 존재한다. 하물며 많은 사람은 그것이 진실이라고 생각하고 그에 따라 행동한다. 그 신념은 "만일 당신이 나를 사랑한다면 내가 느끼는 바를 알고 있어야 해. 말을 해야 알 수 있다면 정말 나를 모른다는 소리야."와 같이 요약할 수 있다. 이런 신념은 다음 이야기에서 잘 나타난다.

오인수, 이지혜 부부의 사례

지혜와 인수는 극도로 낙심했다. 지혜는 결혼생활에서 자신의 욕구를 해결하지 못할 것이라고 생각하기 시작했다. 추석이 다가오기 몇 주 전, 그녀는 어머니가 돌아가신 것이 생각나 우울해졌다. 그리고 향수에 젖어 어린 시절 경험하였던 추석을 고대했다. 그녀는 남편 인수가 이런 자신을 알아차리지 못해서 상처를 받았다.

한편 인수는 혼란스러웠다. "당신이 말을 안 하는데 무엇을 느끼는지 어떻게 알아? 난 상담자가 아니야." 지혜가 울먹이며 대답했다. "나랑 몇 년을 살았는데 내가 무엇을 느끼는지 모를 정도로 둔감하다니, 우리 결혼생활은 대체 뭐야?" 이에 인수는 더 혼란스러워질 뿐이다.

우리는 이와 같은 부부 문제에 관해 매년 한 트럭씩 듣는다. 자신이 원하는 것을 좀 더 구체적으로 말하라고 지도할 때마다 부부들은 이렇게 대답한다. "그건 너무 냉정하고 계산적인 소리네요. 만일 배우자가 날 사랑한다면 말하지 않아도 내가 느낀 것을 알 거예요."

결혼에 관한 이런 깊은 신념들은 많다. 자신에게 솔직한 사람이라면 좋은 결혼생활에 관한 특정한 신념을 가지고 있음을 인정할 것이다. 어떤 사람들은 훌륭한 결혼생활이란 부부가 취미와 흥미를 공유하는 것이라고 믿는다. 또 어떤 사람들은 배우자가 전통적인 역할을 유지할 때만이 좋은 결혼생활이라고 믿는다. 불행하게도 부부들은 결혼생활로 뛰어들기 전까지 서로 깊이 내재된 핵심 신념에 관해 많이 이야기하지 않는다. 결국 신념은 결혼생활에서 엄청난 고통을 야기할 수 있다.

이러한 신념은 배우자와의 결혼생활 상태를 평가하는 개념적 틀이 된다. 이로 인해 당신은 배우자와 대화하지 않고 자신의 신념에 따라 행동하게 된다.

이제 '좋은 결혼생활'을 구성하는 것이 무엇인지에 대한 당신의 신념을 작성해 보라.

....

....

....

결혼생활에서 변화를 효과적으로 만들어 내기 위한 바람직한 출발점은 다음의 단계를 밟는 것이다.

❶ 결혼생활에 관한 당신의 신념 찾기
❷ 좋은 결혼생활을 구성하는 것은 무엇인지, 성차에 관한 신념은 무엇인지 배우자와 함께 서로가 가진 신념에 관해서 정직한 대화를 나누기
❸ 이러한 신념이 대화 패턴에 어떻게 영향을 주는지 탐색하기

배우자에 관한 신념

배우자에 관한 신념은 배우자와의 모든 상호작용에 영향을 주는 가장 위험하거나 혹은 가장 유익한 신념체계 중 하나다. 사람들은 함께한 결혼생활과 인생의 과정 속에서 배우자에 관한 신념을 형성하고, 마치 그 신념들이 사실인 것처럼 그에 기초해 행동한다. 이 신념들은 시험이나 도전을 받지 않고 마음속에 단단히 고정된다.

배우자가 가진 어떤 요소가 절대 변하지 않을 거라고 생각하는 것은 위험하다. 한번 배우자에 관한 신념이 형성되면 변하기는 매우 어렵다. 이러한 '일부만 진실' 인 신념이 잠재적인 사고 오류와 결합될 때, 당신은 더욱 견고한 감정의 골을 만들 것이다. 다음의 사례에서 이를 잘 볼 수 있다.

김병진, 이혜수 부부의 사례

병진은 결혼 초에 매우 통제적인 사람이었다. 시간이 지나자 그는 성숙해졌고, 자신의 좋지 않은 부분과 통제하려는 성향을 변화시키기 위해 상당히 노력했다. 실제로 그는 괄목할 만한 변화를 이루었다. 그러나 아내인 혜수는 여전히 오래된 신념체계의 렌즈를 통해 그를 바라보았다. 여전히 남편에게 등을 돌리고 함께하려 하지 않았다. 아직 남편이 자신을 통제하려 한다고 믿기 때문이었다. 그녀는 남편이 얼마나 많이 변했는지 알지 못했다. 계속 오래된 시각으로 남편을 보았고, 결국 그에게 가까이 다가가는 것을 꺼려했다.

이준걸, 강인숙 부부의 사례

준걸은 아내인 인숙이 자신에게 매우 실망했다고 믿고 있다. 그는 아내가 결코 행복하거나 만족하지 않으며, 지금의 자신보다는 더 성공한 남편을 좋아할 것이라고 생각했다. 결국 그는 그녀에게 거리를 두었고 일면 두려워하기도 하였다. 또한 아내가 항상 자신에게 비판적이어서 결코 아내와 친밀해질 수 없을거라 생각했다. 그는 자신의 약한 모습을 아내에게 보이려 하지 않았으며 두려워하는 것에 대해서도 이야기하지 않게 되었다.

대부분의 사람은 이런 신념들을 가지고 있다. 많은 이들이 '남편/아내는 내가 진짜 뭘 원하는지 잘 알지만 그렇게 해 주지 않아.' '그는 수동 공격적이야. 항상 나에게 상처를 줘.' '아내는 단지 날 통제하고 내가 무엇을 해야 한다고 지시하기를 원해.' '내가 진짜 어떤 사람인지 안다면 그녀는 나를 떠날 거야.' 라고 생각한다. 이러한 생각은 수도 없이 많다. 하지만 이런 신념에 근거하여 대화하려는 것(혹은 대화하지 않으려는 것)은 위험하다. 이러한 신념은 서로를 경계하고 분노하고 추측하게 하며 부부간의 거리를 멀게 만들 수 있다. 배우자에 관한 신념을 통해서 상대를 볼 때, 당신은 그 신념에 따라 행동할 것이며 그에 기초해 대화할(혹은 대화하지 않을) 것이다.

자신에 관한 신념

마지막으로 우리는 관계 요소의 일부인 자신에 관한 신념을 가지고 있다. 우리가 스스로를 어떻게 바라보고 자신에 관해 어떤 신념을 가지고 있는지는 결혼생활의 대화에 영향을 미칠 수 있다. 우리는 대인관계 속에서 자신에 관한 특정한 시각을 가지지만, 이런 시각이 존재함을 인식하지 못한다. 약간의 거리를 두고 자신의 결혼생활을 보면 관계 속의 자신을 포착할 수 있다. 예를 들어, 미진은 남편을 거리감 있고 화를 잘 내는 사람으로 묘사한다. 또한 남편이 자신을 통제적이고 까탈스러운 여자로 묘사했다고 말한다. 그러나 미진은 남편이 그저 통제적인 어머니 밑에서 자란 화를 잘 내는 남자일 뿐이라고 믿고, 자신을 단지 화를 잘 내는 남자와 결혼하게 된 순수하고 지지적인 아내로 생각한다. 그녀는 자신이 문제에 기여하고 있다는 것을 전혀 모른다. 그녀가 자신을 보는 시각은 변화를 어렵게 만든다. 남편이 변화해야 한다고 생각하기 때문이다. 미진의 예는 어려움을 유발할 수 있는 자신에 대한 문제적 신념을 몇 가지 보여 준다.

첫째, 당신이 하고 있는 모든 것이 옳다고 믿고 배우자가 문제라고 생각한다면, 당신이 할 수 있는 일은 그저 배우자를 변화시키는 것뿐이다. 당신은 자신이 배우자에게 하는 것이 배우자에게 문제가 될 수 있다는 것을 생각하지 않을 것이다. 오히려 배우자가 문제라고 확신하게 될 것이다.

둘째, 성역할은 결혼생활 속에서 자신을 보는 방식에 영향을 준다. 당신이 성역할에 대한 고정관념을 가지고 있다면, 자신은 적절하게 행동하고 있다고 믿으며 배우자의 좌절을 이해할 수 없을 것이다. 예를 들어, 가족 내에서 남편의 주된 역할이 경제적인 뒷받침을 하는 것이라고 믿는 남자가 참으로 많다. 그래서 배우자가 정서적인 부분을 채워 주지 못한다고 말할 때 좌절감을 느끼는 남자가 많다.

마지막으로 어떤 사람들은 자신의 욕구가 무엇인지 느끼지 못하며, 배우자에게 자신의 욕구를 요구할 권리가 있음을 알지 못한다. 자신의 욕구를 지각하지 못하거나 혹은 배우자에게 원하는 것이 무엇인지 알지 못하는 사람은 배우자에게 그것을 충분히 요구하지도 않을 것이다. 결국 자신들이 좋은 아내 혹은 좋은 남편이 되기 위해 노력한다고 믿고, 자신의 욕구가 채워지지 않을 때는 희생양이 된 것처럼 느낀다. 그들은 한 번도 자기 욕구가 무엇인지 명확히 밝히지 않았다는 것을 생각하지 못한다.

불행하게도 자기 초점과 자기 인식이 없으면 스스로 원하지 않고 수용할 수 없는 자신의 부분을 배우자에게 '투사하고(projected)' 배우자를 공격하게 된다. 예를 들어, 자신의 성적 충동 조절이 잘 되지 않는 남자는 아내에게 외도한다고 탓한다. 여기에는 보다 정확한 자기 평가가 빠져 있다. 자신의 문제, 자신의 욕구, 자신의 마음을 지각할 수 없을 때 우리는 염세적이 되고, 종종 욕구를 해결해 주지 못하는 배우자를 공격한다. 당연시해 온 자신의 신념체계와 해석의 방식에 관해 생각해 보는 것은 자신을 더 잘 알 수 있도록 도와준다.

변화 창조하기

변화를 창조한다는 것은 먼저 당신의 신념체계의 힘을 이해하고 그것이 배우자가 말한 바를 해석 혹은 곡해하게 한다는 것을 이해하는 것이다. 이런 해석이 사고 오류와 함께 조합되어 반응적으로 대화하게 된다.

변화의 시작은 자신의 자동적인 가정(automatic assumptions)과 신념에 대해 책임감을 갖는 것이고, 그것이 어디서 왔으며 어떻게 변하지 않는 해석을 유발하고 어떻게 대화에 파장을 일으키는지 이해하는 것이다. 변화과정을 위해서는 당신이 배우자를 볼 때 끊임없이 사용하는 인지적인 필터를 이해하는 것이 필요하다. 필터가 자동적으로 그리고 때로 무의식적으로 사용된다는 것을 모른다면 변화는 불가능하다. 간단한 대화 기술만으로는 절대로 충분하지 않다. 변화는 결혼생활의 필터를 형성하는 신념에 대한 명확한 평가로부터 시작된다.

배우자가 말하는 바를 해석하는 신념체계에 대해 깊이 이해하기 위해 당신의 핵심 신념체계를 요약해 보라. 그리고 시간을 갖고 이 장에서 제시된 질문에 대한 당신의 답변을 검토해 보라. 검토한 다음 당신의 대답을 요약하라.

✔ 나의 신념체계는 다음과 같이 구성되어 있다.

✔ 결혼에 관한 나의 신념은 다음과 같다.

✔ 성에 관한 나의 신념은 다음과 같다.

✔ 배우자에 관한 나의 신념은 다음과 같다.

✔자신에 관한 나의 신념은 다음과 같다.

당신이 요약한 신념체계의 핵심 요소가 배우자와의 의사소통 패턴에 어떻게 영향을 주는지 떠올려 보자. 신념체계를 이해하는 것만으로는 충분하지 않음을 기억하라. 변화 작업을 하려면 핵심 신념에 도전해야 한다. 그리고 배우자와 함께 자신의 신념에 대해 이야기하라. 이 작업은 당신이 흔히 사용하는 사고 오류를 변화시키기 위한 시작을 의미하기도 한다.

다음 장에서 신념체계를 변화시키기 위한 구체적인 방법들을 탐색할 것이다. 당신의 신념체계가 배우자의 신념체계와 어떻게 상호작용하는지, 그리고 대화과정의 어려움을 어떻게 유발시키는지 살펴보게 될 것이다.

05 한 사람의 생각이 어떻게 서로의 생각을 강화시킬까

신념체계가 지닌 문제점은 결국 그것이 상대방의 신념체계를 서로 강화시킨다는 것이다. 바꿔 말하자면, 당신은 배우자에게 자신의 입장을 이해시키려고 필사적으로 노력하겠지만 결국 당신에 대한 배우자의 신념이 사실임을 '증명하는 것' 으로 끝날 수 있다. 이 장은 더 깊은 수준에서 신념체계와 의사소통이 어떻게 작용하는지 이해하도록 도울 것이다. 아울러 내적 · 외적 의사소통 개념을 소개하고 변화를 일으키는 몇 단계가 제시될 것이다.

지금까지 결혼생활은 당신이 생각했던 것보다 훨씬 많은 노력이 필요한 것처럼 보였을 것이다. 결혼의 50%가 실패한다는 것은 놀랄 일도 아니다. 우리가 앞서 말해 왔던 것을 요약해 보면 다음과 같다. 첫째, 부부들은 결혼생활의 특정 문제를 둘러싸고 패턴화된 상호작용이나 논쟁을 한다. 패턴화된 방식의 대화나 논쟁은 그 자체가 다시 문제를 일으켜 계속 유지된다. 둘째, 패턴화된 상호작용은 사고의 오류와 성(gender), 결혼생활, 배우자 그리고 자신에 대한 특정한 신념에 의해 가열된다. 이러한 맥락에서 재정, 성생활, 친척이나 양육 등 다양한 문제가 말다툼을 유발하며, 이는 계속 유지된다. 신념체계는 싸움을 더욱 강화시키고 부추긴다. 결국 부부싸움은 본래의 쟁점을 해결 불가능하게 만들어 문제가 된다.

이처럼 논쟁을 해결 곤란한 문제로 만드는 것은 부부 모두 신념체계를 가지고 있고 그것들이 서로를 강화하기 때문이다. 변화를 일으키기 위해서는 자신의 신념체계를 깨닫고 도전해야 할 뿐만 아니라 배우자의 신념체계 또한 알아야 한다. 이러한 변화는 굉장히 어려운데, 그 이유는 두 사람의 신념체계가 문제를 한층 더 복잡하게 만들기 때문이다.

친밀함을 위한 투쟁

두 신념체계가 작용하는 방식을 설명하기 위해서 이보라와 박원민 부부의 상황을 살펴보도록 하자. 그들은 자신들의 주요 문제가 친밀함의 문제라고 말한다. 그들은 정서적으로 가까워지고 훨씬 더 친밀한 결혼생활을 하기 위해서 고군분투했다. 그들은 서로에게 진정으로 친밀해지기 위해 많은 시간을 함께 보내며 문제 해결을 위해 노력했지만, 여전히 문제에 대해 논의하는 패턴화된 대화방식 속에서 헤매고 있었다. 이미 말했듯이, 이 패턴은 시간이 흐르면서 자기 발생적인 특징을 지니게 된다. 대화 중에 보라의 역할은 쫓는 것으로, 원민에게 계속해서 다음과 같은 질문을 하며 몰아간다. “왜 더 많은 시간을 함께 보낼 수 없는 거야? 당신은 항상 축구만 봐? 서로 함께 앉아서 대화하면 안 돼?” 이것이 보라의 해결방법이다. 원민의 반응은 뻔히 예측할 수 있다. “나도 숨 좀 쉬자! 잔소리 그만두면 그때 얘기할께. 제발 그만 들볶으란 말이야.”

남편의 대답은 상처 입은 감정과 아내에게서 쫓기는 기분에 대한 반응으로 나오는 것이다. 이 시점에서 그들의 상호작용은 충분히 예상할 수 있다. 보라는 쫓고 원민은 거리를 둔다. 그가 점점 더 거리를 둘수록 그녀는 더욱 뒤쫓는다. 그리고 그녀가 열심히 뒤쫓을수록 그는 점점 더 멀어진다. 이러한 상호작용을 변화시키기란 쉽지 않다. 이 패턴은 너무나 잘 짜여져 있다.

변화를 만들기 위해 그들은 다음 단계인 자신들의 상호작용을 이해하는 단계로 이동해야 한다. 둘 다 상호작용을 더 격하게 만드는 각자의 강력한 신념체계가 있음을 깨달을 필요가 있다. 이 신념체계에 대한 자각과 깨달음은 그들의 상호작용이 변화하도록 도울 것이다.

보라는 원민을 쫓고 있는 동안에 어떤 생각을 하느냐는 질문을 받자 처음으로 혼란스러움을 느꼈다. 그녀는 자신의 행동이 도움이 되지 않았다는 것을 깨달았다. 그러나 자신이 왜 계속해서 남편을 몰아세우는지 이해하기 어려웠다. 그래서 그녀는 우선 남편을 몰아세우는 것을 멈추고, 자신이 무슨 생각을 하는지 돌아보았다.

부부싸움 와중에 마음속의 신념을 이해하고 생각을 정리하기 위해 속도를 늦추는 것은 매우 어렵다. 이를 위해서는 의식적이고 의도적인 반성이 필요하다. 대부분의 사람들처럼, 보라는 원민을 몰아세우는 동안 자신이 무슨 생각을 하는지 스스로에게 묻지 않았다. 하지만 결국 그녀는 자신이 무슨 생각을 하는지 인식할 수 있었다. 그런 다음 자신이 뒤로 물러선다면 남편이 철저하게 자신을 무시할까 봐, 그리고 지금보다 더 외로워질까 봐 두려웠다고 이야기했다.

더군다나 그녀는 훌륭한 결혼생활이란 부부가 모든 일을 함께 하는 거라고 믿었다. 원민이 축구를 볼 때마다 결혼생활이 제대로 되고 있지 않다는 의미로 받아들였다. 즉, 보라는 다음의 두 가지 신념으로 인해 남편을 쫓는 행동이 더 심해지곤 했다.

- 남편을 쫓는 것을 그만두면 남편이 자신을 무시할지도 모른다는 신념
- 좋은 결혼생활이 되려면 부부가 모든 일을 함께 해야 한다는 결혼에 관한 신념

원민은 자신의 신념이 무엇인지 곰곰이 생각해 본 후에 훌륭한 결혼생활이란 따로 또 같이 하는 것을 의미한다고 말했다. 그 역시 아내가 원하는 대로 다 들어주면 자유를 잃어버릴지도 모른다고 생각했다. 원민은 마음속으로 아내가 자신의 삶을 통제하려 한다고 확신했다. 보라와 마찬가지로 원민에게도 다음의 두 가지 신념이 있다.

- 아내와 많은 시간을 보내거나 아내에게 응해 주면 그녀가 자신의 삶 전체를 통제할지 모른다는 신념
- 좋은 결혼생활이 되려면 부부는 자신의 친구와 함께하거나 관심사를 즐기기 위해 각자의 시간이 충분히 필요하다는 신념

원민과 보라의 상호작용의 통합적인 부분이라고 할 수 있는 그들의 신념체계를 살펴보면 그들이 곤란을 겪은 이유를 잘 알 수 있다. 그들은 상대에 대한 강력한 신념을 품고 있으며, 좋은 결혼생활을 하는 방법에 대한 견해가 매우 다르다.

양쪽 신념체계의 결과로, 쫓기/거리두기 패턴은 소모적으로 계속 진행된다. 이 부부가 속도를 늦추고 저변에 깔려 있는 신념이 무엇인지, 그 신념들이 어떻게 상호작용 전반에 영향을 미치는지에 대해 서로 대화할 수 있어야 결혼생활에 유익한 변화를 일으킬 수 있을 것이다.

원민과 보라 부부의 경우, 쫓기/거리두기 패턴은 서로의 신념체계를 한층 더 강화시킨다. 보라는 원민이 정말로 자신에게서 거리를 두길 원한다고 더욱 강하게 믿게 된다. 물론 원민도 보라가 그의 삶 전반을 통제하길 원한다고 생각하게 된다. 패턴화된 상호작용으로 계속 제자리를 맴돌수록 두 사람 모두 자신들의 신념이 타당하다고 점점 더 확신하게 된다. 그들이 속도를 늦춰서 서로 다른 신념체계에 대해 논의할 시간을 갖지 않았기에 패턴화된 상호작용은 계속해서 결혼생활에 타격을 입힌다.

문제를 해결하려는 이 부부의 노력을 살펴보면 그들이 이런 패턴화된 상호작용을 어떻게 만들었는지, 원래의 문제가 어떻게 해결 곤란한 문제가 되었는지를 쉽게 알 수 있다. 두 사람의 신념들은 이러한 상호작용을 서로 부추기며 각자의 신념을 강화시킨다. 그들의 신념은 순환하는 상호작용 형태를 이룬다. 결국엔 서로 상대방에 대한 자신의 신념을 '증명' 한다. 몇 차례 논쟁 후에 보라는 남편이 자신에게 관심을 기울이지 않는다고 더욱 강하게 믿었으며, 원민은 아내가 정말로 자신을 통제한다고 믿었다. 신념체계에 도전하는 것은 오히려 그들의 예측 가능한 상호작용을 강화시킨다. 결국에는 더욱 심하고 격렬한 논쟁을 불러일으키면서 서로에 대한 신념들은 더욱 강력해진다.

각자의 신념체계가 상대방의 신념체계를 강화시킨다

신념체계가 지닌 문제는 오히려 서로가 잘못되었음을 증명하려는 데 있으며, 이는 상대방의 신념체계를 더욱 강화시킨다. 원민과 보라의 사례는 이를 너무나 잘 보여 준다. 앞서 의사소통 패턴에 대한 논의에서 말했듯이, 의사소통을 변화시키려고 노력할수록 그 패턴은 더욱 꿈쩍하지 않는다. 오래된 패턴은 좀처럼 사라지지 않기 때문이다. 이와 유사하게 패턴이 오래 지속되면 될수록 각자 자신의 신념체계를 더욱 확고하게 믿게 된다. 왜 그렇게 될까? 우리는 배우자가 자신이 원하는 방식대로 자신을 보도록 하기 위해 모든 에너지를 발산하며 고군분투한다. 그러나 노력하면 할수록 배우자가 우리를 바라보는 관점은 더욱 요지부동이다. 진정으로 문제 해결을 원하는 부부들이 어떻게 문제를 더욱 악화시키는가?

문제는 두 사람의 신념체계와 의사소통의 순환과정에 있다. 우리의 신념은 타인의 신념을 강화하기 때문에 각 배우자는 더욱 자신의 신념이 타당하다고 확신한다. 원민과 보라 부부의 사례에서 확실한 것은 그들의 결혼생활에는 두 사람의 신념체계가 상호작용하고 있다는 것이다. 그리고 그들이 의사소통하는 방식은 오로지 각자의 신념세트를 '증명하는 것' 이다.

✻ 신념은 의사소통을 왜곡시킨다

4장에 나온 태원과 영희 부부의 사례를 기억하는가? 그들은 영수증과 관련된 '간단한 대화' 를 나눈 부부다. 우리는 상호작용에서 부부의 의사소통을 왜곡시킨 강력한 신념체계에 대해 논의한 바 있다.

그들의 '간단한 대화' 를 다시 보도록 하자.

태원: 영수증 어디 있어?
영희: 왜 늘 당신은 모든 것을 내 탓으로 돌려? 불공평해.
태원: 뭐가 문제야? 그냥 물어본 걸 가지고.

이제 이 간단한 상호작용에서 있을 수 있는 모든 가능성을 생각해 보자. 이 대화는 보기처럼 단순하지 않다. 대화로부터 발생하는 무수한 상호작용이 있다. 우선 영희의 해석을 생각해 보자. 그녀는 수많은 단서에 반응하고 있다. 그녀는 태원의 어조를 탓하는 것으로, 찌푸린 얼굴을 화가 난 것으로, 그리고 그의 질문을 비난으로 해석했을지도 모른다. 혹은 그들은 여러 해에 걸쳐 영수증에 대한 끊임없는 말다툼을 해 왔을 수도 있다. 태원의 질문이 무엇을 의미하는가에 대한 영희의 해석 때문에 그녀의 반응이 격해졌다. 그러나 그녀의 해석은 태원에 대한 더 큰 신념 중 일부일 것이다. 그녀가 남편은 근본적으로 지배적이거나 비난하는 사람이라고 믿는다거나 혹은 남편의 말을 지배적인 어조로 듣거나 별난 모습으로 본다면 이런 해석에 맞추어 볼 것이다. 그러면 그녀는 자신의 해석을 토대로 반응할 것이며, 이는 신경질적이고 짜증 섞인 반응이 될 것이다. 게다가 그녀에게 성에 기초한 어떤 신념이 있다면, 모든 남자는 지배적이고 비난적이며 여자들이 항상 모든 물건이 어디 있는지 알아야 한다고 생각한다고 믿을 수도 있다. 이런 신념은 그녀를 더욱 분노하게 할 것이다.

그러나 이 '간단한 상호작용' 에서 신념체계를 갖고 있는 사람은 영희뿐만이 아니다. 태원 또한 영희에 대한 신념이 있다. 그는 그녀가 체계적이지 못하고 지나치게 예민하거나 혹은 너무 쉽게 화를 내는 사람이라고 생각할 수 있다. 그래서 자신의 목소리 톤이나 질문이 그녀에게 어떻게 들리는지 알아차리지 못하기에 영희의 성난 반응에 놀란 것이다. 영희에 대한 태원의 신념을 통해 이런 식의 해석이 내려지고, 그는 그에 상응하는 반응을 할 것이다. 태원은 마치 영희의 반응이 전혀 근거 없다는 듯이 그녀를 대할 것이다. 그리고 화가 나서 비난할 것이다. 이는 영희가 남편과의 상호작용 초기에 느꼈던 바로 그 감정이다. 영희와 마찬가지로, 태원은 자신이 인식하지 못한 몇 가지 신념에 근거를 두고 상호작용을 했을 수 있다. 우선 그는 배우자에 대한 신념세트를 가지고 있다. 더불어 성에 기초한 신념도 가지고 있을 수 있다. 그리고 살아오면서 만난 모든 여자처럼 영희도 지나치게 예민하고 너무 쉽게 상처를 입는 사람으로 단정 지을 수도 있다. 이러한 신념들은 그가 영희에게 반응하는 방법에 영향을 준다.

이제 부부가 상대방의 신념체계를 성공적으로 강화시키는 법을 이해할 수 있는가? 그들은 자신들의 상호작용과 상호작용을 지지하는 자신들의 신념체계에서 빠져나오지 못하고 있다.

'간단한 질문' 은 강력한 상호작용을 촉발시켰으며, 이 부부의 상호작용 패턴과 신념체계는 더욱 강해졌다. 분명하지는 않지만, 이런 식의 대화가 오래 지속될수록 여러 신념체계가 유발될 가능성이 더 커진다. 만약 그들의 대화가 지속되었다면, 실제로 두 수준의 의사소통이 진행되고 있기에 그들의 대화는 더욱더 격해졌을 것이다. 여기서 두 수준이란 내적, 외적 대화를 말한다. 내적 대화란 배우자와 드러내어 공유하지 않고 머릿속에서만 오가는 대화다. 다음에서는 내적, 외적 대화가 어떤 식으로 끝나는지 관찰해 보자.

내적 · 외적 대화

많은 부부가 두 수준에서 의사소통을 하고 있다. 바로 내적 대화(internal dialogues)와 외적 대화(external dialogues)다. 이것은 무엇을 의미하는가? 간단하다. 외적 대화는 서로가 귀로 듣는 명백한 언어적 대화다. 태원과 영희의 사례에서 외적 대화는 매우 분명히 드러난다. 하지만 그들이 내적 대화를 하고 있다는 것은 잘 드러나지 않는다. 앞서 이야기했듯이, 내적 대화는 각자의 머릿속에서 하는 대화다.

내적 대화에 대해 생각해 보자. 아주 격렬한 말다툼 중에 당신은 머릿속에서 배우자에게 소리 없이 몇 가지 욕을 했을 수 있지만 결코 밖으로 소리 내어 말하지는 않았다. 이러한 종류의 내적 대화는 끊임없이 계속된다. 내적 대화는 배우자에 대한 생각이나 겉으로 이야기하지 않는 주제들로 이루어져 있다. 내적 대화가 어떻게 작용하는지 이해하기 위해서 영수증에 관한 '간단한 대화' 로 돌아가 보자.

자동적 신념과 내적 대화

태원: 영수증 어디 있어?

영희의 자동적 신념과 내적 대화: '저 남자는 영수증이 어디 있는지 모른다고 내 탓을 하고 있어. 말투를 들으니 화가 났군. 물건이 어디 있는지 모른다는 이유로 언제까지 나한테 화를 내겠다는 거야?'

영희의 내적 대화는 그녀의 언어 반응을 결정한다.

영희: 왜 늘 당신은 모든 것을 내 탓으로 돌려? 불공평해.

영희의 언어 반응은 그녀의 신념체계와 내적 대화를 토대로 보았을 때 충분히 그럴 만하다.

태원의 자동적 신념과 내적 대화: '세상에, 또 시작이군. 왜 저 여자는 모든 일을 큰 문제로 만드는 걸까? 질려 버리겠어! 그녀는 너무나 감정적이라고!'

영희와 마찬가지로, 태원의 내적 대화는 그의 반응을 결정한다.

태원: 뭐가 문제야? 그냥 물어본 걸 가지고.

영희의 자동적 신념과 내적 대화: '기가 차는군. 날 먼저 비난해 놓고 되려 나한테 화를 내다니. 무슨 말만 하면 화를 내잖아. 이번에는 못 참아!'

영희의 언어 반응: 정말 기가 막히네. 당신이 먼저 나를 비난해 놓고 오히려 지금 나한테 화를 내? 다 그만둬. 당신한테는 내 감정을 이야기하지 않는 게 나아. 당신은 그런 문제를 다루지 못하니까. 당신은 아버님과 판박이야. 늘 화내고 비난만 하잖아.

이렇게 되면 대화는 통제 불가능이다. 태원은 급기야 감정이 폭발해서 신문을 집어 던지고 소리친다. "당신 미쳤어? 모든 걸 말도 안 되게 부풀리다니. 당신하고는 말하기도 싫어. 당신은 정말 지긋지긋하게 감정적이야. 어떨 땐 도저히 같이 있을 수가 없다고." 그는 집이 떠나가라 고함을 지르고는 문을 쾅 닫고 나가 버린다.

대화가 계속되었다면 상황은 더 심각해졌을 것이다. 둘이서 '간단한 질문' 에 대한 대화를 나누는 동안, 실제로는 두 가지 대화가 동시에 진행되었다. 이것은 모두 언어 교환과 내적, 외적 대화에 관련되어 있다.

내적 대화는 외적 의사소통을 결정하기 때문에 더 강력하다. 즉, 당신의 해석과 내적 대화는 당신이 실제 입 밖으로 말하는(혹은 고함치는) 것을 결정한다. 더군다나 그 다음에 이어지는 상호작용은 상대방에 대한 각자의 신념이 맞다는 것을 '증명' 할 것이다. 이는 상대방에 대한 각자의 신념을 더욱 강화시킨다. 따라서 의미 있는 변화를 만들기는 더욱 어렵다.

배우자에 대한 신념과 내적 대화

우리는 끊임없이 배우자에 대한 신념을 만들어 간다. 그리고 상호작용과 논쟁을 통해 우리의 신념을 한층 더 확고하게 한다. 부부싸움 후에 영희는 태원에 대한 자신의 신념이 절대적으로 정확하다고 확신한다. 그가 화만 내고 비난만 하는 소통이 불가능한 사람이라고 확신한다. 태원이 고함을 지르고 나간 후에도 그녀의 내적 대화는 계속된다. '정말 웃겨. 매번 내 탓을 하고 성질만 내는 어린애와 결혼을 했으니. 늘 폭발하고 고래고래 소리 지르니까 도저히 대항할 수가 없잖아. 도저히 이렇게는 못 살겠어.'

이러한 그녀의 내적 대화는 모두 외적인 면에 초점을 맞추고 있음을 알 수 있다. 그녀는 '내가 말하고자 하는 의미를 잘 전달해서 그가 방어하지 않게 만드는 방법이 있을까?' 또는 '내가 그이의 말투나 의도를 잘못 해석한 건 아닐까?' 와 같이 자문하지 않는다. 그렇기에 그녀의 신념은 점점 더 강해진다. 즉, 그녀의 내적 대화는 배우자에 대한 신념을 더 강화시킨다.

태원 역시 과속으로 운전하면서 스스로에게 계속 이야기한다. 그의 내적 대화는 이렇다. '저 여자와 절대로 결혼하면 안 되는 건데. 영희는 너무 격하고 감정적이야. 모든 일을 부풀린다니까. 쉴 틈이 없단 말이야. 모든 게 너무 복잡해. 이렇게 살 수는 없어.'

영희처럼 그의 대화도 외적인 면에 초점을 맞추고 있다. 그는 '내 얘기가 비난처럼 들렸나? 목소리 톤이 적대적이었나? 그녀가 내게 뭐라고 따지면 왜 그렇게 빨리 방어적이 될까?' 와 같이 자문하지 않는다. 이러한 질문은 자기 초점 질문으로서, 이런 질문을 하지 않았기에 그의 신념은 강력하게 지속된다.

신념체계와 부부 의사소통 원칙

이 '간단한' 부부 상호작용은 다음의 여섯 가지 원칙을 지닌다.

❶ 의사소통은 있는 그대로 전달되지 않는다. 있는 그대로의 질문이나 말이란 없다! 모든 의사소통은 신념체계를 통해 여과된다. 당신이 듣는 것은 필터를 통해 결정된다. 필터는 결혼, 성, 배우자 그리고 자신에 대한 신념의 영향을 받는다.

❷ 신념체계는 서로를 강화시킨다. 부부는 격렬한 의사소통을 하는 동안에도 끊임없이 자신의 필터나 일련의 신념들을 통해서 듣는다. 이러한 해석과 신념은 서로를 강화시키는 경향이 있으며, 더욱 격렬한 상호작용의 원인이 되기도 한다. 말다툼이 오래 지속될수록 부부는 각각 자신의 입장이 타당함을 더욱 확신하게 된다.

❸ 내적 대화는 실제로 입으로 말하는 것만큼이나 중요하다. 앞서 설명했듯이, 실제 대화 중 머릿속에서 진행되는 내적 대화는 신념체계에 의해 정교화된 것으로서, 입 밖으로 말하는 것을 결정한다.

❹ 의사소통이 더욱 격해짐에 따라 신념체계도 점점 더 활성화된다. 이것은 더욱 강렬한 내적 대화를 창조하게 된다. 영희와 태원의 상호작용에서 계속되는 말다툼이 얼마나 많은 내면의 부정적 신념들을 유발시켰는지 눈여겨 보라.

❺ 말다툼은 결국 서로가 상대방에 대한 자신의 신념이 옳음을 증명하면서 마무리된다. 말

다툼이 끝날 무렵, 영희와 태원은 각자 자신의 신념체계가 옳다는 것을 예전보다 더 확신한다. 둘은 배우자와의 상호작용을 통해 자신이 생각하던 것을 확인했다고 주장할 것이다.

❻ 내면이 아닌 외면에 초점을 두는 경향이 있다. 이런 식의 상호작용에서 우리는 주로 배우자와 배우자의 잘못에 초점을 맞춘다. 우리 자신이 상호작용의 원인이 될 수 있다는 사실은 거의 생각하지 않는다. 우리는 좀처럼 '이 상호작용에 내가 기여하는 바는 무엇인가?' 라고 자문하지 않는다.

변화를 위한 5단계

앞의 원칙들이 있다면 어떻게 변화를 시작할 수 있을까?

1단계

변화를 위한 첫 번째 단계는 객관적인 사실이란 존재하지 않고 모든 것은 해석의 문제라는 사실을 받아들이는 것이다. 이 사실을 수용할 때까지 변화는 불가능하다. 대부분 일방적으로 한쪽이 옳거나 틀린 경우는 없다. 만약 논쟁의 요점이 누가 옳고 그른지를 밝히는 것이라면 논쟁에 승자는 없을 것이다. 당신은 배우자가 하는 말이 정말로 무슨 뜻인지 끊임없이 해석한다는 사실을 받아들여야 한다.

모든 것은 해석의 문제이므로 옳고 그른 사람을 밝히려는 노력은 그만두라. 오히려 자신의 해석과 신념체계에 주목하라. 그리고 배우자의 신념체계를 이해하도록 노력하라.

2단계

변화를 위한 두 번째 단계는 자신의 해석과 신념체계를 경청하기 시작하는 것이다. 이는 자신의 내적 대화와 신념을 이해하기 시작하고 그것이 정말로 '진실' 인지를 자문하는 것을 의미한다. 앞에서 논의한 사고 오류를 상기해 보자. 배우자에 대해서 흑백논리로 바라보기는 쉽다. 만일 당신이 '내 아내/남편은 항상……' , '내 아내/남편은 절대……', '당신은 단지 나에게 상처 주기 위해 ~을 했다.' 는 식으로 말하고 있다면, 지금이 당신의 신념이 '진실' 한지 의문을 던져야 할 때다. '항상' 이나 '절대' 라는 것은 매우 드문 것이므로 이런 식의 신념은 그 진실성에 의문을 가지고 도전해야 한다. 또한 좀 더 형평성을 가지고 중용을 찾아야 한다.

당신의 배우자가 '항상' 잊어버리거나 당신의 요구를 만족시키기 위해 '절대' 노력하지 않는가? 아마도 아닐 것이다. 10에서 1까지의 척도로 얼마나 자주 이러한 짜증나는 일들이 실제로 발생하는지 평가해 보자. 설령 실제 그렇다 하더라도 정말로 의도적이었는가? 대개 우리는 배우자가 의도적으로 자극하거나 상처를 준다고 생각한다.

내적 대화에 경청해야 한다는 것을 기억하자. 마음속으로 배우자에게 무엇을 말하고 있는가? 잠깐 동안 생각해 보자. 부부관계에서 점점 긴장이 고조될 때 당신은 배우자를 어떻게 보는가? 당신의 내적인 대화가 어떤지 적어 보자. 다음 빈칸에 부정적인 내적 대화를 유발하는 배우자에 대한 당신의 신념들을 적어 보자.

....

....

....

....

이제 당신이 작성한 것에 맞서 보자. 그리고 당신의 신념과 사고 오류에 도전하고 나서 배우자에 대한 좀 더 현실적인 평가를 제시해 보라.

....

....

....

....

3단계

변화를 위한 세 번째 단계로, 의사소통을 왜곡시킬지도 모르는 배우자에 대한 당신의 신념에 대해 책임을 져야 한다. 달리 말해, 자신에게 초점을 맞추라는 것이다. 당신이 배우자에 대해 믿는 것과 당신의 신념이 어떻게 의사소통을 왜곡시킬 수 있는지에 초점을 두라. 자신의 신념, 해석 그리고 사고 오류에 책임을 지라.

만약 정말로 당신이 배우자가 지배적이거나 극도로 감정적이거나 혹은 당신을 비난한다고 믿는다면, 당신은 항상 그런 시각으로 배우자를 보았을 것이다. 배우자에 대한 당신의 신념이 의사소통 방식에 영향을 미치는 방식들을 적어 보자. 신념체계 때문에 당신은 배우자에게 어떻게 말하는가?

....

....

....

....

만약 당신이 배우자는 변하지 않을 것이고 자기 방식을 고집한다고 믿는다면, 동시에 당신의 신념 또한 더욱 경직될 수 있다. 만약 당신이 배우자가 지배적이거나 감정적이거나 비난적이라고 믿는다면, 당신은 항상 그런 렌즈를 통해 배우자를 보는 것이다. 지금 그 렌즈에 도전해 보자. 문제는 배우자에게 있는 것이 아니라 배우자를 바라보는 당신의 관점에 있을 수 있다.

우리는 극단적인 생각에 빠지거나 배우자에 대해 지나치게 경직된 관점을 사실로 받아들이기 쉽다. 경직된 관점은 부정확할 뿐만 아니라 더 큰 문제를 만들어 내곤 한다. 그러한 시각에 도전하고 현실적인 생각으로 바꾸는 것이 중요하다.

다음 빈칸에 당신이 배우자에 대해 생각하는 이미지를 바꾸는 시도를 해 보자. 극단적인 사고에서 벗어나 배우자를 이전과 다른 방식으로 설명함으로써 부정적인 이미지에 도전해 보자. 이것이 어렵다면, 배우자를 처음 만났을 때 느꼈던 매력을 떠올려 보

자. 다음 빈칸에 배우자를 지금까지와는 다르게 적어 보라.

....

....

....

....

새로운 관점이 사실이라면 당신의 의사소통 스타일은 어떻게 변해야겠는가? 무엇이 달라지겠는가? 감정을 더 개방할 것인가? 더욱 친절하고 도움이 되는 사람이 되겠는가? 기꺼이 '정서적인' 대화를 하겠는가? 만약 배우자에 대한 당신의 상이 변화한다면 의사소통을 어떻게 다르게 할지 다음 빈칸에 적어 보라.

....

....

....

....

4단계

배우자 또한 당신에 대해서 강력한 신념체계가 있음을 상기하라. 그 신념이 무엇인지 이해해 보자. 당신이 자기 방식의 신념체계를 통해서 배우자를 보듯이, 배우자 역시 자신의 신념체계를 통해서 당신을 본다. 우리는 이를 이해하기보다 오히려 방어적이고 공격적이 되기 쉽다.

영수증 말다툼으로 돌아가서, 태원이 영수증 분실을 영희의 탓이라고 비난할 때 그는 즉각적으로 방어적이 되어 반격하는 반응을 보였다. 자연스러운 반응이긴 하지만 이런 반응은 그 상황을 부채질할 뿐이다. 그리고 이런 반응은 당연히 영희의 신념체계를 거의 변화시키지 못한다. 태원이 방어적인 반응을 잘 조절했더라면 아내에게 비난받고 있다고 생각하는지 물었을 것이다. 바꾸어 말하면, 그는 자신에 대한 아내의 신념체계를 더 잘 이해하려고 노력했을 것이다.

이것은 변화를 위한 결정적인 단계다. '정말로 영희를 비난' 했는지 아닌지 말다툼을 하기보다 자신의 질문에 대한 아내의 주관적 반응이 어떠한지 이해하려고 노력했다면 태원은 더 많은 것을 얻었을 것이다. 즉, 그가 반응을 보이지 않고 영희의 신념체계를 이해하려고 했다면 격렬해지던 말다툼은 부드러워지고 늦춰졌을 것이다. 물론 이것은 매우 힘든 작업이다. 여기에는 반작용 및 방어를 억누르는 능력과 배우자의 신념체계를 이해하려는 노력이 필요하다. 반작용과 방어를 가라앉히는 것에 대해서는 7장과 8장에서 더욱 자세히 검토할 것이다.

5단계

변화를 위한 마지막 단계는 여러 신념체계가 모든 문제를 더욱 복잡하게 만든다는 사실을 이해하는 것이다. 우리는 강한 신념을 토대로 끊임없이 해석을 한다. 이로 인해 모든 문제가 훨씬 더 복잡해질 수 있다. 우리는 성, 결혼, 배우자 그리고 스스로에 대한 신념을 가지고 있으며, 결혼생활이 필연적으로 수반하는 많은 중요 문제에 대해서도 강한 신념을 고수한다. 성관계, 재정, 양육, 친인척, 여가 그리고 갈등이 이러한 문제들이다.

실제적인 변화를 일으키기 위해서는 이들 주요 문제에 대한 우리의 신념이 무엇인지 심사숙고해야 한다. 이러한 문제들은 갈등을 일으키는 잠재력을 지닌 영역임이 명백하다. 하지만 이러한 주요 개별 영역에서 우리 자신이 특정 문제에 대한 신념이 있을 뿐만 아니라 그 영역과 관련된 배우자에 대한 신념도 있다는 것은 명백히 드러나지 않는다. 달리 말하자면, 결혼생활의 모든 문제에서 당신은 특정 문제에 대한 신념을 품고 있으며, 그 문제에 대한 배우자의 반응에 대한 신념 또한 품고 있다. 따라서 이러한 영역에서 극심한 갈등이 일어날 수 있다.

재정 문제를 생각해 보자. 당신은 앞으로 벌어질지도 모르는 응급상황에 대비해 돈을 절약하고 절대로 쓸데없이 소비하지 않겠다고 결심했을 수 있다. 한편 배우자는 저축을 하기보다 충동적으로 돈을 쓰고 싶어 한다고 믿을 수도 있다. 이러한 두 신념은 재정에 대한 반작용적인 논쟁을 강하게 부추긴다.

당신의 신념을 설명하고 배우자의 신념을 더 잘 이해하려고 하기보다, 당신은 반응적으로 배우자의 소비를 통제하려고 들 수 있다. 이것은 어쩔 수 없이 더욱 심각한 대립을 일으킬 것이다. 당신의 신념에 대한 이유를 설명하고 배우자가 자신의 신념을 설명할 수 있도록 질문하는 편이 훨씬 나을 것이다. 거기서부터 두 사람은 타협점을 찾을 수 있을 것이다(세부적인 단계에 대한 설명은 9장을 보라.).

✻ 변화 실행하기

변화를 위한 단계를 실행하는 것은 쉽지 않다. 실행에 옮기기 위해서는 자기 초점과 자기 인식이 필요하다. 실제적으로 변화하기 위해서는 자신의 신념체계와 사고 오류를 비롯하여 자신이 배우자와 의사소통하는 방식을 어떻게 왜곡하는지 이해할 필요가 있다. 또한 자신의 반작용과 방어를 억제하고 당신에 대한 배우자의 신념체계를 이해하는 방향으로 나아갈 필요가 있다. 마지막으로 관계에 문제를 일으키는 부부간의 논쟁거리들은 각자가 품고 있는 다수의 신념체계에 의해 촉발된다는 사실을 이해해야 한다.

다음에 제시된 성관계로 싸우는 부부의 사례를 읽고, 그들의 신념체계와 서로에 대한 관점 그리고 상황을 악화시키는 내적인 대화들을 살펴보자.

✻ 영수증에서 침실까지

태원과 영희의 영수증에 대한 부부싸움으로 돌아가 보자. 이들은 그날 밤 늦게 잠자리에 들면서까지 여전히 긴장을 느꼈다. 말다툼은 끝이 났지만, 둘은 결혼생활과 서로에 대한 거리감으로 여전히 풀이 죽어 있었다.

태원은 결혼생활로 인해 극도로 우울해진 그날 밤 내내 심경이 복잡했다. 그는 잠자리에 누운 채 속으로 말했다. '아내가 조금이라도 내 생각을 한다면 먼저 성관계를 하자고 말할 테고, 그럼 우리 사이에 긴장을 깰 수 있을 텐데……. 왜 항상 내가 먼저 하자고 해야 하지? 이렇게 오래 함께 살았는데 내가 무엇을 원하는지 알아야 하는 거 아니야?' 이러한 생각 때문에 태원은 더욱 짜증나고 낙담하였다. 주목할 것은 이것이 완전히 내적 대화라는 것이다.

그는 의기소침한 느낌에 대해 아내와 대화를 시도하지 않았다. 더욱이 그가 성관계를 원한다는 것은 드러내지도 못했다. 그는 혼자서 계속 생각만 했다. 한숨도 잘 수 없자 일어나서 아내와 성관계를 하려고 했다. 그녀는 '그럴 기분이' 아니라고 말했다. 태원이 성관계를 하려고 할 때, 영희는 생각했다. '이 모양이라니까. 남편은 우리가 대화도 없이 사랑을 나눌 수 있다고 생각해. 그러면 모든 것이 술술 풀릴 거라고 생각하겠지. 그는 절대 어떤 대화도 하려고 하질 않아. 남편은 우리 사이에 해결되지 않은 긴장이 남아 있는 채로 사랑을 나눌 수 없다는 걸 알아야 해.'

불행히도 두 사람의 대화는 내적으로 남아 있었고, 서로에 대한 신념은 더욱 부정적이 되었다. 그들은 자신이 생각하는 것을 말하려고 하지 않았다. 그 결과 그날 하루는 신경이 곤두서고 짜증이 났으며 서로를 오해하면서 시작되었다.

태원과 영희의 사례는 성관계와 관련해 배우자에 대해 가지고 있는 신념이 전반적인 관계 맥락에서 더 심각한 어려움으로 발전한다는 것을 잘 보여 준다. 성역할에 기초한 신념과 성관계 자체에 대한 신념은 매우 중요하지만, 가장 큰 피해를 주는 것은 서로에 대한 신념이다.

부부를 대상으로 상담을 하다 보면 부부가 성관계에서 서로에 대해 품고 있는 여러 가지 신념을 듣게 된다. 다음은 우리가 가장 빈번하게 듣는 몇 가지 신념들이다.

- 남편은 항상 성관계가 모든 문제를 해결한다고 생각한다.
- 아내는 절대 성관계에서 새로운 것을 시도하지 않는다.

- 남편은 항상 자신의 성적 욕구만 생각하고 내 욕구는 신경 쓰지 않는다.
- 아내는 항상 사랑을 나누기 전에 대화하고 대화하고 또 대화하자고 요구한다.
- 남편은 내가 모든 일을 중단하고 그 순간에 사랑을 나눠야 한다고 생각한다.
- 아내는 내가 무엇을 원하는지 알면서도 절대 나에게 해 주지 않는다.

이 신념들을 읽으면서 몇 가지는 당신에게 분명 익숙했을 것이다. 당신은 이 신념들 중의 일부를 내적 대화로 말했을지도 모른다. 그러나 사고 오류에 주의하라. 이러한 진술들의 대부분은 극단적인 사고를 의미한다. 많은 사람들은 '항상', '절대' 와 같은 표현을 쓴다. 그것은 더 깊이 있게 대화하고 이해하는 데 전혀 도움이 되지 않는다. 단지 분열과 깊은 오해만을 늘릴 뿐이다.

배우자의 성욕과 성관계에 대한 신념들은 둘 사이에 오해를 깊게 함으로써 건강한 성관계를 맺기가 더욱 곤란해진다. 더욱이 이러한 신념들은 점점 더 정서적 거리를 멀게 만든다. 시간이 경과할수록 부부들은 자신의 배우자가 고의로 그들이 바라는 것을 주지 않으며 일부러 상처를 입힌다고 믿기 시작한다. 배우자가 일부러 당신에게 상처를 주려고 한다는 생각을 하기 시작한다면 훨씬 더 화가 날 것이다.

태원과 영희의 변화를 위한 첫 단계

결혼생활에 변화를 일으키기 위해, 태원과 영희는 앞서 살펴본 변화를 위한 단계를 이루어 내야 한다. 변화를 시작하려는 사람들은 자신은 '옳고' 배우자는 '그르다' 는 생각을 단념해야 한다. 또한 부부싸움에서 객관적인 현실은 없다는 사실을 받아들여야만 한다. 양자 모두 상대방에 대해서 해석하고 있다는 사실을 받아들여야 한다.

변화는 자신의 해석이 맞는지, 배우자를 이해하는 대안적인 해석을 찾고 있는지와 같은 질문들로 시작될 수 있다. 예를 들어, 태원은 영희가 성관계를 거절한 사실을 생각하는 것이 아니라, '아내는 우리 사이에 해결되지 않은 팽팽한 문제가 있을 때 성관계를 하지 않지. 나야 성관계를 가지면 좋겠지만, 영수증 싸움에 대해서 먼저 대화를 나누고 긴장을 확실히 해결하는 게 우선이야.' 라고 생각했어야 한다. 만약 태원이 아내가 성적으로 거리를 두는 것을 정서적인 친밀함에 대한 욕구로 재해석할 수 있다면, 그는 아내에게 그렇게 거리감을 느끼고 화가 나지는 않았을 것이다. 사실상 그의 해석은 자신을 너무도 화나게 만들었다. 그가 아내의 행동을 고의적인 거절로 해석할수록 점점 더 화나게 될 것이다.

다음 날 아침에 영희가 성관계를 하려던 태원의 시도를 다르게 해석했다면 더 나은 결과가 있었을 것이다. 태원이 성관계로 모든 문제를 해결하려 한다고 생각하기보다는 반사적인 반응을 보이지 않도록 노력했거나 대안적인 해석을 떠올렸다면 좋았을 것이다. 예를 들어, 그녀가 남편이 그들 사이의 거리를 정말로 좁히길 원했다고 믿는다면 이렇게 말할 수 있다. "여보, 난 정말로 당신하고 가까워졌으면 좋겠어요. 그러나 여전히 거리감이 있기 때문에 당장 관계를 가질 수는 없어요. 그렇지만 정말 당신과 다시 가까워졌으면 좋겠어요. 우리 문제에 대해서 더 많이 얘기해 봐요. 우리는 다시 가까워질 수 있어요."

변화를 위해서는 해석하는 방식을 이해하도록 배워야 하며, 더불어 신념체계를 변화시키는 것도 필요하다. 그 후에야 새로운 기초 위에서 서로에 대해 반응할 수 있다. 분명히 여기에는 많은 노력이 필요하다.

❊ 더 많은 변화 일으키기

앞서 검토한 변화들은 태원과 영희가 서로에 대한 근본적인 신념을 변화시킬 수 있도록 돕는 훌륭한 출발점이 될 것이다. 더 많은 변화를 일으키기 위해서는 훨씬 더 많은 노력을 해야 하고, 성관계에 대해 어떤 식의 내적인 대화를 하고 있는지 서로를 이해시키는 것이 필요하다.

어떤 부부에게는 성관계가 극도로 복잡할 수 있다. 그것은 성적 행동뿐만 아니라 양쪽 배우자의 성관계에 대한 신념은 물론 서로에 대한 신념까지 포함하기 때문이다. 비록 많은 사람이 자연스러운 성관계를 원할지라도, 우리 대부분은 성관계 동안이나 성관계 전후에 너무 많은 생각을 한다. 대체로 지나치게 생각이 많으면 자연스럽지 못하게 된다! 이것이 태원과 영희가 지닌 문제였다.

다음은 태원과 영희가 성관계 전후와 성관계 동안에 자신에게 하는 내적 대화를 기술한 것이다. 이 부부의 상이한 신념체계가 어떻게 촉발되는지 살펴보자.

태원과 영희의 성관계 전 내적 대화

영수증 사건 이틀 후에 태원과 영희는 편안한 저녁 시간을 즐기기 위해서 좋아하는 레스토랑에 갔다. 식사 동안에 영희는 '집으로 돌아가면 남편은 성관계를 원하겠지. 나는 마음이 편안해지길 원해. 요즘 우리는 가깝게 지내질 못했잖아. 성관계를 잘하면 거리를 좁히는 데 도움이 될 거야. 난 성관계가 태원 씨에게 얼마나 중요한지 알아.' 라고 생각하기 시작했다. 한편 태원은 영희와 함께 있는 것이 즐겁다고 생각하면서 그녀와 다시 가까워졌다고 안심하고 있었다. 그리고 집으로 돌아가서 하게 될 열정적인 성관계를 상상하기 시작했다. 동시에 영수증 싸움이 완전히 해결되지 않았음을 기억하고는 영희가 버티지 않기를 바랐다. 태원은 약간 긴장감을 느꼈지만 아무 말도 하지 않았다. 둘 중에 누구도 마음속의 내적 대화를 말하지 않았고, 저녁 식사를 즐기면서 대화를 계속했다.

무대가 준비되었다. 이 시점에서 그들은 자신들의 내면화된 생각에 대해 조금 더 개방적으로 대화할 수도 있었고 그들 사이에 긴장을 줄일 수도 있었다. 그러나 애석하게도 그렇게 하지 않았다.

태원과 영희의 성관계 동안 내적 대화

레스토랑에서 집으로 운전해 오면서, 태원은 영희에게 팔을 둘렀다. 영희는 꽤 편안함을 느끼면서 '예상대로군.' 하고 생각했다. 그들이 집 안으로 들어왔을 때, 태원은 그녀에게 키스하기 시작했다. 영희는 '좀 천천히' 라고 생각했다. 하지만 그에게 말하지는 않았다. 영희는 그 상태를 즐기려고 노력했지만, '난 침대로 가기 전에 와인을 한 잔 마시고 조금 더 대화를 나누고 싶어. 남편은 바로 성관계를 하지 않고는 날 안아 줄 수 없는 걸까. 항상 이렇게 서둘러.' 라고 생각하고 있었다. 태원은 영희의 몸에서 긴장을 느끼기 시작했다. 그는 '뭐가 문제지? 왜 아내는 내가 느끼는 흥분을 동시에 느낄 수 없는 거지? 왜 너무 긴장된 것같이 보일까?' 라고 생각했다. 그는 더욱 실망스러워하면서 영희를 흥분시키기 위해 노력했다. 계속해서 그는 '내가 무엇을 잘못했을까? 왜 난 아내를 흥분시키지 못할까?' 라고 생각했다. 한편 영희는 온몸에 긴장을 풀고 사랑을 느끼기 위해서 더욱더 노력했다. 그러나 그녀가 실제로 원했던 것은 더 많은 대화와 진정으로 편안해지는 것이었다. 결국에 그녀는 더 심하게 긴장했다.

그들은 결국 사랑을 나눴다. 그러나 그 성관계는 양쪽 모두에게 다소 실망스러운 경험이었다.

태원과 영희의 성관계 후 내적 대화

성관계가 끝난 후에 태원은 여전히 실망과 긴장을 느꼈다. 그는 '왜 즐거운 행위가 일처럼 느껴지지? 아내는 늘 경직되어 있고 성적으로 자유롭지 못해.' 라고 생각했다. 영희 역시 행복하지 않았다. 그녀는 '난 여전히 남편과 엄청나게 거리가 있어. 나 때문에 남편이 좌절감을 느끼는 것도 알고, 내가 좀 더 자연스럽게 성관계를 맺었으면 하는 것도 알지만…… 내가 성관계를 하기 전에 다른 식으로 친밀함을 느끼고 싶다는 걸 남편이 이해해 주면 얼마나 좋을까. 성관계를 하지 않을 때도 남편이 좀 더 다정하고 자신의 감정에 대해 더 많이 이야기한다면 성관계가 훨씬 좋아질 텐데. 남편은 그걸 몰라.' 라고 생각했다.

물론 이러한 내적 대화가 어떻게 끝날지는 뻔하다. 태원과 영희 모두 자신이 실제로 느끼는 것에 대해서 한마디 말도 없이 잠들었다. 그들은 대화하지 않았기 때문에 사랑받고 있다는 느낌을 전혀 받지 못한 채 잠들었다.

더 많은 변화를 위한 단계

태원과 영희는 내적 대화에 대해 이야기하는 방법을 찾아야 한다. 이를 위해 둘은 상대방에 대한 자신의 신념에 도전해야 할 것이다. 영희는 태원에게서 느끼는 압박에 대해 그에게 이야기하고 자신이 원하는 것을 말해야 한다. 특히, 그녀는 성관계를 천천히 하기를 원한다고 말해야 한다. 그리고 성관계 전에 싸움이 해결되었는지 확실히 하고 싶다고 말해야 한다. 그녀는 내적 대화 중에 자신이 생각하는 것들을 이야기해야 한다. 영희는 반발하지 않으면서 태원과 그러한 생각을 공유할 수 있는 방법을 찾아야 한다.

영희는 자신의 느낌에 책임을 짐으로써 그렇게 할 수 있다. 자신의 감정을 진실로 받아들이고, 태원을 비난하거나 공격하지 않으면서 자신이 생각하고 느끼며 필요로 하는 것에 대해 남편과 더 많이 이야기할 수 있다. 이러기 위해서는 조용히 문제에 대해 대화하는 것이 필요하다. 그리고 그녀는 자신의 반발과 방어를 자제할 필요가 있다. 동시에 태원의 신념이 무엇이고 그가 어떻게 느끼는지를 더 많이 이해하려고 노력해야 한다.

같은 방식으로 태원도 반발과 방어를 보류하고 자신의 욕구에 대해서 더 많은 대화를 해야 한다. 성생활에 대한 그의 신념을 분명히 밝히고, 필요하다면 그 신념에 도전해야 한다. 그는 자신에 대한 아내의 신념이 무엇인지, 아내가 성적으로 무엇을 원하는지를 알아내야 한다. 더불어 성적 행동을 변화시킬 필요도 있다. 그는 속도를 늦추고 대화에 더 많은 시간을 할애하면서 영희가 편안해하도록 돕기 위해 전희에 더 많은 시간을 가져야 할 것이다.

태원과 영희는 성관계에 관한 그들의 모든 내적 대화 내용을 이해해야 한다. 그들은 성적인 행동 중에 속으로만 생각할 것이 아니라 서로에게 자신의 마음을 소리 내어 이야기함으로써 훨씬 더 나아질 수 있다.

✲ 관계 내의 변화

결혼생활에서 해결하기 어려운 다른 문제들이 존재하는 것처럼, 성관계에서도 해결하기 어려운 문제가 있는 것이 사실이다. 다루기 힘든 문제들은 강한 신념체계와 내적 대화를 만들 수 있다. 재정, 성생활, 양육, 친인척, 역할, 친밀함 대 거리감, 공통 관심사 등과 같은 결혼생활의 핵심 문제 영역을 생각해 보라. 이러한 문제들 각각은 잠재적인 갈등과 싸움의 원천이다. 다행스럽게도 대부분의 부부는 이 모든 영역에서 문제가 있지는 않다. 그러나 문제가 있는 영역들은 여러 신념체계를 드러낸다. 신념체계는 자체적인 생명력을 가지고 결코 끝나지 않는 갈등으로 자라난다. 이러한 문제 영역 중 어떤 것은 양쪽이 모두 강력한 신념체계를 가지고 있어서 큰 싸움을 촉발시킬 수 있다.

재정 문제를 살펴보자. 모든 부부는 잘 살기 위해서 합의된 재정관리 방식이 있어야 한다. 여기에는 예산을 작성하고, 저축 계획을 세우고, 누가 청구서를 계산하고, 누가 영수증을 결산할 것인가가 포함된다. 통장은 하나여야 하는가, 아니면 배우자 각자 별도의 통장을 가져야 하는가? 언뜻 보기에 이런 문제는 단순해 보인다. 부부들은 그 문제에 대해 이야기하고 그에 상응하는 결정을 해야만 한다. 그러나 우리 모두가 알듯이, 인생은 그렇게 단순하지 않다. 재정(또는 어떤 다른 문제 영역)에 대한 토론은 서로 맞물리는 일련의 신념체계를 촉발시킬 수 있다. 예를 들어, 돈에 대한 대화는 다음의 신념체계를 불러일으킨다.

- 돈에 대한 신념: 전체 인생 계획에서 돈의 의미, 소비 대 저축, 소비하는 내용 중 부부가 합의한 부분은?
- 결혼에 대한 신념: 결혼생활에서 모든 돈은 하나의 공동 예금계좌에 있어야 한다. 우리는 모든 구매에 합의를 보아야만 한다. 청구서를 지불하는 것은 남자(또는 여자)의 역할이다.
- 성에 대한 신념: 여자/남자는 과소비하는 경향이 있다. 여자/남자는 인색하다.

• 배우자에 대한 신념: 내가 주의를 기울이지 않으면 남편은 너무 많은 돈을 쓸 것이다. 아내는 너무 인색해서 한 푼이라도 저축할 것이다. 그는 재정적으로 통제하기를 원한다.

물론 이러한 신념들은 강력한 내적 대화를 만들어 낸 다음 외적 대화를 만드는데, 그 신념들은 자체적인 생명력을 지닌다.

변화한다는 것은 당신이 사건을 해석하는 방식과 당신의 해석이 배우자에게 드러내지 못했던 내적 대화를 이끄는 방식을 좀 더 의식해야 한다는 것이다.

변화한다는 것은 당신의 해석뿐만 아니라 내적 대화를 드러내는 위험을 무릅쓰는 것을 의미한다. 그리고 배우자와 함께 그러한 대화와 해석의 내용을 실제로 나눔으로써 당신의 내적 대화가 공격받는 위험을 무릅쓰는 것을 의미한다. 이런 두 가지 과업을 시작할 수 있다면, 그것은 확실히 당신이 변화하도록 도울 것이며 의심할 여지없이 관계에 도움을 줄 것이다.

변화를 돕는 다섯 가지 규칙

❶ 결혼생활에 관해서 객관적인 사실이란 없다. 모든 것이 해석의 문제다.

❷ 당신의 신념체계에 책임을 지라.

❸ 당신의 신념이 어떻게 의사소통을 왜곡시키는지 이해하라.

❹ 당신의 배우자도 신념을 지녔다는 것을 기억하라. 그리고 당신의 신념과 배우자의 신념이 결국 서로를 강화시킨다는 것을 기억하라.

❺ 당신의 배우자에게 당신의 내적 대화를 드러내는 것을 잊지 말라.

06 여기 우리 외에 다른 누가 더있는 게 분명해

당신은 자라면서 "난 절대 엄마, 아빠처럼은 살지 않을 거야." 혹은 "아버지 같은 사람과 절대로 결혼하지 않을 테야."라며 단호한 맹세를 수천 번은 했을 것이다. 하지만 성인이 되고 나서는 낡고 익숙한 패턴을 반복하면서 이상하게도 버릇이나 인간관계를 맺는 방식, 심지어 외모조차 부모님을 닮은 사람과 결혼한다.

당신이 어디서 누구와 자랐건 간에 원가족과 살았던 아동기 경험에 따라 뿌리 깊은 신념이 형성된다. 당신이 역기능적인 가정에서 자랐다면, 당신에게는 매우 강력하고 유해한 신념이 생길 것이다. 불행하게도 우리들 대부분은 이러한 신념이 가진 힘을 자각하지 못하며 그것이 무엇인지조차 알지 못한다. 그럼에도 불구하고 신념은 우리 삶에 엄청난 영향을 끼칠 수 있다. 실제로 이러한 신념은 결혼생활에서 자신과 배우자를 바라보고 관계를 맺는 방식에 직접적으로 영향을 끼친다.

결혼에 대한 아동기 신념

우리는 아동기에 형성된 신념이 우리가 말하고 행동하는 것에 얼마만큼의 영향을 끼치는지 의식하지 못하지만, 분명 그것은 결혼생활의 여러 측면에 많은 영향을 준다. 당신이 일을 마치고 집으로 돌아왔을 때 배우자를 맞이하는 태도와 같이 단순한 것은 부모님이 일을 마치고 서로를 맞이하던 모습을 보고 배운 신념을 담고 있다. 즉, 당신은 부모님과 똑같은 방식으로 배우자를 맞이하는 자신의 모습을 발견할 수 있을 것이다.

아동기에 형성된 많은 신념은 결혼생활을 어떻게 할 것인지 대한 관점에 커다란 영향을 미친다. 여기 신념에 대한 몇 가지 예가 있다. '돈에 대해 상의하면 싸우게 된다.' '긍정적인 정서만 표현해야 한다. 만약 부정적인 감정이 생긴다면 혼자 간직하라.' '모든 중요한 결정은 남자가 해야 한다.' '화가 났을 때는 뭔가를 때려 부수는 행동을 할 수도 있다.' '사람들을 믿으면 상처만 받는다.' '여자를 믿으면 결국 버림받을 것이다.' '경계심을 늦추면 상처받을 것이다.' 이것은 어릴 때 원가족으로부터 배운 신념들의 단편적인 예다.

아동기 신념들은 당신이 세상이나 배우자, 결혼을 바라보는 데에 있어서 필터의 기능을 한다. 즉, 그 신념들은 현재의 대인관계에서 당신이 바라보는 것, 특히 당신이 배우자를 바라보는 방식을 왜곡시키는 힘을 가지고 있으며, 배우자를 부정적이고 비판적인 방식으로 바라보게 한다. 예를 들어, 당신은 모든 중요한 결정은 남자가 해야 한다고 믿는데 아내가 의사결정 과정을 함께하길 원한다면 불안하고 신경질이 날 것이다. 또한 당신은 행복한 결혼이란 싸움을 하지 않는 것이라고 믿는데 배우자가 당신에게 화를 낸다면 자신을 사랑하지 않는다고 생각하게 될 것이다.

성장하는 동안 우리는 타인을 관찰하면서 이러한 아동기 신념들을 흡수하게 된다. 집안에서 볼 수 있는 간접적인 메시지나 가족이 서로에게 어떻게 이야기하는지를 듣고, 또 어떻게 대하는지를 보면서 신념을 흡수한다. 예를 들어, 저녁 식사가 끝나고 자신의 그릇을 씻지도 않고 음식을 차린 데에 대한 감사 인사도 없이 테이블을 떠나는 아버지를 볼 때, 아이들은 가족 신념에 기초한 간접적인 메시지를 흡수하게 된다. 이 아이들에게 받아들여진 메시지는 저녁을 준비한 아내나 어머니는 해야 할 일을 당연히 하는 것이니 감사 인사가 필요 없다는 것이다. (아내는 무서워서 혹은 단념해서 항의하지 않는다.) 아이들은 이러한 미묘하고 비언어적인 메시지들을 통해서 부부는 서로에게 감사를 전하거나 기대할 필요가 없다는 믿음을 키워 나간다. 또한 이것은 아이들에게 성역할과 가족구성원의 본분에 관해 알려 준다.

결혼 전에 데이트할 때 이러한 신념을 전부 알 수 있을까? 물론 아니다. 당신은 미래의 배우자를 선택할 때 결혼생활이 얼마나 좋을지, 또 부모님의 결혼과 얼마나 다를지에 대한 환상에만 빠져 있다. 대부분의 부부는 서로에 대한 사랑으로 결혼생활의 기복을 충분히 헤쳐 나갈 수 있다고 확신하고, 자신과 함께 따라오는 결혼생활의 신념들은 염두에 두지 않는다.

결혼을 한 후 결혼생활에서 두 사람 외에 누군가가 더 있다는 섬뜩한 기분을 느껴 본 적이 있는가? 당신의 말과 행동이 익숙하게 느껴진 적이 있는가? 부모님이 늘 하던 방식으로 말하고 있는 자신을 본 적이 있는가? 당신이 결혼할 사람과 그 가족의 영향을 선택했을 뿐만 아니라 당신의 부모님 중 한 분과 똑같은 사람과 결혼한 것을 깨달았을 때, 당신이 경험할 정서적 공포는 히치콕의 공포영화에 비할 수 없을 만큼 끔찍할 것이다. 이런 일은 살다 보면 경험할 수 있을 것이다. 그러므로 아동기 신념들이 어떻게 내적 관계 지도를 이끌어 내는지 이해하는 것이 중요하다. 왜냐하면 이 지도가 결혼생활을 더 좋은 쪽으로 혹은 더 나쁜 쪽으로 이끌기 때문이다.

내적 관계 지도란

머레이 보웬(Murray Bowen)과 동료들은 사람들이 친부모든 양부모든 가족의 가르침에 기초해서 정체성과 핵심 신념을 공식화한다는 사실을 발견했다. 『가족 평가(Family Evaluation)』(1988)에서 보웬과 동료들은 가족 간의 정서적 환경의 중요성을 강조했다. 이러한 환경은 결혼생활에서 우리를 안내하는 역할을 하는 '내적 관계 지도(internal relationship map)'를 만들 수 있게 도와준다. 이 지도에는 결혼생활과 갈등, 친밀함, 성(gender), 부부 역할, 재정관리 등에 대한 신념들이 포함된다. 사실상 이 지도는 가정생활에서 익숙한 패턴을 사용할 수 있도록 도와주는 틀이다. 보통 사람들은 이러한 내적 지도에 의문을 갖지 않고 그저 당연한 것으로 받아들인다. 지도가 숨겨져 드러나지 않을 때, 왜 당신이 그려 왔던 방향대로 결혼생활이 흘러가지 않는지 좌절스럽고 혼란스러울 것이다.

당신 자신과 배우자를 이해하기 위해서는 원가족이 결혼생활의 핵심 문제에 대해 당신에게 가르쳤던 것을 바라보아야 한다. 이것이 내적 관계 지도를 이해하는 방식이다. 여기에는 다양한 가능성이 있다.

어린 시절 부모의 이혼이나 죽음, 가정폭력 등에 의한 정신적 외상(trauma)과 같은 가족력의 요인들은 성장하는 아이들의 결혼에 대한 관점에 영향을 끼치는 민감한 문제들이다. 이러한 정신적 외상은 분명히 아이의 내적 지도에 영향을 끼칠 것이다. 이 아이들이 어른이 되어 결혼을 고려할 때, 결혼생활의 지속성과 안정성에 심각한 정서적 제약을 갖게 될 것이다.

마찬가지로 새어머니 때문에 아버지에게 쫓겨난 어머니가 있는 여성은 결혼생활에서 남성을 신뢰하는 데 상당한 의문을 가질 것이다. 뿐만 아니라 자신의 어머니보다 더 나은 결혼생활을 한다는 잠재적인 죄책감도 가질 것이다. 분명 이러한 것들은 한 사람의 결혼에 대한 내적 관계 지도에 영향을 끼칠 수 있는 심층적 수준의 문제들이다. 이러한 문제 외에도 아동기에 형성되는 신념 중에는 조금 덜 극적인 예들도 많이 있는데, 이러한 신념 역시 결혼생활을 무너뜨릴 수 있다. 다음에 나오는 이민욱, 최두나 부부의 결혼생활이 그 좋은 예다.

이민욱, 최두나 부부의 사례

두나는 민욱이 생일을 거창하게 챙겨 주지 않아서 속상했다. 민욱은 아내에게 선물과 카드를 주었다. 하지만 두나의 원가족에게 생일은 파티를 열고 많은 선물이 있고 많은 사람이 초대되는 커다란 행사였다. 반면 민욱의 가족은 생일을 그처럼 크게 치르지 않았다. 그는 선물 하나와 애정 어린 카드 한 장을 받는 것에 익숙했다. 그러나 이것도 그가 집에 없는 동안 침대에 올려둔 것이었고, 가족들이 생일을 알아주거나 챙겨 주는 일도 없었다. 생일 케이크를 사서 축하하는 것도 하게 되면 하는 것이라 별로 기대하지 않았다. 심지어 어릴 때에도 그랬다.

두나와 민욱은 각자 '서로 다른 원가족의 내적 지도' 가 작용하고 있었다. 그래서 똑같은 일에도 서로 다른 기대를 가지고 바라보았고, 생일에 대한 서로의 기대나 관계 지도에서 나타날 수 있는 문제들을 비교하지 않았기에 좌절과 상처가 생겨난 것이다.

내적 관계 지도는 부부관계의 많은 측면에서 어떻게 해야 하는가에 관한 신념들을 포함한다. 분리와 결합의 균형, 친밀함과 거리감, 독(毒)이 되는 주제들, 세대 간 반복되는 패턴 그리고 결혼생활 내에서의 특정 역할과 같은 문제들을 다룰 때 이 지도가 안내자가 될 것이다.

분리와 결합

부부가 행복하게 살기 위해서는 분리(separateness)와 결합(togetherness) 사이에서 균형을 잘 유지하는 방법을 모색해야 한다. 원가족으로부터 적절하게 정서적인 독립을 할수록 분리와 결합의 균형을 유지하는 건강한 결혼생활을 더 잘해 나갈 수 있을 것이다. 그렇게 함으로써 자율성을 개발하는 데 필요한 조건을 충족시킬 수 있고, 원가족과 적절하게 정서적으로 독립함으로써 자율성을 유지하면서도 친밀한 관계를 주고받을 수 있기 때문이다.

반면 아동기와 청소년기의 발달적 특징들(예: 자존감, 독립심, 책임 있는 행동)이 충분히 충족되지 않는다면, 성인이 되어 도전적인 일에 직면했을 때 정서적 은신처로 원가족에게 지나치게 의지하거나 주위 환경과 조화를 이루지 못하는 사람이 될 수 있다. 이러한 경우에 원가족으로부터의 분리와 독립은 쉽지 않다.

분리하고 독립할 수 있는 능력은 개인이 친밀한 관계를 가지는 데 중요한 자질이다. 칼릴 지브란(Khalil Gibran)은 고전 시집 『예언자(The Prophet)』에서 의미 있는 결합의 상징적인 표현으로 결혼한 두 사람을 류트(기타와 비슷한 14~17세기의 현악기-역자 주)의 분리된 줄로 비유했다. 의미 있는 결합을 하기 위해서는 의미 있는 연결을 추구하는 따로 떨어진 두 개의 줄이 있어야 한다. 임상과정에서 보면, 원가족 내에서 독립한 사람일수록 분리되려는 욕구와 친밀해지려는 건강한 욕구를 모두 만족시켜 줄 수 있는 배우자를 찾을 가능성이 높다.

당신은 어떻게 독립했는가

나이에 상관없이 집을 떠날 때 작별하는 것은 과거에 이미 쓴 커다란 '각본' 중의 일부다. 당신 원가족의 이전 세대들을 생각해 보라. 그들은 어떻게 집을 떠났는가? 어떻게 가족으로부터 떨어져 나왔는가? 하나의 가정을 이루기도 전에 집을 떠나기 위해 군대에 입대했는가? 대학을 졸업하고 아파트를 구해서 나갔는가? 아마도 집을 떠나기 전에 우선 결혼부터 했을 것이다.

성인이 된 자녀들은 직장을 구하기 위해 고향을 떠나 아주 멀리 떨어진 곳에 정착한다. 일부 젊은 여성들은 임신을 하면 아이가 태어날 때까지 부모님 집으로 들어가 부모님의 보살핌을 받는다. 젊은 아기 엄마들은 공부를 하거나 일을 하는 동안 자신의 부모님에게 아이들을 맡기기도 한다. 또 일부 젊은 사람들은 집을 떠나 친구들과 아파트로 이사를 해서 직장생활을 시작한다. 그리고 그들의 부모님에게 "난 절대로 엄마(혹은 아빠)처럼 되지 않을 거예요."라고 단언한다. 이러한 이야기들은 집을 떠나 원가족으로부터 독립하기 위해 통용되는 많은 시나리오 중 하나일 뿐이다. 여러 가지 다양한 경우가 있을 수 있다. 부모로부터 분리하는 방법은 가족들마다 다양하다.

남자와 여자는 집에서 벗어나 독립적인 존재가 되려는 자신들의 노력을 가족이 어떻게 받아들일지에 대해 각자 다른 기대를 가질 수 있다. 갑작스럽게 집을 떠난 젊은 사람들은 갈등에 휩싸이고, 멀리 떨어져 있음에도 불구하고 사실상 정서적으로는 집을 떠나지 못하기도 한다. 그들은 가족에 대한 그리운 감정을 인정하지 않으면서도, 실은 너무도 정에 그리워서 에너지로 충만한 다른 젊은 사람과의 애착을 추구하는지도 모른다. 그들은 부모에게서 독립했지만 주변의 다른 사람처럼 진정으로 독립하지 못한 채 자신과 다른 방식으로 집을 떠나온 사람을 찾아 헤매는지도 모른다. 그리고 이런 식으로 자신과 다른 분리 문제를 가진 가족체계 속으로 결혼해서 들어간다.

때때로 우리는 누군가를 배우자로 결정할 때, 그들의 가족이 우리의 가족보다 더 따뜻하고 애정이 있는 것처럼 보이기 때문에 선택하는 경우가 있다. 이는 우리가 결혼을 하면 그런 지지를 받을 수 있다는 무의식적인 기대를 가지고 있다는 것을 의미한다. 신혼부부들의 공통된 희망 중 하나는 원가족과는 달리 새로운 인척들이 자신을 사랑해 주고 자연스럽게 받아 주는 대리 부모가 됐으면 하는 것이다.

분리와 결합 사이의 균형을 형성하는 방법과 원가족으로부터 독립하는 방법은 우리에게 내적 관계 지도를 제공해 줄 뿐만 아니라 우리의 상호작용을 조성한다. 이러한 내적 관계 지도는 우리에게 정서적인 관계를 더 추구하게 하거나 친밀함을 회피하는 방법으로 우리 스스로 정서적으로 거리를 두게 할 수 있다. 혹은 우리가 집에서 받지 못했던 정서적인 지지를 배우자의 가족에게서 찾게 하기도 한다.

박정민, 이혜리 부부의 사례

혜리는 딸이 셋 있는 가정에서 자랐다. 어머니는 알코올중독자였는데 그 지역 공장에서 2교대로 일했다. 그녀가 일곱 살이었을 때 아버지가 가족을 떠났지만, 막내였던 그녀는 아버지를 기억하지 못했다. 혜리는 어린 시절 어머니가 일을 나가 있는 동안 함께 살던 외할머니의 손에서 자랐다. 정민과 혜리는 고등학교를 졸업하던 열여덟 살에 결혼을 했다. 정민은 같은 도시에서 살았지만 매우 다른 가정에서 자랐다. 주말엔 가족 모임이 있고, 부모님도 사이가 무척 좋았다. 정민의 어머니는 가족 내 모든 남자들의 중심 인물이었다. 정민의 가족들은 새 식구가 된 혜리를 따뜻하게 맞이해 주었다. 새로운 가족은 그녀가 여태껏 기다려 왔던 어머니와 본래 소속해 있어야 했던 가족을 찾게 된 것처럼 느끼게 해 주었다.

하지만 몇 년이 지나서 혜리는 원가족에게 받지 못했던 각별한 느낌을 여전히 느끼지 못하고 있는 자신을 발견하고 낙담했다. 긴밀한 가족체계에서 친밀하게 지냈지만 여전히 내면의 정서적 공허함을 느꼈다.

정민은 아내의 문제가 무엇인지, 왜 아내가 가족 모임을 피하려 하고 부루퉁한지 이해할 수 없었다. 그렇지만 혜리도 자신에게 영향을 준 것이 무엇인지 설명할 길이 없었다. 특히, 그들의 막내딸이 두 살이 되자 더욱 그랬다. 분명 혜리의 원가족 지도가 그녀에게 영향을 미쳤지만, 정민의 지도는 혜리의 인생에서 무엇이 빠져 있는지 단서를 제공하지 못했다. 정민은 사랑받지 못한다는 감정, 특히 원가족들에게 사랑받지 못한다는 감정이 아내의 내적 관계 지도의 일부분이라는 것을 알 수 없었다. 그것은 정민의 가족들이 아무리 온정과 호의를 베풀어도 해결할 수 없는 문제였다.

이 사례에서 혜리가 가지고 있는 어린 시절의 상실과 분리에 대한 어려움은 원가족으로부터 정서적으로 독립하는 능력에 영향을 끼쳤다. 그녀는 어린 시절에 잃어버린 것을 보상할 수 있는 정서적 유대를 찾아 정민과 결혼해 그의 가족에 합류했다. 하지만 건강하게 독립할 수 있을 정도로 어린 시절의 상처가 치유되지는 않았다. 그 당시에 그녀는 남편의 가족 속에서 친밀감을 얻으려 했지만 친밀감에 대한 그녀의 욕구는 정도를 넘어섰다. 남편 가족의 일상적인 애정은 그녀에게 충분치 않았다. 이 때문에 그녀는 좌절했고 남편의 가족으로부터 방어할 필요성을 느꼈던 것이다.

가족 통념

내적 관계 지도는 분리와 결합 문제들을 처리하는 방법을 안내해 줄 뿐만 아니라 가족이 되는 방법에 관한 많은 통념과 신념을 제공한다. 모든 가족은 결혼과 친밀한 관계에 대한 통념(또는 반쪽의 진리와 전설)을 가지고 있다. 예를 들어, 어떤 가족은 행복한 결혼생활이란 절대로 싸우지 않는 것이며 모든 가족 구성원이 동일한 관심사를 가지는 것이라고 말한다. 가족이 가진 통념의 몇 가지 예는 다음과 같다. '성인이 되더라도 아이들은 적어도 일주일에 한 번은 부모님에게 안부전화를 해야 한다.' (만일 휴대전화 요금이 엄청나게 많이 나왔을 때, 이 때문에 배우자와 엄청 싸운다고 생각해 보라.) '남자는 한 가정의 생계를 책임져야 한다.' '가족이라면 당연히 일요일마다 함께 저녁을 먹어야 한다.'

지금부터 당신이 원가족으로부터 배웠던 것을 생각해 보라. 마음속에 재빠르게 스쳐 지나가는 가족 통념을 다음에 써 보자.

관계에 대한 우리 가족의 통념

1. ....

....

....

2. ....

....

....

3. ....

....

....

당신과 배우자가 새로운 신념체계와 발전의 가능성을 형성하려면 여러 가지 가족 통념을 의심해 보고 거기에서 벗어나야 한다. 성인이 되어 원가족으로부터 정서적인 독립을 할 때는 자신의 실제 경험으로 만들어 낸 지혜로 낡은 가족 통념을 대체할 수 있어야 한다. 원가족으로부터 물려받거나 이미 벗어났어야 할 신념에 사로잡히지 않기 위해서, 행복한 결혼은 어떻게 이루어지는가에 대한 신념을 배우자와 함께 신중하게 재설계해야 한다.

쫓기/거리두기

지금까지 결혼생활에서 원가족의 영향을 논의해 왔다. 또한 원가족과 관계하면서 동시에 정서적으로 독립할 수 있는 능력이 당신의 내적 관계 지도와 직접적인 관계가 있을 수 있다는 사실도 논의했다. 당신이 가족과 관계하면서 동시에 정서적인 독립을 하여 주체성을 갖게 되면 결혼생활에 친밀감과 거리감의 균형을 맞추는 것이 쉬워질 것이다.

반대로 주체성과 자기 가치를 형성하는 것이 어려운 가정에서 자랐다면 결혼을 하고서도 자신의 정체성을 갖기는 힘들 것이다. 원가족 내에서 상처를 받았고 사랑받지 못했다고 느낀다면, 현재의 결혼생활에서도 유사한 방법으로 상처를 받을지 모른다는 생각에 불안해할 것이다. 이러한 경우라면 어느 누구도 결혼생활에서 친밀함을 형성하는 데 어려움을 가질 수 있다.

성장하는 동안 하나의 독립적인 인격으로 인정받지 못했다면, 즉 자율성을 키워 나가도록 격려받지 못했다면, 배우자가 당신에게 조금 더 다가올 때 당신 자신과 정체성을 잃어버릴지도 모른다는 두려움에 오히려 배우자를 더 멀리 떼어놓을 것이다. 성장하는 동안 사랑받지 못했다고 느꼈다면, 어린 시절에 갖지 못했던 사랑을 찾기 위해서 열렬히 배우자를 쫓아갈 것이다. 이 두 경우에서 불안은 거리를 두거나 쫓아가는 행동의 근본적인 이유다. 두 가지 경우 모두 원가족과 관련된 문제들을 다루려는 시도다.

친밀함을 자신이 사라져 버린다는 두려움과 동일하게 보는 사람의 경우, 불안함을 느끼게 되면 더욱더 상대와 거리를 두려 할 것이다. 이러한 사람들은 배우자와 다른 생각을 표현하거나 심지어 다른 흥미를 갖는 것에 죄책감을 느끼며, 자신이 불성실하다고 생각할까 봐 걱정할 것이다. 마찬가지로 쫓는 사람도 배우자와 충분한 친밀감을 가지지 못한다는 생각이 들 때 불안함을 느끼게 된다. 배우자와 거리를 두거나 쫓아가도록 만드는 불안은 당신이 갖고 있는 원가족 문제에 좌우된다.

불안은 생활의 일부다

당신은 불안할 때 3장에서 자세히 논의했던 상호작용 패턴 중 하나에 더욱 집중할 것이다. 불안으로 인해 당신은 배우자를 쫓거나 거리를 둔다. 또한 불안으로 인해 과대기능하거나 혹은 갈등을 회피할 수 있다. 불안은 격렬한 논쟁에 불을 붙이고 기름을 붓는다. 하지만 이러한 모든 시나리오에서 원가족과 관련된 관계 지도는 현재의 관계에서 쫓거나 거리를 두도록 하는 당신의 신념에 중요한 영향력을 행사한다. 그러므로 쫓기/거리두기 패턴의 가족력적인 뿌리를 인지하는 것이 무엇보다 중요하다.

상호작용 스타일 면에서 당신과 정반대의 사람을 선택했다면, 그것이 결코 우연의 일치가 아니라는 사실을 명심하라. 사실 배우자의 스타일은 어느 정도 당신 부모님의 스타일을 생각나게 할 것이다. 특히, 오랫동안 가장 불만스러웠던 부모님의 모습을 말이다. 결혼으로 인해 다시 한 번 원가족의 반복적인 삶이 이어질 수 있다!

당신의 가족력을 한번 되돌아보자. 쫓는 경향이 있는 사람은 누구였는가? 거리를 두려 한 쪽은 누구였는가? 여기에 성역할이 관련되어 있는가? 가족들이 물려준 친밀함에 관한 신념은 무엇인가? 부모님은 자율성을 키워 주기 위해서 어떻게 하셨는가? 한쪽은 쫓고 다른 한쪽은 거리를 두는 이런 복잡한 문제가 가족 사이에서 어떻게 다루어졌는지 잠시 생각해 보라. 바로 대답할 수 없다면 조사해 보라. 이 문제들에 대해 부모님이나 형제들에게 물어보라. 몇 가지 답이 나온다면 다음의 빈칸에 써 보자.

....

....

....

....

....

....

....

....

✤ 성역할과 관계된 문제

당신이 어렸을 때 가족 내에서 보았던 남성과 여성의 서로 다른 역할은 현재의 결혼생활에서 당신이 어떤 역할을 해야 하는가에 주된 영향을 준다. 자라면서 봐 왔던 가족들의 성역할을 되돌아보자. 남자나 여자로서 기대되는 행동은 어떤 것이었는가? 결혼생활에서 확고하고 기능적으로 더 강한 가족구성원은 여성이었는가? 어디서 살고, 어떤 차를 사고, 어떻게 돈을 관리해야 하는지 등 주요한 결정을 내리는 사람들은 남성이었는가? 부모님 중 어느 분의 힘이 더 강했는가? 성역할에 대해 당신이 배운 것은 무엇인가? 중요한 결정을 내려야 할 때 부모님 중 누구에게 달려갔는가? 걱정스러운 이야기를 해야 할 때 누구를 찾았는가? 부모님 중 누구와 더 친밀했는가? 이러한 질문에 대한 답들이 성과 성역할에 대한 당신의 신념을 형성하도록 도왔다.

내적 관계 지도를 구성하는 부분들 중 성역할에 대한 편견과 기대 요소들은 결혼생활에서의 역할에 주요한 영향을 끼친다. 예를 들어, 다음과 같은 의문이 제기될 수 있다. 당신과 배우자는 성에 따라 결정되는 역할과 의무에 만족하는가? 그 역할이 당신의 현재 상황에 부합되는가? 그렇지 않다면 당신은 남편 혹은 아내로서 당신의 신념과 행동에서 무엇을 변화시켰는가? 흔히 불행한 결혼생활의 문제는 낡은 성역할들이 부부의 현대적인 생활양식에 더 이상 부합하지 않는다는 것이다. 그것은 의심해 볼 필요가 있고 변화되어야 할 것이다.

✤ 가족의 역할

모든 가족은 아이들에게 역할을 부여한다. 아이들에게 부여되는 역할은 남녀 성과 관련된 것도 있지만 그렇지 않은 것도 있다. '반항아' '희생양' '착한 아이'와 같은 역할들은 실제로 흔히 있는 것이다.

과대기능자/과소기능자

어떤 가족의 경우 과대기능자(overfunctioner)의 역할이 아이에게 주어지기도 한다. 만일 당신이 이러한 역할을 맡았다면 그 낡은 역할들은 웬만해서는 사라지지 않는다는 것을 이미 알고 있을 것이다. 아내나 남편으로서 어떻게 행동해야 하는지를 결정하려 하거나, 원가족의 메시지에 의해 형성된 성역할 신념들이 어떤 것인지를 알고 싶다면, 당신이 관계에서 50% 이상의 '일' 을 하고 있는지 생각해 보면 된다.

이 '일' 은 집안일이나 양육, 돈을 벌어오는 것과 같은 육체적인 노동만을 말하는 것이 아니다. 결혼생활의 정서적인 문제와 정서적인 건강에 대해 책임지는 것도 포함한다. 함께 보내는 시간을 어떻게 채울지 미리 생각하는 사람은 누구인가? 문제가 있을 때 그에 대한 이야기를 먼저 꺼내는 사람은 누구인가? 가족 모두의 관계에 대해 걱정하고 신경 쓰는 사람은 누구인가?

가족들을 한번 되돌아보면 가족을 위해 열심히 일하는 사람으로 정평이 난 어른들을 찾을 수 있을 것이다. 반대로 그런 일엔 관심 없는 사람도 있을 것이다. 그리고 가족의 정서적인 안녕을 책임지는 사람도 생각해 볼 수 있을 것이다. 당신의 결혼생활도 그러한가? 다른 사람의 정서적인 건강에 책임지는 사람이 있는가?

어떤 가정은 부부끼리 동등하게 일과 역할을 나눈다. 이런 가정에서는 욕구에 부합하는 부부간의 합의를 만들어 낸다. 어떤 부부들은 더 전통적인 방식으로 일과 역할을 분배한다. 즉, 여성은 가정(내부)을 보살피고, 남성은 보다 큰 세상(외부)에 신경을 쓴다. 서로가 원해서 계획하에 역할 분배의 형태를 선택했다면 어떠한 모델이든 잘 작용할 것이다. 하지만 그렇지 않고 어느 한 사람이 배우자보다 항상 더 많은 일을 하게 된다면 불균형이 생겨서 심각한 문제가 발생할 수 있다.

책임감 분배의 균형이 깨지면, 한 사람은 '과대기능자(책임을 더 지는 사람)' 로 바뀌고 다른 한 사람은 '과소기능자(책임을 덜 지는 사람)' 로 바뀌게 된다. 과대기능자나 과소기능자가 되는 성향은 원가족의 영향으로 인해 나타난다. 예를 들어, 아버지가 돌아가시거나 안 계신 편모가정에서 자랐다면, 당신은 어머니가 일하고 있는 동안 동생들을 돌보라는(특히, 장남이나 장녀라면) 요구를 받았거나 하루 종일 힘들게 일한 어머니 대신 식사 준비를 해야 했을 것이다. 필요에 따라 십대가 되기도 전에 어른 몫의 일을 했을 수도 있다. 당신은 가족을 위해서 과대기능을 해야 했을 것이다. 불행하게도 당신은 그러한 역할로 인해 현재의 부부관계에서도 힘든 시간을 보낼 수 있다.

예를 들어, 당신이 직업적으로 엄청난 성공을 거둔 1남 3녀 중 막내인 남성과 결혼했다면, 그는 가정의 많은 일을 책임지지 않을 것이다. 사실 그는 원가족에서 하던 대로 여성은 가정에서 요리나 청소, 양육과 같은 일에 신경을 써야 한다는 기대를 가지고 행동할 것이다. 이것이 과대기능자로서 당신의 역할을 강화할 것이다.

만일 과소기능자가 만성적인 질병이 있거나 불완전한 고용 상태이거나 마약 또는 알코올중독이라면, 과대기능자와 과소기능자의 구분은 더 심각한 문제가 될 것이다. 과소기능의 원인에 상관없이, 이런 가정의 과대기능자는 고민에 빠지고 기진맥진하게 된다. 배우자나 당신의 원가족에서 의무감이나 죄책감을 이어받았다면, 이러한 감정으로 인해 과대기능자의 역할을 바꾸려는 당신의 노력은 매우 어려워질 수 있다.

다른 패턴적인 관계 유형

과대기능자/과소기능자 유형 외에도 다양한 패턴적인 관계 유형이 있다. 역할 행동이 성에 의해 규정되진 않지만, 당신의 원가족 내에 많은 남성이나 여성은 결혼생활을 하면서 예측 가능한 역할을 하는 경향이 있다는 사실에 주목해야 한다. 지배적/복종적(dominant/submissive) 부부, 싸움/도주(fight/flight) 부부, 쫓기/거리두기(pursuer/distancer) 부부를 간단하게 살펴보자.

지배적/복종적 부부

이 부부는 관계를 맺는 첫날부터 자신들만의 상호작용 방식을 발전시킨다. 만일 아버지가 가족의 리더이자 의사결정자인 전통적인 가족 구조에서 자랐다면, 이 커플은 결혼생활에서 반복되는 이러한 방식에 만족할 것이다. 남편이 의사결정을 하고 부인은 가정을 보살피면서 복종적인 태도로 남편의 의견을 따르는 것에 합의한다면, 결혼생활은 균형과 조화를 이룰 것이다. 많은 커플이 이러한 관계에 만족하는데, 이것이 보수적(기독교적) 믿음과 행동에 의해 지지되기 때문이다. 어떤 사람들은 역할이 분명하고 욕구나 갈등을 다루기 위해 합의하는 데 있어 배우자에게 압력을 가하지 않아도 되기 때문에 이러한 관계를 편하게 생각한다.

싸움/도주 부부

이 부부는 갈등을 지속하거나 연기하는 방식으로 관계한다. 그들은 불일치나 그 밖의 문제들을 처리하기 위해 배우자와 싸움을 시작한다. 이 패턴 속에 있는 사람들은 때로는 싸움이 문제들을 해결하는 데 중요하다는 것을 부모님이나 조부모님을 통해 배웠을 수도 있다. 하지만 배우자가 긴장된 관계에서 갈등으로부터 빨리 탈출하는 것을 선호하는 가정에서 자랐다면, 이 부부는 매우 실망스러운 결혼생활을 하게 될지도 모른다. 한 사람이 서로에게 '유익한' 합의에 도달하기 위해 논쟁을 하면 할수록, 상대방은 육체적으로나 정서적으로 상처받기 전에 원가족에서 일어났던 것처럼 도망침으로써 문제를 '건강하게' 풀려고 할 것이다.

쫓기/거리두기 부부

이 부부는 자신들의 가족에게서 배운 훨씬 더 일반적인 관계방식을 지닌다. 당신이 쫓는 자든 거리를 두려는 자든 간에 당신 행동의 동기는 불안(일어날지도 모르는 충돌에 대한 불안, 친밀함에 대한 불안 등)이며, 그 행동은 오랜 세월 동안 가족을 관찰하면서 배운 것이다. 쫓기는 '솔직한 대화' 를 하기 위해서 배우자에게 요구하거나 상대방의 말 또는 행동에 대한 비판적인 견해를 보이는 형태로 나타난다. 거리두기는 논쟁하는 동안 주제를 바꾸거나, TV로 주의를 돌리거나, 둘 사이에 잠재적인 긴장감이 있을 때 친구에게 전화를 걸어 친구 집을 방문하거나, 혹은 거리를 만들어서 스스로를 진정시키기 위해 혼자만의 활동(예: 독서)을 시작하는 형태로 나타난다. 위의 도주하는 배우자와는 달리, 거리를 두려는 사람의 동기는 단지 갈등을 회피하는 것이라기보다는 내적인 불안을 감소시키는 것이다. 한 방에 같이 있으면서 서로 아무 말 없이 있더라도 쫓는 자와 쫓기는 자에게서는 불안이 나타날 수 있다.

이러한 모든 부부관계 유형에는 습관적인 행동들이 있다. 역할은 습관적인 것이고 몇 년이 지난 이후에도 결혼생활에서 거의 문제시되지 않는다. 역할 패턴은 오직 당신이 스스로의 행동을 변화시킬 때에만 바꿀 수 있다. 당신의 습관적인 행동에 주의를 기울이고 그것을 변화시키고자 하는 마음을 먹는 것이 역할 패턴의 변화를 향한 중요한 첫걸음이다.

삼각관계와 불안

삼각관계는 관계가 손쓰기 힘들 정도로 불안한 상태에서 다른 사람이 두 사람의 관계에 포함되는 것을 말한다. 두 사람의 관계(부부관계나 부모-자식 관계)에는 둘 중 한 사람과 친밀한 관계를 형성하는 제삼자가 들어올 수 있다. 이 관계에 의해 부부 중 한 사람의 불안이 감소된다. 보통은 거리를 두려는 배우자의 불안 요소가 감소된다. 불안정하고 불안이 존재하는 부부는 제삼자의 출현에 안정감을 느낀다.

예를 들어, 당신이 배우자의 정서적 친밀함에 대한 욕구 때문에 질식할 것 같다면, 자녀나 친구 또는 사물(예: TV) 쪽으로 관심을 돌리려 할 것이다. 다음의 예는 이러한 개념을 명확하게 해 줄 것이다.

송진태, 조혜연 부부의 사례

지난 주 내내 진태와 혜연은 함께 시간을 보냈다. 진태는 그런 생활에 만족했다. 그는 부부가 함께할 미래의 삶에 대한 그의 생각과 희망을 아내와 나누길 원했다. 하지만 혜연은 아주 큰 불편을 느끼고 있었다. 그녀는 남편을 정말로 좋아하고 함께 시간을 보내는 것도 좋았다. 하지만 함께 있을 때 말없이 가만히 있는 것이 불가능하자, 혜연은 남편에게 화가 나기 시작했다.

진태는 혜연에게 쉴 새 없이 이야기를 했고 많은 질문을 해댔다. 이런 질문들을 하고 나서는 늘 자신이 얼마나 그녀를 사랑하는지 이야기하였다. 혜연은 숨이 막힐 것 같았다. 하지만 그녀는 자신이 어떻게 느끼고, 어떠한 변화가 필요한지 말하지 못했다.

혜연은 남편과 함께 있으면서 생겨난 불안을 해결하길 원했다. 그래서 그녀는 오랜 친구인 은영에게 전화를 해서 만나자고 했다. 은영이 혜연의 집으로 오자, 부루퉁해진 진태와 활기찬 혜연이 그녀를 맞이했다. 진태는 어디를 가려 하고, 언제 돌아오고, 무엇을 할 건지 혜연에게 물어보았다. 이때 진태의 태도는 쌀쌀맞았는데, 이러한 태도 때문에 혜연은 남편과 더욱 거리를 두게 되었다. 불안을 경험할 때, 부부는 각자 원가족의 지도에 있는 행동 패턴대로 반응했다. 어느 누구도 그들에게 긴장감을 가져오는 진짜 문제에 대해서는 이야기하지 않았다.

사실 이 부부는 관계에서 불안을 다스리는 방법을 배우지 못했다. 혜연은 결혼생활에서 자신만을 위한 시간이 필요하다고 남편에게 말하는 법을 배워야 한다. 그리고 진태는 아내가 자신만을 위한 시간을 누리려 할 때 느껴지는 불안과 두려움을 다스리는 방법을 배워야 한다. 그들은 자신의 문제를 처리하기보다 관계에서 발생한 불안을 제삼자인 은영을 통해 전환시키려 했다. 이에 은영은 진태에게는 비난을 받게 되었고 혜연에게는 구원자가 되었다. 하지만 이로 인해 부부간의 친밀함은 줄어든다.

삼각관계는 실제로 있다. 우리가 정서적으로 건강한 삶을 유지할 때조차도 삼각관계는 흔히 원가족의 불안관리 방식에서 배운 내적 관계 지도의 결과로 발생한다. 살아가면서 삼각관계가 일어날 많은 가능성에 대해 생각해 본다면 삼각관계 밖에서 머무르는 것이 얼마나 어려운지를 알 수 있다. 예를 들어, 상담자는 슈퍼바이저에 반대하여 동료와 삼각관계를 형성하는 경우도 있을 것이다. 남편은 자신의 친구 중 한 명을 끼워서 삼각관계를 형성할 수 있고, 아내는 따로 자신만의 모임을 가짐으로써 삼각관계를 형성할 수 있다. 또한 부부관계에서 부모로서 아이와 삼각관계를 형성할 수 있다. 결과적으로 이러한 모든 삼각관계는 불안을 다스리기 위한 방법이다.

세대 간 전달되는 불안

이전 세대들을 되돌아보면, 가족구성원 중에 지속적으로 불안을 표현하는 '걱정이 많은 사람' 이 누구였는지 쉽게 생각해 낼 수 있다. 이런 사람들은 가족구성원들 사이에서 항상 정서적인 친밀감을 추구하는 경향이 있다. 그들은 당신과 갈등이 있었던 친척들이거나 혹은 당신이 계속해서 정서적으로 '밀어냈던' 사람들일 수 있다. 걱정 많은 사람들의 이러한 반응으로 인해 불안이 다른 사람에게 전달되거나 전염된다. 다른 가족구성원들은 걱정이 많은 사람들을 밀어내는 반응을 보인다. 여기서 '반응' 이란 당신이 걱정 많은 사람에게 보인 무반응을 의미하는 것이 아니다. 걱정 많은 사람은 자신의 불안한 시각에서 당신의 '무반응' 을 '밀어내는 반응' 으로 정의해 버린다.

한 세대에서 다른 세대로 전달된 불안은 아이들의 발달에 부정적인 영향을 줄 수 있다. 아이들의 정서적 성숙은 이와 같은 패턴에 의해서 지연될 수 있다. 부모의 불안으로 인해 아이들은 불안을 다스리는 건강한 방법을 혼자 발견하거나 자신의 독립심을 확립하는 것이 힘들어진다. 아이들이 부모 중 한 명과 지나치게 친밀한 관계에 있다면, 이것이 정상적인 관계를 형성하는 능력에 해로운 영향을 끼칠 수도 있다. 아이가 한쪽 부모와 정서적인 친구가 될 수 있겠지만 다른 쪽 부모는 정상적인 양육과정에서 배척될 수 있다. 이로 인해 아이, 가족, 부부관계로의 정상적인 성장과정은 지속적으로 방해받을 것이다.

건강한 가족의 기능이란 아이와 어른들 모두가 자신에게 필요한 일을 하고 그 일을 성취하면서 각자의 삶의 단계를 정상적으로 헤쳐 나갈 수 있는 것을 말한다. 아이들은 친구들이나 형제자매들과 건전한 관계를 형성할 수 있는 기술들을 개발할 필요가 있다. 성인이 됐을 때나 결혼생활의 과제(예: 욕구의 분배와 타협)를 위해 그 기술을 미리 준비해 놓아야 한다.

당신은 불안을 어떻게 다루는가

당신의 가정에서 불안을 다루는 방법을 생각해 보라. 가족 중 가장 불안해하는 사람은 누구인가? 그들의 불안이 어떻게 당신에게 영향을 주는가? 성장하면서 당신이 속했던 핵심적인 삼각관계는 어떤 것이었는가? 부모님을 벗어나 독립적인 존재가 되려는 것을 부모님이 방해했는가? 잠시 시간을 가지고 당신 가정에서 불안을 다루는 방법을 정리해 보라. 또한 현재의 관계에서 불안을 다루는 방법에 대해 생각해 보라. 쫓는 편인가? 거리를 두는 편인가? 과대기능하는가? 혹은 갈등을 회피하는가?

....

....

....

....

....

자동적인 반응 대 의도적인 반응

당신이 원가족으로부터 가져온 장애물을 인식하지 못했을 때, 당신은 의도적으로 반응을 선택하지 못하고 자동적으로 행동할 것이다. 우리는 행복한 결혼생활이나 친밀함, 갈등, 성역할을 포함한 많은 신념을 원가족으로부터 가져온다. 또한 원가족이 어떻게 하는지 관찰하면서 친밀함이나 거리를 두는 것에 대해 배운다. 현재 관계에서 여전히 하고 있는 특정한 역할도 원가족에서 배운 것이다. 우리는 불안을 가지고 있으면 있을수록 더욱더 원가족에게서 배웠던 모델에 의지할 것이다.

이러한 세대 패턴을 자각하고 이해하는 것이 중요하다. 결혼생활에 가져온 관계 지도를 이해할 수 있을 때, 자동적으로 불안해하는 기능을 그만두고 신중하고 의도적인 기능으로 변화할 수 있을 것이다. 그렇게 함으로써 부부생활에서 새롭고 더욱 적절한 관계 지도를 만들 수 있을 것이다.

✻ 독이 되는 가족 문제와 가족 비밀

우리는 정서적으로 독이 되는 문제들을 인식하는 것을 배워야 한다. 모든 가족에게는 이야기하길 꺼리는 문제들이 있다. 이러한 문제는 가족의 비밀이며 논의되지 않는 문제다. 모든 가족은 이런 문제를 가지고 있다. 이러한 문제가 어린 시절의 미해결된 정서적 기억을 포함한다면 당신에게 해를 끼칠 수 있다.

알코올중독이나 가정폭력, 성적 학대나 불륜과 같은 괴로운 가족력은 독이 되는 문제가 될 수 있다. 특히, 이러한 문제를 이야기하지 않는 것이 당신 가족의 규칙이었다면 더욱 그렇다. 이야기하지 않는다면, 그 문제들로 인해 더 해로워질 수 있다. 당신의 원가족이 지닌 독이 되는 문제들을 생각해 보라. 그리고 가족들이 그 문제를 어떻게 다루었는지도 생각해 보라. 이 독이 되는 문제들이 무엇인지 다음의 빈칸에 정리해 보라.

....

....

....

....

성적 학대

가족력에서 성적 학대보다 더 독이 되는 문제는 없다. 가족구성원들은 이러한 문제에 대해 이야기하거나 다루지 않는다. 성적 학대는 아동기에 정서적인 상처를 남기기 때문에, 아이들이 성인이 되었을 때 그들의 결혼생활은 더욱 힘들어진다. 다음 부부의 이야기는 이러한 문제를 잘 설명하고 있다.

홍수근, 박명희 부부의 사례

최근에 명희는 아동기의 학대 기억으로 가위에 눌렸다. 그녀는 수근에게 그 이야기를 했다. 처음에 수근은 그녀를 걱정해 주고 지속적인 관심을 가져주었다. 아동기의 정신적인 외상이 얼마나 컸을지도 이해해 주었다. 심지어 자신과의 성관계가 아내에게 편하지 않다는 것도 이해했다. 그럼에도 불구하고 그는 힘이 들었다. 수근은 자신의 원가족에서 육체적인 성적 학대의 경험이 없었고, 아내가 이러한 정서적 문제들로 고통을 받고 있을 때 남편이 어떻게 지지해 줄 수 있는지에 관한 본보기를 본 적이 없었기 때문이다. 그의 아버지는 어머니가 지지를 필요로 할 때 그녀를 혼자 내버려 두고 일터에 있었다.

수근은 아내에게 정서적인 지지를 주는 방법을 혼자서는 알아낼 수 없다는 사실을 깨달았다. 그는 육체적인 안정이나 정서적인 위안을 바라는 욕구가 충족되지 않았다. 또한 자신의 욕구를 아내가 알아주기를 바라고 있는 자신에 대해 죄책감을 느꼈다. 그는 자신의 아버지가 그랬던 것처럼 일터에 늦게까지 남아 있으려고 했다. 또한 아버지처럼 아내가 문제들을 떠안고 고민하고 있을 때 자신이 원하는 것을 아내에게 말하는 방법을 알지 못했다. 수근은 어찌할 바를 몰랐다.

명희 또한 어릴 때 받았던 학대를 스스로 이해하려 할 때 느끼는 정서와 혼란의 파도를 다스리는 방법을 알지 못했다. 그녀는 항상 불안함을 느꼈고, 그 속에서 정서적인 지지를 얻기 위해 수근을 쫓았다. 남편과 비슷하게 그녀도 자신이 생각하는 좋은 배우자가 될 수 없다는 생각에 죄책감을 느꼈다.

이 예를 통해 원가족의 성적 학대라는 복잡한 문제가 현재의 결혼생활을 따라다니며 괴롭히는 것을 볼 수 있을 것이다. 이 부부는 서로 충돌하는 매우 독이 되는 문제와 욕구들을 가지고 있다. 그들은 서로의 고통을 공유하고 이해하는 법을 알아낼 필요가 있다. 또한 아내의 학대 가족력의 결과로 쫓기/거리두기 상호작용 패턴이 나타난다는 것을 깨달아야 한다. 이러한 복잡한 문제들을 해결하기 위해서는 전문적인 부부상담자의 도움이 필요할 것이다.

중 독

중독(예: 약물, 알코올, 섹스, 도박)의 가족력은 부모가 아이들을 양육하는 방법에 심각한 영향을 가져올 수 있다. 중독 문제의 경우 가정이 유지되기 위해서 적어도 가족 구성원 중의 한 명이 억지로 과대기능하면서 가족들에게 대혼란을 가져올 수 있다. 이러한 가정에서 아이들의 욕구는 전혀 충족되지 않는다. 게다가 이러한 중독의 영향은 여러 세대에 걸쳐 전해질 수 있다.

부모가 중독에 빠진 아이들은 과대기능자로서의 역할에 억지로 내던져진다. 그들은 살아남기 위해서 냉정해야 한다는 인생관을 키워 나간다. 그들의 방어는 자라면서 그런 환경 속에서 살아남게 해 주겠지만, 그들의 정서적인 욕구는 결코 충족되지 않는다. 따라서 그들은 현재의 결혼생활에서 마음을 열거나 믿음을 가지기 힘들다는 것을 알게 된다. 어릴 때 살아남게 해 준 방어들은 현재의 결혼생활에서 어려움을 초래한다. 이러한 아이들은 어른이 되어 자신의 역할이나 오래된 생존방법과 싸우게 된다.

당신은 어떤 상처를 안고 있는가

당신 가족의 비밀이나 독이 되는 문제에는 어떠한 것들이 있는가? 중독이나 학대(육체적 또는 성적), 가정폭력 또는 정신병이 있었는가? 그 문제는 어떻게 다루어졌는가? 가족 내 독이 되는 문제들은 당신에게 어떤 영향을 끼쳤는가? 해답이 항상 분명하게 드러나는 것은 아니다. 예를 들어, 가정폭력이 있었다면 당신의 현재 생활에 갈등/회피 패턴이 있을지 모른다. 만일 버림받았다면 당신은 또 다른 유기의 두려움으로 인해 불안해하며 배우자를 좇아다닐 것이다. 만일 원가족에서 중독 문제가 있었다면 당신은 약물 남용이나 알코올중독을 가진 부모를 대신하기 위해서 과대기능하는 것을 배웠을 것이다. 무엇보다 가족의 문제들이 어떤 식으로 당신에게 상처를 주었고, 그 상처가 당신의 상호작용 스타일이나 신념체계에 어떤 영향을 주었는지를 깨닫는 것은 중요하다. 이러한 상처는 분명 배우자에 대한 기대에 영향을 줄 것이다.

✻ 정리하기

다음 장으로 넘어 가기 전에 이 장을 다시 읽어 보도록 하자. 4장과 5장에 기술된 많은 신념체계들은 당신의 원가족에 뿌리를 두고 있다. 원가족에 대해서 이 장에서 논의된 문제들은 당신 가족에게만 있는 특유한 것일 수도 있지만, 보통 이전부터 생각해 왔던 문제들일 것이다. 당신이 알고 있었던 것보다도 훨씬 더 큰 관계와 신념체계의 일부분이 당신이라는 것을 인식하는 것이 중요하다. 당신은 내적 관계 지도를 지니고 결혼을 했다. 따라서 당신의 결혼생활이 어떤지 돌이켜 볼 때 다음 사항을 꼭 생각해야 한다.

- 우리는 가족의 가치, 경험, 신념들을 현재의 결혼생활에 가져온다. 이는 결혼생활에 접근하는 방법과 부부관계란 어떤 것인지에 대한 생각에 영향을 미친다.
- 우리는 관계에서 어느 정도의 친밀함이나 거리감을 두는 것이 좋은지에 대해 잠재적으로든 아니든 의식한다. 이는 원가족에서의 경험에서 나온 것이다. 이로 인해 우리가 배우자와의 문제로 불안해질 때마다 배우자를 쫓아갈지 거리를 둘지가 직접적으로 결정된다.
- 당신이 (부모와 미해결된 갈등이 없이) 반발심과 불안감이 거의 없이 (정서적으로나 육체적으로) 가족으로부터 독립했다면, 부부관계의 미래에 대한 노력은 성공적일 가능성이 크다.
- 진정한 독립은 타인과 연결되어 있는 것도 포함한다. 우리가 부모나 원가족과의 접촉을 피한다면 진정한 독립이나 불안의 감소라고 볼 수 없다.
- 가족의 비밀에 주의하라. 그것이 당신을 따라다니고 결혼생활에 영향을 끼칠 수 있다는 것을 경계하라.
- 더 의도적이고 덜 자동적으로 반응할 수 있기 위해서 당신의 독특한 관계 지도를 이해하고 배우자의 관계 지도와 비교해 볼 필요가 있다는 것을 명심하라. 이것이 새로운 지도를 그리는 첫걸음이다.

07 조각 맞추기

이장은 결혼생활에서 일어나는 여러 문제를 해결하려고 노력하는 동안 문제 해결을 위해 형성된 상호작용 패턴에 의해 문제가 어떻게 심각해지는지를 이해하는 데 초점을 두었다. 이 상호작용 패턴들은 아동기 경험에서 비롯된 신념체계에 의해 촉발된다. 이 장에서는 당신의 변화를 도와줄 '조각 맞추기(put the pieces together)'와 틀(grid)을 소개하고자 한다.

앞 장에서 사고방식을 알아본 후, 당신은 부부 사이의 문제에서 자신이 하고 있는 역할을 보기 시작했을 것이다. 의도하지도 않았고 무엇을 하는지 의식하지도 못했지만, 당신이 관계상의 어려움에 기여하고 있다는 것을 이해해야 한다. 먼저 부부들이 자기 발생적인 의사소통 패턴을 어떻게 생성하는지에 대해서 이야기하였다. 이 상호적인 패턴은 종종 문제가 된다. 그 자체가 문제이며 그 안에 문제가 있는 의사소통 패턴을 당신이 어떻게 활성화시키는지 이해하고 상호작용 안에서 당신의 역할이 무엇인지 아는 것이 변화로 가는 핵심이다.

또한 우리는 어떻게 강한 신념체계가 문제가 있는 대화 패턴을 증폭시키는지, 그리고 그 신념체계들이 어떻게 서로를 강화하는지를 설명하였다. 마지막으로 어떻게 원가족 문제로부터 신념체계가 나오게 되었으며, 이러한 강력한 원가족의 영향이 결혼생활 패턴에서 행동에 영향을 주는 관계 지도를 어떻게 형성하는지 알아보았다. 이제 기초를 이해한다면 실제적인 문제로 들어가 보자. 당신과 당신의 결혼생활을 방해하는 모든 방식을 어떻게 바꿀 수 있을까?

✻ 변화 창조하기

변화는 자신이 관계 문제에 기여하고 있는 것이 무엇인지 자문함으로써 시작된다. 이 책에서 반복적으로 말하였듯이, 당신이 변화시킬 수 있는 사람은 오직 당신 자신뿐이다. 당신이 결혼의 대화 패턴에 어떻게 기여하고 있는지, 당신의 핵심 신념이 무엇인지, 신념체계라는 필터를 통하여 사건과 상황을 어떻게 곡해하는지에 관해 명확히 이해할 때, 당신은 자신의 방식을 변화시킬 준비가 된 것이다.

다음과 같은 문제 해결의 틀을 통해 이러한 변화과정을 요약해 보라.

문제 해결의 틀

문제
(당신은 문제가 있다.)
↘
의사소통 패턴은 그 문제를 둘러싸고 발생한다.
이 패턴화된 상호작용은 원래의 문제가 해결되기 힘들게 만드는 또 다른 문제가 된다.
↘
신념체계

↘
당신의 핵심 신념체계는 상호작용을 부추기고 배우자의 신념체계를 강화한다.
↘
원가족 문제가 발생한다.

변화는 다층적이다

결혼생활에서 당신의 역할을 변화시키는 과정은 대부분의 문제가 다층적인 수준을 가진다는 것을 이해하는 것에서 시작된다. 다시 말해, 성관계, 돈, 친인척, 양육 혹은 직장에 관한 문제 등 모든 결혼생활의 문제에는 몇 가지 차원이 있기 마련이다. 만약 당신이 가진 심각한 문제를 조심스럽게 파고들어 본다면, 거기에는 다양한 겹겹의 층이 있다는 것을 발견하게 될 것이다.

첫째, 그 문제 주변에는 예측 가능하고 때로는 비생산적인 상호작용이 항상 있다는 것을 발견할 수 있다. 이는 그 문제가 무엇이든지 의사소통의 패턴화된 연쇄작용이 문제를 둘러싸고 발생한다는 것을 의미한다. 이는 문제를 개선시킬 수도 있고 악화시킬 수도 있다. 종종 의사소통 패턴은 문제의 본질적인 부분이 되기도 하고, 문제가 해결되지 못하게 만들어 버리기도 한다.

둘째, 문제를 둘러싼 상호작용은 그 문제와 관련된 신념체계에 의해 불이 붙는다. 이러한 신념들은 그 문제 자체에 관한 것, 성차와 관련된 것, 배우자에 대한 신념이 될 수 있고, 혹은 이들 모두가 될 수도 있다. 예를 들어, 정훈은 수입이 있으면 반드시 저축해야 한다고 믿는다. 또한 모든 여자들이 그렇듯 자신의 아내도 오직 돈은 쓰는 것에만 관심이 있고 저축의 가치를 모른다고 생각한다. 이러한 신념 때문에 정훈은 통제적인 사람이 되어 아내와 충돌을 일으켰다. 그의 신념체계는 돈을 둘러싼 아내와의 상호작용에서 자신의 역할을 증폭시킨다. 정훈의 통제적인 패턴은 돈과 아내에 관한 그의 신념체계의 결과인 것이다.

셋째, 이러한 신념은 종종 강력한 원가족 메시지에 바탕을 둔다. 정훈의 경우, 부모와 조부모 모두 한국전쟁의 힘든 시절을 겪었다. 따라서 그들은 미래의 응급상황에 대비하고 돈을 저축하는 일에 압박감을 받으며 살아 왔다. 그들은 몸소 체험을 통해 재정적인 고통을 알고 있었던 것이다.

변화는 '내가 이 문제에 기여하는 것이 무엇일까?'를 항상 자문하면서 한 발짝 뒤에서 다양한 시각과 다양한 수준으로 문제를 보는 것을 포함한다. 당신의 관계 문제를 다양한 수준으로 검토할 때, 그 초점은 항상 자신에게 머물러야 한다. 이를 위해 당신은 곤란한 상황에서 반사적으로 반응하지 않고 불안해지지 않는 법을 배워야 한다. 또한 한 발짝 뒤로 물러나 거리를 두고 문제를 바라볼 수 있어야 한다. 즉, 관계 문제에 정서적인 거리를 두고 다양한 수준에서 문제를 이해하려고 노력하는 것이 좋은 방법이다.

금전과 관련된 정훈의 문제를 더 살펴보도록 하자. 그리고 몇 가지 시각을 통해 그 문제를 검토해 보고 틀을 그려 보자.

문 제

문제는 간단하다. 지출에 관한 의견의 불일치다. 정훈은 급할 때를 위해서 수입의 많은 부분을 저축해야 한다고 생각한다. 반면 아내는 힘들게 일한 만큼 재미와 즐거움을 위해 돈을 써야 한다고 믿는다. 이는 부부간에 많은 갈등을 일으킨다. 적금을 들어야 하는가, 아니면 값비싼 여행을 가야 하는가? 새 차를 사야 하는가, 아니면 태어나지도 않은 아이의 대학 학자금을 위해 돈을 저축해야 하는가? 돈과 관련된 문제는 이처럼 많은 논쟁을 만들어 낸다.

패턴화된 상호작용

정훈은 돈과 관련된 의견의 불일치를 해결하기 위해 노력하면서도 한편으로는 매우 화가 났다. 그는 저축을 충분히 하지 못하고 있는 것이 불안했고, 아내인 혜미에게 저축의 가치에 대해 설교하기 시작했다. 그리고 돈 관리에서 아내가 가지고 있는 단점들의 목록을 쏟아 놓았다. 당연히 이것은 혜미를 화나게 했고, 그녀는 그에게 통제되지 않을 것이며 자신에게 아버지는 필요 없다고 소리쳤다. 정훈은 돈이나 미래의 재난에 대해 걱정될수록 더욱더 잔소리를 했다. 그가 잔소리를 하면 할수록 혜미는 더욱 화가 났고, 남편에게 더욱 거리를 두게 되었다. 이제 그들의 비생산적인 패턴화된 상호작용 자체가 진짜 문제가 되었다. 돈은 단지 상호작용에 기름을 붓는 문제일 뿐이다.

신념체계

정훈과 혜미의 돈과 관련된 어려움, 그리고 돈을 둘러싼 곤란한 패턴화된 상호작용은 강력한 신념에 의해 점차 확대된다.

| 정훈의 신념 |

- 위급한 상황에 대비해 저축해야 하고 절대 '하찮은' 데에 돈을 써서는 안 된다.
- 응급상황에 대비하는 것이 1순위다.
- 여자는 쇼핑을 하는 데 돈을 쓰는 것을 좋아한다. 만일 제재하지 않는다면 너무 많은 돈을 써 버리고 말 것이다.
- 아내는 내 가치관을 알고 있음에도 불구하고 나에게 협조하지 않는 것이다.

| 혜미의 신념 |

- 인생은 짧다. 아끼지 말고 돈 쓰는 것을 즐기면서 편안하게 지내자.
- 남편은 너무 통제적인 사람이다. 돈 쓰는 문제는 단지 남편이 나를 통제하는 하나의 방식일 뿐이다.
- 남편은 내가 즐기는 것을 원하지 않으며 마치 내 아버지인 것처럼 행동한다.

이 부부의 돈에 관한 논쟁은 양측의 신념체계를 확고하게 한다. 즉, 패턴화된 상호작용 속에서 말다툼을 할수록 각각에 대한 자신들의 신념은 강화될 것이다. 정훈은 혜미가 저축을 하지 않을 것이라고 계속 믿을 것이고, 그녀의 씀씀이에 대해 '통제' 하려 할 것이다. 혜미는 정훈이 아버지처럼 굴고 자신을 통제하려 한다고 믿으며, 그의 통제를 벗어날 방법을 찾을 것이다. 그 결과, 자신이 그에게 통제당하지 않는다는 것을 확인하기 위한 방법으로 과소비를 계속할 것이다.

그들의 신념은 원가족에게서 얻은 초기 경험에 뿌리를 두고 있다. 대부분의 강한 신념은 직접적이든 간접적이든 자신이 자라 온 가족환경 안에서 습득된 것이다. 예를 들어, 돈에 관한 태도는 여러 세대에 걸친 유산이며 장기적인 패턴이다.

원가족

정훈의 가족은 한국전쟁 시기에 그들이 가진 전 재산을 잃은 후 돈에 대해서 민감해졌다. 가족이 하던 사업은 실패하고 파산했다. 조부모는 집을 포함하여 모든 것을 잃었다. 그리고 가난 속에서 생을 마감했다. 이러한 가족의 유산은 정훈의 머릿속에 강하게 각인되었고, 자신이 짐작하는 것보다 훨씬 더 깊게 신념체계의 일부로서 내면화되었다.

반면 혜미의 부모는 젊은 시절부터 부지런하게 돈을 모았다. 그래서 꽤 많은 부를 축적했고 은퇴 후에는 몇 년간 여행을 떠나기로 고대하기도 했다. 그러나 불행하게도 그녀의 아버지는 은퇴한 지 1년 만에 돌아가셨고, 자신이 축적한 돈으로 여유를 누릴 기회를 갖지 못했다. 이런 가족력에 의해 혜미는 미래는 보장되어 있는 것이 아니기에 현재의 순간을 즐기는 것이 낫고, 돈을 벌면 가능한 한 빨리 쓰는 것이 낫다는 신념을 형성하게 되었다. 혜미는 언제 올지 모르는 미래를 기다리며 현재의 즐거움을 미루기보다는 현재의 삶을 즐기리라 다짐했다.

가족력에 기원한 정훈과 혜미의 신념체계는 서로의 신념체계를 강화시킨다. 결국, 알지 못하는 사이에 서로의 신념체계는 지속적으로 강화되고, 그 과정에서 그들은 더 좌절하게 되었다. 그들이 서로를 변화시키려 하면 할수록 각자의 신념은 더욱 고착되었고, 이제는 더욱 확고해졌다.

✤ 변화의 과정 시작하기

앞의 문제 해결의 틀은 문제를 다각도로 이해하고 무엇이 그토록 문제를 해결하기 어렵게 만드는지를 알도록 도와준다. 또한 당신으로 하여금 반사적인 감정에서 한발 물러나 문제로부터 거리를 두도록 해 준다. 그러나 문제 해결의 틀은 변화의 시작점일 뿐이다. 틀을 완성하고 그것을 사용하는 것은 단지 문제를 다각도로 이해하는 데 유용한 것이지 그 자체가 변화의 과정은 아니다. 예를 들어, 정훈이 돈과 관련된 문제에서 자신의 역할을 이해한다면, 이는 자신을 변화시키기 위한 틀을 사용하는 좋은 시작점이 될 것이다.

만약 정훈이 결혼생활의 변화를 원한다면, 그는 자신을 변화시켜야 한다. 그 시작은 돈에 관한 내적 대화에서 한발 물러나 몇 가지 다른 각도에서 문제를 바라보는 것이다. 이를 통해 그는 문제에서 자신의 역할을 더욱 확대해서 볼 수 있을 것이다.

정훈은 아내와의 갈등이 자신의 특별한 의사소통 방식으로 인해 더욱 증대된다는 것에 초점을 맞추어야 한다. 그리고 아내와의 논쟁에서 비판적인 부모님의 말투를 사용한다는 것을 깨달아야 한다. 그는 자신의 의사소통 방식이 실제적으로는 '나는 듣지도 이해하지도 않을 것이다.' 라는 의미로 전달된다는 것을 알아야 한다. 게다가 자신이 사용하는 돈에 관한 불안의 '해결책' 이 자신을 과하게 통제적이고 훈계적으로 만들며, 이것이 돈과 관련된 문제의 커다란 부분이 된다는 것을 이해해야 한다.

다음으로 그는 아내의 소비 경향과 돈에 관한 자신의 신념체계를 조심스럽게 살펴보아야 한다. 그리고 아내와 의사소통하는 방식에 많은 영향을 주는 자신의 신념에 도전하기 시작해야 한다. 마지막으로 그는 문제의 '원가족' 측면을 탐색하고 돈과 관련된 가족의 유산을 더 조심스럽게 살펴볼 필요가 있다. 가족의 독특한 유산이 주는 효력을 살펴보는 것이 아내와의 충돌을 줄이는 첫걸음이 될 것이다. 돈과 관련하여 여러 세대에 걸친 불안과 내면화된 가족 메시지를 이해하는 것은 이 문제를 지속시키는 그의 역할을 이해하는 데 중요한 부분이다.

정훈과 당신의 딜레마는 이 모든 이론적인 정보를 어떻게 받아들이고, 변화를 시작할 때 그것을 어떻게 사용하느냐에 관한 것이다. 이 과정을 도와줄 많은 단계가 다음에 제시되어 있다. 이제 당신과 배우자의 싸움을 유발하는, 결코 해결될 것 같지 않은 문제를 한번 생각해 보라. 그리고 당신의 생각을 변화시키기 위해 다음의 단계를 따르라.

변화로 향하는 1단계: 틀을 사용하기

통찰만 한다면 변화가 이루어질까? 문제를 이해하고 거기에 자신이 일조하는 것을 이해한다면 변화가 일어날까? 전혀 아니다. 통찰은 단지 시작일 뿐이다. 통찰이란 몇 개의 다른 렌즈를 통해 비반응적으로 문제를 보고자 하는 결심이다. 대부분의 사람은 자동적으로 반응하는 방식으로 문제에 반응한다. 이러한 반응은 심사숙고해서 나온 것이 아니라 자동적인 감정적 반응이다. 그렇기에 이러한 반응은 문제를 악화시키기도 한다. 6장에서 논의하였듯이, 우리가 불안하면 할수록 반응은 더 자동적이고 반응적이 된다. 이러한 반응은 항상 상황을 악화시키기 마련이다. 정훈에게 돈은 불안을 활성화시키고 증가시키는 치명적인 문제다. 그는 불안을 느끼면 느낄수록 더욱 반응적이게 될 것이다. 그의 반응은 항상 문제를 악화시킨다. 여기서 제시한 틀을 이용하면 감정적인 반응에서 물러나 좀 더 이성적이고 덜 반응적일 수 있을 것이다. 이 틀을 이용한다는 것은 감정이 반응을 결정하기 전에 먼저 당신의 감정을 생각한다는 것을 의미한다. 따라서 자동적으로 반응하는 대신 더 나은 반응을 선택할 수 있게 해 준다. 즉, 감정적인 반응 대신 심사숙고한 반응을 할 수 있게 해 주는 것이다.

특정 문제에서의 당신의 역할을 이해하기 위해 다음의 틀을 완성해 보라.

당신의 문제

(관계에서 문제를 유발하는 주제를 가능한 한 구체적으로 기술하라.)

....

....

....

↓

문제를 둘러싼 당신의 패턴화된 상호작용

(문제를 둘러싼 상호작용의 형태를 가능한 한 구체적으로 기술하라. 그리고 이 의사소통 패턴이 어떻게 그 자체로 문제가 되는지 기술하라. 이 의사소통 패턴에서 당신의 역할을 써 보라.)

....

....

....

↓

문제에 관한 당신의 신념

(먼저 문제와 관련된 당신의 신념을 기술하라.)

1. ....
2. ....
3. ....

(그다음 문제가 되는 관계에서 배우자에 관한 신념을 기술하라. 예를 들어, 정훈은 혜미가 돈 쓰는 것을 좋아한다고 믿는다.)

1. ....
2. ....
3. ....

↓

(그다음 문제와 당신에 관해 가지고 있는 배우자의 신념을 기술해 보라.)

1. ....

2. ....

3. ....

4. ....

5. ....

↓

원가족 문제의 기여

(마지막으로 원가족에 의해 형성된 당신의 신념과 그 문제를 둘러싼 현재 가족의 장기적인 패턴을 기술하라. 또한 배우자의 신념체계에 배우자의 원가족이 어떻게 기여하는지 기술하라.)

....

....

....

변화로 향하는 첫 단계는 당신이 문제로부터 한발 물러나고 덜 반응적이 되며 완전히 다른 반응을 선택하게 될 때 시작된다. 앞의 틀은 변화의 첫 단계를 시행할 수 있도록 도와줄 것이다. 그리고 문제와 그것을 둘러싼 비생산적인 의사소통 패턴으로부터 거리를 두게 하고 다양한 렌즈를 통해 문제와 모든 수준의 상호 연관성을 보는 흐름도로써 이러한 틀을 사용할 수 있다.

정훈에게 앞의 틀은 문제로부터 한발 물러나서 문제를 둘러싼 그의 의사소통 패턴, 그 상호작용을 지지하는 그의 신념체계, 그 신념체계들이 서로 강화하는 방식 그리고 그 문제에 자신의 원가족이 기여하는 방식을 도표화하는 것을 의미한다.

이 과정을 해 나갈 때는 반드시 자기 자신에게 초점을 맞추어야 한다는 것을 명심하라. 당신의 목표는 다양한 각도에서 자신이 문제에 기여하는 바를 가능한 한 충분히 이해하는 것이다. 배우자가 문제에 기여하는 바를 연구하고 싶어질 수도 있겠지만, 그것은 문제를 오히려 악화시킬 뿐이다.

변화로 향하는 2단계: 비반응적으로 머무르기

문제의 다양한 수준에서 당신의 역할을 이해했다면, 2단계는 당신의 반응성을 잡아내고 어떻게 다르게 반응할지를 배우는 것이다. 이것은 이론과 실제 모두에서 어려운 개념이다. "이번은 다를 거야. 나는 방어적으로 행동하지 않을 거야. 그저 더 이해하기 위해 노력할 거야."라고 말하곤 하지만, 막상 논의나 논쟁이 시작되면 당신은 늘 했던 대로 말하고 반응적인 자신을 발견할 것이다. 계획했던 훌륭한 의도는 한번 감정적으로 반응해 버린 순간에 증발해 버린다. 이것은 당신이 반응성을 통제하는 데 실패한 것을 의미한다.

반응적인 것을 찾아내고 그와는 뭔가 다르게 하기 위해서 당신은 상호작용이 어디서 일어나는지, 당신의 반응이 어떤지, 배우자가 어디에서 반응하는지 예측하는 능력을 길러야 한다. 예를 들어, 정훈은 불안할 때 돈에 관해 자신이 어떻게 말할지 그리고 아내가 어떻게 반응할지 너무나 잘 안다. 또한 생각 없이 반응한다면 아내가 어떤 말을 할지, 자신이 어떻게 반응할지, 논쟁이 어떻게 확산될지도 알고 있다. 이러한 일들을 예측할 수 있는 능력을 가졌기 때문에, 정훈은 스스로를 논쟁으로부터 물러나게 하고 항상 말하던 대로 말하지 않도록 노력할 수 있다.

현실 속에서 우리는 정훈처럼 의사소통 패턴이 어디서 빈번하게 일어나는지 알고 있다. 대부분의 상황에서 이 패턴은 예측 가능하다. 예측을 잘할수록 전형적인 반사적 반응을 알고 이전과 다르게 말하거나 행하기가 쉬워진다.

어떻게 하면 반응을 억제하고 이전과 다르게 할 수 있을까? 먼저 방금 말한 것처럼 상호작용이 어디에서 일어나는지 예측하는 능력을 길러야 한다. 다음으로 당신의 몸에 귀를 기울인다. 몸에 주의를 두면 언제 감정적으로 되는지 알 수 있다. 당신이 감정적인 반응을 하려고 할 때 그 긴장이 어디에서 느껴지는가? 가슴이 조여 오는가? 두통이 밀려오는가? 목 뒤로 뻐근함이 느껴지는가? 이러한 생리적인 증상은 '불안 척도(anxiety meter)'로 기능한다(Bowen & Kerr, 1988). 곤란한 주제에 관해 이야기할 때는 불안이 증가하는 수준을 볼 수 있도록 측정치를 적어 보자. 불안이 증가하여 신체가 반응할 때는 불안 수준이 반응적인 '적색' 지역을 향해 움직이고 있는 것을 시각화해 보자. 이 적색 지역은 경고등이 될 수 있다. 이는 당신이 반응적인 양식으로 움직이고 있다는 위험 신호다.

불안이 증가하는 것이 느껴지면 자신이 반응적이고 과도하게 감정적이 될 위험이 있음을 자각하라. 그러고 나서 천천히 숨을 고르라. 느리게 호흡하고 몸을 이완하라. 그리고 자신의 반응에 대하여 생각하라.

감정적으로 반응하지 않을 수 있는 한 가지 좋은 방법은 반응적으로 진술하기보다 배우자에게 다시 질문을 하는 것이다. 즉, 배우자에게 그 뜻을 명백히 묻는 질문을 하는 것이다. 문제에 관한 상대의 시각을 좀 더 구체적으로 물어라. 배우자의 입장을 이해하는 데 더 많은 시간을 보내라. 3장에 나온 의사소통 패턴을 바꿔 주는 기술들을 다시 살펴보고, 감정적으로 반응하지 않도록 그 대화 기술을 사용하라. 중심에서 벗어나지 않고 논의를 지속하되, 예전부터 늘 해 왔던 방식대로 반응해서는 안 된다. 이것이 자신을 변화시키는 과정 중 가장 어려운 것임을 상기한다. 이를 완성하기 위해서는 계속해서 이 단계를 반복해야 할 것이다. 꾸준히 연습한다면 완성할 수 있다.

2단계는 자기 관찰(self-monitering) 능력을 계발하는 것이다. 이것은 습관화된 패턴에 연루되어 감정적이고 반응적이 되는 자신을 관찰하는 능력을 기르는 것이다. 비디오를 보듯이 자신을 보라. 배우자를 관찰하고 그 대화가 어디서 촉발되는지 관찰하라. 비생산적이거나 감정적으로 반응하는 것에서 벗어나 논의를 지속할 필요가 있음을 인식하라.

변화로 향하는 3단계: 공감을 향하여

변화로 향하는 3단계는 배우자를 이해하고 공감하는 것이다. 불안이 커지면 배우자에 대한 공감과 이해의 능력이 떨어지고, 자기 사고방식대로 배우자를 변화시키거나 '교정' 시키길 원하게 된다. 또한 건강하지 못한 의사소통을 하게 된다.

우리는 불안할 때 상대방을 통제하려고 하고, '부모님' 같은 목소리 톤을 사용하며, 소리 지르고 나무라고 호전적인 반응들을 하게 된다. 그 결과, 배우자를 이해하는 데 실패하고 소외감이 커지며 상처받고 화가 나는 것이다.

이 세 번째 단계는 어렵다. 정훈이 돈에 대한 아내의 태도를 좀 더 이해할 수 있었다면 덜 불안했을 것이다. 먼저 그는 아내를 통제하려는 시도를 그만두어야 하는데, 이를 위해서 의사소통 패턴을 바꿀 필요가 있다. 3장에서 논의한 대로, 그는 건설적 혼란을 연습할 필요가 있다. 이것은 잔소리하거나 통제하는 것이 아니라 아내에게 돈과 관련된 감정에 대해 물어보는 것을 의미한다. 이 단계는 돈에 관한 자신의 생각을 아내에게 '설교' 하는 것이 아니라 아내가 돈에 관해 어떻게 생각하는지를 물어보는 것이다. 또한 그녀의 가족이 가졌던 태도라든가 가족사 등에 대해서도 물어본다. 더불어 정훈은 자신이 돈에 대하여 불안을 느낀다는 것을 혜미에게 드러내야 한다. 이로 인해 혜미 는 남편을 자신을 통제하려는 사람이 아니라 재정적 몰락을 겪은 가족 내에서 자라 돈에 불안을 느끼는 사람으로 여길 것이다.

어느 날 아침 커피를 마신 후에 정훈이 혜미에게 다가가 다음과 같이 말한다면 그녀가 얼마나 놀랄지 상상해 보라. "여보, 나는 당신이 우리의 재정적인 상황을 어떻게 보고 있는지 진심으로 이해하지 못한 것 같아. 우린 이 일로 많이 싸우는데, 어떨 때는 정말 힘들어. 특히, 내가 불안할 때는 더 그래. 어떻게 돈을 관리할 수 있을지 함께 이야기해 보는 게 어때? 당신은 이 문제를 풀기 위한 해결책이 무엇이라고 생각해?"

만일 그 순간 혜미가 심장발작을 일으키지만 않는다면 이것은 돈에 관한 건강한 대화의 시작이 될 수 있을 것이다. 이 대화는 그들이 이전에 결코 해 본 적이 없는 대화가 될 것이다. 이러한 점에서 이 부부는 다른 대다수의 부부와 비슷하다. 그들의 논쟁과 비생산적인 의사소통 패턴은 매우 강력해졌고, 이로 인해 결코 서로를 이해할 수 없게 되었던 것이다.

변화를 만드는 초기 목표는 문제를 해결하는 것이 아니라 더 깊이 이해하는 것이다. 많은 부부가 문제를 해결하려는 과정 자체가 문제라는 것을 깨닫지 못한 채 끊임없이 문제를 해결하려는 시도를 한다. 문제를 벗어나는 방법은 의사소통 패턴을 변화시키는 것뿐만 아니라 이해와 공감을 증대시키는 작업을 하는 것이다. 정훈에게 그것은 혜미가 자신을 통제적이고 지배적인 사람으로 보는 이유뿐 아니라 돈에 관해 그녀가 가지고 있는 본래의 시각을 더욱 깊이 이해하려고 노력하는 것을 의미한다. 혜미에게는 정훈이 돈과 관련되었을 때 경험하는 불안을 이해하려고 노력하는 것을 의미한다. 이해와 공감은 항상 사람들 사이의 상호작용이 고조되는 것을 늦춰 준다. 종종 사람들은 진심으로 이해받고 있다고 느낄 때 더 부드러운 방식으로 관계를 맺게 된다.

사람들이 가장 갈망하는 것은 이해받고 공감받는 느낌을 경험하는 것이다. 진정한 변화는 이해와 공감을 한 후에 일어난다. 정훈과 혜미는 재정적인 문제를 단순히 문제해결적 접근이나 타협을 통하여 해결할 수는 없을 것이다. 결혼생활 개선을 위해 너무 많은 치료적 접근을 취할 때는 오히려 문제가 더 생긴다. 왜냐하면 결혼생활을 개선시키는 기술들에 주의를 두느라 서로에 대한 이해와 공감을 잃어버리게 되기 때문이다. 서로 깊이 이해하기 시작할 때에만 참된 변화의 길을 향하게 되는 것이다.

요약하면, 진정한 변화는 다음과 같은 방법을 통해 올 수 있다. 첫째, 앞서 제시된 다양한 층의 도표를 이용해 문제를 이해하고, 특히 자신이 문제에 기여하는 바가 무엇인지에 주의를 기울인다. 둘째, 변화하기 위해서는 의사소통의 흐름 속에서 감정적으로 반응하지 않는 능력이 필요하다. 이는 습관적으로 해 왔던 반응을 침착하고 진지한 방식으로 질문을 하는 등의 반응과 같이 완전히 다른 의사소통 방식으로 바꿈으로써 이룰 수 있다. 마지막으로, 변화는 공감하는 것을 의미한다. 공감은 단순히 타인의 시각을 이해하는 것이 아니라 그 사람의 눈을 통해 세계와 문제를 보려고 노력하는 것이다. 변화는 항상 공감 뒤에 따라오므로, 실제로 상대를 이해하고 공감하지 못했다면 변화는 일어나지 않을 것이다.

변화로 향하는 4단계: 당신은 오직 당신 자신만을 변화시킬 수 있다

변화로 향하는 4단계는 관계의 또 다른 근본적인 법칙을 수용하는 것이다. 많은 부부에게 이것은 수용하기 힘든 대단히 어려운 단계다. 이 법칙은 변화시킬 수 있는 것은 오직 자신뿐이라는 것이다. 상대를 변화시키려는 모든 시도는 결국 나쁜 결말을 가져온다는 것을 알 수 있다. 앞서 말했듯이, 배우자를 변화시키려고 노력하면 할수록 모든 것은 제자리에 머물 것이다.

변화시킬 수 있는 유일한 사람은 당신 자신이라는 것을 깨달음으로써 당신의 초점은 옮겨 가기 시작한다. 일반적으로 논쟁 중이거나 상호작용하는 긴장된 상황에 있는 부부는 자신에게 거의 초점을 두지 않는다. 당신이 상대에게 초점을 맞추고 상대를 변화시키려 할수록 변하는 것은 없다.

자기 초점이 향상될수록 변화는 현실적인 가능성을 가지게 된다. 이것은 쉬운 일이 아니며 많은 훈련이 필요하다. 자기 초점은 자신이 문제에 기여하는 바에 초점을 맞추는 능력을 기르는 것을 의미한다. 또한 배우자를 격노하고 좌절하게 하며 모든 논쟁을 악화시켜 버리는 당신의 모습이 무엇인지 끊임없이 찾는 것을 말한다.

다시 말하지만, 당신은 배우자를 변화시키거나 당신의 시각대로 바꿀 수 없다. 하지만 자신을 변화시킬 수 있다면 배우자와의 상호작용 방식 또한 반드시 변화될 것이다.

변화로 향하는 5단계: 당신의 배우자를 수용하라

변화로 향하는 마지막 단계 또한 이전의 단계들처럼 어렵다. 이 단계는 배우자를 수용하기 위해 나아가는 것이다. 이것이 배우자의 모든 것을 좋아하라는 것을 의미하는가? 혹은 배우자의 행동에 더 이상 절망하지 않게 되는 것을 의미하는가? 물론 아니다. 배우자를 변화시킬 수 없으며, 변화시킬 수 있는 것은 자기 자신뿐이라는 사실을 수용하는 것을 의미한다. 자신을 변화시키는 것의 일부는 상대를 수용하기 위한 작업을 포함한다. 물론 이것이 말처럼 쉽지는 않다.

당신이 관계에서 자신의 역할을 이해하고 자신을 변화시키는 것에 초점을 두는 것은 또한 배우자를 이해하는 데에도 도움을 준다. 배우자의 신념체계와 원가족의 문제를 이해할 때 배우자를 다르게 볼 수 있는 법을 배우게 될 것이다. 사실 사람 자체는 그다지 변화하지 않는다. 변화할 수 있는 것은 바로 사람들 사이의 상호작용이다.

당신은 당신의 반응을 변화시킬 수 있다. 그러나 배우자를 변화시킬 가능성은 거의 없다. 이러한 견지에서 배우자를 더 잘 수용할 수 있도록 상대를 더 깊이 이해하라. 배우자를 원가족 사이에서 아이 역할을 수행하는 어린아이로 떠올려 보라. 할 수 있는 한 최선을 다하고 있는 취약한 아이로 배우자를 바라보라. 배우자 자체를 받아들임으로써 당신의 역할을 변화시킬 수 있고, 이로써 결혼생활을 변화시킬 수 있는 가능성은 커진다.

당신이 배우자에게 줄 수 있는 가장 훌륭한 선물은 수용이다. 변화는 수용에 뒤따라온다. 수용하는 태도를 가짐으로써 당신은 미래를 변화시키는 동시에 현재의 상호작용을 변화시키게 된다.

조각 맞추기

변화를 일으키기 위해 앞의 단계들을 어떻게 종합해 볼 수 있을까? 정훈의 딜레마로 돌아가서 생각해 보자. 돈과 관련된 치명적인 문제에 변화를 가져오기 위해서 정훈은 한발 물러나 문제의 여러 차원들을 보는 틀을 사용하여 문제를 비반응적으로 보려고 노력할 수 있다. 정훈에게 이것은 돈을 둘러싼 아내와 자신의 상호작용에 관해 좀 더 이해하고, 돈에 관한 그들의 논의와 논쟁에서 자신의 역할을 명확히 하는 것을 의미할 것이다.

그다음 자신의 신념체계와 아내의 신념체계를 검토해 봐야 한다. 이를 통해 서로에 대한 이해가 좀 더 커지고, 돈에 관한 주제가 왜 그들의 결혼생활에서 독이 되는 주제가 되는지 알 수 있다. 그는 자신과 아내의 돈을 대하는 태도가 원가족에 의해 어떻게 영향을 받았는지 더 잘 알게 될 것이다.

다음 단계는 자신이 문제에 기여하는 바를 알아내려고 성실히 노력하는 것이다. 자신들의 논쟁을 녹화한 비디오를 보면서, 정훈은 자신의 통제적이고 설교하는 듯한 스타일과 그것이 아내에게 미치는 강력한 영향을 알게 될 것이다. 나아가 돈에 대한 '자신만의 생각' 을 볼 수 있을 것이다. 정훈은 강력하고 감정적으로 반응하는 돈에 관한 자신의 신념에 대해 어느 정도 이해하게 될 것이고, 가족력에 의해 공유된 신념의 방식을 보게 될 것이다. 그리고 가족력으로 인해 자신이 돈에 대해 지나치게 감정적으로 고조되었다는 것과 불안의 이면에 깔린 그 압력을 깨닫게 될 것이다. 더불어 자신이 윗세대로부터 돈에 관한 불안을 물려받았음을 알게 될 것이다.

그 틀을 이용한 후에 정훈은 자신이 가진 불안의 원인을 이해할 뿐만 아니라 혜미의 돈에 관한 신념이 어디에서 기원했는지도 알게 될 것이다. 그는 아내의 소비 습관에 아직은 동의하지 못할지라도 아내를 더 많이 이해할 수 있을 것이다. 이것은 아내를 향한 태도에 중요한 전환점이 될 수 있다. 아내가 자신의 재정 계획을 고의적으로 망치고 있다고 여기기보다 그녀가 왜 그런 시각을 가졌는지를 이해할 수 있게 될 것이다.

다음 변화의 단계는 조금 더 어렵다. 정훈이 자신의 반응성을 줄이고 이해를 증가시켰을지라도 문제는 해결되지 않을 것이다. 부부는 여전히 돈에 관한 의견이 불일치하고 있다. 그러나 문제를 둘러싼 논쟁에 변화가 있고 논쟁을 부추기던 강력한 신념을 더 잘 이해할 수 있다면 문제를 해결할 수 있는 가능성이 높아진다.

하지만 변화를 창조하는 데 있어 한 사람만 노력하는 것은 정훈에게 다소 부담이 될 수도 있다. 그는 감정적인 반사작용을 멀리하는 방법을 찾아야 한다. 그리고 미래의 재정적인 부분에 대한 불안으로 압도되지 않고 명확한 위치를 찾아야 한다. 이것은 돈에 관한 오래되고 패턴화된 논쟁을 하는 것이 아니라 틀을 통해 얻은 정보를 사용하여 돈에 관하여 혜미와 더 이야기하기 위한 새로운 방법을 모색하는 것을 의미한다.

이를 위해 정훈은 어디에서 돈에 관한 논쟁이 일어나고 감정적으로 격해지는지 예측하려고 해야 한다. 어디에서 논쟁에 문제가 생기고 과도하게 방어적이 되며 아내가 통제당한다고 느끼는지 안다면, 그는 논쟁이 비생산적인 방향으로 빠지지 않도록 전략을 세울 수 있을 것이다. 이때 3장에서 소개된 건설적 혼란, 질문하기, 필요할 때 잠시 중단하기, 기본 규칙 정하기 등의 전략을 사용하면 유용할 것이다.

이 시점에서 '이게 잘 될까?' 혹은 '대화하려고 이렇게 많은 계획을 세운다는 건 너무 기계적이지 않나?' 라는 의문이 들 수 있다. 언뜻 보기에 이것은 지나친 것처럼 보인다. 그러나 남은 대안을 생각해 보자. 정훈과 혜미가 비생산적인 태도로 돈에 관해 똑같은 논쟁을 지속하면 부부 문제의 해결은 멀어지고 결국 고통스럽고 소원해진 결혼생활을 초래할 것이다. 이러한 논쟁은 긴장을 증가시킬 뿐이고 부부 사이의 거리를 만든다.

다시 말하지만, 여기에는 많은 훈련이 필요하다. 반사적인 반응을 우선 중지하고 비반사적인 반응을 명확히 정한 다음 이러한 입장을 유지하는 것을 학습해야 한다. 이 접근을 사용하기 위해서 정훈은 반드시 앞서 점검한 자신의 방어적 태도를 삼가고, 다음에 혜미가 무언가를 구입하고자 할 때 감정적인 반응을 하지 않도록 배워야 할 것이다.

✻ 변화는 굴복이 아니다

이러한 접근을 따른다는 것은 정훈이 단순히 결혼생활이 만들어 내는 모든 책임을 포기하거나 그 책임에 굴복하거나 혹은 그것을 책임진다는 것을 의미하지 않는다. 아내가 무엇을 원하든지 돈을 쓰도록 허용하거나 굴복하는 것은 다른 방향에서 감정적으로 반응하는 것일 수 있다. 그것은 평화를 유지하기 위해 갈등/회피하는 것을 의미한다. 그러나 그것은 결국에 비생산적인 논쟁만큼이나 많은 문제를 야기할 것이다. 사람들은 상대의 요구에 굴복할 때, 괴롭거나 우울하거나 분개하거나 혹은 세 가지 모두를 느낄 수 있다. 굴복하는 것은 문제를 해결하는 것이 아니라 오히려 문제를 악화시키는 것이다.

굴복하는 것은 방어적이 되거나 감정적으로 반응하는 것만큼 심각한 문제다. 변화는 비반응적으로 유지하는 능력을 요구하고, 오래되고 패턴화된 상호작용을 사용하거나 단순히 굴복하지 않을 것을 요구한다. 더욱이 변화는 배우자가 이해받는다고 느끼는 다른 방식의 의사소통을 발견하는 것을 의미한다. 새로운 의사소통 방식은 상생적 해결책(win-win solution)을 찾으려고 노력하는 것이다. 분명히 이 과정은 즉각적으로 일어나는 것이 아니다. 만약 정훈이 아내에게 자신이 얼마나 지배적이었는지 이해하고, 자신의 통제적이고 훈계하는 방식으로 인해 아내가 받은 충격에 대해 사과한다면, 이 부부의 상호작용 패턴은 바뀌게 될 것이다.

만약 정훈이 아내가 돈에 관해 믿고 있는 것과 자신의 의사소통 방식, 그리고 아내를 통제하는 문제에 대해 말할 수 있다면, 긍정적이고 생산적인 방향으로 뱃머리를 돌릴 수 있을 것이다. 이를 위한 좋은 시작으로 '한 단계 아래(one-down position)' 입장을 취하는 것을 고려해 볼 수 있다. 한 단계 아래 입장은 이전과 다르게 다가감으로써 통제받는다는 상대방의 지각을 무너뜨린다. 이 입장은 항상 통제적으로 보이는 권위자나 전문가처럼 의사소통하지 않도록 하기 때문에 상황을 악화시키지 않는다. 오히려 이러한 태도는 양측 배우자의 '전문성'에서 모두 배우려고 노력하므로 서로에게 힘을 실어 줄 수 있다.

예를 들어, 얼마간의 대화 후에 정훈 씨가 "여보, 나는 정말 힘들었어. 당신도 분명 나한테 화났을 거야. 내가 내 방식을 변화시키려고 노력한다는 걸 이해해 줬으면 해. 그런데 당신도 알다시피 나는 돈에 관해서 이야기할 때 너무나 불안해. 그러니 내가 당신을 통제하는 것처럼 말하면 즉각 이야기해 줘. 내가 변화하려면 당신의 도움이 필요해. 그리고 돈 문제에 대해서 우리가 함께 해결할 수 있는 더 나은 방법이 있다면 의견을 제시해 줘. 늘 경청하기 위해 노력할게. 나는 정말 당신의 도움과 제안이 필요해."라고 말했다면 어떠했을까?

이것으로 그들의 돈에 관한 문제는 해결되었을까? 그건 아니다. 그러나 변화를 향한 시작과 잠재적인 상생적 해결책으로 가는 시작점이 될 수 있다. '문제'는 돈이 아니라 그들의 비생산적이고 패턴화된 논쟁임을 기억하라. 정훈과 혜미에게 돈이란 것은 단순히 상호작용의 방식과 패턴 때문에 문제가 되는 한 문제일 뿐이다.

❈ 결혼생활에서 변화 시도해 보기

부부관계에서 변화를 만들고자 하는 시도로서 앞서 이야기한 변화 모델에 대해 생각하는 시간을 가져 보자. 틀을 사용해 보고 당신의 관계에서 나타나고 있는 문제에 적용해 보라.

1단계: 틀을 사용하라

변화로 가는 첫 단계는 틀을 사용하여 자신의 문제를 구체적으로 적어 보는 것이다.

나의 문제

....

....

....

....

....

문제를 둘러싼 나의 상호작용

....

....

....

....

....

□ 상호작용을 촉발하는 나의 신념

□ 나의 원가족이 기여한 점

이 과정을 통해서 당신은 문제의 다른 차원들을 이해할 수 있을 것이다. 문제에 당신이 어떻게 기여하는지 충분히 생각해 보고, 변화를 시작하는 창조적인 방법을 찾아보라.

일단 문제를 그려 보고 통찰이 생겼다면, 새로운 기술들을 사용해서 문제가 유지되게 했던 당신의 역할을 변화시켜 보자. '건설적 혼란' 과 같은 부드러운 기술들을 사용해야 한다는 것을 명심하라. 질문(questions), 경청 기술(listening skill), 바꿔 말하기(paraphrasing), 방어적이지 않은 자세 유지하기(remaining nondefensive)를 사용하는 것이 도움이 될 것이다. 또한 배우자가 당신에 대해 가지고 있는 신념에 혼란을 주도록 해야 한다.

예를 들어, 당신이 부모님처럼 지배적이거나 권위적으로 보인다면 그런 식으로 말하지 않도록 주의하라. 지배적으로 느껴지지 않도록 당신의 목소리 톤과 자세를 관찰하라. 만일 무책임하게 보인다면 책임감 있게 행동하도록 노력하라. 만일 과대기능자로 보인다면 뭐든지 적게 하도록 시도해 보라. 3장에서 설명한 예측 가능한 패턴으로부터 스스로를 변화시키기 위해 노력하라.

2단계: 변화된 상태에서 자신을 유지하라

2단계는 스스로를 유지하는 것이다. 오래된 의사소통 패턴이 다시 나타나도록 내버려 두지 말라. 논의하고 있는 주제로부터 벗어나지 않도록 노력하고 일반화하거나 격해지지 않도록 하라. 동시에 단순히 평화를 지키기 위해 양보하려고도 하지 말라. 배우자의 말을 듣고 나서 당신이 필요한 것을 이야기하는 것에 주저하지 말라.

3단계: 배우자를 수용하라

배우자를 마음으로 공감하고 받아들이도록 노력하라. 서로의 위치가 어디고, 왜 그것이 유지되는지를 진정으로 이해하고 있다는 것을 배우자가 알도록 도와주라. 당신이 배우자의 입장을 진심으로 이해하고 있다는 것을 배우자가 믿을수록 문제가 해결될 가능성이 커진다. 자신이 진정으로 이해된다고 느낄 때, 배우자는 상생적 해결책으로 이동할 수 있을 것이다.

부부는 상대방에게 공감, 이해 및 수용을 필요로 한다. 만일 당신이 공감하고 이해하고 수용해 준다고 배우자가 느낀다면, 부부는 문제를 해결할 수 있을 것이다.

8장에서 당신의 반응을 통제하고 자신의 위치를 규정 짓는 개념에 대해 더 자세하게 살펴볼 것이다. 이것은 대부분의 사람들에게 매우 어려운 과정이다.

08 혼자서 바꿀 수는 없는 걸까

이장에서는 '자기 정의를 하기 위해서' 이전 장까지 읽으면서 얻게 된 통찰을 이용하는 데 초점을 맞출 것이다. 자기 정의를 통해 당신은 결혼생활에서 생기는 문제에서 자신의 역할을 이해하고, 불안할 때도 기존 패턴의 상호작용에서 벗어나 역할을 변화시킴으로써 새로운 입장을 취할 수 있는 방법을 획득하게 될 것이다.

✻ 그리 쉬운 일은 아니다

미나는 의자에 깊숙이 앉아 한숨을 푹 쉬면서 상담을 시작했다. "왜 저만 변해야 하는 거죠? 이건 불공평해요. 결혼생활의 많은 것을 변화시키기 위해 저만 애쓰는 것 같아요. 선생님은 정말 이렇게 하는 것이 가치 있는 일이라고 생각하세요? 정말 제가 결혼생활을 변화시킬 수 있을까요? 왜 남편은 조금도 책임을 지지 않는 거죠? 제가 모든 일들을 다 해야 한다는 것은 너무 불공평해요."

여기까지만 들어도 미나의 좌절감을 알 수 있을 것이다. 결혼생활을 행복하게 변화시킬 책임이 오직 당신 자신에게 있다는 것은 불공평한 것처럼 보일 수 있다. 비록 스스로를 변화시키기 위해 그녀도 열심히 노력하고 있지만, 그것이 결혼생활을 변화시킬 책임이 그녀에게만 있다는 말이 아니라는 사실을 기억할 필요가 있다. 그녀가 책임져야 하는 것은 오직 자기 자신을 변화시키는 것이다. 미나가 자신의 역할을 변화시키는 데 성공한다면 결혼생활은 점차 변화될 것이다. 자기 초점을 유지하는 것이 힘들고 어렵다고 해서 자신을 변화시키지 않는다면 오래된 결혼생활은 조금도 변화되지 않을 것이다.

이전 장에서 논쟁과 상호작용, 그리고 패턴이 나타날 때 반응적으로 행동하지 않는 방법과 자신을 변화시키는 데 초점을 맞추는 방법을 설명하였다. 또한 습관처럼 나타나는 패턴과 문제들로부터 정서적인 거리를 둘 수 있는 방법으로 이용하는 틀을 제시하였다(7장 참조). 그리고 다양한 방법으로 '자신을 유지하는' 방법을 배울 필요가 있다고 제안하였다.

가족치료 전문가 머레이 보웬(Murrey Bowen)은 이것을 '자기 분화(differentiation of self)' 라고 칭했다(Bowen & Kerr, 1988). 『세대 간 전이(Generation to Generation)』(1985)에서 에드윈 프리드먼(Edwin Friedman)은 이것을 '불안함이 없는 존재(nonanxious presence)' 라고 말했다. 데이비드 슈나크(David Schnarch, 1991; 1997)는 결혼 분화에 대한 자세한 기술에서 이것을 '자기 자신을 유지하기(holding onto yourself)' 라고 불렀다. 어떻게 부르건 이것은 당신이 어디에 있든지, 누구와 함께 있든지 당신 자신이 되는 능력을 일컫는 말들이다. 그것은 반응적이거나 반항적이지 않으면서 자기 자신으로 존재하는 능력이다. 또한 자율성에 대한 것이라기보다는 반응적이거나 회피적으로 행동하여 자기 자신을 놓쳐 버리는 일 없이 친밀한 관계를 유지하는 방법을 말한다.

감정적으로 반응해 버리는 사람들은 불안감으로 인해 배우자를 쫓거나, 과대기능하거나, 감정적으로 고조되거나, 방어적이 되는 것과 같이 기존의 역할들로 되돌아가게 된다. 회피적인 사람들은 항상 자신들의 입장을 보다 확실하게 밝히는 것을 포기하고 논쟁을 회피하고 평화를 유지하는 데에 모든 에너지를 쏟는다.

변화에 대한 모델의 핵심은 현재의 관계로부터 따로 떨어져 있을 수 있는 능력이다. 즉, 거리를 두고서 관계를 바라볼 수 있는 능력, 논쟁에서의 예측 가능한 패턴들을 깨닫고 그 패턴들에서 자신의 특별한 역할을 이해하는 능력이다. 이러한 변화 모델을 따라가기 위해서는 자신의 신념체계, 해석, 원가족의 영향을 더욱 잘 이해하기 위한 진지하고 철저한 자기 탐색이 필요하다. 그리고 관계에서 배우자와 연결된 채로 있으면서도 반응적이지 않도록 역할을 변화시키는 것이 필요하다.

미나와 같이 대부분 사람들은 이것이 엄청난 일인 것처럼 생각한다. 분명히 이것은 높은 수준의 성숙을 요구한다. 자기 자신을 변화시키는 것보다는 배우자가 변화하고 당신은 압박에서 벗어나는 것이 더 쉽지 않을까? 물론 그렇겠지만, 그런 일은 일어나지 않을 것이다. 변화를 만든다는 것은 아주 어려운 일이다. 하지만 다른 대안이 있을까? 반복해서 말하지만, 배우자를 변화시키려는 시도는 실패하게 되어 있다. 결국 당신 자신을 변화시키는 것이 결혼생활을 변화시킬 수 있는 가장 확실한 방법이다.

장기적 해결책 대 단기적 해결책

무슨 일이든지 신속한 해결책이 있다고 생각하는 우리 문화의 선입견에도 불구하고, 결혼생활에서 변화를 창조할 수 있는 손쉽고 간편한 해결책은 없다. 우리는 늘 시간을 많이 들이지 않고 최소한의 노력만 필요로 하는 손쉬운 뭔가를 찾는다. 하지만 일시적인 다이어트가 절대로 효과가 없는 것처럼, 복잡한 결혼 문제에 대한 단순한 해결책도 성공할 가능성이 거의 없다는 사실을 알아야 한다. 이 책에서 제안하는 접근은 변화의 단기적 모델이 아니다. 자기 초점과 분화와 같은 방법은 장기적인 훈련을 해야 한다. 이것은 분명 '사람들이 거의 가지 않는 길' 이지만, 결국 결혼생활에서 유익한 변화를 창조할 수 있는 유일한 길이고, 나중에는 더 큰 친밀감을 가져다주는 길이다.

✻ 분화란 무엇인가

분화(differentiation)란 배우자나 가족들이 원하는 모습의 자기(self)가 되어야 한다는 압박감에 이끌리지 않고 당신 자신이 되는 것을 말한다. 이것은 쉬운 일이 아니다. 자기 자신이 된다는 것은 간단한 일이 아니다. 젊은이들이 자신을 정의하기 위해 애쓰는 것을 보라. 그들은 또래집단에 자신을 맞추고, 종종 그 집단의 규범에서 요구하는 자기가 되기 위해서 애쓴다. 만일 자신들이 그 집단에 적합하지 않다고 믿는다면, 그들의 불안과 우울은 빠르게 증가할 것이다. 또래집단의 압박감에서 멀찍이 떨어져서 자기 자신과 자신만의 가치를 정의 내리는 것은 엄청난 힘과 용기가 필요하다. 대부분의 젊은이들은 그렇게 하지 못한다.

성인으로서 자기 자신을 정의 내리는 것 또한 어렵다. 성인으로 첫발을 내딛는 사람에게 이것은 자신이 누구인지, 무엇을 믿는지, 무엇을 나타내는지, 욕구가 무엇인지 아는 것을 의미한다. 분화란 다른 무언가가 되라는 배우자의 압박 속에서 자신의 반응을 유지하는 것이다. 예를 들어, 연지는 외향적인 성격이었다. 사교성이 좋아서 주위 친구나 동료들과의 단체생활을 좋아했다. 반면 그녀의 남편인 태한은 사교 모임을 불편해했다. 그는 이러한 모임 때문에 불안했는데, 특히 연지가 그를 빼놓고 친구들과 외출했을 때는 더욱 불안해진다. 그는 아내를 통제하고 친구들과 외출하지 못하게 설득함으로써 자신의 불안을 조절하려 했다. 만일 연지가 자기 정의를 했다면, 그녀 자신이 누구이고 자신이 즐기는 것과 필요로 하는 것이 무엇인지에 대한 시각을 잃지 않으며 남편이 그녀를 변화시키려는 것을 인정하지 않을 정도로 충분히 강할 수 있었을 것이다. 이것은 자기 정의와 많은 관련이 있다.

앞의 예에서 잘못된 방향으로 나아갈 수 있는 모든 경우들을 생각해 보자. 첫째, 연지가 자신이 누구인지 또는 자신이 무엇을 필요로 하는지에 대해 명확히 정의하지 않는다면 결혼생활에서 많은 좌절감을 느낄 것이다. 둘째, 연지가 자신이 무엇을 필요로 하는지에 관한 생각들을 계속 유지할 수 있을 만큼 충분히 강하지 않다면 태한에게 지배당하는 것처럼 느끼고, 심지어 자신의 일부를 잃어버렸다고 느낄지도 모른다. 이러한 감정들로 인해 그녀는 장기간에 걸쳐 우울함과 분노감을 느낄 수 있다.

그들 사이에 긴장감이 점차 확대됨에 따라, 태한은 연지를 통제하는 데 더 많은 노력을 함으로써 자신의 분노를 제어할 수도 있다. 그리고 아내가 자신에게 '융화(fuse)' 되거나 더 친밀해지기를 원할 것이다. 반대로 연지는 남편을 공격하고 거리를 두며, 자신이 남편에게 통제당하지 않는다는 것을 보일 수만 있다면 무엇이든지 반응적으로 하게 될지도 모른다.

자기 정의(self-definition)와 분화는 누구에게나 쉬운 일이 아니다. 연지처럼, 우리는 반응적이지 않으면서 자기 정의와 분화를 달성할 수 있는 방법을 찾아내려고 애쓴다. 분화는 당신과 배우자 모두가 불안한 가운데 자신이 누구이고 무엇을 필요로 하는지에 대해 분명히 하면서 명확성을 유지하는 것이 힘들기 때문에 어렵다. 또한 여전히 자신의 오래된 패턴과 반사적인 반응으로부터 벗어나지 못한 채 배우자와 관계하는 것도 어렵다. 확실히 이것은 매우 힘든 과정이다.

사람들은 불안하거나 화가 나면 예전부터 해 왔던 성숙하지 못한 반응에 의지한다. 3장에서 기술했던 부부 패턴의 유형들을 기억하는가? 사람들은 불안할 때 흔히 자신의 패턴화된 반응에 의지한다. 예를 들어, 불안함을 느낄 때 더욱 친밀해지기 위해 상대방을 쫓거나 밀어붙여 종종 배우자의 성장을 방해한다. 태한이 바로 그러한 예다.

어떤 경우엔 단순히 갈등/회피 반응을 함으로써 불안을 통제하려 한다. 만일 연지가 한 걸음 물러나 태한이 원하는 대로 맞추어 준다면, 논쟁을 회피할 수는 있겠지만 자기 자신이 되는 것은 희생하게 된다. 그러면 고요한 결혼생활이라는 미명하에 연지 자신은 사라지게 될 것이다. 이러한 행동이 극단적으로 가게 되면, 사람들은 배우자에게 거의 모습을 보이지 않고 자신의 것을 공유하지 않을 것이다. 때때로 배우자를 공격하거나 거의 전쟁에 가깝도록 싸움을 빠르게 확대시키는 경우도 있다. 어떤 사람들은 불안해졌을 때 과대기능자가 될 수도 있다.

연지가 반사적으로 반응할 때, 그녀는 권위적인 아버지 같은 남편을 비난하면서 공격할지도 모른다. 혹은 단지 자신이 원하는 것만 하면서 점차 남편과 거리를 둘 수도 있다. 만일 연지가 스스로 과대기능자로 반응하는 것을 선택한다면, 혼자서 남편의 불안이나 감정에 많은 책임을 지고 그가 만족한다는 확신이 생길 때까지 많은 에너지를 쏟을 것이다. 그녀는 심지어 남편이 편안해지도록 자신이 원하는 것과 필요한 것들을 포기할지도 모른다.

분화에 대한 문제

분화에 대한 문제를 다루는 방법은 스스로 불안해질 때 어떠한 반응을 사용하는지 알아차리는 것을 배우는 것이다. 당신은 불안해지면 쫓아가는 편인가? 아니면 거리를 두려는 편인가? 공격적인가? 과대기능하는가? 방어적인가? 혹은 대개의 사람들이 하는 것처럼 감정적으로 반응하는가? 이러한 모든 반응은 자기 정의나 분화와 반대되는 것이다. 자신을 정의할 때는 배우자가 불안함에도 불구하고 자신이 누구인지를 알고 자기에 대한 정의를 유지하기에 충분할 정도로 강해져야 한다. 이는 분명히 힘든 일이다. 더군다나 자신을 정의함과 더불어 배우자와 감정적으로 연결된 채로 있어야 한다.

또한 분화는 사고와 감정을 분리시키는 능력이 필요하다. 사고와 감정를 분리하는 능력은 변화 모델의 중심적 측면이다.

격렬한 불안과 갈등이 있을 때는 자신이 느끼는 모든 것을 실제라고 생각하고 그에 따라 행동하거나 반응하기가 쉽다. 불안함을 느낄 때 사고와 감정을 분리시키는 것은 더욱 힘들다. 예를 들어, 태한은 연지가 그녀의 친구와 외출할 때 거의 공황 상태에 빠졌다. 연지가 나가서 다른 남자를 만난다는 생각에 두려움과 불안, 우울함을 느꼈다. 불행히도 그는 그러한 두려움을 좇아 행동하였고, 반응적으로 분노하고 아내를 통제하려 하였다. 태한은 침착한 상태로 자신의 감정에 대해 생각할 수 없었다. 그래서 자신이 느끼는 것에 대하여 차분히 아내와 대화할 수도 없었다. 감정이 시키는 대로 행동하면 할수록 더 감정적으로 반응하게 되고 분화하는 것이 더 어렵게 된다.

결혼생활에서 당신이 얼마나 잘 분화되어 있는지 알아보기 위해 다음의 질문에 답해 보자.

	예	아니요
• 늘 정서적으로 반응적인 논쟁에 사로잡히는가?	____	____
• 종종 배우자의 이야기에 걸려들어서 감정적으로 변해 가는 자신을 발견하는가?	____	____
그리고 그때 지나치게 반응적인가?	____	____
• 논쟁을 하다 보면 똑같은 패턴 내에서 늘 똑같은 역할을 하고 있는 자신을 발견하는가?	____	____
• 화를 낸다거나 극도로 방어적이지 않고도 배우자에게 내가 원하는 것을 반응적이지 않게 요구할 수 있는가?	____	____
• 논쟁 중 내가 늘 하고 있는 역할을 변화시키려 할 때(3장에서 기술했던 것처럼), 나는 항상 성공하는가?	____	____
• 배우자가 나의 요구 때문에 침울해지거나 화를 낼 때, 항복하고 배우자의 기분이 괜찮아지게 하기 위해 노력하는가?	____	____
• 논쟁이 점차 확대되었을 때에 그것을 인지할 수 있는가? 안정을 유지하고 비반응적일 수 있는가? (9장의 갈등 부분 참조)	____	____
• 원가족을 방문하였을 때, 자라면서 해 왔던 동일한 역할을 하고 있는 자신을 발견하는가?	____	____
• 배우자와 함께 있을 때 자기 자신을 유지하는 것이 어려운가?	____	____
• 나는 배우자와 있을 때와 친구들과 있을 때 다른가?	____	____
• 배우자가 생각하는 사람이 되는 것에 대한 압박감을 느끼는가?	____	____

분화 수준에 대한 대답이 당신에게 의미하는 것은 무엇인가? 질문에 대한 응답에서 감정적인 반응이 클수록, 반응적인 논쟁으로부터 자신을 분리하기 어려울수록, 그리고 쉽게 기존의 역할들로 되돌아갈수록 당신은 잘 분화되지 못하는 것이다. 대부분의 사람은 분화되기 위해서 뭔가를 계속한다. 이것은 일생의 과정이다. 자기 자신이 되는 것은 쉬운 일이 아니며, 그와 동시에 배우자와 친밀함을 유지하는 것은 더욱 어려운 일이다.

거절할 수 있다고 해서 분화된 것은 아니다

사람들은 분화하기가 첫 단계일 뿐이라는 것을 이해하지 못하고 단순히 반응적으로 행동하지 않는 것만을 의미한다고 생각한다. 예를 들어, 세종은 논쟁할 때 반응적으로 대응하지 않겠다는 계획을 세웠다. 그는 아내인 리라에 대해 이야기할 때 의욕에 넘쳐서 이렇게 주장했다. "아내가 화를 내거나 감정적일 때 저는 타임아웃(timeout)을 외치고 산책을 나갑니다." 하지만 세종은 아내가 이러한 행동을 왜 비약적인 발전으로 봐 주지 않는지 이해할 수가 없었다.

그의 문제는 분화를 하기 위해 필요한 여러 단계 중 단지 하나의 작은 단계만 통과했다는 것이다. 그는 잠시 타임아웃 하는 것을 배웠다. 하지만 불행히도 다음 단계로 나아가지는 못했다. 아마 다음 단계가 있다는 것을 알아차리지도 못했을 것이다. 그는 타임아웃을 외쳐서 진정이 된 이후에 아내와 다시 대화를 시도하지 않았다. 분화는 단순히 반응적이지 않게 되는 것이 아니다. 그것은 비반응적이면서 동시에 정서적으로 연결되는 것이다. 정서적으로 연결되는 것은 비반응적인 것보다 훨씬 더 어렵다.

세종의 경우처럼, 단지 타임아웃을 외치고 산책을 가는 것으로 끝나는 것이 아니다. 그것은 단지 좋은 출발에 불과하다. 다음 단계는 다시 아내에게로 돌아와서 이렇게 말하는 것이다. "이야기가 너무 격렬해져서 후회할 말들을 하지 않을까 걱정되더라. 이제부터는 당신이 하고 싶은 말을 들을게. 내가 잘못한 것이 뭔지 이해할 수 있게 말 좀 해 줘. 남의 일처럼 듣지 않을게." 세종이 이렇게 말했다면 역효과를 내는 패턴적인 부부관계로부터 벗어나 반응적인 대응을 하지 않고도 정서적인 유대감을 유지할 수 있고, 또 아내와 함께 서로를 이해할 수 있었을 것이다.

만일 세종이 이렇게 할 수 있다면 감정적으로 행동하지 않으면서 듣는 능력을 보여줄 수 있을 것이다. 또 아내의 반감을 사지 않고도 자신의 생각을 전달할 수 있었을 것이다. 왜냐하면 사고는 감정적인 반응에 근거하지 않기 때문이다. 이렇게 함으로써 아내와 깊은 유대감을 가질 수 있었을 것이다. 이것이 바로 진정한 분화다. 반응적으로 행동하지 않으면서도 예측 가능한 순환 고리를 끊고, 더불어 정서적으로도 재결합하는 것이 깊은 수준의 분화로 가는 모습이다.

7장의 '조각 맞추기' 에서 봤던 것처럼, 분화하는 것과 패턴화된 논쟁으로부터 벗어나서(철회하는 것이 아니라) 배우자와 깊은 유대감을 가지는 방향으로 변화하는 것이 얼마나 어려운지 깨달았을 것이다. 여기서 제안하는 모델은 관계로부터 조금 벗어나서 관계 패턴, 과정 그리고 그 관계 속에서 자신이 수행하고 있는 특별한 역할을 관찰할 수 있는 깊은 수준의 분화를 개발하는 것에 기반을 둔다. 더 나아가서 자신의 신념체계와 원가족 문제들을 더 깊이 이해할 수 있는 능력을 필요로 한다. 왜냐하면 이러한 문제들로 인해서 배우자에게 반응적으로 행동하기 때문이다. 또한 분화에 대한 우리의 모델을 따르기 위해서는 논쟁에서 당신의 신념과 역할, 그리고 패턴적인 상호작용을 변화시킬 수 있는 능력이 필요하다. 하지만 단순히 자신의 역할을 변화시키는 것만이 아니라 배우자에 대한 깊은 이해로 발전하는 것이 필요하다. 그렇게 될 때에만 성공적으로 결합과 분리 사이의 균형을 맞출 수 있다. 이 모델은 더 깊은 수준의 분화로 발전하는 토대가 된다. 그렇게 되고 나면 결국 당신은 반응적으로 행동하지 않으면서 동시에 깊은 수준의 공감과 친밀감으로 발전할 수 있을 것이다. 이것이 현재 우리 모두가 하고 있는 일이다.

분화에서 말하는 부부 만족감이란 무엇인가

성공적인 결혼생활은 부부 사이에 높은 수준의 분화가 필요하다. 높은 수준의 자기정의는 부부가 논쟁으로부터 물러나서 그 속에서 하고 있던 역할과 패턴화된 반응들을 관찰하고, 결국 역할을 변화시킬 수 있도록 해 준다. 이렇게 할 수 있게 되었을 때 비로소 몇몇 긍정적인 변화와 예측 가능한 패턴들을 볼 수 있을 것이다. 당신이 논쟁에서 자신의 역할을 변화시킬 수 있고 비반응적이 될 수 있을 때, 상호작용 자체는 변화하기 시작한다. 이러한 패턴적인 상호작용이 움직이게 되었을 때에 결국 결혼생활 자체가 변화할 수 있을 것이다.

또한 분화한다는 것은 배우자나 결혼생활, 자기 자신 또는 다른 많은 문제에 대한 핵심적 신념체계를 검토할 수 있게 되는 것을 의미한다. 신념체계를 이해하고, 배우자의 행동을 해석하는 필터로서 핵심 신념체계들이 어떻게 작용하는지를 이해하는 것은 중요한 부분이다. 충분히 분화했을 때 비로소 관계에서 한 걸음 뒤로 물러나 배우자에 대한 자신의 신념과 해석을 관찰할 수 있고 그것을 변화시킬 수 있을 것이다.

이러한 모든 것을 할 수 있으려면 자기반성(self-reflection)과 내면 응시(introspection), 그리고 격렬한 감정 상태일 때 감정으로부터 벗어나서 생각할 수 있을 만큼 충분히 비반응적일 수 있고 감정 뒤에 숨어 있는 신념들을 반영할 수 있는 능력을 계발하고 성숙되어야 한다.

더 나아가 분화한다는 것은 자신의 정서적인 기질이 원가족의 영향을 받았다는 것을 이해하는 것을 의미한다. 이것은 원가족 때부터 해 왔던 당신의 역할이 무엇이고 그 역할이 성인기의 삶에 얼마나 많은 영향을 주는지 이해하는 것이다. 또한 갈등, 친밀감, 성, 양육, 재정에 대해서 원가족으로부터 받은 메시지를 이해하는 것을 의미한다.

분화는 또한 자기 자신이 되는 것에 대한 원가족의 규칙을 이해하는 것을 포함한다. 어떤 가정에서는 자신의 가족과 다른 흥미나 가치를 계발하는 것을 배신하는 것이나 가족에 반하는 것으로 여긴다. 만일 당신의 가정이 이러했다면 그것이 분화과정을 훨씬 더 어렵게 만들었을 것이다. 결국 분화한다는 것은 불안을 다루는 원가족들의 방식과 당신의 방식을 이해하는 것이다.

많은 사람들이 분화는 우리의 신념체계와 원가족 문제들을 초연한 자세로 생각해 볼 수 있는 것을 포함한 단순하고도 지적인 과정이라고 오해한다. 그들은 자신이 신념체계와 원가족 문제들을 이해할 수만 있다면 분화할 수 있다고 생각한다. 하지만 이해라는 것은 과정의 작은 일부에 불과하다.

예를 들어, 분화는 원가족 문제들을 이해하는 것뿐만 아니라 원가족으로 되돌아갔을 때 부모님에게 감정적으로 행동하지 않고 오래된 당신의 역할 패턴을 알아차리는 것을 의미한다. 또한 원가족 한 사람 한 사람과 일대일 관계를 유지하면서도 자기 자신을 비반응적으로 만드는 능력이다. 즉, 분화는 단지 패턴에서의 역할을 숙고하고 이해하는 능력뿐만 아니라 어려운 원가족과의 만남에서도 비반응적으로 자기 자신을 유지하는 능력을 말한다. 만일 당신이 부모와 감정적으로 격한 상황(과거에 분노나 눈물을 보이게 했던 상황)에서 침착하게 머무를 수 있을 때, 자신이 깊은 수준의 분화를 이루었다는 것을 알 수 있을 것이다.

상민의 사례

상민은 원가족에서 자신의 역할이 과대기능자였다는 것을 깨달았다. 그는 이것을 생각으로는 이해했다. 하지만 본가에 가서 부모님을 만날 때마다 자신이 점차 긴장하게 되고 가족 내에서의 오래된 경쟁적인 역할들로 빠져들어 가는 것을 볼 수 있었다. 그는 마치 부모님의 인정을 얻기 위해 노력하는 청소년기의 아이 같은 모습으로 자신이 한 일을 장황하게 이야기했다. 하지만 자신의 사생활에 관해서나 부모님과 정서적으로 어떻게 연결될 수 있는지에 대해서는 결코 말하지 않았다. 당연히 아내는 그의 A유형 성격(성취 지향적이고 경쟁적인 성격 유형을 말함-역자 주)과 정서적으로 자신과 결합하지 못하는 남편의 무능력에 대해 불평했다. 상민은 아내에게 일과 관련된 성취에 대해서만 이야기할 수 있을 뿐이었다.

이 사례에서 상민은 단순히 원가족 문제에 대해서 이해하는 것이 분화의 전부가 아니라는 것을 배울 필요가 있다. 또한 자신에게 더 진실해지는 방법과 오래된 역할 및 상호작용에 빠져들지 않는 방법도 배울 필요가 있다. 그리고 아내와 정서적인 결합이 필요하듯이 부모와도 정서적으로 결합하는 방법을 배울 필요가 있다.

성공적인 결혼생활의 열쇠

성공적인 결혼생활의 열쇠란 바로 배우자와 정서적으로 연결되어 있으면서 동시에 비반응적일 수 있는 능력이다. 이는 생각보다 훨씬 힘든 과정이다. 특히, 불안해졌을 때에는 더욱 그렇다. 결혼생활에는 분리와 결합 사이의 팽팽한 긴장감이 있는데, 여기에는 섬세한 균형이 포함되어 있다. 불안이 증가해서 패턴적이고 예측 가능한 논쟁이 가열될 때, 우리는 배우자에게 더 가까이 다가가거나 이따금 융합하기도 하고, 혹은 더 거리를 두거나 불안을 낮추기 위해서 때로 분리 쪽으로 이동하기도 한다.

3장에서 논의했던 것처럼, 불안이 발생하면 우리는 많은 패턴 속으로 빠진다. 쫓기/

거리두기 패턴, 갈등/회피 패턴, 고속 에스컬레이터 패턴, 과대기능/과소기능 패턴들이 바로 그것이다. 이러한 모든 패턴은 우리가 배우자와 정서적으로 연결되어 있으면서 동시에 분화하고 비반응적으로 행동하는 것을 어렵게 만든다.

✻ 불안의 역할

삶에 변화를 줄 수 있는 분화의 개념을 이해해 가면서 당신은 자신의 발전을 방해하는 예측 가능한 장벽이 있다는 것을 발견할 것이다. 결혼생활에서 분화를 위해 노력할 때 무엇이 잘못될 수 있을까? 대체로 그 중심에 있는 문제는 불안이다. 앞서 계속 말했던 것처럼, 불안은 삶의 중요한 일부다. 또한 결혼과 가족생활의 일부분이다. 살면서 부딪히게 되는 많은 위기는 불안과 관련이 있다. 도전이나 변화에도 역시 위기가 발생할 수 있는데, 이런 유형의 불안은 대체로 알아차리기 쉽다. 그러나 그보다 더 깊이 숨어 있는 유형의 불안은 배우자와 가까워지거나 거리를 만드는 두려움 같은 것으로, 알아차리기가 훨씬 어렵다. 우리는 많은 형태의 불안을 의식적으로 알아차리지 못한다. 불안이 일어나서 매우 반응적이 되고 난 이후에야 비로소 그것을 알 수 있을 뿐이다.

불안은 어떻게 작동할까

불안해질 때 당신은 종종 목이 뻐근해진다거나 머리가 아프다거나 가슴이 답답해지는 것과 같은 신체적인 변화를 느낄 것이다. 그러나 자신이 분화가 덜 되었고 자동적으로 오래된 역할이나 패턴들로 빠져들어 가는 경향이 있다는 것은 쉽게 알아차리지 못한다. 이것은 놀랍도록 무척 빠르게 일어난다. 내담자들은 주말에 원가족을 방문하고 나서 며칠이 지나면 자신들이 다시 열다섯 살로 되돌아간 것처럼 느낀다고 말하곤 한다. 그들은 다시 오래된 행동 패턴과 규칙들을 실행하게 되는 것이다.

현재의 결혼생활에서 자신의 역할을 변화시키기 위해 힘들게 노력하고 있을 때나,

오래된 역할과 규칙들로 빠져드는 스스로를 발견할 때 더 불안하게 된다. 만일 당신이 관계에서 과대기능하는 유형이라면, 불안할 때 더욱더 과대기능 패턴으로 빠져들 것이다. 만일 정서적으로 반응적인 행동을 하는 경향이 있다면, 불안할 때 더욱더 자동적으로 반응적이고 방어적인 패턴을 보일 것이다. 만일 갈등을 회피하는 경향이 있다면, 불안이 증가할수록 더욱더 싸움을 피하려 할 것이다. 앞에서 말했던 것처럼, 불안해지면 우리는 오래된 과거의 패턴으로 되돌아간다. 그것이 쫓기/거리두기 패턴이든, 갈등/회피 패턴이든, 고속 에스컬레이터 패턴이든, 과대기능/과소기능 패턴이든 간에 말이다. 이러한 패턴들은 분화를 더욱 어렵게 만드는 패턴화된 상호작용 속에 우리를 가둘 수 있다.

이러한 오래된 행동으로 얼마나 빠르고 쉽게 역전될 수 있는지 다음의 예들이 보여주고 있다. 불안은 오래된 반응, 역할, 패턴들을 촉진시킨다는 것을 기억하라. 불안의 역할에 대해 특별한 주의를 기울이면서 다음에 나오는 복순의 사례의 살펴보자.

과대기능하는 복순의 사례

복순은 결혼생활에서 자신이 하고 있는 역할이 너무 마음에 들지 않았다. 그녀는 많은 부분에서 과대기능하고 있었고, 이로 인해 지치고 좌절하고 화가 났다. 직장에서는 능력 있는 비서로서 힘들게 일했고, 세 아이를 키우는 책임도 대부분 그녀가 맡고 있었다. 거기에 가사, 요리 등을 하다 보면 자신만의 시간은 거의 없었다. 예전에 즐겼던 취미들은 오래전에 포기한 상태였다. 결혼 초기에는 남편인 동빈에게 엔지니어 일에서 잠시 벗어나 집안일을 좀 도와달라고 잔소리도 하고 구워삶기도 했다. 하지만 동빈은 항상 프로젝트의 기한을 변명으로 들먹였고, 결국 그녀의 간절한 청을 무시했다. 복순은 자신을 누르는 압박감에 점점 화가 쌓여 갔다.

시간이 지나 많은 좌절을 겪고 나서, 복순은 이러한 패턴에서 자신의 역할을 인지하기 시작하고는 변화하기로 결심했다. 그녀는 자신의 잔소리가 누구에게도 먹히지 않는다는 것을 깨닫고 좌절했고 우울해했다. 이제부터라도 잔소리를 그만두고 가족상담 전문가에게 도움을 청하기로 결심했다.

처음에 상담을 통해 얻은 통찰을 사용했을 때, 복순은 자신의 역할을 변화시키는 데 성공했다. 그녀는 가족들을 쫓거나 잔소리하는 패턴을 멈출 수 있었다. 하지만 이로 인해 어떠한 도움도 없이 집안의 모든 일을 혼자서 해야 하는 상황이 되었다. 그 결과 그녀는 이전보다 더 분노하게 되었다. 그녀는 자신이 원가족 내에서 과대기능하는 맏딸로서 세 명의 동생들을 돌볼 책임이 있었다는 것을 깨달았다. 그리고 자신의 욕구를 만족시킬 수 있는 요구를 스스로에게 하는 것이 얼마나 어려운지를 알게 되었고, 이따금 자신의 욕구가 무엇인지조차 모르고 있었다는 것도 알게 되었다. 하지만 이렇게 이해한 것도 그녀의 분노를 감소시키지는 못했다. 더 많은 변화가 필요했다. 그녀는 동빈에게 자신이 화가 났다는 것을 차분히 말하기로 결정했다. 그러고 나서 내부에서 변화를 이끌어 내기 시작했다. 감정적으로 반응하지 않고 자신이 무엇을 말하려고 하는지 깊이 생각했다.

어느 날 아침, 함께 커피를 마신 후 복순은 동빈에게 이렇게 말했다. "난 이제 더 이상 혼자서 집안일을 할 수 없어. 이건 불공평해. 물론 당신도 역시 나처럼 스트레스를 받는다는 것을 알고 있어. 하지만 이제부턴 당신 엄마처럼 잔소리하지 않을 거야. 이제 내가 할 수 있는 건 지금 하고 있는 모든 것을 그만두는 거야. 이제부턴 당신이 나에게 도움을 주지 않으면, 당신도 역시 아무것도 얻을 수 없을 거야."

동빈은 눈에 띄게 동요했다. 그도 아내가 옳다는 것을 알고 있었지만 방어적이 되는 것은 어쩔 수 없었다. 그럼에도 불구하고 그는 자신이 변해서 그녀에게 도움을 주겠다고 약속했다. 복순은 처음으로 안도감을 느꼈고, 잠시 동안 불안이 감소했다.

하지만 이제부터가 정말 어려운 부분이었다. 복순은 모든 집안일을 그만두기로 결정했고, 우선 세탁물부터 그렇게 하기 시작했다. 그녀는 남편과 아이들이 각자의 세탁물에 책임감을 가져야 한다고 생각했다. 더러운 옷들이 세탁기에 쌓이기 시작하자 가족 전체의 불안이 서서히 증가했고, 남편과 아이들은 불평했다. 그녀는 그들의 불평에 대해 침착하게 반응했다. 그러자 남편과 아이들은 세탁기 사용방법을 이해하고 세탁소에 가는 길을 찾을 수 있게 되었다.

다른 일들도 위임되었고 변화되기 시작했다. 하지만 그 무렵 동빈은 직장에서 중요한 프로젝트를 맡게 되어 늦게 집에 오기 시작했고, 업무에 관련된 스트레스로 불평했다. 아이들 역시 집안일로 시간을 뺏겨 학교 공부에 뒤처진다고 불평했다. 어떻게 그들이 학교 숙제와 집안의 자질구레한 일을 모두 할 것으로 기대할 수 있겠는가? 가족 내에서 불안은 크게 증가했다.

가족들의 불안이 점차 증가하자, 복순도 불안감이 커졌고 과거의 과대기능자 역할로 되돌아가야 한다는 유혹에 빠졌다. 이는 복순의 노력이 효과를 보려 할 때 부딪힌 첫 번째 중대한 도전이었다. 그녀는 혼자 생각에 잠겼다. '잠시 동안이었지만 휴식을 가질 수 있었어. 하지만 이렇게 하는 것이 가족 모두에게도 공평한 것일까?' 하지만 이 유혹이 강했던 만큼, 지금 모든 과정에서 굴복하게 된다면 자기 자신도 사라진다는 것을 알았다. 그녀는 죄책감을 느꼈고 더욱 불안해졌다. 남편과 아이들이 받고 있는 압박감과 이기적으로 혼자서만 스트레스를 감소시키려 한다는 생각에 겁이 났다. 하지만 그녀는 불안이 증가하더라도 자신의 태도를 지켜야 하고 다시는 과대기능해서는 안 된다는 사실을 알고 있었다.

이와 같이 불안이 증가할 때 비반응적인 태도를 유지하는 것은 분화에서 가장 어려운 부분이다. 왜냐하면 당신이 처음 변화를 이룬 후에 배우자는 당신이 예전 위치로 되돌아가도록 재촉하기 때문이다.

복순의 가정은 상황이 점차 악화되었고 동빈은 이전보다 더 화를 내게 되었다. 그는 아내가 고의로 자신의 직업적 성공을 방해한다고 비난했다. 매우 힘들었지만 그녀는 자신의 새로운 태도를 비반응적으로 지켰다. 그녀는 포기하고 다시 모든 것을 챙겨야 한다는 유혹과 다시 가족과 전쟁을 시작하고 화를 표출해야 한다는 유혹을 극복했다. 복순은 확고하게 비반응적으로 머물 수 있도록 계속해서 상담을 받았다.

마침내 그녀와 동빈은 문제 해결을 시작했다. 동빈은 2주에 한 번씩 가사도우미를 불러서 청소를 부탁했고, 그 또한 자신의 세탁물을 스스로 관리했다. 동시에 아이들도 집안의 자질구레한 일에 책임감을 가질 수 있도록 그녀가 계획표를 만드는 것을 도왔다. 시간이 흘러 복순은 과대기능자로서의 역할에서 서서히 벗어날 수 있게 되었고, 또 결혼생활에서 균형을 이룰 수 있게 되었다. 분명히 이것은 엄청난 양의 훈련이 필요하다. 복순의 분화 수준이 높아지자, 결과적으로 부부간의 친밀감이 증가하였다. 그녀가 증가된 불안에 굴복하며 반사적으로 반응했거나 오래된 과대기능자 역할로 되돌아갔다면 좌절감과 분노, 부부간의 거리감은 계속 커져 갔을 것이다.

자기 정의를 위한 복순의 변화과정

복순이 결혼생활을 변화시키는 데 성공한 과정을 검토해 본다면, 그녀가 중요한 단계를 많이 거쳤다는 것을 알 수 있을 것이다. 그 단계는 다음과 같다.

❶ 먼저 그녀는 문제를 정의했다. 문제가 없었던 것처럼 가장하려 하지 않았다. 오히려 가족들 사이에서 책임감의 균형을 이룰 수 있도록 도움을 전혀 얻지 못한 것에 스트레스 받고 분노를 느끼는 것이 진정한 문제라는 것을 인정했다. 그녀는 자신이 지금 무엇을 느끼고 어떠한 도움이 필요한지에 대해서 남편에게 불평함으로써 문제를 해결하려 했다. 수동적으로 있기보다는 문제를 해결하려고 했던 것이다.

❷ 다음으로 과대기능적인 자신의 역할을 한발 뒤로 물러나서 살펴보았다. 그녀는 자신의 패턴에서 두 가지에 주목했다. 먼저, 그녀가 과대기능하면 할수록 남편과 아이들은 더욱더 과소기능했다는 점이다. 3장에서 말했던 것처럼, 이러한 패턴은 스스로 균형을 유지하고 강화된다. 다음으로, 자신이 계속해서 불평하고 변화를 요구하면 할수록 남편은 더욱 거리를 두고 분리되려 한다는 것이다. 그녀는 이런 식으로 계속 목표를 추구하려 하면 남편에게 부정적인 효과가 발생한다는 것을 알아차렸다. 이 두 번째 변화 단계에서 자신의 욕구에 대한 문제를 제기하려 했을 때, 그녀는 이러한 패턴들과 그 안에서의 자신의 역할에 주목했다. 따라서 그녀는 남편에게 잔소리하는 것을 그만두었고, 자신의 욕구가 충족되지 않는 것에 대해 도움을 청하거나 불평하는 것을 그만두었다. 불평하고 요구하는 것이 쓸데없는 짓이라는 것을 깨달았다.

❸ 세 번째 단계에서는 더 깊이 들어가서 자신의 신념체계를 이해하고, 이 신념체계

가 문제에 기여하는 방식을 찾아냈다. 그녀는 자신이 정말로 긴장과 갈등을 싫어한다는 것과 분노를 억누르고 과대기능할수록 가족들이 더 과소기능한다는 것을 깨달았다. 게다가 그녀는 결혼 초기에 가족들의 욕구를 만족시키는 것이 여자의 역할이라는 성차에 기반한 생각을 가지고 있었음을 깨달았다. 또한 결혼 초기부터 성차에 기반한 역할을 받아들였으며, 그 때문에 자신이 정규직 직업을 얻지 않았다는 것을 기억했다. 그리고 자신의 신념들이 원가족에서의 역할들에 근거한다는 사실도 깨달았다. 복순은 맏딸로서 과대기능했고 가족의 긴장감을 낮추기 위해서 자신이 과대기능할 필요가 있다고 믿었다. 성인이 될 때까지 가족들의 긴장감이 증가할 때마다 평화를 지키는 방식으로써 자신은 중재자가 되었다.

❹ 네 번째 단계가 가장 어려웠다. 위에서 열거한 모든 것을 다 이해할 수 있었지만 복순 씨의 상황은 변화되지 않았다. 진정한 변화를 위해서 그녀는 자신의 신념과 원가족에서의 역할에 도전해야 했다. 오래된 신념과 역할에 도전하는 이러한 작업들은 추가적인 단계를 차례로 이끌었다. 그녀는 예전처럼 말하고 행동하는 것을 그만두어야 함을 깨달았다. 그래서 자신이 필요한 것을 명확하게 정의하고, 자신의 태도를 정했으며, 그 이후에는 '버텼다.' 특히, 가족들을 변화시키려고 노력하기보다 자신을 변화시켰다. 변화가 시작되고 있다는 것을 남편에게 경고한 이후에 그녀는 그동안 해 오던 많은 자질구레한 일들을 그만두었다. 다시 말해, 과대기능하는 것을 그만두었다. 그리고 그때까지 예측 가능한 가족들의 불만과 높아진 불안에 충분히 대비했다. 그것이 마지막 변화 단계였고, 또 성취하기 가장 힘든 부분이었다. 가족 내에서 긴장과 갈등의 증가는 자신의 역할을 변화시키려는 그녀의 결심을 시험하는 것이기도 했다. 어쨌든 누군가가 변화를 이끌어내려 할 때, 일반적인 가족과 배우자의 반응은 "이전으로 돌아가 줘. 난 예전의 당신이 더 좋았어!" 와 같다. 복순도 그랬다. 남편과 아이들은 복순이 시도하는 변화에 호응해 주지 않았다. 그녀는 불만 가득한 첫 번째 라운드에서 살아남았지만, 두 번째 라운드는 훨씬 더 격렬했다. 이때 남편은 직장에서 평소보다 훨씬 더 많은 압박을 받았고, 아이들도 스트레스를 많이 받는 것 같았다. 가족 전체의 불

안 수준이 크게 높아졌다. 이것은 그녀에게 진정한 시험 무대였다. 그녀는 만족스러운 해결책을 발견할 수 있을 때까지 비반응적으로 변화하는 것을 유지했다. 이러한 단계들을 재검토해 보면서, 우리는 7장에서 설명했던 단계들을 그녀가 어떻게 적용했고 확고부동하게 비반응적으로 자신의 위치를 어떻게 유지했는지 알 수 있다. 그녀가 이러한 과정에 굴복했더라면 분명히 남편과의 엄청난 정서적인 거리감과 분노를 느꼈을 것이다.

불안에 자신을 노출하기

자기 자신을 정의하고 변화시키는 것은 높은 수준의 불안에 자신을 노출하는 것을 의미한다. 불행히도 불안에 직면하는 것은 변화의 필수적인 부분이다. 자기 정의는 불안이라는 불꽃 속으로 서서히 들어가는 것이다. 복순의 사례가 바로 불안에 자신을 노출한 예다. 결혼생활에 이러한 원리를 적용하고자 한다면 당신도 불안에 자신을 노출하게 될 것이다. 불안이 증가하면 당신은 오래된 방식으로 되돌아가고 싶을 것이다. 다음은 래원과 마리의 예다.

불안을 회피하는 래원

처음에 래원은 마리의 매력 넘치는 모습과 풍부한 에너지에 끌렸다. 그녀의 삶은 파티의 연속이었고, 그가 먼저 그녀에게 다가갔다. 그는 그녀의 적극성, 카리스마, 매력 그리고 감정을 사랑했다. 하지만 바로 이것이 문제였다. 기분이 좋아졌을 때 그녀는 굉장히 매력이 넘쳤다. 하지만 래원은 화났을 때의 그녀를 '싸움닭' 이라고 묘사했다. 몇 년이 지나자 래원은 그녀가 화를 내고 소리 지르는 것이 두려워졌다. 그녀가 참지 못하고 장황하게 이야기를 쏟아내서 새벽 세 시까지 잠을 이루지 못하게 할 때, 그녀가 끔찍하기까지 했다. 래원은 불안하고 답답하고 무능력함을 느꼈다. 가끔은 그녀가 먼저 잠들거나 혹은 자신을 자게 내버려 두기를 간절히 기도했다. 하지만 래원에게는 그 정도의 행운도 없었다. 마리가 래원에게 자신의 이야기를 듣지 않고 자 버린다고 추궁할 때, 그녀는 훨씬 더 격렬하게 그를 공격하고 비난했다. 시간이 지나자, 래원은 아내와 정서적으로 거리를 두기 시작했고 아내로부터 자신을 분리했다. 일찍 퇴근하는 것이 너무 싫어서 직장에 늦게까지 남아 있는 시간이 늘어났다. 퇴근해서 차고에 차를 주차할 때는 직장에서도 느낀 적이 없는 가슴의 통증을 느꼈다.

래원은 마리가 문제라고 확신했다. 그는 친구들에게 아내를 '성미가 고약하고' '통제가 안 되고' '히스테리를 부리는' 사람이라고 묘사했다. 물론 자신은 아내와는 달리 모든 일에 최선을 다하는 차분하고 이성적인 남편으로 묘사했다. 문제에 대한 그의 해결법은 갈등-회피였다. 그는 논쟁을 하지 못하는 상황을 만들기 위해 알고 있는 모든 것을 다 시도했고, 오랫동안 마리를 외면해 왔다. 물론 마리는 점점 더 화를 내게 되었고, 친구들에게 남편을 '무관심하고' '둔감하고' '애정 없는' 사람으로 묘사했다. 물론 그녀도 자신이 남편에게 어떤 식으로 반응하는지에 대해서는 설명하지 않았다.

시간이 지나 결혼생활이 더 악화되자, 래원은 문제를 해결하려는 자신의 방법 자체가 문제의 일부분이 되었다는 것을 발견했다. 그의 갈등/회피 패턴은 문제를 악화시키기만 했다. 불안해질수록 그는 더 갈등을 회피하려 했고, 그럴수록 아내는 더 감정적으로 반응했다. 첫 번째 단계에서 그는 자신의 갈등/회피 패턴을 이해하려고 했다. 하지만 또 다른 것도 해야 한다는 것을 알았다. 즉, 그는 자신의 역할도 변화시켜야 했던 것이다. 그런데 무엇을 해야 할까? 만일 그가 회피하는 것을 그만둔다면 달리 무엇을 할 수 있을까? 아내와 부딪혀서 직접적으로 문제를 처리해야 한다는 생각만으로도 가슴의 통증이 느껴지고 긴장감이 증가했다. 하지만 무언가 변화가 필요했다.

두 번째 단계에서 래원이 싸움에 대한 자신의 신념들을 탐색했을 때, 그는 자신이 신념체계의 일부분으로 받아들이기 싫은 강력한 신념들을 가지고 있다는 것을 발견했다. 그가 가지고 있던 갈등에 대한 근본적인 신념은 바로 '갈등이 발생하면 누군가는 항상 상처받는다' 는 것이었다. 또한 그는 '여자들은 전부 히스테리를 부리기 때문에' 여자들과 싸움을 하면 안 된다는 생각이 자신의 마음속에 있다는 것을 인정했다. 래원은 자신이 그렇게 말하고 있는 것을 발견했을 때 움찔했다. 왜냐하면 그러한 생각 자체가 엄청난 남녀차별주의적인 일반화라는 것을 깨달았기 때문이다. 그럼에도 불구하고 거기에 갈등과 논쟁에 대한 래원의 신념들이 있었다. 그는 마리를 통제할 수 없기 때문에 그녀가 흥분했을 때 이야기해 봤자 헛일이라고 믿었다. 화난 그녀와 대화하는 것은 상황만 더 나쁘게 만들 뿐이라고 확신했다.

원가족에 대한 탐색을 하자, 래원의 어머니가 알코올중독이었다는 것이 밝혀졌다. 어머니는 술에 취할 때마다 소리 지르기 일쑤였다. 그는 아버지를 어머니에게 큰소리도 치지 못하는 '용기도 없는' 겁쟁이로 묘사했다. 자라면서 래원이 터득한 패턴은 어머니가 소리 지를 때 굳게 입을 다물고 있어야 한다는 것이었고, 가능하면 집을 떠나 있었다. 그는 이에 대해 설명하면서 움찔했다. 왜냐하면 자신이 청소년기에 그랬듯이 지금도 집을 떠나는 행동을 하고 있으며, 아버지와 똑같이 행동하고 있음을 깨달았기 때문이었다.

래원의 사례

복순의 경우처럼, 처음 통찰을 얻는 것은 단지 변화의 시작일 뿐이다. 래원은 상담에서 '자신의 문제에 대해 생각하기' 를 받아들였다. 그러나 그것들을 정면으로 직면하는 것은 또 다른 이야기다. 원가족에 대한 통찰은 충분히 그에게 도움이 되었다. 다소 동요했지만 그는 변화과정들을 좋아했다. 그는 "함께 퍼즐 맞추기를 하는 것과 같다."라고 말했다. 그가 '자신의 문제에 대하여 생각하고' 있을 때, 마리는 남편이 자신에게 거리를 두고 떨어져 있다는 것에 불평했다. 그의 통찰은 갈등/회피 패턴에 어떠한 효과도 주지 못했다.

마침내 래원은 결혼생활에서 이전과 다르게 '자기 정의' 를 시작할 때가 왔고, 변화를 시도해야 할 때라는 것을 깨달았다. 하지만 단지 변화에 대해 생각하는 것만으로도 불안은 증가했다. 그는 '아내도 함께 가야' 한다는 것을 깨달았다. 래원은 아내에게 논쟁에 대한 자신의 신념들과 자라면서 원가족에게 받은 영향들이 현재의 결혼생활에 얼마나 많이 남아 있는지 이야기하기로 결심했다. 마리에게 그것을 이야기했을 때, 처음에 그녀는 방어적으로 반응하면서 화를 냈고 그의 알코올중독 어머니와 자신을 똑같이 보느냐고 소리쳤다. 래원은 자신이 말하려는 것은 그런 게 아니라는 것을 납득시키려 했다. 그는 자신이 정서적으로 그녀와 거리를 두고 있었다는 것을 깨닫게 되었다는 사실과 이제는 그것을 변화시킬 필요가 있다는 것을 알게 되었다고 계속 말했다. 여기까지는 좋았다. 첫 번째 라운드는 잘해 냈다.

그가 해 오고 있던 과정에 대한 진정한 시험 무대는 그다음 주였다. 마침내 마리는 화를 참지 못하고 래원의 식어 버린 애정에 대해 장황하게 감정적으로 쏘아대기 시작했다. 눈에 보일 정도로 자신에게 관심이 없는 것은 다른 여자가 생겼기 때문이라며 화를 냈다. 래원이 불안하고 정서적으로 냉정해져서 가만히 서 있는 동안, 그녀는 더욱더 감정적으로 빠르게 확대되기 시작했다. 하지만 래원은 이번만큼은 가슴 통증에도 불구하고 피하지 않기로 마음먹었다. 그는 확고하게 말했다. "난 당신을 사랑해. 당신이 하고 싶은 말을 정말로 듣고 싶어. 하지만 우리의 과거와 내 잘못을 들추고 싶진 않아."

마리는 감정적으로 더 고집을 피웠다. 그녀는 래원에게 자신의 말을 절대로 듣고 싶어 하지 않는 '감정도 없는 나쁜 자식' 이라고 말했다. 하지만 래원도 물러서지 않았다. 불안이 증가됨에도 불구하고 침착하게 이야기했다. "욕하는 것까지 듣고 싶진 않아. 나가서 머리 좀 식혀야겠어. 나중에 돌아와서 당신과 다시 이야기할 거야." 마리는 래원이 집을 나갈 동안 소리를 질러댔다. 그는 논쟁이 확대되지 않게 했던 자신의 선택에 기분이 좋았지만 집으로 돌아가는 것이 무서웠다. 그는 그대로 도망쳐 버리고 싶었다. 하지만 한 시간 뒤에 집으로 돌아왔다. 그는 마리가 조용히 흐느끼며 누워 있는 침실로 갔다. 그리고 차분하게 말했다. "난 당신을 사랑해. 당신의 괴로움을 진정으로 이해하고 싶어. 그것에 대해서 이야기한다고 해서 예전과 똑같은 논쟁을 계속하게 될 거라고 생각하지 않아. 우리는 더 나은 방식으로 이야기할 필요가 있어." 마리는 아무런 반응도 하지 않았다. 래원은 그녀가 느끼는 좌절감이 당연한 것임을 이해할 수 있다고 말했다. 그리고 자신이 지금까지 그녀와 정서적으로 연결되어 있지 않았으며, 그 문제에 대해서 자신이 해야 할 일이 많다는 것을 알았다고 말했다. 동시에 예전과 똑같은 패턴을 지속하지 않을 것임을 분명히 했다.

놀랍게도 마리는 누그러졌다. 심지어 그런 말을 해 줘서 고맙다고까지 했다. 마침내 그녀는 오늘은 자고 내일 더 많은 이야기를 나누자고 제안했다. 래원은 엄청난 안도감을 느꼈다. 현재에 충실하고 자신을 명확하게 했으며 마리가 말하고자 했던 것의 본질을 이해하려 하면서 논쟁이 확대되는 것을 막았기 때문에, 논쟁은 통제력을 상실하거나 폭발하지 않았다. 다음 날 마리는 훨씬 상냥해졌다.

문제는 마술같이 단번에 해결되었는가? 물론 아니다. 그것은 단순히 래원이 자신을 다르게 보고 갈등/회피가 되지 않기 위해서 배우는 동안 행한 첫 단계였다. 허용할 것과 허용하지 말아야 할 것에 대한 명확한 경계선을 설정하면서, 그는 마리의 정서를 이해하려 노력했다. 이것은 과거와 엄청난 차이를 만들어 냈다. 그리고 그러한 차이를 알아차렸다. 동시에 마리가 화를 낼 때마다, 불안해져서 갈등/회피로 되돌아가려 한다는 것을 너무 잘 알고 있었다. 또한 자신의 도망가는 습관이 마리의 화를 부추기는 결과를 낳는다는 것도 깨달았다.

래원은 불안 때문에 결혼생활에서 더욱더 긴장하게 된다는 것을 깨달았다. 또한 불안해졌을 때 성숙하지 못한 이전의 관계에 의지한다는 것을 알았다. 돌이켜서 서로에게 상처를 주는 상호작용 속에서 자신을 보았을 때 자신의 갈등/회피 패턴을 더욱 분명하게 볼 수 있었고, 그것이 마리에게 주는 영향을 인식할 수 있었다. 동시에 어린 시절 알코올중독 가정에서 자랄 때 형성된 논쟁에 대한 자신의 핵심 신념체계를 더욱 명확하게 이해하게 되었다. 그리고 그에게 모델이 된 논쟁에 대한 원가족의 패턴에 대해서도 더욱 분명히 알게 되었다.

래원은 복순의 경우처럼 통찰만으로 변화를 만들어 낸 것은 아니었다. 비록 그가 갈등/회피 패턴에 대한 자신의 신념과 원가족 문제의 영향을 훨씬 더 분명하게 이해했지만, 마리가 감정적으로 반응할 때마다 부딪혔던 문제는 여전히 남아 있었다. 래원은 이러한 경향을 여전히 그만두지 못했다. 그가 행한 가장 큰 도전은 마리가 화 났을 때 철회하지 않고 비반응적인 태도를 유지하는 것이었다. 그는 마음을 닫아 버리거나 철회하는 대신, 짧은 타임아웃 방법을 배웠다. 타임아웃은 냉정을 되찾기 위한 방법으로, 예전과 다르게 계획적으로 반응할 수 있게 해 주었다.

래원에게 가장 어려운 부분은 불안이 커질 때 마음을 닫아 버리는 것과는 반대로, 그 커지는 불안을 관찰하고 자신의 역할을 변화시키기 위해 그것을 사용하는 방법을 배우는 것이었다. 복순과 마찬가지로 래원에게도 불안은 중요한 문제였다. 복순처럼 그도 불안을 관찰하는 방법과 철회하지 않는 방법을 이해할 필요가 있었다.

✻ 변화의 열쇠: 자기 정의하기

이 책을 통해서 우리가 말하고자 하는 바는 당신이 변화시킬 수 있는 사람은 바로 당신 자신뿐이라는 것이다. 앞에서부터 자신을 변화시킬 수 있는 몇 가지 단계를 설명하였다. 2장에서는 당신이 결혼생활에서 가지고 있는 통념들을 검토하고 도전해 볼 것을 제안했다. 3장에서는 패턴적이고 역효과를 내는 논쟁에서 자신의 역할을 이해할 수 있도록 했으며, 그러한 논쟁에서 자신의 역할을 변화시킬 것을 제안했다. 4, 5장에서는 자신의 신념체계와 배우자에게 오해를 사게 되는 방식들을 확인하고 도전해 볼 수 있게 했다. 6장에서는 원가족으로부터 가져온 오래된 신념들과 그것이 결혼생활에 끼친 영향을 살펴보았다. 7장에서는 스스로에 대한 지식을 통합하여 사용할 수 있는 이론적인 틀을 제공함으로써 다른 장들을 통합할 수 있게 했다. 마지막으로 이러한 모든 단계들이 자기 정의를 하고 태도를 명확히 하며 그 다음 비반응적인 태도를 유지하도록 이끌어야 한다고 제안했다. 이는 변화하기 위해서 꼭 필요하지만 결코 쉽지 않은 마지막 단계다.

명확한 태도 취하기

명확한 태도를 취한다는 것은 무엇을 뜻하는가? 복순과 래원의 사례가 좋은 예다. 우리가 결혼생활에서 보통 취하는 태도는 명확하거나 계획된 것에 반대되는 반응적인 것이다. 이처럼 반응적인 태도들은 정서적인 반응과 검증되지 않은 신념체계, 원가족 문제, 패턴적인 부부간 상호작용의 산물이다. 분명히 이것들은 사고를 통하거나 심사숙고한 태도에 기초한 것이 아니다.

명확한 태도를 취한다는 것은 이런 태도와 아주 다른 것이다. 이는 패턴화된 논쟁이나 역할에서 벗어나 따로 떨어져서 자신을 관찰하는 것이다. 또한 상호작용에서 자신의 역할, 상호작용이 일어나는 방식 그리고 역할과 관련된 자신의 행동이 어떻게 문제에 부가되는지를 살펴보는 것이다. 마지막으로 명확한 태도를 취한다는 것은 뭔가 이전과 다르게 행동하는 것을 의미한다. 이는 새로운 태도를 선택하고 그것을 명확하게 하고 비반응적으로 유지하는 것이다.

복순과 래원의 사례에서 보았듯이, 명확한 태도를 취하는 것은 쉬워 보이지만 실제로는 매우 어렵다. 태도를 명확히 한다는 것은 어떤 것인가? 그것은 복순과 래원이 걸어갔던 그 과정을 따라가는 것과 같다. 자신의 역할을 검토하고, 새로운 역할과 방식을 선택하며, 자신의 불안이나 가족구성원의 불안이 증가하더라도 그러한 새로운 역할과 태도를 고수하는 것을 의미한다. 복순의 경우 가족이나 부부간의 불안이 극적으로 증가할 때 과대기능하지 않는 태도를 지켜 나갔다. 래원의 경우는 갈등을 회피하지 않기로 결심하고 경계를 설정했다. 이는 아내가 감정적으로나 언어적으로 그를 공격하는 것을 억지로 참지 않으면서 동시에 친밀감을 유지하는 것을 말한다. 새로운 태도를 선택하거나 새로운 방식으로 자신을 정의 내리는 것이 그리 어려운 것은 아니다. 하지만 당신 주위에서 불안이나 논쟁이 증가할 때 그렇게 스스로 비반응적인 태도를 지켜 나가는 것은 어렵다.

불안은 자기 정의를 돕는다

진정한 자기 정의는 자기 자신을 더 큰 불안에 노출하고 비반응적으로 자신의 태도를 지켜나가는 것을 학습할 때 나타난다. 이것은 주위 사람들을 반응적으로 공격하지 않는 것을 의미한다. 복순의 경우는 남편을 자기밖에 모르고 권위적인 남녀차별주의자로 공격하지 않는 것을 말한다. 복순이 남편을 공격하는 것은 문제에 도움이 되지 않는다. 래원의 경우는 반응적으로 반격하고 여러 가지 방식으로 아내를 비난하는 것은 도움이 되지 않는다. 또한 과거의 행동으로 돌아가거나 굴복하는 것도 마찬가지로 도움이 되지 않는다.

대부분의 사람들은 자신을 더 높은 수준의 불안에 노출해야만 자기 정의가 나타난다는 것에 불편해한다. 예를 들어, 무술 수련을 하는 학생들은 다양한 공격적이고 반응적인 움직임을 배우고 실습한다. 하지만 그들은 자신의 불안이 증가할 때에만 실력이 향상된다. 조만간 그들은 실제 현실에서 불안에 직면해야 하고, '적' 이 자신에게 다가올 때처럼 불안 속에서 자신들의 움직임을 연습하고 검토해야 한다. 오직 그때에만 무술에 정통한 사람이 될 수 있다.

자기 정의도 이와 매우 유사하다. 자기 정의 역시 불안이 있을 때에만 나타날 수 있다. 이 책을 통해 당신은 다양한 기술을 배울 수 있다. 즉, 관계에서 물러나 있는 것, 패턴이나 신념체계, 문제에서의 역할을 관찰하는 기술을 배울 수 있다. 또한 스스로를 변화시킬 수 있는 다양한 방법에 대해서도 제안하고 있다. 하지만 결국 당신은 배운 것을 통해서 그것을 직접 적용하고, 비반응적으로 지켜 나가며 태도를 유지해야 할 것이다. 그때 비로소 자기 정의도 증가할 것이다. 더 나은 자기 정의는 부부관계를 더욱 친밀하게 하는 데 필수적인 단계다. 자기 정의를 새롭게 하는 것은 타인이 무엇을 하든지 오래되고 패턴화된 반응으로 돌아가려는 자연적인 경향성을 극복하는 것이다. 또한 불안이 심한 순간에도 새로운 입장을 정의하고 불안에 굴복하지 않는 태도를 지켜 나가는 것이다.

PART II

The Couple's Survival Workbook

09 사각의 링 안에서 싸워라: 관계 속에서 갈등 해결하기
10 친밀해지기 위하여
11 성적 불만족 회복시키기
12 부모로서의 부부
13 재혼한 부부: 혼합가족
14 돈과 주도권
15 백년해로의 길

09 사각의 링 안에서 싸워라: 관계 속에서 갈등 해결하기

지루한 밤, 딱히 볼 만한 TV 프로그램이 없으면 세계레슬링협회(WWF)의 프로레슬링 경기를 볼 때가 있다. 분명 그 경기는 폭력적이고 우스꽝스러운 눈속임이다. 말도 안 되는 줄거리에다 겉만 번지르르하고 잔인한 드라마로 구성되어 있다. 그러나 경기를 분석해 보면 선수들이 부부갈등의 많은 부분을 시사해 준다. 이론적인 설명을 하자면, 선수들에게는 머물러야만 하는 링이 있다. 그리고 지켜야 할 규칙이 있다(눈 가격 금지, 물어뜯기 금지, 벨트 아래 가격 금지). 게다가 참가자들이 규칙을 잘 지키고 있는지 확인하는 심판도 있다. 마지막으로 정해진 라운드가 있어서 일정 시간 동안만 싸움을 지속할 수 있다.

여기까지는 괜찮아 보인다. 마치 교양 있는 게임처럼 보인다. 그러나 WWF 레슬링을 본 적이 있다면 다음에 무슨 일이 벌어질지 뻔히 알 것이다. 경기는 재빨리 통제불능 상태로 돌변한다. 규칙은 소용없다. 의자가 경기장 안으로 날아든다. 레슬러의 친구들은 링 안으로 뛰어든다. 일부 선수들은 링 밖으로 뛰쳐나간다. 물론 심판은 이 '난장판' 을 말리지 못한다. 규칙은 끝내 유명무실하게 되고, 싸움은 링 밖으로 번지고, 심판은 어찌할 줄 모른다. 이 모든 난장판이 쇼를 지속하기 위한 것이다. 결국에는 실제 레슬링 같지 않은 레슬링이 벌어진다.

이것을 '실제' 레슬링 경기와 비교해 보자. 선수들은 경기 규칙을 지키고, 각 라운드마다 제한 시간이 있다. 심판은 '난장판'이 된 싸움에서는 점수를 줄 수 없다는 사실을 분명히 밝히고, 참가자들은 서로를 존중한다. 이렇게 되면 레슬링 경기는 최상의 조건과 최소한의 상처를 주는 진정한 스포츠가 된다. 선수들은 충돌이 잘 통제될 것이라는 확신을 가지고 링이나 매트에 올라설 수 있다.

갈등은 결혼생활의 한 부분이다

이것이 결혼생활을 변화시키는 것과 무슨 상관이 있을까? 우리의 목표가 당신을 레슬링 팬으로 만들거나 특정 유형의 폭력이나 속임수를 정당화하는 것은 아니다. 그러나 부부 사이의 갈등이 '실제' 레슬링 경기와 비교했을 때 쓰레기 같은 대화와 무규칙으로 끝이 나는 WWF 경기의 소란을 닮아 간다는 것'은 결혼생활의 슬픈 현실이다.

갈등은 모든 부부관계에서 빠질 수 없는 부분이다. 어떤 갈등은 분명한 반면, 어떤 갈등은 난해하다. 그러나 그 형식이 어떻든 갈등은 피할 수 없다. 부부간의 친밀함을 향상시키기 위해서는 갈등에 직면하고 돌파해 나가야 한다. 회피한다면 화나 분노는 '표면 아래로' 숨고, 언제 퍼질지 모르는 잠행성 암과 같은 것이 된다. 이런 식으로 회피된 갈등은 부부 사이에서 친밀함의 가능성을 파괴할 것이다. 많은 사람은 친밀해지기 위해서 갈등이 항상 필요하다는 사실을 받아들이기 어려워한다. 대부분의 부부는 갈등을 피하고 싶어 하는 것 같다. 이것은 어쩌면 그들이 갈등을 WWF 경기처럼 바라보기 때문일지도 모른다. 그들은 통제 불능의 정서, 상처받은 감정, 해결될 수 없는 문제들, 폭력 그리고 결국 결혼생활의 파국을 상상한다. 이러한 유형의 갈등은 감정의 홍수를 일으킬 수 있으며(Gottman, 1999), 해결이 극도로 어려운 문제들을 차례로 유발한다.

그럼 갈등에 직면해 보자. 누가 싸우길 원하겠는가? 일도 잘 진행되고 인생도 평탄하다면 누가 갈등 상태에 돌입하겠는가? 많은 부부는 가능하면 갈등 없이 조용하게 살고 싶어 한다. 그들은 이렇게 사는 게 좋은 결혼생활의 열쇠라고 오해한다. 그리고 자신들이 살면서 얼마나 싸움을 했느냐에 근거해 결혼생활의 성공을 평가하곤 한다.

그러나 갈등이 적절하게 다뤄진다면, 결혼생활에서 친밀함의 깊이를 향상시킬 수 있는 것이 현실이다. 그렇다면 부부 모두 갈등은 위험한 것이 아니며 이로운 점이 더 많다는 것을 이해할 것이다. 이에 도달하기 위해 당신은 결혼생활에서 갈등을 처리하는 방식을 주의 깊게 탐색해야 한다.

✼ 변화를 창조하기 위한 단계

관계 내 갈등을 다루는 방식을 바꾸기 위해서는 당신이 해야 할 몇 가지 단계가 있다. 이것은 이전 장에서 우리가 제안한 모델로서, 첫 단계는 상호작용 패턴의 유형을 살펴보는 것이다. 상호작용 패턴은 갈등을 둘러싼 관계 속에서 드러난다. 그 과정 내에는 많은 단계가 있지만, 관계 내 갈등 패턴의 기본적 이해가 가장 중요하다. 다음 단계는 갈등에 대한 당신의 신념을 주의 깊게 살피는 것이다. 이것은 당신의 화에 대한 신념, 갈등이 고조되면 벌어질지도 모르는 것에 대한 두려움 그리고 배우자에 대한 신념뿐만 아니라 당신 자신에게 가지고 있는 신념을 탐색하는 것이다.

1단계: 당신의 갈등 유형을 이해하라

우리가 이 책 전반에 걸쳐 주장해 왔듯이, 갈등 내 상호작용 패턴의 이해는 실제 변화를 만드는 첫 단계다. 변화는 당신이 자신의 행동을 분명히 평가하고 시각화해서 설명할 수 있게 되면 나타난다. 당신이 낡은 방식의 패턴을 계속하는 한 변화는 불가능하다. 일반적으로 부부간에 대화하기 까다로운 문제들을 둘러싸고 발생하는 갈등에 대한 당신의 패턴을 이해하는 것은 변화를 위해 반드시 필요한 첫 단계다. 즉, 부부간의 대화를 가장 어렵게 하는 문제 때문에 일어나는 갈등 패턴을 먼저 이해해야 한다.

대부분의 관계에서 나타나는 예측 가능한 갈등 패턴이 많이 있다. 앞 장에서 설명했듯이, 당신이 자신의 특정 패턴을 평가하고 이해하기 위한 최선의 방법은 당신이 했던 싸움 중 하나를 비디오테이프에 녹화했다고 생각해 보는 것이다. 그런 후 당신이 싸우는 방식을 '시청해 본다.' 이는 분명 매우 어려운 과정이다. 특히, 싸움이 끝난 후에 그 싸움에서 당신 자신과 당신의 역할을 제대로 바라보기란 늘 어렵다. 만약 당신에게 용기가 있다면 패턴 내에 당신의 역할을 더 명확히 분석하기 위해서 여러 논쟁 중 하나를 녹음해 볼 수도 있을 것이다.

다음에 제시된 몇 가지의 갈등 유형에 대해 읽어 보자. 그리고 그중 어느 것이 당신과 배우자의 싸움 유형에 속하는지 살펴보자.

고속 에스컬레이터

고속 에스컬레이터(rapid escalators)는 위험한 갈등 유형이다. 고속 에스컬레이터는 갈등이 어떻게 시작되든지 갈등을 빠르게 고조시킨다. 고속 에스컬레이터 부부는 마치 WWF 레슬링 경기처럼 보이는 갈등 유형이다. 갈등의 본래 주제에 다른 문제를 덧붙이고 목소리는 격앙되며 감정은 격해진다. 물론 본래 주제에 그대로 머물지도 않는다.

싸움은 사소한 의견 대립에서 시작되지만 시간이 지남에 따라 더욱더 격렬해진다. 마치 작은 불씨에 기름이 부어지는 것처럼 보일 것이다. 분명한 것은 기름이 부어질수록 불길은 더욱 활활 타오른다는 것이다.

고속 에스컬레이터 부부은 본래 주제에 머무르지 못한다. 오래된 이야기는 재탕되어 무기로 사용되고, 정서적으로 긴장이 고조되며, 갈등은 매우 빠르게 통제 불능 상태가 된다. 이미 갈등의 본래 주제는 사라지고 부부는 무엇 때문에 논쟁을 시작했는지조차 기억하지 못한다. 계속되는 빈정거림과 과거의 혼란스럽고 미해결된 많은 갈등이 고속 에스컬레이터 부부 사이에 긴장을 부추긴다.

이 갈등 유형은 한 사람 유형 혹은 두 사람 유형일 수 있다. 두 사람 유형에서 두 배우자는 다른 문제를 계속 갖다 붙이고 감정의 강도를 높임으로써 서로 갈등을 고조시킨다. 한사람 유형에서 한 사람은 다양한 방법으로 상대를 들쑤시면서 감정의 강도를 증가시키려 한다.

평화주의자

고속 에스컬레이터 유형과 선명한 대조를 이루는 평화주의자(peacemaker) 유형은 항상 원만하게 갈등을 끝내길 원한다. 그들은 갈등이 증가함에 따라 발생하는 불안을 견딜 수 없다. 그래서 갈등을 빨리 끝내려고 한다. 그들은 싸움을 격렬하게 하기보다 최소화시킨다. 그들은 가능한 한 빨리 평화 상태를 만들기 위해서 너무 빨리 갈등을 무마한다. 이 유형은 불안에 의해 움직인다. 불안으로 인해 갈등을 끝내고 가능한 한 빨리 평화를 되찾고자 하는 동기가 생긴다.

대체로 평화주의자 유형은 부부 중 한 사람만의 유형으로 나타난다. 배우자가 갈등을 격렬하게 하려고 애쓰더라도 평화주의자는 잠잠해지기를 원한다. 그리고 그들은 때로 항복하여 평화를 위해 자신이 원하는 것을 포기하기도 한다.

갈등/회피 부부

갈등/회피 부부(conflict/avoidant couple)는 가능한 한 갈등 없는 결혼생활을 원한다. 그들은 논쟁적인 주제는 조심스럽게 회피할 뿐 아니라 둘 사이에 갈등을 일으킬지 모르는 문제는 피한다. 이러한 부부들의 장점은 갈등을 많이 보이지 않다는 점이다. 단점은 너무 많은 갈등이 회피되었기 때문에 관계에서 깊고 진실한 친밀함이 자라나지 않는다는 점이다. 그들의 예의 바름은 정서적 거리감을 만든다. 레슬링에 비유하자면, 그들은 절대 링 안으로 들어가지 않는 부부다. 만약 갈등이 실제로 발생한다면, 한 사람은 링 바깥으로 바로 뛰쳐나갈 준비를 할 것이다.

지배적/복종적 부부

지배적/복종적 부부(dominant/submissive couple)는 한 사람은 지배하고 다른 한 사람은 복종한다. 지배적인 사람은 힘이 있고 목소리가 크며 자신의 요구를 아주 힘 있게 주장하는 데 어려움이 없다. 반면 복종적인 사람은 항상 포기하는 것으로 끝을 맺는다. 표면적으로 볼 때, 이런 모습은 갈등이 끝난 것처럼 보이게 한다. 그러나 현실은 다르다. 갈등은 결국 표면 아래로 숨는다. 복종적인 사람은 항상 포기하다가 결국 분노를 느끼거나 우울하게 되어 배우자에게 복수할 방법을 찾는다. 복종적인 사람은 성생활에 흥미를 '잃거나' 우울해지면 지배적인 배우자로부터 정서적으로 거리를 둔다. 결과적으로 복종적인 사람은 자신의 화와 분노를 표면 아래로 숨기고 점차적으로 거리를 두며 부부관계에 열중하지 않음으로써 지배적인 사람만큼이나 많은 갈등을 빚어낸다.

객관적 사실 추구자

객관적 사실 추구자(seekers of objective reality)는 흥미롭지만 좌절스러운 갈등 유형을 만든다. 논쟁이 가열되었을 때, 그들은 누가 무엇을 말했고 그 말의 의미가 무엇인지와 같은 문제들로 싸우기 시작한다. "~라고 말한 사람은 바로 당신이야." 이 말은 반응을 촉발시킨다. "하지만 난 그렇게 말하지 않았어. 나는 정말 ~라고 말했다고." 이 말은 더 엄청난 좌절과 반응을 촉발시킨다. "하지만 난 당신이 그렇게 말했다는 걸 알고 있어. 당신은 자신이 한 말도 모르는군." "하지만 내말의 진짜 의미는 ~였어." 라고 말하면서 대화를 다른 방향으로 전개시키고 다음과 같은 반응을 유도한다. "하지만 그건 당신이 했던 말이 아니야. 당신은 지금 변명하려고 말을 바꾸고 있어."

이 논쟁은 얼마 동안 계속된다. 이 유형의 잘못된 점은 입증할 수 있는 객관적 사실이 있다고 생각한다는 것이다. 오랜 결혼생활을 한 부부들은 이것이 힘들다는 것을 잘 안다. 누가 누구에게 무엇을 말했는지 정확히 입증하는 것으로 논쟁이 변질된다면 승자는 있을 수 없다. 객관적 사실에 도달하는 것은 성배를 찾아내는 것과 마찬가지로 거의 불가능하다. 진짜로 중요한 것은 다른 사람이 경험하고 있는 것을 주관적으로 이해하고자 하는 능력이다. '객관적 사실' 에 초점을 둔다면 사람들은 절대 진실로 이해하려고 들지 않을 것이다.

만물박사

문제가 생기면 만물박사(Mr. Fix-it)는 가능한 한 빨리 문제를 해결하려고 한다. (만물박사는 대부분 남성이지만 간혹 여성일 수도 있다.) 만물박사는 문제를 해결해서 가능한 한 빨리 불안이 줄어들기를 마음 졸이며 기다린다. 그는 문제에 대한 해결책을 찾는 데 타고난 재주가 있다. 그렇다면 무엇이 문제인가? 문제는 만물박사의 배우자가 낙담한 채 남겨진다는 점이다. 배우자는 그에게 이렇게 말한다. "당신은 내 얘길 듣지도 않는군요."

재희는 초등학교 교사로, 길고 힘든 하루를 마치고 집으로 돌아왔다. 그녀는 스트레스를 받고 지친 데다 머리가 지끈거렸다. 저녁 식사가 끝나자 그녀는 남편인 태욱에게 이야기하기 시작했다. 태욱은 중소기업의 과장이다. "끔직한 하루였어요. 모든 아이들이 난리법석이었어요. 게다가 교감과 말다툼을 했는데 나를 오해하지 뭐예요. 교사란 직업에 신물이 나요." 태욱(만물박사)는 이렇게 반응했다. "당신은 그런 애들한테 더 엄격하게 대해야 해. 그럴 때일수록 아이들은 더욱 체계가 필요해. 게다가 그 교감도 잘못이 있네. 심각하게 받아들이지 말아요." 예상할 수 있듯이 재희는 이렇게 반응했다. "당신에게 충고를 부탁한 적 없어요. 당신은 내 말을 안 들어요. 난 단지 위로받고 싶었을 뿐이에요. 내가 할 일이 무엇인지까지 말할 필요는 없다고요." 그녀는 정이 떨어져서 식탁에서 일어났고, 소파로 뚜벅뚜벅 걸어가서 뉴스를 보았다.

만물박사는 항상 배우자를 좌절시키고 화나도록 한다. 배우자는 이렇게 질문한다. "그냥 내 말을 듣기만 할 수는 없나요?" 그러나 만물박사는 타인의 감정뿐만 아니라 배우자의 감정조차도 주의를 기울이지 못한다. 그는 배우자 편에 서려고 하지 않고 단지 문제 해결만 원하기 때문에 최악의 갈등을 일으킨다. 갈등이 고조되면, "난 단지 도우려고 했을 뿐이야!!" 라고 말한다.

이 유형은 아주 흔하다. 당신은 분명히 다양한 유형의 만물박사들을 떠올릴 수 있을 것이다. 당신의 갈등 유형은 무엇인가? 부부들은 서로 다른 문제에 직면해 여러 유형을 보일 수 있기 때문에 평가가 약간 까다롭고 어려울 수도 있을 것이다.

2단계: 갈등 패턴의 단계 지도를 그리라

무술 훈련은 대련하는 동안 사용되는 연속적인 동작과 방어 동작을 가르친다. 훈련에서는 동작과 대응 동작을 번갈아 하게 되는데, 이는 적절히 행해지면 춤처럼 보인다. 비록 춤처럼 부드럽지 않더라도, 부부갈등도 무술 훈련처럼 연속 동작, 대응 수단, 방어, 공격 등을 사용한다. 대체로 이러한 움직임들은 예측 가능하다. 이는 초기 단계, 중기 단계, 종결 단계로 구분된다. 갈등 패턴의 진행과정을 평가할 수 있는 것은 변화와 성장을 향한 당신의 움직임에서 중요한 단계다.

갈등 초기 단계

당신이 갈등을 다루는 패턴을 더 잘 이해하기 위해서 갈등의 시작부터 끝까지 패턴의 단계를 작성해 보라. 우선 갈등을 어떻게 시작하는가? 보통 누가 시작하는가? 비난으로 시작하는가, 아니면 거칠고 격앙된 목소리로 시작하는가, 혹은 부드럽고 천천히 시작하는가? "당신이 ~했을 때 정말 어이가 없었어." 와 같은 진술로 시작된다면 분명히 문제는 잘 해결되지 않을 것이다. 반면에 대화가 "그동안 내가 괴로운 점이 있었는데, 당신하고 이야기를 하고 싶어." 와 같이 시작된다면 문제는 잘 해결될 가능성이 더 많다. 갈등의 초기 단계는 갈등의 나머지 단계가 어떻게 흘러갈지를 결정해 준다.

이 단계는 갈등 유형에 대해 앞서 이야기했던 것과 관련된다. 예를 들어, 갈등/회피 부부들은 오랫동안 분노를 저장해 둘지도 모른다. 그다음 그들이 마침내 폭발했을 때, 배우자들은 무엇이 그들을 자극했는지 알지 못한다. 갈등/회피 부부가 폭발하면 과도하게 흥분하고 화가 나 보일 것이며, 그동안 쌓인 모든 실망과 문제를 쏟아낼 것이다. 고속 에스컬레이터 유형의 사람들은 어디서건 갈등이 시작될 수 있지만 시작부터 즉각적으로 갈등이 고조될 것이다. 따라서 이 유형의 경우에는 초기 단계를 이해하는 것이 중요하다. 이와 대조적으로 평화주의자들은 갈등을 빨리 소멸시키려고 하기 때문에 자신들이 원하는 것을 잃는 대가를 치르곤 한다.

갈등 중기 단계

당신의 갈등이 어떻게 시작되었는지를 염두에 둔 후에 갈등의 다음 단계로 이동해 보자. 개방형 진술에 대한 반응은 무엇인가? 방어적이거나 화를 내거나 혹은 눈물을 자아내게 하는가? 예를 들어, 진헌은 지친 하루를 보내고 집으로 돌아와 아내인 희진에게 집 청소를 하는 데 좀 더 신경을 썼으면 좋겠다고 말했다. 그녀는 방어적으로 반응했다. "나는 쉬지도 못하나요? 당신은 뭐 하나 맘에 드는 게 없는 사람이에요! 당신이 직접 집을 치우라고요! 난 청소에 중독된 당신 어머니처럼 살 순 없어요. 아예 어머니와 살지 그래요?" 그녀의 반응은 갈등에 부채질을 했다. 진헌이 문제를 어렵게 만들기도 했지만, 희진의 방어적인 반응은 불에 기름을 끼얹는 격이다. 또한 그것은 여러 가지 새로운 주제를 끌어들이도록 했다. 다음에 어떤 상황이 발생했을지는 불 보듯 뻔하다.

지금 당신의 관계에서 갈등의 다음 관계를 생각해 보자. 즉, 당신의 갈등이 다음 단계로 어떻게 이동하는지를 예측해 보는 것이다. 갈등이 어떻게 상승하는가? 오래된 이야기를 끄집어내는가? 비난하는가? 혹은 욕설이나 격앙된 목소리로 말하는가? 갈등이 단계적으로 확대되면서 본래 문제에 무엇이 발생하는가?

갈등 종결 단계

당신의 갈등은 결국 어떻게 끝이 나는가? 화가 나서 열띤 진술로 끝나는가? 어느 한 쪽이 몇 시간 동안 집 밖으로 나가 버리는가? 혹은 화해를 하거나 다시는 '그것' 을 하지 않겠다는 약속을 하며 끝나는가? 싸움은 평화적으로 끝나는가, 아니면 더욱 화가 난 채로 끝나는가? 분노가 누그러드는가, 아니면 점점 거세지는가? 싸움이 끝났을 때 '개선' 하려는 노력을 하는가? 그렇다면 화해를 위한 첫걸음은 누가 시작하는가? 회복하려는 노력을 하지 않는다면 왜 그런가?

모든 싸움에서 각 배우자가 결과에 진정으로 만족하고 정서적으로 잘 마무리되는 것은 매우 중요하다. 어떤 누구도 '승자' 나 '패자' 가 되어서는 안 된다.

정서적 회복

앞에서 언급했듯이, 정서적 회복의 개념은 갈등과 관련된 매우 중요한 문제다. 회복이란 부부가 갈등이 발생한 날 혹은 그다음 날, 갈등을 돌이켜 보고 서로를 체크하는 것을 말한다. 그것은 "어제 오해가 있었는데 당신은 어땠어요? 우리가 더 얘기해야 할 것들이 있을까요?" 와 같이 간단할 수도 있다. 또한 회복은 이야기를 나눔으로써 책임감을 더 느끼자는 의미일 수도 있다. "어제 내가 당신에게 상처를 준 것 같아요. 간밤에 사과하려고 했지만, 당신 기분이 어떤지 몰라서요. 괜찮아요?" 라고 말함으로써 책임을 지는 것이다.

이러한 유형의 질문들은 정서적 회복과 관계 회복을 위한 대책을 강구하는 시도다. 우리는 격렬한 논쟁에 몰두하는 부부들을 흔히 보는데, 그들은 결코 이전의 상태로 돌아오지 않는다. 그 때문에 반드시 필요한 정서적 회복과 재결합을 하지 않는다. 갈등에서 당신과 배우자가 이 중요한 요소를 얼마나 잘 다루는지 평가해 보라.

권일준, 윤나연 부부의 사례

나연은 아이들을 침대에 누이고 나자 약이 올라 혼자 중얼거렸다. "휴, 9시 30분이네. 여전히 내 시간은 하나도 없구나. 남편은 축구 경기나 보고 있고, 나 혼자 모든 집안일을 다 하잖아. 나도 편히 앉아서 TV를 볼 수 있다면 얼마나 좋을까. 나도 그러고 싶어." 그녀는 여섯 살 난 아이를 재운 후에 물을 두 컵 마시고 화장실에 다녀왔다. 그녀는 화가 나서 아래층으로 내려가 거실로 향하면서 일격을 가했다. "축구 경기 보는 것 말고 할 일이 하나도 없는 사람은 좋겠네. 이런 일엔 정말 넌더리가 나. 하루 종일 힘든 건 당신이나 나나 마찬가지인데, 왜 모든 일을 책임지는 사람은 항상 나야? 이건 정말 불공평해. 너무 화가 나서 어쩌면 좋을지 모르겠다고."

그녀가 한 말의 시작 부분을 주목하자. 그것은 조용하고 부드러운 시작도 아니며 충분히 생각하고 꺼낸 말도 아니다. 그녀는 너무 지쳤고, 불공평하다고 느꼈으며, 자신이 과거에 경험했던 것들로 인해 이런 말을 하게 된 것이다. 이는 감정적인 반응방식으로 전달되었다. 이 진술은 그녀가 말하고자 했던 것에 대해 생각을 정리하려는 시도조차 하지 않은 가혹한 시작이었다.

> 물론 일준은 완전히 방어적으로 반응했다. "뭐가 문제야? 도와달라고 말하면 되잖아? 당신이 말하지도 않는데 어떻게 알아? 왜 매사에 그렇게 화를 내? 죄책감을 느끼면서 축구 경기를 봐야 하는 건가? 죄책감을 느끼지 않고는 절대로 쉴 수가 없는 거군." 이 방어적인 반응에 유의하라. 일준은 아내의 얘기를 들으려는 시도조차 하지 않는다. 그는 즉각적이고 방어적인 반응으로 아내의 감정 폭발을 되받아쳤다.
>
> 나연은 점점 더 화가 났다. "휴식이 필요해? 웃기지 마. 난 집안일을 다 하고 있는데 당신은 매일 밤 쉬고 있다고. 당신 아버지랑 똑같아. 내가 당신 어머니처럼 해 주길 기대하겠지. 글쎄, 그런 기대는 버려! 난 당신 어머니처럼 불쌍해지고 싶지는 않으니까."
>
> 물론 일준도 화를 냄으로써 반감을 고조시켰다. "우리 아버지라고 했어? 당신이 얼마나 당신 부모님하고 똑같은지나 생각해 봐! 당신은 당신 어머니처럼 성질이 고약하다고. 당신 아버지가 두 가지 일이나 하셨던 게 조금도 이상하지 않아. 지독한 당신 어머니에게서 멀리 달아나고 싶으셨던 거라고."

이 사례에서 두 사람이 본래의 갈등으로부터 더욱 멀어짐으로써 각자의 상호작용을 어떻게 강화시키는지에 주목하라. 두 사람은 비반응적으로 머무르지 않는다. 그들이 비반응적으로 머물고 좀 더 명확히 정의된 입장을 견지할 수 있다면 논쟁이 어디로 흐르고 있는지 예측할 수 있을 것이다. 이는 그들의 갈등 스타일을 바꾸면 대화의 방향이 바뀐다는 의미다.

일준이 속도를 늦추고 비반응적으로 머문다면 나연이 지독히 힘든 밤을 보냈다는 사실을 깨닫게 될 것이다. 이것은 그녀의 감정을 더 잘 이해하려고 노력한다는 의미이며, 그가 이해할 수 있는 최대한 그녀의 많은 감정을 정당한 것으로 받아들이려고 시도하는 것을 의미한다. 나연은 속도를 늦추고 자신이 대화를 시작할 때 사납게 구는 것이 문제의 한 부분이라는 것을 깨달아야 한다. 그리고 격렬함을 낮추기 위해 노력하면서 논쟁을 처음의 역할 정의 문제로 되돌려야 한다.

이들이 이전 방식대로 논쟁을 진행한다면 처음에 문제가 되었던 부분이 다루어질 가능성은 희박해진다. 화가 나기 시작할 때 그에 뒤따르는 방어적인 반응을 자각하지 못하면 문제는 매우 빠르게 고조될 것이다.

당신의 갈등 패턴

잠시 시간을 갖고 당신의 갈등 패턴 중 하나를 적어 보자. 갈등이 어떻게 시작되는지, 그 단계들은 어떤지, 그리고 어떻게 고조되어 어떻게 끝나는지 적어 보자. 패턴 내에서 당신이 차지하는 부분을 신중히 살펴보라. 우선 독이 되는 주제에 이름을 붙여 보자. 그런 다음 갈등이 어떻게 시작되는지, 어떻게 진행되는지, 어떻게 끝나는지, 그리고 정서적 회복을 하는지(혹은 그렇지 않은지) 관찰해 보자. 관찰 내용을 다음에 적어 보자.

✔ 시작하는 말은 다음과 같다.

....

....

....

✔ 첫 반응은 다음과 같다.

....

....

....

✔ 우리의 갈등 패턴은 다음과 같이 전개된다.

....

....

....

논쟁을 악화시키는 데 당신이 기여한 점을 좀 더 자세하게 적어 보라. 당신은 방어적이거나 공격적인가? 과거를 끌어들이고, 생색을 내고, 지나친 유머를 사용하는가? 당신의 갈등 유형을 기술해 보라. 단계적 확대 패턴의 세부 사항에 주의를 기울이라. 특히 당신의 어떤 행동이 불에 기름을 붓는 격인지 살펴보라.

마지막으로 갈등이 어떻게 단계적으로 확대되고 어떻게 끝났는지 적어 보라. 누가 끝냈는가? 어떤 해결책이 나와서 종결되었는가, 아니면 해결책이 없었는가? 누군가 집 밖으로 나가 버리는 최후의 감정 폭발이 있었는가? 혹은 서로에게 아무 말도 하지 않은 채 잠자리에 들었는가? 당신이 '무서워서 손을 떼었기 때문에' 갈등이 끝났는가? 당신은 갈등이 계속되기를 바라지 않았기 때문에 항복했는가? 갈등이 끝났을 때 당신과 배우자는 어떻게 느꼈는가? 우울해하며 서로에게서 멀어졌는가? 굴복했기 때문에 화가 났는가? 화나고 이해받지 못했으며 순교자가 된 것 같다고 느꼈는가? 혹은 어려운 갈등을 성공적으로 해결했고 새로운 이해가 생겼다는 사실에 만족했는가?

갈등이 어떻게 종결되었는지의 문제는 매우 중요하다. 종종 갈등의 끝은 다음 갈등을 빚어낸다. 만약 상대로부터 경청이나 이해를 받지 못하고 항복하는 것처럼 느끼면서 갈등이 끝났다면, 앞으로의 갈등이나 정서적 거리감에 분노가 추가될 가능성이 보다 클 것이다.

당신이 갈등을 끝낸 전형적인 방식에 대해 기술하라.

갈등 상황이 종결된 후에 어떤 유형의 정서적 회복이 있었는가? 당신은 배우자가 어떤 상태이고 두 사람이 정서적으로 재결합되었는지를 알기 위해서 배우자와 함께 확인하는가? 이러한 회복은 정서적 재결합을 가능하게 하기 때문에 갈등에서 굉장히 중요한 부분이다.

당신과 배우자가 정서적 회복을 하는 방식을 적어 보자.

....

....

....

....

3단계: 갈등 패턴의 단계를 변화시키라

앞의 연습이 끝난 후에 유익하고 생산적인 태도로 갈등을 타개하기 위해 당신이 기존에 하던 방식과 무엇을 다르게 할 수 있는지 결정하라. 특히, 당신의 갈등 패턴을 변화시키기 위해서 당신이 취할 수 있는 대안들을 살펴보라.

갈등이 어떻게 시작되는지는 매우 중요하다. 갈등의 시작과 단계적 확대의 첫 단계에 초점을 맞추라. 당신이 갈등을 시작하는 사람이라면 갈등을 '잘' 시작하기 위해서 충분한 훈련을 받는 것이 중요하다. 당신이 '잘' 시작한다면 갈등이 해결될 가능성은 더욱 크다.

어쩌면 이런 말이 이상하게 들리겠지만, 갈등이 어떻게 시작되는가는 갈등이 흘러가는 방향에 많은 영향을 끼친다. 갈등을 '잘' 시작한다는 것은 당신이 대화를 시작하기 전에 문제에 대해서 생각한다는 뜻이다. 비반응적인 태도를 유지하는 최선의 방법은 당신이 너무 지쳤거나 화가 났을 때 갈등을 시작하지 않는 것이다. 한 걸음 물러서서 당신이 진정으로 말하고자 하는 바를 생각해 보라. 그리고 스스로에게 물어보라. "이 갈등은 언제 끝날 것인가, 배우자가 어떤 말을 경청해 주길 바라는가?" 갈등이 발생하면 느리고 침착하게 시작하도록 노력하라. 시작하기 전에 몇 차례 깊은 숨을 쉬어 보라. '나 전달법(I message)' 으로 시작하라. 예를 들어, "나는 ~ 때문에 매우 실망스러워요." "나는 ~ 때문에 화가 나요." 와 같은 것이다. '너 전달법(you message)' 으로 시작하지 말라. 예를 들어, "당신은 너무나 자기중심적이고 남을 배려할 줄 모르는군요." 와 같은 것이다. '너' 공격은 좋은 출발점이 되지 못할 것이다. 이것은 분명히 어려운 작업이고 자기 훈련이 많이 필요하다. 그러나 심각한 논쟁을 벌인 후에 관계를 재정립하려고 애쓰는 일보다는 쉬울 것이다.

갈등을 느리고 비반응적으로 시작하고 나서 배우자의 방어에 대한 마음의 준비를 단단히 하라. 이것은 반드시 필요하다. 이상적인 배우자라면 늘 이렇게 반응했을 것이다. "당신이 실망했다는 걸 나에게 얘기해 줘서 고마워요. 이런 일이 다시는 일어나지 않도록 최선을 다할게요. 당신이 좌절하고 화나는 일은 두 번 다시 없을 거예요." 하지만 현실은 이와 전혀 다르다. 당신의 배우자는 반격할 것이다. "뭘 잘했다고 나한테 그러는 거야? 그동안 당신은 잘하기나 했어?" 혹은 배우자는 이렇게 말할 것이다. "내 말은 그런 뜻이 아니야. 당신이 내 말을 오해한 거라고."

이와 같이 피할 수 없는 방어적인 반응에서 '자신을 유지하기' 위해 노력하라. 그리고 그곳에 머물러라. 배우자가 말하는 것을 인정하도록 노력하라. 그러나 갈등이 시작됐던 지점으로 돌아가서 본래의 주제를 가지고 대화해야 한다. 최근 몇 년 동안 잘못했던 일들에 관한 대화로 확대되지 않도록 하라. 이렇게 반응하라. "내가 한 말 때문에 좌절했다는 것 알아요. 당황했을 거예요. 하지만 당신 탓을 하는 게 아니에요. 우리 관계를 걱정하는 거라고요. 나에게는 우리 부부관계가 정말 소중해요. 정말로 이 갈등이 잘 해결되길 바라죠. 그래서 말인데, 우리 이 이야기를 계속하면서 노력할 수 있을까요?"

분명 이를 실천하기는 무척 어렵다. 따라서 다음과 같은 몇 가지 효과적인 의사소통 원리를 제안한다.

- 부드럽고 비반응적으로 시작하라.
- 시작하는 사람이 누구든지 그 궤도 안에서 대화를 유지하도록 솔선수범해야 한

다. 그리고 단계적으로 확대되지 않도록 해야 한다.

- 성공적인 갈등의 원칙은 패턴을 바꾸는 것이다. 즉, 당신은 과거에 경험이 있기 때문에 갈등이 어디로 흘러갈지 알고 있다. 당신은 패턴을 알기 때문에 갈등이 항상 흘러가던 대로 가지 않도록 다르게 행동해야 한다. 단계적으로 확대시키거나, 과도하게 일반화하거나, 지나친 욕설이나 상호 비방을 하지 않도록 하라. 궤도를 유지하고 앞 장에서 논의했던 경청 기술을 사용하며, 특히 5장에서 논의했던 대로 배우자의 기저 신념체계에 주의를 기울이라.
- 배우자가 당신을 '공격' 할 때 반격하지 말라. 또 다른 논쟁으로 반응하기보다는 그 이상의 설명을 부탁하라. 혹은 배우자가 상처 입고 화가 났다는 것을 자신이 이해하고 있다는 사실을 배우자가 알 수 있도록 전달하라. 배우자가 감정을 발산하도록 격려하면 좋은 해결로 발전하기가 더 쉬울 것이다. 멀리 던져 버릴 수 있는 커다란 쓰레기 봉투에 배우자의 모든 화를 집어넣는다고 상상하라. 배우자가 감정을 발산하는 동안 당신이 경청할 수 있다면 갈등의 속도는 늦춰질 것이다. 배우자에게 당신이 자신의 분노를 정말로 이해한다고 믿는지 한번 물어보라. 다시 말하지만, 여기에는 엄청난 훈련이 필요하다. 이것은 당신의 반응성과 반격하고 방어적이 되는 성향을 다스릴 수 있다는 것을 의미한다. 또한 속도를 늦추고 깊게 숨을 쉬면서 갈등이 늘 진행되던 방향으로 가지 않도록 하는 것이다.

4단계: 위험한 상태를 조심하라

비록 이 모든 것이 이론적으로 훌륭하게 들리겠지만, 그 실행은 아주 어렵다. 대개 최고의 계획들이 재앙으로 변하는 법이다. 4단계는 변화를 만들려고 노력할 때 당신이 처할지도 모르는 곤경을 아는 것이다. 당신과 배우자가 싸움을 하던 방식을 바꾸려고 할 때, 위험지대가 어디인지 아는 것은 중요하다. 어디가 위험지대인지, 어디가 더 깊은 수렁으로 빠지는 곳인지 알아야 한다. 여기에 두 종류의 위험지대가 있다. 신념체계의 위험지대와 원가족 문제의 위험지대다.

신념체계는 함정으로 가득 찬 위험지대다. 갈등과 관련된 신념체계에는 몇 가지 구성 요소가 있다. 먼저 당신이나 배우자가 가지고 있는 갈등에 관한 통념들을 지각해야 한다.

통념은 대중적인 신념이라는 것을 기억하라. 당신은 충분한 자각 없이 통념을 품고 믿는다. 그리고 결혼생활의 건강함을 평가하는 데 통념을 사용하곤 한다. 이러한 통념에 대해서 배우자와 대화를 나눈다면 큰 도움을 받을 수 있다(2장과 4장을 참조하라).

당신은 통념이 신념체계의 한 부분이라는 사실을 깨닫지 못한 채 고수하고 있기 때문에 갈등에 대한 통념들을 다루는 것이 어렵다. 당신이 가지고 있는 통념들에 대해 생각해 보고 당신과의 관계를 기술해 보라.

통념 1: 갈등 없는 결혼생활이 좋은 결혼생활이다

이 통념은 결혼 적령기에 있는 사람들이나 부부가 서로에 대해 잘 알 때 그들 사이에는 갈등이 거의 없거나 전혀 없어야만 한다는 것이다. 이 통념에 의하면 갈등이 있다는 것은 결혼생활에 문제가 있다는 증거이며, 특히 친밀함이 부족하다는 증거다. 이 통념에서 빠진 부분은 결혼생활은 예측 가능한 주기가 있다는 사실이다. 그리고 각각의 주기는 갈등과 불안을 일으키며, 두 사람과 상황들도 변화한다.

결혼을 하고 나면 대부분의 사람들은 상당히 변한다. 예를 들어, 당신이 대학을 졸업한 후 바로 결혼을 했고 지금 청소년기의 자녀가 있는 40대라면, 당신의 삶은 급격히 변해 왔을 것이다. 당신은 압박, 중년의 문제, 사망률, 직업 문제 그리고 늙어가는 부모님에 대해 너무나 잘 알고 있다. 이러한 종류의 압박은 상당한 스트레스와 혼란을 일으킬 수 있다. 이런 변화들은 상당한 적응을 필요로 한다. 그리고 갈등은 적응과정의 한 부분이 되곤 한다. 이 통념은 인생이 계속적으로 변한다는 사실을 잊고 있다. 갈등은 변화에 대한 과정이자 적응의 결과일 뿐이다.

통념 2: 규칙은 없어도 된다

이 통념은 이성적인 부부는 갈등에 대한 규칙이 필요 없다고 말한다. 만약 사랑이 존재한다면 규칙은 필요치 않다는 것이다. 이 통념은 이성적인 부부는 기본 규칙에 대한 협상 없이도 모든 갈등에 대처할 수 있어야 한다고 가정한다. 많은 부부들은 조금의 갈등도 겪지 않으려고 하기 때문에 갈등을 위한 규칙을 정하는 대화를 원하지 않는다.

만약 그들이 별 노력 없이 갈등을 성공적으로 협상하는 것이 가능하다면 좋은 일이다. 그러나 그런 경우는 실로 드물다. 대부분의 부부는 갈등을 쉽게 해결하지 못하며, 종종 갈등을 둘러싸고 벌어지는 패턴화된 상호작용은 문제의 기본적인 부분이 된다. 만약 분명한 기본 규칙을 두고 갈등을 풀어 나간다면, 대부분의 부부는 더욱더 안전함을 느꼈을 것이다. 그러나 대개 그들은 이러한 가능성을 절대로 생각하지 못한다.

통념 3: 일단 싸움이 끝나면 그걸로 끝이다

대부분의 부부는 갈등을 일으킨 다음 마무리는 필요 없는 것처럼 가정하거나 행동한다. 당신은 얼마나 자주 다음과 같은 말을 듣는가? "그는 한숨을 쉬고 소리를 지르며 가슴속에 있던 모든 것을 쏟아내요. 그리고 다음 날이면 아무 일도 없었던 것처럼 행동하죠." 회복이 없는 갈등이나 정서적 마무리가 없는 갈등은 깊은 상처와 거리감을 남긴다. 모든 갈등은 회복이 필요하다. 정서적 마무리는 갈등에 대한 정서적 영향이 회복되고 당신의 배우자가 감정을 온전히 회복하는 것을 의미한다.

이것은 식은 죽 먹기처럼 보일 것이다. '모두가 알고 있는' 뻔한 상식 중의 하나처럼 말이다. 그러나 진정한 의미의 정서적 회복을 시도하는 경우는 거의 없다. 대개 부부들은 논쟁을 하고, 논쟁이 단계적으로 확대되는 것을 보며, 어떤 종류의 결론에 다다른다. 그러나 결론에 이른 후에 그 논쟁은 다음 논쟁까지 절대 다시 언급되지 않는다. 배우자는 정서적으로 안심시켜 주지도 않고 다음과 같은 질문도 하지 않는다. "당신 어때요? 우리가 잘 해결한 것 같아요?" 논쟁의 끝에는 정서적 회복이 필요하다. 악순환의 고리를 끊어 부부가 서로 이해받고 있으며 비난받지 않는다고 느껴야 한다. 정서적 회복이 이루어질 때까지는 '논쟁이 끝나더라도 그것으로 끝이 아니다.' 라는 것이 현실이다.

통념 4: 내 배우자는 너무 예민하다

사람들은 이 통념을 믿게 될 때 자신의 행동에 책임을 지지 않는다. 이 통념은 남녀 모두가 사용한다. 오직 남성만이 여성은 너무 예민하다고 말하는 것은 아니다. 여성도 남성이 지나치게 예민하다고 말한다. 빈약한 의사소통 양식이나 불공정한 갈등 유형을 인정하는 것보다 배우자를 지나치게 예민한 사람으로 부르는 것이 더 쉽다. 존 고트맨(John Gottman, 1999; 2000)은 한참 갈등을 빚고 있을 때 '부드러운 시작(갈등을 시작할 때 너무 강하거나 비판적으로 하지 않고)'을 하는 부부들은 싸우고 나서도 훨씬 더 나은 결과를 얻는다고 보고하였다.

배우자가 너무 예민하다는 통념을 수용하는 것은 개인적인 책임에서 벗어날 수 있게 한다. 그들은 자기 초점을 발달시키려고 하지 않고 자신의 논쟁이 어떻게 보이는지 살피지 않는다. 또한 목소리 톤이나 신체적인 언어, 목소리에 배어 있는 분노나 무례한 욕설을 살피지 않고, 자신이 시속 100km의 속도로 가는 것조차도 살피지 못한다. 갈등이 생겼을 때 자신의 역할이 무엇이었든 간에 항상 지나치게 예민한 배우자의 잘못으로 돌린다. 배우자가 갈등을 잘 다루는 법을 배워야만 한다고 생각한다. 이 통념이 유지되는 한 갈등은 더욱 악화될 것이다.

통념 5: 싸우지 않으면 친밀한 결혼생활을 하고 있는 것이다

많은 부부가 자신들은 절대 공공연하게 싸우지 않는다는 사실을 자랑으로 삼는다. 이런 부부들은 흔히 점잖고 다정하게 싸움을 끝내지만 결혼생활에는 거리감이 있다. 실제로 우리는 한 번도 싸운 적 없이 25년간의 결혼생활을 하고 나서 이혼 직전에 놓인 여러 부부들과 작업을 해 왔다. 그들은 자신들이 어떻게 그 지경으로 헤어지게 되었는지 이해하지 못한다. 예를 들어, 동석과 선하는 왜 그들의 결혼생활이 산산이 부서졌는지 이해할 수 없었다. 그들은 부부치료자에게 자신들은 결코 싸운 적도 없고 항상 서로에게 예의를 갖췄다고 말했다. 대부분의 친구들은 그 부부가 잘 지내 왔다는 것을 인정했다. 치료자는 그들에게 자신들의 문제를 말해 보라고 요청했다. 그들은 말로 표현하는 것을 힘들어했다. 결국 동석이 침묵을 깼다. "우리 둘 사이에는 활기가 없어요. 서로 할 말이 없으니까요. 더 이상 성관계도 하지 않죠. 애들 얘기 말고는 아무런 할 말이 없어요."

동석과 선하 같은 부부는 무언가 잘못되어 가고 있다는 사실을 알면서도 말하기 어려워한다. 그들은 자신들이 너무 예의 바르게 행동했고 정서적인 친밀함이 없었다는 사실을 깨달았다. 그들은 결혼생활을 하면서 갈등과 곤란한 대화를 조심스럽게 회피했다. 그 결과, 그들에게 공공연히 드러나는 불화는 없었다. 표면적으로 결혼생활은 잘 굴러가는 것처럼 보였다. 그러나 그들은 정서적, 성적으로 멀리 떨어져 있었다. 그들은 이러한 현상이 갈등 부족의 결과라는 것을 이해하지 못했다.

통념 6: 대화로 풀지 않아도 시간이 알아서 다 해결해 준다

이 통념은 편지를 배달하지도 않아 놓고 한 달이나 지났으니 쓸모없을 거라고 가정하면서 우편물을 쌓아 두는 우편배달부와 같다. 분명 이 통념은 장기적인 재앙을 가져온다. 중요한 문제들은 절대 다루어지지 않을 것이고, 이로 인해 치명적인 문제가 발생할 것이다.

곤란한 주제는 말하지 않으면서 대화를 회피하는 부부는 이와 유사한 결과를 얻을 수 있다. 그들의 풀리지 않은 갈등은 점차 커질 것이다. 카펫 아래에 쌓여 있는 치워 버려야 할 것들은 계속 신경에 거슬린다. 조만간 카펫 아래에 차곡차곡 쌓인 것들이 더 많아져서 사람들은 걸려 넘어지게 된다. 위험은 바로 그들이 무엇에 걸려 넘어지는지 모른다는 것이다. 이러한 부부들은 '카펫 아래에 쌓인 것들을 내던진 다음' 작은 문제들을 가지고 폭발한다. 그들은 문제들이 왜 그렇게 빨리 강화되는지 이해하지 못한다. 그들은 카펫 아래 묻어 두었던 갈등이 더 작은 갈등에 기폭제 역할을 한다는 점을 깨닫지 못한다. 그것이 바로 작은 갈등이 재앙으로 부풀려지는 이유다.

통념 7: 갈등은 큰 불행을 가져온다

이 통념은 본질적으로 갈등이 위험하다고 말한다. 왜냐하면 갈등은 항상 폭력이나 관계 파탄을 일으키는 엄청난 분노를 폭발시킨다는 가정을 밑바닥에 깔고 있기 때문이다. 이 통념에 사로잡힌 개인들은 갈등이 생길까 봐 몹시 불안해한다. 흔히 그들은 폭력적이거나 학대적인 가정에서 성장했기 때문에 갈등이 통제 불능이 되었을 때 발생하는 상황을 목격했다. 따라서 재앙을 부르지 않기 위해서 어떤 형태의 갈등에도 개입하지 않으려고 한다.

원준의 경우가 그러했다. 그는 학대적이고 알코올중독인 가정에서 성장했고, 아버지가 가족들에게 가한 폭력 때문에 아버지를 여전히 미워했다. 원준은 아버지가 화가 났을 때 옷장에 숨었던 일을 생생하게 기억한다. 그는 자신의 결혼생활은 부모님과 전적으로 달라야 한다고 다짐했다. 원준의 결혼생활에서의 문제는 그가 기분 나쁜 어떤 것에 대해서도 말하지 않는다는 점이다. 아내인 지수는 긴장감 있는 주제를 말할 때마다 남편이 즉각적으로 해결하려고 들기 때문에 자신이 점점 더 좌절하게 되었다고 불평했다.

그러나 장기적으로는 원준과 같은 사람들이 학대적인 부모들보다 더 커다란 불행을 만든다. 그들은 갈등을 피하기 위해서 자신의 입장을 분명히 말하지 않거나 욕구를 잘 표현하지 않는다. 결국 그들의 욕구는 적절히 충족되지 않은 채 끝이 나고, 그들은 분노를 느끼기 시작하거나 순교자가 된 것처럼 느낀다. 그들은 이러한 감정의 공유가 편안하지 않기에 우울해지고 정서적으로 철수한다. 결과적으로 배우자는 거리감을 느끼고 친밀함이 부족하다고 불평을 한다.

물론 이상의 일곱 가지 통념들이 갈등에 대한 많은 통념들을 다 담고 있는 것은 아니다. 다만 그들이 갈등에 대해서 품고 있는 신념에 관해 부부가 개방적인 대화를 하게 하려는 것이다.

자, 당신이나 당신의 배우자가 갈등을 바라보는 관점을 가장 잘 기술한 통념은 어느 것인가? 다음의 질문에 떠오르는 대로 대답해 보라.

✔ 부부갈등은 다음과 같은 의미를 지닌다.

✔ 어떤 통념이 진실이라고 믿는가?

✔ 분노에 대해서 당신이 품고 있는 통념들이 어떻게 당신의 갈등 유형에 영향을 끼치는지 기술해 보라.

✔ 내 배우자는 갈등이 항상 다음과 같다고 믿는다.

이러한 질문은 부부갈등에 대한 통념이 공통적으로 품고 있는 사항을 이해하기 위한 시작점일 뿐이다. 분명 대부분의 부부에게 갈등은 어려운 주제다. 동시에 갈등을 다루는 방법의 열쇠는 정서적인 친밀함의 유형에 있다.

배우자에 대한 신념

당신은 배우자가 갈등을 어떻게 처리할 것으로 믿는가? 이에 대한 대답으로 당신이 배우자에게 반응하는 방식을 결정지을 수 있다. 예를 들어, 어떤 단계의 갈등이 시작될 때 배우자가 고함을 지르고 화를 낸다고 믿는다면, 당신은 논쟁적인 문제에 대해 말하기를 매우 주저할 것이다. 마치 얼음판을 계속 걷고 있는 것처럼 느낄 것이다. 반면에 배우자가 논쟁을 회피한다고 믿는다면, 당신은 자신이 어디에 서 있으며 배우자가 중요한 문제에 대해서 실제로 생각하는 바가 무엇인지 알지 못할 것이다. 어떤 경우가 갈등을 다루기에 더 곤란할까?

예를 들어, 민수는 그의 아내를 빗대어 '시한폭탄' 이라고 했다. "저는 아내가 언제 폭발할지 절대 모릅니다. 그녀의 기분이 어떤지 몰라서 조심스럽게 집으로 돌아옵니다. 제가 할 수 있는 최후의 선택은 그녀를 떠나는 겁니다." 민수의 신념은 그의 가정 내에서 갈등을 둘러싼 예측 가능한 패턴을 만들었다. 민수는 갈등을 조심스럽게 회피했고 자신의 욕구를 표현하지 않았다. 그는 아내에게 "분부대로 합지요, 마님." 이라며 빈정거리는 식으로 자주 말하곤 했다. 아이들은 아버지를 겁쟁이라고 생각했다. 그 결과 그는 회피하고 분개했으며 아내와 정서적으로 멀어지게 되었다. 이것은 남편이 자신에게 관심을 기울이지 않는다는 아내의 신념을 부추겼다. 아내는 화를 냈고, 그녀에 대한 민수의 신념은 더욱 굳어져 갔다. 그가 그녀의 감정에 반응하지 않을수록, 그녀는 점점 더 좌절했다. 결국 그녀는 폭발했다. 역설적이게도 민수의 신념이 회피하고 싶었던 바로 그 문제가 발생하도록 도왔다. 당신이 배우자의 갈등방식에 대해서 믿고 있는 바가 배우자에게 반응하는 당신의 방법을 결정짓는 것이다.

자, 당신이 생각하는 배우자의 갈등 처리 방식을 기술하는 시간을 가져 보자. 그리고 그에 대한 당신의 반응은 어떠한지에 대해서도 기술해 보라.

....

....

....

....

불안이 갈등에 영향을 미치는 방식

배우자의 갈등 처리 방식에 대한 당신의 신념과 반응을 살피는 것과 더불어, 갈등이 시작될 때 당신이 왜 불안해하는지를 생각해 보라. 대다수의 사람들은 갈등이 시작될 때 불안하다고 보고한다. 그들은 가슴에 긴장을 느끼고 두통이 나고 땀을 흘리기 시작한다. 그들은 갈등에 대한 신념 때문에 이러한 불안 증상 모두를 경험한다. 스스로에게 질문해 보자. '내게 가장 두려운 것은 무엇인가? 이러한 갈등이 무엇을 일으킨다고 믿는가? 나는 갈등으로 인해 최후의 감정 폭발이나 폭력이 발생할까 봐 두려운가? 자기 통제를 완전히 상실할까 봐 두려운가? 갈등이 우리의 관계에 종지부를 찍게 할까 봐 두려운가? 혹은 배우자의 스타일이 너무 격렬하기 때문에 갈등을 일으킬 가치조차 없다고 확신하는가?' 이러한 것은 주의해서 볼 만한 중요한 두려움이다.

잠깐 시간을 갖고 당신이 갈등에 대해서 무엇을 가장 두려워하는지 적어 보자.

....

....

....

....

갈등에 대한 두려움을 적은 후에 배우자와 함께 당신의 두려움에 대해서 대화할 시간을 가지라. 당신의 목표는 배우자를 공격하거나, 변화시키거나, 심지어 배우자가 갈등을 대하는 방식을 비판하는 것이 아니다. 그 목표는 당신이 갈등을 다루는 태도를 변화시킬 방법을 찾는 것이다. 그것은 당신의 불안 수준을 낮춰 줄 수 있다. 당신의 두려움에 대해서 배우자에게 이야기하는 것은 곧 당신 스스로 변할 수 있다는 행동이다.

원가족 신념

두려움과 불안에 대한 많은 신념은 원가족 문제에 기초한다. 모든 가족에게는 갈등을 다루는 고유한 방식이 있다. 당신이 자라는 동안, 당신의 가족은 어떻게 갈등을 다루었는가? 많은 원가족은 무슨 수를 써서라도 갈등을 회피했을 것이다. 갈등은 항상 표면 아래 숨겨지거나 삼각관계 내에서 다루어졌다. 당사자와 직접적으로 다루기보다 가족 내의 또 다른 구성원인 제삼자에게 당신의 화를 이야기하는 편이 훨씬 더 수월했는지도 모른다.

예를 들어, 어머니는 당신에게 이렇게 말했을 수 있다. "네 언니한테 정말로 화가 난다. 그 애는 전화로 네 아버지와 나에게 깊은 상처를 주었단다. 정말 화가 나는구나." 이러한 유형의 가족 간 역학관계는 불안을 낮추고 갈등을 보이지 않는 곳에 묻어 버린다. 그런 다음 이 이야기는 제삼자의 입에서 새어 나온다. 이것은 갈등/회피 패턴의 피할 수 없는 결과다. 이 가족에게는 무슨 일이 있어도 평화는 유지된다. 표면적으로는 모든 것이 다 좋아 보이지만, 가까이 들여다보면 정서적인 거리감, 분노, 여러 가지 신체적 증상, 다수의 삼각관계 등이 보인다.

또 다른 극단은 고함치고 비명을 지르는 원가족이다. 여기에 중독이나 폭력이 혼합되어 더해졌을 때 정신적 외상이 나타난다. 아이는 이런 유형의 가족 내에서 어떻게 해야 할까? 몇 가지 가능성이 있다. 한 가지는 숨는 것이다. 많은 성인은 어린 시절에 가족 간 갈등이 통제되지 못할 때 침대 아래나 옷장 속에 어떻게 숨었는지에 대해 이야기한다. 또 하나의 가능성은 평화주의자가 되는 것이다. 가족 내에서 평화주의자였던 아이들은 갈등이 통제 불능이 되지 않도록 하기 위해서 모든 일을 한다. 그들은 자신들이 부모님을 행복하게 해 드렸더라면 갈등이 줄었을 거라고 믿는다. 그들은 성장 과정에서 평화는 얻었을지언정 엄청난 대가를 지불한 것이다.

평화주의자로 변하는 아이들은 부모님의 상담자가 되려는 아이들이다. 이러한 아이들은 갈등을 최소화하려는 방식으로 싸우는 부모님 사이를 이리저리 오가면서 중재자나 밀사의 역할을 한다. 나머지 아이들은 억압된 감정을 행동으로 표출하고, 폭력적이 되거나 폭력의 고통을 줄이기 위해서 알코올이나 약물을 사용한다.

이런 아이들은 성인이 되었을 때 아동기 경험을 갈등에 대한 신념체계로 내면화한다. 그들은 성숙하고 유능한 성인으로 보이더라도 어떤 갈등을 두려워하고 있다. 그들은 무슨 수를 써서라도 갈등을 회피하곤 한다. 때때로 그들은 자신들이 혐오하고 무서워하던 과거 가족 내의 갈등 패턴을 반복하기도 한다.

5단계: 패턴 바꾸기

관계 내에 갈등 패턴을 바꾸는 일은 쉽지 않다. 앞서 살펴보았듯이, 첫 단계는 분노의 패턴이 당신의 관계 속에서 어떻게 작용하는지를 도표화한 이론적인 '틀' 을 사용하는 것이다.

갈등을 일으키는 문제

자, 이제 갈등에 대한 당신의 대답을 기록하는 시간을 갖자. 갈등이 빚어내는 문제들은 다음과 같다. 당신이 종종 싸우곤 하는 문제들을 기술하라.

....

....

....

갈등 패턴

문제를 둘러싸고 형성되는 상호작용 유형을 기술하라.

....

....

....

....

신념체계

특정한 갈등뿐만 아니라 갈등에 대한 당신의 신념을 기술하라.

....

....

....

원가족

원가족 내에서 갈등의 역할과 그것이 당신의 신념체계를 어떻게 조성시켰는지를 기술하라.

....

....

....

이러한 질문에 답해 보는 것은 갈등을 둘러싼 당신의 패턴화된 상호작용을 바꾸기 위한 훌륭한 시작이다. 이것은 자신에게 할 수 있는 중요한 작업이다. 또한 이를 완성하고 나면, 작성한 것을 당신의 배우자와 공유하고 함께 의견을 나누는 것이 유용하다.

마지막으로 가장 어려운 단계는 갈등이 심각할 때 당신의 특정 역할을 바꾸는 것이다. 지금까지 말해 왔듯이, 이것은 당신의 반작용을 누르는 방법과 비반응적인 태도를 유지하는 방법을 배우고, 갈등을 다루기 위한 새로운 방법을 개발함으로써 패턴을 변화시키는 방법을 배우는 것을 의미한다. 또한 현재의 관계 패턴뿐만 아니라 원가족 패턴에도 얽매이지 않는 것을 뜻한다. 이것은 감정적으로 갈등의 바깥에 머무는 것을 의미한다. 더불어 당신 자신에게 의지하는 방법과 건설적으로 배우자를 혼란시키는 방법을 배우는 것을 뜻한다. 갈등을 그만두거나 회피하라는 의미가 아니다. 그것은 폭발적인 분노만큼이나 충격을 줄 수 있다. 당신의 목표는 진행되는 갈등 속에서 당신을 잘 인도할 수 있는 새로운 패턴의 상호작용을 개발하는 것이다. 갈등은 엄연히 존재한다. 건설적인 방식으로 그러한 갈등을 해결하는 것은 당신의 관계 내에 더 커다란 신뢰와 친밀함을 이끌어 낼 수 있다.

10 친밀해지기 위하여

이 장에서는 친밀함의 본질은 무엇인지, 부부가 서로 친밀해지려고 노력하다가 부딪히는 문제에는 어떤 것들이 있는지 알아볼 것이다. 우리는 상호적인 패턴, 신념체계, 통념, 원가족 문제 등을 비롯하여 친밀함에 방해가 될 만한 것들을 살펴볼 것이다. 마지막으로 친밀함을 형성하는 데 있어서 자기 정의(self-definition)의 역할을 살펴볼 것이다.

보라는 화초에 물을 주다가 너무나도 섬세한 화초 잎을 보고 경탄했다. 그녀는 자신이 정성 들여 가꾼 결실을 눈으로 보았던 것이다. 화초는 생기 있고 무성하게 그리고 아름답게 자라고 있었다. 하지만 그녀는 동시에 슬퍼졌다. 그녀의 결혼생활은 잘 가꾸려고 애쓰는데도 잘 되지 않았고, 때로는 별 볼일 없게 느껴졌기 때문이다.

남편인 대호는 가족에게 헌신하고 있다고 생각하며 가족들이 필요로 하는 모든 경제적인 지원을 제공했지만 가족의 일상적인 활동에는 거의 참여하지 않았다. 보라는 남편이 결혼생활에는 별 관심도 없이 책을 읽고 웹사이트나 돌아다니는 데 너무 많은 시간을 쓴다고 생각했다. 보라는 대호의 내적인 삶에 관해 거의 알지 못했다. 그는 무엇에 흥미가 있는가? 그는 우리의 관계에서 무엇을 소중히 여길까? 그는 무엇을 꿈꾸고 있을까? 보라는 이런 의문에 대한 어떤 단서도 가지고 있지 않다. 그녀는 결혼생활 12년 동안 남편에 대해 알고 있는 것보다 그녀가 키워 온 실내용 화초들에 대해 더 많은 이야기를 할 수 있다고 생각할 정도다.

사실 대호가 보라에게 신경을 쓰지 않는 것은 아니었다. 대호는 아내가 일, 아이, 결혼생활에 대한 공허함을 이야기하고 싶어 할 때에도 언제나 의무적으로 경청했다. 그는 늘 예의를 지켰고 절대 무례하지 않았다. 그러나 결코 애정으로 아내를 대하지는 않았다. 보라는 항상 공허하고 채워지지 않는 느낌이었다. 그녀는 지치도록 남편에게 간청했지만 그는 아내가 자신에게 원하는 것이 무엇인지 이해하지 못한 것 같았다. 도대체 우리가 부부이긴 한 걸까? 보라는 궁금했다. 대호는 현명하고 이해심 많은 사람이었다. 그는 보라가 동경하던 성격을 모두 갖춘 사람이었다. 그러나 둘은 정서적인 접촉을 하지 못했다.

보라의 사례가 특별한 것은 아니다. 우리는 몇 년 동안 수많은 부부가 자신의 결혼생활에 대한 공허함을 이야기하는 것을 들어 왔다. 어떤 남편은 불행해하는 아내를 깊이 걱정해서 결혼생활에 대한 상담을 받으러 왔다고 이야기를 하곤 한다. 그는 부부관계에서 자신이 불행하거나 불만족스럽다고 말하지는 않는다. 그러나 그의 아내는 남편이 자신을 사랑한다고 말하고 실제로 사랑을 표현하더라도 자신과 내적인 삶을 나누지는 않는다고 말할 것이다. 이런 결혼생활은 집안을 돌보는 집사와의 관계나 마찬가지다!

그렇다면 무엇을 놓친 것일까? 한마디로 말하자면 친밀함이다. '친밀함' 은 부부들이 자신들의 문제를 논의할 때 가장 빈번하게 사용하지만 가장 모호한 단어 중 하나다. 남자들은 흔히 친밀함을 성적인 접촉과 애정 어린 손길과 같은 신체적 접근으로 생각한다. 반면 여자들은 보통 배우자와 느낌이나 의견을 언어적으로 공유하는 것으로 생각한다. 문제가 있는 부부는 '친밀함' 이라는 단어를 이와 같은 정의로 사용하지 않는다. 대신 그들은 배우자가 친밀함의 중요성을 이해하지 못한다고 주장한다.

✻ 친밀함이란 무엇인가

보라와 대호 부부의 문제는 친밀함에 대해 다른 정의를 내리고 있다는 것이다. 더 큰 문제는 서로 친밀함에 대한 정의가 다름을 깨닫지 못했다는 것이다. 만약 친밀함에 대한 공동의 목표가 없다면 분명히 그들은 목표에 도달하지 못할 것이다. 그렇기에 이것은 중요한 문제다. 이는 두 사람이 함께 쉴 수 있는 낭만적이고 멋진 휴가를 고대하는 것과 같은 것이다. 그러나 불행히도 그들은 서로 다른 휴가 장소와 다른 교통수단을 생각하고 있다. 이런 상황에서 휴가를 가게 된다면 그것은 비극일 것이다.

친밀해지기 위한 첫 단계는 이 용어를 정의하는 것이다. 많은 사람에게 친밀함이 무엇이냐고 물으면 매우 다양한 답을 얻을 수 있다. 대다수는 친밀함이란 깊은 정서적 교류이며 깊이 있고 충분한 대화라고 정의할 것이다. 또 어떤 이들은 거의 자동적으로 훌륭한 성관계라고 정의하기도 한다. 불행하게도 이런 사람들끼리 결혼한다면 결과는 뻔하다. 이런 부부는 상호작용이 진행될수록 좌절하고 문제를 해결하지 못할 것이다. 이들은 이렇게 대답할 것이다. "우리가 더 친밀해진다면 성관계가 좋아질 거예요." "우리가 더 나은 성관계를 가진다면 우리는 좀 더 친밀해질 거예요." 분명히 말하지만, 이렇게 의논하는 것은 무의미하다. 이는 낭만적이고 편안한 휴가를 보내는 것을 고대면서도 어디로 어떻게 갈 것인지 서로 얘기하지 않은 것과 같은 것이다.

이러한 부부는 친밀함을 어떻게 정의 내리고 합의할지에 관한 건설적인 대화를 하기보다 파괴적인 상호작용 패턴을 반복한다. 두 사람은 배우자의 친밀함에 대한 정의를 바꾸려고 노력하지만, 결혼생활에서 원하는 친밀함을 결국 얻지 못한다.

친밀함의 정의는 한 가지만 있는 게 아니다. 대부분의 부부들은 그들이 친밀하게 느끼는 부분을 알아내고 거기에서 그들이 함께 더 작업해야 할 점들을 알아내는 대신에 이렇게 말해 버린다. "우리는 친밀한 것도 아니고 친밀하지 않은 것도 아니야." 부부들은 빈번하게 친밀함을 성적 혹은 감정적 접촉으로 정의한다. 다른 여러 유형의 친밀함은 잊어버린 채 말이다.

✻ 친밀함의 유형

친밀함의 유형에는 어떤 것들이 있는가? 논의할 만한 가치가 있는 몇 가지 유형에 대해 알아보자. 다음의 목록이 친밀함의 유형을 총망라한 것은 아니며, 친밀함의 여러 측면을 다양하게 생각해 볼 수 있도록 간단하게 제시한 것이다. 하워드 클라인벨과 샬럿 클라인벨(Clinebell & Clinebell, 1970)의 영향력 있는 연구는 우리의 생각에 몇 가지 토대를 제공해 준다.

- 양육을 통한 친밀함
- 영적 친밀함
- 공동 관심사를 통해 개발된 여가 활동 친밀함
- 심미적 친밀함
- 위기 친밀함
- 정서적 친밀함
- 성적 친밀함

양육을 통한 친밀함

첫 번째 유형인 양육을 통해 형성된 친밀함을 살펴보자. 친밀함과 양육의 개념이 서로 관련 있다는 것은 많은 사람들에게 분명한 사실인 것 같다. 함께 양육을 하는 몇 년 동안 논쟁과 갈등이 무수히 일어나므로 부모로서 친밀함을 느끼기는 쉬운 일이 아니다. 그러나 좋은 부모로서 한 팀이 되는 법을 알기까지 겪는 시련과 고생은 실제로는 많은 부부의 삶을 풍부하게 하는 것이다.

우리가 현명하고 효과적인 방법으로 훌륭한 부모가 되려고 노력하는 것은 자녀의 성장을 위한 것이다. 이에 대해서는 당신과 당신의 배우자 모두 동의할 것이다. 그러나 당신의 양육 기준과 배우자의 기준이 충돌할 때는 문제가 생긴다. 이 두 기준은 모두 양육에 대한 신념을 기초로 하고, 원가족의 경험(부모가 근처에 산다면 그로 인해 매일 사건이 발생하는 것을 포함하여)에 영향을 받은 것이다.

양육방식에 영향을 주는 모든 통념, 신념, 원가족의 영향을 극복하는 데에는 상당한 정서적 활동이 필요하다. 많은 결혼생활이 이러한 어려움들 때문에 끝이 난다. 특히, 두 번째나 세 번째 결혼일 때는 더욱 그렇다. 그러나 이러한 압력을 이겨내서 건강하고 남부럽지 않게 아이들을 키우는 것뿐만 아니라 당신의 배우자와 더 나은 감정적 밀접함을 느끼는 보상을 받는다면 진정으로 친밀함을 경험할 것이다. 다음의 영진과 윤미의 예를 보자.

이영진, 김윤미 부부의 사례

영진과 윤미는 결혼생활을 소중히 여긴다. 그들은 자신들의 관계에 친밀함이 거의 없다고 인정함에도 불구하고, 세 아이를 성인까지 키우는 동안 서로에 대한 친밀함과 이해가 형성되었다고 생각한다. 그들은 둘째 아들인 명우를 키우면서 서로 부딪쳐야 하는 일이 많았다. 명우는 고등학교 시절 문제 청소년들과 어울렸다. 2년 동안 명우는 또래들에게 '짱' 으로 통했다. 부모는 명우를 한 개인으로서 인정해 주고 그와 가족의 성장을 이끌기로 결정했다. 그러나 명우는 여전히 분별력이 좀 더 필요했다.

영진과 윤미는 명우가 고등학교에 다니는 동안 함께 부모교실에 참여하여 다른 관점과 새로운 기술을 배우고자 하였다. 둘은 이전보다 더 적합하고 나은 부모가 되기로 결심했고, 부모로서 서로에게 약속했다. 시간이 흐르고 많은 좌절 끝에 영진과 윤미는 명우와 함께 목표를 이루었다. 명우는 자신의 개별성을 희생하지 않으면서 가족 안에서 책임감을 갖는 길을 발견했다. 오늘에 이르러 영진과 윤미는 서로에게 시간이 가르쳐 줄 수 없는 특별한 느낌을 갖게 되었다. 그들이 할아버지, 할머니가 되었을 때 아이를 함께 양육함으로써 형성된 동일한 친밀함은 조부모라는 새로운 역할로 지속될 것이다. 그들은 계속 결혼생활에서 깊은 친밀함을 느낄 것이다.

영적 친밀함

영적 친밀함은 무엇인가? 영적 친밀함은 부부가 종교적인 신념을 나누고 그 신념을 두 사람이 실천하는 깊은 정서로 정의될 수 있다. 이 영적 친밀함의 유형은 초월성의 의미를 상호 공유함으로써 고취된다. 이것은 두 배우자에게 언어적 · 비언어적인 것을 결합시킨다. 영적인 친밀함을 가짐으로써 두 배우자는 강한 확신을 얻고 서로에게 강한 확신과 깊은 책임을 공유할 것이다.

허민태, 안정혜 부부의 사례

민태와 정혜는 둘 다 천주교 집안에서 자랐다. 민태는 학창 시절 전도 활동을 열심히 하는 소년이었다. 한편 정혜는 동네에 있는 성당의 청년부에서 매우 적극적으로 활동했다. 성당 일에 참여하는 동안 정혜와 민태는 각각 성당과 신앙, 그리고 공동체 봉사에 대한 깊은 애정을 키워 갔다. 그들은 대학에서 만났고 곧 결혼했다. 그들은 다시 인근의 성당에서 신앙생활을 시작했다.

두 사람은 신앙생활을 함께 하는 것에서 기쁨을 발견했다. 그들의 원가족과는 달리 민태와 정혜는 종종 삶을 풍부하게 하고 기쁘게 하는 성경의 가르침에 관한 대화를 나누었다. 그들은 성당에서 다른 사람들과 정신적인 기쁨을 나누면서 교류하는 것 외에도 수년 넘게 정기적으로 자신들의 집에서 작은 모임을 가졌다. 민태와 정혜는 자신들이 친밀한 관계를 형성했다고 굳게 믿는다. 또한 그것이 특히 신앙을 공유하고 정신적인 경험을 함께 했기 때문이라고 여긴다.

여가 활동 친밀함

여가 활동 친밀함은 독특한 유형으로 맞벌이 부부에게서 자주 발견된다. 맞벌이 부부는 자신들의 직업과 가족을 꾸리는 데 많은 시간과 에너지가 필요하기 때문에 가정을 책임지기 위해서 둘이 함께 붙어 일하게 된다. 이것은 오늘날 우리 사회에서 매우 공통적인 일이다. 그러나 피로한 일상 가운데서도 어떤 부부들은 정기적으로 취미와 여가생활을 함께 하는 길을 모색한다.

운동, 사진 동호회, 구형 자동차 모임, 하이킹 클럽, 족보 연구, 정치적인 활동집단 등은 부부를 오랫동안 묶어 주는 여가 활동 혹은 사교적인 활동의 몇 가지 예일 뿐이다. 취미, 사교 활동, 스포츠는 자기 표현과 만족감을 공유하는 기회를 제공할 수 있다. 만약 당신이 배우자와 여가 활동을 함께 하고 있다면, 그것은 자기계발의 의미뿐 아니라 배우자와의 관계를 수월하게 해 줄 것이다. 이것이 오랫동안 지속될 때, 깊은 친밀함이 형성된다. 정수와 인희의 경우도 그랬다. 두 아이가 태어난 이후에도 말이다.

박정수, 조인희 부부의 사례

대학 때부터 정수와 인희는 골프를 즐겼다. 인희는 대학 팀에 있었고, 정수는 친구들과 여가생활로 열심히 골프를 즐기고 있었다. 결혼생활을 하면서 그들은 자신들이 경쟁이 아닌 취미로서 골프를 함께 즐길 수 있을 거라고 생각했다. 그들은 몇몇 부부들이 스포츠를 함께 하면서 관계에 문제가 생겼다는 말을 들었다. 그것은 그들이 너무 경쟁적이거나 서로를 가르치려고 했기 때문이었다. 그러나 정수와 인희는 여러 가지 위기를 극복해 나갔다. 결국 그들은 골프에 대한 열정을 나눴고, 여가 활동을 통해 친밀함을 형성하였다. 그들은 골프를 우선순위에 둘 수 있었고 골프를 함께 하면서 멋진 시간을 가질 수 있었다.

그들의 관계에서 골프는 함께하는 시간과 자녀양육 계획을 세우는 규칙적인 기회가 되었다. 골프는 항상 '해야만' 하는 것이었고, 서로에게 친밀함을 느낄 수 있게 해 주는 부분이었다.

심미적 친밀함

또 다른 유형의 친밀함도 있다. 결혼한 부부는 여러 유형의 친밀함을 동시에 나눌 수 있다. 부부가 함께 친밀함을 나누는 시간의 깊이는 친밀함 유형의 개수보다 중요하다. 부부는 예술과 자연에서 느낀 깊은 감상을 함께 나눌 때 심미적 친밀함을 공유할 수 있다. 예술 감상을 즐기는 부부들은 부부관계가 열정적이며 다른 누구와도 나눌 수 없는 깊이 있는 경험을 느낄 수 있다. 이것은 서로 자신이 느낀 것을 배우자에게 말로 표현해야 한다는 점에서 독특한 친밀함 유형이다. 연주회나 발레를 보고 화랑을 관람한 경험을 말로 표현하는 것은 어려운 과제일 수 있다. 마찬가지로 야외 사진 촬영, 하이킹, 생태 관찰과 같은 경험을 통해 자연과 함께하면 경험의 깊이를 확실히 표현하는 방법을 아는 데 도움이 된다.

허준, 임희경 부부의 사례

준과 희경은 어느 산장에서 처음 만났다. 그들은 각자 몇 명의 친구들과 함께 하이킹을 왔는데 갑자기 산꼭대기 근처에서 눈보라가 몰아치는 바람에 오두막에서 잠시 머물게 되었다. 산행을 마치고 같이 내려오면서 두 사람은 서로에게 끌렸다. 그리고 야외 활동에 둘 다 관심을 갖고 있음을 알게 되었다. 그들의 친구들은 스포츠인 하이킹을 즐기는 반면, 둘은 주위를 둘러싼 자연의 아름다움에 흠뻑 빠져 있었다. 그러는 동안 오솔길의 끝자락에 다다랐고, 그때 준이 희경에게 전화번호를 물어봤다. 그녀는 기꺼이 알려 주었다. 그들은 몇 달 동안 데이트를 하면서 서로가 천생연분임을 느꼈다. 청혼할 무렵까지도 하이킹과 지역환경 원외단으로 활동하며 지냈고, 수채화 그리기에도 흥미를 갖게 되었다. 이제 준과 희경은 결혼생활 10년 차이고, 그들은 자신들의 관계에 친밀함이 형성되었다고 확신을 갖고 말할 수 있다. 특히, 결혼기념일마다 여행을 떠나는데, 지방의 산으로 캠프를 가거나 야외로 수채화를 그리러 갈 때 더욱 친밀함을 느낀다고 한다.

위기 친밀함

뜻하지 않게 발생한 위기로 인해 오히려 친밀함이 형성될 수 있다. 결혼생활이나 확대가족 내에서 발생하는 모든 사건은 그것이 위기든 행복이든 부부 사이에 더욱 깊은 친밀함을 생기게 하기도 한다. 가족 내의 심각한 위기는 결혼생활의 스트레스를 증가시키고 불화를 일으킬 수 있음에도 불구하고 독특한 유형의 친밀함을 형성하게 하기도 한다.

자녀의 심각한 질병, 가정을 파괴시키는 자연재해, 부모나 형제의 병치레, 뜻하지 않은 실직 등과 같이 재정적으로 곤란하게 하는 위기들은 부부관계를 강화시키기도 한다. 이러한 위기는 친밀함을 전보다 크게 향상시켜 주어 배우자 서로에게 깊은 보살핌과 세심함을 이끌게 한다.

고경호, 최태연 부부의 사례

경호와 태연이 결혼한 지 7년이 되었을 때 태연은 유방암 진단을 받았다. 둘 다 재혼이었고 이전 결혼에서 낳은 자녀와 함께 살고 있었다. 열 살과 열일곱 살 난 아이들은 별 문제없이 떨어져 살고 있는 부모들을 정기적으로 방문했다.

태연의 암 진단 이전까지, 두 사람이 결혼생활에서 바라는 것은 단지 아이들을 양육할 만한 환경이라고 서슴없이 이야기했다. 둘은 더 이상 아이 낳기를 원하지 않았다. 그들은 서로를 사랑했지만 그들 사이에 친밀함은 거의 없었다. 경호는 아내의 암 진단을 들었을 때 망연자실했다. 그의 어머니도 유방암으로 돌아가셨기 때문에 더욱 그랬다.

암치료와 대처방법을 의사와 상의하면서 경호는 아내와의 관계 변화를 시도했다. 이전에 과묵했던 그의 모습과 달리 매일 아내를 찾아가 지지해 주고 무엇이든 그녀가 원하는 방법으로 해 주었다. 아내 역시 암에 대한 공포와 분노에 대해 좀 더 말로 표현하였다. 그들은 이 위기가 태연의 건강과 결혼생활을 위해 극복해야 할 공동의 적임을 깨달았다. 그들은 아이들을 위한 안정적인 가정을 꾸리는 것 말고는 자신들이 결혼생활에서 무엇을 원하는지 생각해 본 일이 없었다. 첫 번째 결혼생활은 그들에게 상처와 실망을 주었고 배우자에게서 친밀함과 밀접함을 확인하는 것을 두렵게 했다. 그들에게 닥친 이 위기는 모든 것을 바꾸어 놓았다.

암에서 살아남은 것은 비단 태연뿐만이 아니었다. 경호와 태연은 결혼할 때에는 생각할 수 없었던 함께 나누는 방법을 배웠고 서로에 대한 깊은 애정을 꽃피웠다. 그들의 친밀함은 정서적이며 육체적인 것이었고, 보다 중요한 점은 삶을 위협하는 힘겨운 위기에 대처함으로써 이런 친밀함이 생겼다는 것이다.

당신은 주위 사람들의 위기뿐 아니라 이 사례에서처럼 당신의 결혼생활에 큰 충격을 주는 위기를 어떻게 다룰지 고려해 볼 필요가 있다. 위기는 결혼생활을 파멸시키는가, 아니면 서로가 가까워지는 계기가 되는가?

정서적 친밀함

모든 유형의 친밀함이 그렇지만, 특히 정서적 친밀함은 묘사하기가 가장 어렵다. 앞의 여러 친밀함은 공통의 경험을 기초로 하거나 공통의 관심사를 통한 배우자와의 초기 관계에서 이루어진 것이다. 이에 비해 정서적 친밀함은 배우자와 함께 외적인 사건이나 대상을 비롯한 무언가를 공유하는 것이 아니라 깊이 있게 '자신(self)'을 공유하는 데에서 오는 연대감이다. 어떤 결혼생활은 한두 가지 유형의 친밀함을 보이지만, 대부분의 결혼생활은 다양한 친밀함을 통해 견고해진다. 흥미를 공유하거나 위기를 함께 이겨낸 적이 없었을 수도 있지만, 정서적인 친밀함을 나누는 부부들은 배우자의 일상생활에 주의를 기울이는 특별한 애정을 보인다.

김용욱, 백혜영 부부의 사례

용욱과 혜영은 평범한 부부로 25년을 함께했다. 이들에게는 두 자녀가 있으며 모두 대학에 다니고 있다. 혜영은 중학교 교장으로, 용욱은 자산관리사로 일한다. 둘 다 일을 사랑했고 직장에서 긴 시간을 보냈다. 상대방이 하는 일에 대해 많이 알지 못하더라도 그들은 서로에게 첫째가는 지지자다.

용욱과 혜영은 서로의 이야기를 경청한다. 연애 초기부터 그들은 무엇이든 모든 것을 서로에게 이야기하는 데 몇 시간씩을 보냈다. 그들은 자신들의 결혼생활이 정서적인 안식처임을 확신했다. 아이를 키우면서 의견 차이가 있었을 때도 서로 함께하며 시간을 내서 상대의 이야기를 들어주는 것을 무엇보다 중요시했다.

이 사례에서 두 배우자가 서로에게 느끼는 거의 신비하다고 할 수 있는 연대감을 가져다주었던 것은 어떤 명백한 이슈나 도전이라기보다는 다소 막연하고 손에 잡히지 않는 무엇이었다. 당신이 만일 정서적 친밀함을 갖고 있는 부부 중 한 사람에게 배우자에 대해 물어본다면, 분명 얼굴에 미소와 홍조를 띠면서 그들의 관계에서 배우자가 얼마나 훌륭한 존재인지를 칭찬하며 대답할 것이다.

성적 친밀함

앞서 용욱과 혜영이 서로를 칭찬하며 각별하게 정서적으로 친밀하다고 해서 그들이 성적으로도 굉장히 친밀할 거라고 생각하는가? 꼭 그렇지만은 않다. 몇몇 부부들은 배우자가 정서적으로 천생연분이면서 동시에 굉장한 성적 만족을 주는 사람이라고 말하기도 하지만, 이 두 가지 친밀함이 항상 함께 나타나는 것은 아니다. 사실 성적 친밀함을 가진 몇몇 부부들을 보면 신체적인 화학작용에 대한 민감성과 잘 맞는 궁합을 가진 경우가 많다. 그러나 그들은 서로에게 자신 혹은 자신의 입장에 대해서 이야기하는 능력이 크게 결여되어 있음을 알 수 있다. 그것은 마치 그들의 친밀함에서 말은 방해물이고 장벽인 것 같아 보인다. 다음의 재필과 혜정이 그러한 예다.

김재필, 신혜정 부부의 사례

재필과 혜정은 19년이 넘도록 함께 살아오면서 항상 기분을 들뜨게 하는 굉장히 멋진 성관계를 가졌다. 사실 이 부부는 육체적으로 천생연분이기 때문에 격론을 벌이다가도 서로의 팔에 안기면 논쟁이 사라질 거라는 농담도 한다. 그들은 서로 다른 취미와 관심사를 가졌고 매우 다른 분야에서 일을 한다. 성적 친밀함은 이 부부 외에 누구도 알 수 없기 때문에 누군가 정말 둘이 친밀하냐고 묻는다면 그들은 강하게 그렇다고 할 것이다. 그들의 업무는 많은 노력을 요하며 규칙적이지 않다. 이와 비슷하게 그들의 아이들도 일과가 복잡하다. 그렇지만 이 부부는 "우리는 둘이 하나가 될 수 있는 시간은 절대 놓치지 않아."라고 말할 것이다.

친밀함의 유형은 다양하다

친밀함에 대한 다양한 정의와 설명을 살펴보았는데, 이러한 정의는 모두 일리가 있다. 앞서 지적한 대로, 우리는 친밀함의 한 가지 정의에 근거해서 흑백논리적인 사고를 자주 한다. 그래서 친밀함의 정의를 만족스러운 성관계라고 한다면, 이런 흑백논리는 성관계의 만족도와 빈도에 기초해 결혼생활의 친밀함을 평가하도록 만든다. 이 흑백논리가 간과하는 점은 부부들은 양육이나 여가 활동을 공유함으로써 꽤 친밀해질 수 있다는 사실이다. 모 아니면 도라는 생각은 이러한 현실을 고려하지 못하게 만든다.

친밀해지기 위한 첫걸음은 먼저 당신이 친밀함을 어떻게 정의하고 있는지 스스로에게 질문하고, 그 정의를 통해 자신이 극단적인 사고를 하고 있지는 않은지 검토하는 것이다. 다음으로 배우자의 친밀함에 대한 정의를 공유하는 대화를 시작하는 것이다. 이런 대화의 목적은 친밀함의 정의를 서로 합의하고 명료화하는 것이다. 당신이 무엇을 좋아하고 원하는지, 그리고 배우자에게 무엇을 해 주고 싶은지 스스로에게 말해 봐야 한다. 당신의 배우자도 똑같이 스스로에게 말해 봐야 한다. 부부관계에서 친밀함에 대한 억측과 흑백논리적 일반화를 하지 않기 위해서 당신 자신에 대해 말해 보는 연습을 정기적으로 해 보는 것이 필요하다.

일단 이런 연습을 시작하게 되면, 수많은 요인 때문에 친밀해지는 과정이 더욱 어려워지기 마련이다. 우리가 여러 번 강조했듯이, 모든 논점이나 문제는 당신과 배우자의 상호작용 패턴과 논쟁을 일으키고, 이것은 신념체계와 사고 오류 및 원가족의 메시지에 의해 촉발된다. 당신이 자신과 배우자에 대해서 분명하다 할지라도 두 사람이 상호작용하는 데 장애물은 여전히 존재할 수 있다. 이 장애물은 당신(혹은 배우자)이 명료하게 말하고 듣는 능력과 관련이 있을 것이다. 또는 원가족 논점의 분명하지 않은 측면을 명확하게 해야 할 것이다. 친밀함의 방해물이 무엇인지 이해한다는 것은 아마도 당신의 상호작용 패턴 자체를 완전하게 이해해야만 한다는 것을 의미할 것이다.

✻ 문제가 있는 상호작용 패턴

친밀함의 다양한 유형을 살펴보면서, 당신은 각각의 유형이 어떻게 형성된 것인지 궁금했을 것이다. 친밀함은 '단지 우연히' 생기는 것이 아니다. 유감스럽게도 그것은 그리 간단하지 않다. 어떤 유형의 친밀함일지라도 배우자의 행복뿐 아니라 당신 자신, 당신의 불안 수준, 관계에서 당신이 바라는 점에 세심하게 초점을 맞추는 것이 필요하다.

친밀함과 불안

당신과 배우자가 양육과 같은 문제로 논쟁할 때, 두 사람은 불안해할 것이다. 굉장히 불안할 수도 있고 다소 덜 불안할 수도 있겠지만 어찌됐든 불안은 나타날 것이다. 또한 당신과 배우자는 불안에 대처하는 자신만의 방식을 가지고 있을 것이다. 우리는 앞에서 쫓고(물리적 혹은 언어적 충돌) 거리를 두는(물리적 혹은 침묵의 사용) 방식에 대하여 알아보았다(6장을 참조하라). 이 방식은 어떤 문제를 논의할 때 나타난다. 당신과 배우자가 문제를 해결하려고 할 때, 둘은 친밀함과 자기 정의를 통해 더욱 친밀해지는 것이다. 특정 문제에 대해 당신이 어떻게 느끼는지, 그리고 당신의 생각이 무엇인지 얘기함으로써 상호 이해와 동의에 이를 수 있다. 설사 당신이 동의하지 않더라도, 당신은 배우자의 자아상이나 관계를 손상시키지 않는 선에서 의견 차이를 얘기할 수 있게 되고 이런 과정을 통해서 더 큰 친밀함이 형성되는 것이다.

그러나 불안이 커지면 패턴화된 상호작용에 의해 친밀함이 형성되기가 어렵다. 7장에서 살펴본 것처럼, 친밀함이 필요한 문제(예: 양육)의 신념체계에 따라 부부는 각자 패턴화된 반응을 나타낸다. 게다가 당신과 배우자의 사고에서 일어날 수 있는 오류들(예: 비타협적인 의사결정)이나 당신의 원가족에게서 받은 영향은 예상된 패턴을 촉발시킨다. 어떤 사람들은 적극적으로 쫓아가는 반면, 그들의 배우자는 거리를 둔다. 어떤 사람들은 불안을 처리함으로써 통제하려고 하지만, 다른 사람들은 단순히 갈등을 회피한다. 어떠한 행동 패턴이든지 예측 가능하고 역효과적인 상호작용을 발생시킬 수 있다.

정훈, 혜미 부부의 사례

7장에서 소개한 정훈과 혜미의 사례는 패턴화된 상호작용이 얼마나 문제를 일으키고 친밀함을 방해하는지를 설명해 준다. 당신이 기억하다시피, 정훈과 혜미는 결혼생활에서 재정관리를 둘러싸고 다툼을 벌였다. 싸움이 진행되면서 그들은 친밀함을 느끼기 어려웠다. 정훈은 혜미를 쫓아다니며 저축의 중요성을 설교하고 돈 문제에 대한 무책임함을 비난하며 자신의 불안을 다루었다. 정훈은 혜미를 멀리하며 자신의 불안감을 드러내기도 했지만, 돈과 관련된 관계에서는 자주 쫓는 자가 되었다. 그는 비판과 지식을 통해 혜미를 제압하려고 하였고, 싸움을 통해 친밀함에 대한 불안과 갈등을 감소시켰다.

결혼생활에서 혜미는 정훈의 추궁에 방어할 때면 거리를 두는 쪽이었다. 그녀는 반항적이 되거나 혹은 침묵을 통하여 그와 거리를 두었다. 때때로 정훈이 비난 조의 공격을 한 이후에는 눈물을 흘렸다. 그럴 때마다 그녀는 자신에게 화가 났고, 우는 아내를 보는 정훈은 더욱 좌절했다. 혜미는 거리를 두는 행동을 할 때 불안이 감소하였지만, 남편에게 느끼는 친밀함은 나아지지 않았다. 그보다 두 사람은 서로에 대한 부정적인 감정만 남았다. 재정관리는 그들의 결혼생활에서 독이 되는 영역으로 남았다. 그러나 그들의 돈에 관한 상호작용적인 패턴과 논쟁은 확실히 문제가 되며, 친밀함을 만드는 데 계속 어려움으로 작용할 것이다.

그들은 이러한 상호작용을 어떻게 변화시킬 수 있을까? 그것은 그들의 신념과 개념이 어떻게 변하느냐에 달려 있다. 예를 들어, 정훈은 혜미에게 이렇게 말함으로써 자신의 일부를 변화시킬 수 있다. “여보, 나는 우리의 재정이 걱정되는데 어떻게 관리해야 할지 모르겠어. 우리는 돈 문제가 나올 때 서로의 눈을 안 보잖아. 당신 도움이 필요해. 혼자서 해결할 수가 없어. 아마도 우리 둘 다 적절하다고 느끼고 찬성할 수 있는 계획을 세울 수 있을 거야. 나에게도 무방하고 당신에게도 제한적이지 않은 대안들을 함께 찾아볼까?”

만약 정훈이 이와 같이 접근한다면 혜미는 아마도 친절하게 반응할 것이다. 물론 그녀는 여전히 방어적으로 느낄 수도 있고 남편과 함께 재정 계획을 세우려 하지 않을 수도 있다. 하지만 아마도 그녀는 그의 초대에 응하고 이렇게 말할 것이다. “좋아요. 그러나 우리가 함께 어떻게 대화할지 기본적인 규칙을 만들었으면 해요. 몇 가지 규칙에 대해 동의해 주겠어요? 그것은 그다지 엄격할 필요는 없어요. 단지 서로 공격하지 않고, 흥분하면 진정시킬 수 있는 방법이 필요할 뿐이에요. 합의가 잘 되었으면 좋겠어요. 우리가 서로를 어떻게 대하느냐가 돈 문제보다 더 중요하니까요.”

정훈과 혜미가 서로 돈에 관해 불안한 반응을 다루는 방법은 그들이 얼마나 친밀해지느냐에 크게 관련되어 있다.

패턴화된 상호작용과 친밀함

앞에서 설명한 것처럼, 모든 유형의 친밀함에서 나타나는 문제들은 패턴화된 상호작용이나 친밀함을 방해하는 논쟁을 야기할 수 있다. 부부들은 성관계, 양육, 여가 활동 혹은 다른 수많은 영역에서 패턴화된 상호작용이나 논쟁을 할 수 있다. 이것은 그 각각의 부분에서 형성될 수 있는 친밀함을 방해한다.

예를 들어, 인희가 정수의 골프 스윙을 코치하려 하고 그에게 연습을 더 하라고 말했다면, 혹은 그녀가 끊임없이 그의 게임을 비판했다면, 정수는 인희와 골프를 치려 하지 않았을 것이다. 그들의 이런 상호작용은 골프를 통해 형성될 수 있는 친밀함을 막게 된다.

이제 우리가 설명한 친밀함의 여러 유형 중에서 배우자와 당신의 상호작용 패턴을 되돌아볼 시간을 갖자. 상호작용에서 당신의 역할에 대해 생각해 보라. 논쟁에서 불안을 느낄 때 당신은 쫓는 사람인가, 거리를 두는 사람인가? 당신의 역할을 어떻게 행하는가? 논쟁을 조정하려 하면 무슨 일이 일어나는가? 배우자와 무엇이 다르다고 생각하는가? 배우자는 어떤 반응을 보이는가? 다음의 빈칸에 배우자와 친밀함을 나누는 상호작용에서의 당신의 역할을 묘사해 보자. 전형적인 시나리오에 관해 생각해 보라. 당신은 어떻게 느끼고 무엇을 하는가? 빈칸에 당신이 어떤 패턴화된 상호작용을 하면서 친밀함을 더욱 어렵게 만드는지 기술해 보라.

....

....

....

....

....

....

✻ 신념

우리의 관계에서 행동에 자동적으로 영향을 주는 많은 신념이 있다. 예를 들어, 결혼생활에서 성역할에 관한 당신의 신념은 무엇인가? 만약 당신이 결혼생활에서 어떤 결정을 할 때 여자는 남자에게 복종해야 한다고 생각한다면, 가정관리 문제나 양육, 성관계, 사회 활동과 관련된 결정을 논의하는 일은 드물 것이다. 마찬가지로 당신이 모든 결혼생활과 가족 문제에 대한 주된 결정자가 여자라고 믿는다면, 갈등은 거의 없겠지만 부부관계가 얼마나 친밀할지는 의문스럽다. 이런 성에 기초한 신념은 친밀함에 꽤 큰 영향을 준다.

다른 것으로는 배우자에 관한 신념이 있다. 예를 들어, 당신은 배우자가 진실로 당신과 가까워지고 싶어 한다고 믿는가? 아니면 배우자가 당신과 거리를 두고 독립적이기를 원한다고 생각하는가? 이런 질문에 대한 당신의 대답은 모두 배우자와의 상호작용에 영향을 줄 것이다.

만약 당신이 배우자와 좀 더 친밀하다면 어떠할 것 같은가? 숨이 막히게 답답할 것 같고 지나치게 통제당할까 봐 두려운가? 만약 이렇게 생각된다면 당신은 배우자와 가까워지는 것을 주저할 것이다. 당신의 배우자 혹은 배우자의 동기에 대해 가지는 신념은 종종 상호작용적인 패턴을 이끌어 낸다. 배우자에 대한 신념 외에 당신은 친밀함 자체에 관한 신념을 가지고 있을 것이다. 친밀함은 어때야 한다고 생각하는가? 친밀함이 형성됐음을 어떻게 알 수 있을까?

대개 당신의 신념은 우리가 앞에서 논의한 친밀함의 여러 유형과 관련이 있을 것이다. 친밀함의 유형이 어떠해야 하고 어떤 느낌이어야 한다는 당신의 신념은 상호작용적인 패턴에 큰 영향을 준다.

고종호, 박재연 부부의 사례

종호와 재연은 4년 전에 재혼했다. 그들은 세 아이가 있고, 모두 재연이 첫 번째 결혼에서 낳은 아이들이다. 종호는 초혼이다. 재연은 10년 전 결혼했고 이혼으로 끝이 났다. 전남편이 세 번째 바람을 피웠을 때 서둘러 이혼했다.

종호와 결혼하면서 재연은 전남편에게 그랬던 것처럼 그에게는 감정적인 연민을 절대 가지지 않기로 결심했다. 또한 전남편에게 했던 것보다 자신의 요구와 권리를 더 주장해야 한다고 믿었다. 그녀는 어떤 유형의 친밀함이든 기분 좋은 감정이지만 완전히 신뢰할 것은 못 된다고 생각했다. 절대로 다시는 남편에게 약한 모습을 보이거나 재정적으로 위태로운 모습을 보이지 않겠노라고 맹세했다. 그래서 그녀는 가사에 관한 문제나 그들의 사회생활, 양육, 재정에 관하여 주도권을 가졌다.

종호는 오랫동안 독신으로 지내면서 친구나 가족의 도움 없이 자신만의 인생을 아주 잘 꾸려 왔다. 그는 돈을 잘 관리하는 습관을 지녔으며, 돈을 관리하는 방법에 대한 확고한 신념도 있었다. 재연과의 결혼생활은 그에게 폭풍과도 같았다. 특히, 재정적인 측면에서 재연은 남편의 돈을 관리하는 수완이나 정직함을 믿지 않았다. 종호는 공동 소유 재산에 대해 아내에게 주도권을 내주지 않았다. 특히, 이전에 그가 이룬 부분에 대해서는 더욱 그랬다. 둘 다 이 부분에 대단한 자부심과 판단력이 있었다. 그들의 논쟁과 상호작용은 뻔한 것이었는데, 둘 다 그에 관해 어떻게 이야기할지를 모르고 있었다. 그들은 서로를 비난하고 침묵함으로써 거리를 두었다. 분명 그들의 신념은 친밀함을 이루는 데 방해가 되었다.

원가족 문제

당신이 결혼생활에 대한 친밀함을 이해하는 데 원가족이 미치는 영향은 거대한 것이다. 이것은 친밀함을 다루면서 가장 중요한 문제다. 당신의 부모, 친구 그리고 형제자매의 결혼은 당신에게 결혼생활 내에서 친밀함이 의미하는 바가 무엇인지를 이해하는 데 깊은 영향을 준다.

당신은 어렸을 때 무엇을 보고 들었는가? 그리고 결혼생활의 친밀함에서 남자와 여자는 어떠해야 한다고 배웠는가? 원가족의 문제에는 성실, 공정함, 성역할의 평등(혹은 불평등), 일과 놀이의 모든 것이 포함되어 있다. 당신은 어렸을 때 지금의 상호작용과 선택에 잠재적인 영향을 주는(특히, 친밀해지려는 노력에 영향을 주는) 문제에 관해 무엇을 보고 들었는가? 부모님의 친밀함은 어땠고 그들은 친밀함을 어떻게 정의했는가? 다음 빈칸에 부모님의 친밀함이 어느 정도였는지 기술해 보라.

성역할과 친밀함

친밀함을 이해하는 데 있어서 성역할이란 무엇인가? 많은 가족에서 여자는 가족의 감정을 조절해 주는 역할을 한다. 그들은 다른 구성원들이 경험하는 친밀함의 정도와 깊이에 대해 남모르는 책임감을 느낀다. 우선 여러 세대를 거쳐 내려온 원가족의 메시지를 살펴보고 그것이 어떻게 영향을 주는지 이해하는 것이 변화를 위해 필요한 첫 단계다. 당신이 그 메시지를 어떻게 내면화했는지를 이해하는 것이 핵심 열쇠다.

그런 다음 결혼생활을 하면서 당신의 부모님과 같은 혹은 다른 친밀함을 원하는지 배우자와 함께 탐색을 시작할 수 있다. 그리고 당신이 결혼생활에서 원하는 것을 반응적이지 않게 요구하는 것을 시작할 수도 있다. 우리는 이것을 반응적이지 않도록 반응하는 방법을 배우는 과정, 그리고 자신을 정의하는 방법을 배우는 과정이라고 부른다. 이런 학습은 탐색과 자기 정의를 통해서 시작된다.

원가족 메시지

만약 원가족 메시지를 이해할 수도 없고 가려 낼 수도 없다면, 이는 배우자의 관계에서 친밀해지기 위해 고군분투하는 불안한 시기에 파괴적인 사고 오류를 범하게 할 수 있다. 사고라는 것은 장래에 대해 창의적으로 생각하고 오래된 패턴의 새로운 해결책을 생각하는 능력이다. 그런데 이 사고에 오류가 생긴 것은 검토되지 않고 잘못 이해된 원가족의 문제와 신념에 의해 악영향을 받았기 때문이다.

일반적으로 이런 모든 신념은 포괄적인 문장으로 요약된다. 즉, '모든 여자는 바람둥이다.' '모든 남자는 집에 문제가 발생할 때 그것을 능숙하게 다루어야 한다.' 와 같다. 이와 같은 신념은 원가족 메시지에서 나오며, 친밀함 형성에 방해가 될 수 있는 비메시지가 친밀함 형성에 미치는 영향을 인식하고, 또 그 메시지가 강력한 신념이 되어 갈등을 일으킬 수 있다는 것을 기억하라.

이제 친밀함에 대한 원가족 메시지의 일부를 검토해 보라. 가능한 한 많은 목록을 작성하고 그 메시지로 인해 이루어진 신념체계의 유형을 검토해 보라. 당신이 탐색을 시작하는 것을 돕기 위해 다음의 문장을 이용해 보자. 친밀함과 그것이 형성될 가능성, 그리고 원가족의 메시지를 알아보라.

- 친밀해지기 위해 하는 나의 상호작용은 ……
- 친밀함에 대한 나의 신념은 ……
- 친밀함에 대한 나의 원가족 메시지는 ……

....

....

....

....

✻ 관계 속에서 자기 되기

당신의 상호작용, 신념체계, 원가족 메시지를 이해하는 것은 중요한 시작이다. 친밀함은 당신의 패턴을 변화시키거나, 신념을 검토하거나, 친밀함에 대한 정의를 확대하거나, 원가족의 메시지를 검토하는 것을 전제로 한다. 이것들은 매우 중요한 단계이고 안정적인 친밀함이 형성될 수 있도록 도와준다. 그러나 이것만으로는 충분하지 않다.

친밀함은 그 관계 안에 두 개의 분리된 심리적인 자아가 있느냐 없느냐에 전적으로 달려 있다. 깊은 친밀함이 이루어지기 위해서는 완전히 분리된 두 사람이 있어야 한다. 부부들은 성경에 나오는 "둘은 하나가 될지어다."에 동의한다. 이 잘못 인도된 '하나 되기'를 위해 애쓰면서 몇몇 부부들은 자기 정의를 지속해야 함을 잊어버린다. 사람들이 자기 정의를 하지 않을 때, 그들은 지나치게 반응적이거나 주위 사람들에게 쉽게 영향을 받는 경향이 있다. 그들은 자기 지각 능력을 잃어버리고 배우자가 원하는 자기가 되거나, 혹은 배우자가 바라는 것과 반대로 반응할 수도 있다.

자기 정의

자기 정의란 무엇인가? 후기 가족치료자인 머레이 보웬(Murray Bowen)은 8장에서 논의한 '자기 분화'로 이를 설명한다. 보웬(Bowen, 1988)에 따르면 분화된다는 것은 당신이 어디에 있든지, 누구와 있든지 반응적이지 않은 사람이 될 수 있느냐 하는 것이다. 그것은 당신이 관계에서 반응적이지 않고 불안하지 않은 것을 의미한다. 분화는 다음 두 가지를 함축한다.

- 다른 누군가와 반대로 자기를 정의하지 않는다.
- 다른 누군가가 원하는 자기가 되지 않는다.

예를 들어, 한 젊은이는 보수파인 아버지에게 완강히 저항하려고 개혁파가 될 수 있다. 그에게 확고한 정치적인 입장이 있어서가 아니라 반응적으로 아버지에 맞서기 위하여 반대되는 당을 선택할 수도 있는 것이다. 이 젊은이에게 또 다른 상반되는 선택은 아버지에게 인정받기 위해서 보수당원이 되는 것이다. 둘 다 반응적인 태도이기 때문에 분화된 경우라 볼 수 없다. 둘 다 분화되거나 자기 정의된 사람이 아니다.

분화된 사람은 어떤 주제에서도 남에게 반응적이지 않고 '내 입장(I-position)' 을 취할 수 있다. 그리고 자신에게 중요한 사람이 내 의견에 동의하지 않더라도 지나치게 불안해하거나 방어적이지 않다. 자기 정의된 사람은 '자기 자신을 유지하기' 를 하고 관계 속에서 자신을 잃지 않는다. 이것은 매우 어려울 수 있다. 사실 보웬이 가르친 대로 이것은 전 생애적인 과정이다. 친밀한 결혼생활이 되기 위해서는 부부 각자가 자기 정의를 계속해야 한다. 자신을 명확하게 하는 능력은 친밀함이 향상될 수 있는 비결이기 때문이다.

조민철, 서혜인 부부의 사례

혜인은 남편인 민철이 종교적인 관점을 강하게 표현할 때면 매우 불안해지곤 했다. 남편이 자신의 신념을 이해시키고 또 변화시키려 한다고 느꼈기 때문이다. 결국 그녀는 그가 성경을 열렬하게 설명하는 것을 들을 때 침묵하게 되었고, 화가 나고 거리감도 느꼈지만 결코 내색하지는 않았다. 또한 그녀는 그와 함께 교회에 가긴 했지만 좋아하지는 않았다. 사실 그녀는 그 교회의 보수적인 이론을 듣는 것이 고통스러웠다. 그녀는 민철에게 점점 더 거리감을 느꼈고, 종교적인 문제에 깊은 관심이 있음에도 결코 그와 이야기를 나누지는 않았다. 그녀는 그가 절대로 이해하지 못할 것이라고 느꼈다. 물론 그들은 종교적인 친밀함도 나누지 못했다.

그러나 현실은 이것이 '종교적인 문제' 나 의견 차이의 문제가 아니라는 것이다. 문제는 자신의 입장을 확고히 하고 자신의 의사를 표현함에 있어 반응적이지 않는 능력이 부족한 것이다. 놀랄 것도 없이, 그녀는 아버지 외에는 가족 중 누구도 자기의 의견을 표현하기가 무척 어려웠던 지배적인 가정에서 자랐다. 가족 중 누군가가 아버지의 의견에 동의하지 않을라치면 아버지의 분노가 폭발했다. 혜인은 어릴 적부터 집안에 괜한 풍파를 일으키니니 침묵하는 게 모든 것이 평온해지는 최선의 방법이라는 것을 배웠다.

그 결과, 혜인의 결혼생활은 평온했으나 친밀함이 거의 없었다. 그녀는 매우 효과적으로 평온을 유지하는 방법을 배웠지만 그 대가로 친밀함을 잃어야 했다. 자기도 모르게, 그녀는 속마음을 말한다면 남편이 아버지처럼 반응할까 봐 두려웠던 것이다. 그녀는 '내 입장' 을 갖거나 자기 정의를 하는 것이 너무 불안했는데, 그것은 그녀의 신념이 확고하게 자리 잡고 있었기 때문이었다. 그러나 남편은 그들 사이에 거리가 생기는 것에 자주 불만을 토로했다. 친밀함은 두 배우자가 반응적인 측면을 억제하고 자기를 명확히 하는 능력을 기초로 형성되는 것이다. 이런 능력이 부족하게 되면 몇 가지 문제를 만들어 낸다.

첫 번째 문제는 부부간에 거리감이 생길 수도 있고, 반대로 매우 반응적일 수도 있다는 것이다. 혜인은 자신의 신념을 명확히 하지 않아서 민철과 거리감이 생겼다. 그러나 그녀가 남편의 신념을 공격하고 그에 반응적이었다고 하더라도 친밀함이 형성되지는 않았을 것이다. 혜인은 '자기 자신을 유지' 하는 법을 배울 필요가 있고, 민철에게 반응적이지 않게 말하는 법을 배울 필요가 있다. "나는 당신의 교회가 당신에게 많은 의미를 준다는 것을 알아요. 그래서 교회를 옮기기를 원하지 않아요. 그런데 내가 당신 교회에서 나의 종교적 생활을 할 수 없다는 것을 알아줬으면 해요. 나는 나의 종교적 방향을 찾길 원해요. 아마도 그것은 당신과 다른 걸 거예요."

혜인은 또한 민철이 방어적이 되거나 그의 생각대로 그녀를 바꾸려 노력할 때 어떻게 반응해야 할지 배워야 한다. 만약 그녀가 자신을 유지하면서 반응적이지 않는 법을 배울 수 있다면, 장기적으로는 민철과 더 가까워지고 결혼생활에서 친밀함을 성취할 기회가 더 많아질 것이다.

두 번째 문제는 그녀가 자기(self)를 유지할 수 없다면 민철에게 공감할 수 없다는 것이다. 사람들은 자기 자신을 유지할 수 없을 때 공감하는 마음으로 경청하는 것에 불안을 가지게 된다. 남편의 의견이 혜인에게 불안을 일으킨다면, 그녀는 남편의 말을 들을 수가 없을 것이다. 자기를 유지할 수 있을 때에만 불안 수준이 낮아지고 효과적으로 경청할 수 있게 될 것이다. 불안을 낮추려면, 그녀는 자신의 생각과 정서를 수용하고 방어하거나 정당성을 주장하지 않으며 민철 씨의 관점을 변화시키려고 하지 말아야 한다.

분화의 의미

요약하면, 분화 혹은 '자기 자신을 유지하기' 라는 것은 반응적이지 않고 자신의 의견, 신념, 흥미를 유지하는 능력을 의미한다. 이것은 당신의 배우자에 의해서 정의되거나 반응적으로 당신의 배우자에게 반대하는 자기가 되는 것을 말하는 것이 아니다. 분화는 자신만의 흥미, 친구, 꿈, 느낌에 접촉하는 것을 유지하는 것이다.

많은 부부에게 이것은 어려운 일이다. 그들은 흔히 2장에서 설명한 '부부는 모든 것을 함께 해야만 한다' 는 통념을 믿는다. 그 결과, 개별적인 자아로서 자신을 개발하는 일에 흥미를 잃는다. 부부들 대부분은 개별적인 자아를 유지하면서 부부의 일부가 되는 것에 긴장을 나타낸다. 여기서 균형을 유지하는 것이 중요하다. 개별성에 너무 많은 비중을 두면 마치 평행선처럼 배려는 있지만 거리감이 생기는 결과를 낳는다. 반대로 부부는 일심동체라며 모든 것을 함께 하는 것은 각각의 성장과 발전을 어렵게 한다. 이렇듯 균형점을 찾아내는 것은 쉽지 않다.

마지막으로 분화와 자기 인식은 당신이 자신의 결혼생활에까지 적용했던 낡은 생각을 지각했음을 의미한다. 우리는 이미 당신이 결혼생활에 가지고 온 신념체계와 원가족 문제에 대해 여러 번 이야기하였다. 이것은 중요한 일이고 잘되면 부부 대화의 중요한 부분으로 작용할 것이다. 그러나 이런 개념에서 더 깊이 들어가 보면, 그것은 단지 원가족으로부터 비롯된 당신의 신념, 패턴, 역할, 규칙을 아는 것만을 의미하지는 않는다. 그것은 결혼생활로 가지고 온 오래된 상처나 고통에 관해 아는 것을 의미한다.

예를 들어, 혜인은 아버지에 대한 깊은 분노를 품고 있었다. 그녀가 자신이 가진 종교에 대한 의견을 표현하는 데 어려움을 느끼는 것은 더 깊은 문제에 대한 증상일 뿐이다. 그녀의 성장과정에서 분화나 개별화의 시도는 아버지에 대한 반란이나 불효로 해석되었다. 결과적으로 그녀의 마음속에 깊은 상처가 내재하고 있었던 것이다. 그녀는 부모의 방식과 규칙을 따라야 자신이 부모에게 인정받을 수 있을 것이라고 굳게 믿었다. 그녀는 진정한 자기 자신을 유지하는 것에 상당한 거부를 당해 왔다.

놀랄 것도 없이, 그러한 상처는 결혼생활까지 이어졌다. 그녀는 자신만의 흥미를 찾거나 자신만의 가치관을 표현하더라도 남편인 민철이 그녀를 사랑하고 존중해 줄지 두려웠다. 특히, 남편과 의견이 다를 경우에는 더욱 그랬다. 물론 그녀는 민철에게 이에 대해서 설명한 적이 없다.

반면 민철은 깊은 감정을 공유하고 친근한 대화를 할 수 있는 친밀한 배우자를 원했다. 그는 종종 자신은 눈에 띄지 않는 존재라고 느낄 만큼 정서적으로 매우 거리감 있는 가정에서 자랐다. 소년 시절에 그는 무엇을 해도 주목받거나 인정받지 못하였다. 그는 결혼생활에서 자신의 존재감을 느낄 수 있는 관계를 갖기를 정말로 원했다. 그러나 그 바람을 말로 표현하지는 않았다. 그 결과, 민철은 자신이 종교적인 논의를 하는 동안에 혜인이 점잖게 입을 다물고 있어서 매우 외로웠지만 그 이유를 알 수 없었다.

민철과 혜인은 자신들의 신념과 가족 규칙, 역할 그리고 자신들이 어렸을 때 원가족에게 받은 깊은 상처에 대해 이야기할 필요가 있다. 이 부부에게 보다 깊은 친밀함을 이루는 열쇠는 분화나 자기 정의에 있다. '내 입장' 을 가지고, 그 입장을 유지하는 능력을 증가시키는 것만으로도 친밀함은 자라날 것이다. 만약 그러한 과정에서 당신 자신을 잃을까 봐 두렵다면 가까워진다는 것은 위험한 일이다. 민철과 혜인이 자기 정의를 하고 자신의 불안을 다루는 능력에 자신감을 가질수록, 그들은 원가족 문제와 자기 자신을 유지하는 것에 대해 이야기할 수 있게 되고 관계는 더욱 친밀해질 것이다. 만약 그들이 어떻게 원가족에게 상처를 받고 무엇이 고통스러웠는지 서로 이야기할 수 있다면, 그리고 자신들의 결혼생활에서 그 상처가 어떻게 되풀이되는지 알게 된다면, 상처를 치유하는 능력과 친밀함은 한층 더 깊어질 것이다.

자기 정의를 통한 공감과 치유

혜인은 자기 정의를 명확히 하여 그에 따르는 불안을 극복하려고 노력했다. 그녀는 마침내 자신의 종교적인 관점을 남편과 논의할 수 있게 되었다. 그녀는 남편에게 함께 교회에 가는 것에 대해 어떻게 느끼는지 이야기했다. 물론 민철은 방어적으로 무언가 반박하려고 했지만 혜인의 아버지가 했던 방식은 아니었다.

그가 방어적으로 대할 때 혜인은 자신의 입장을 고수하며 반응적이 되지 않았다. 그래서 혜인은 남편에게 굴복하지 않을 수 있었다. 그녀는 자신이 민철의 의견을 존중하고 있으며 그에게 맞는 교회를 발견한 것이 기쁘지만 자신에게는 맞지 않는다고 말할 수 있었다. 시간이 흘러 그들은 자신들의 종교적인 관심사에 대해 더욱 진솔한 이야기를 나누었고, 마침내 그러한 논의 속에서 친밀함을 발견할 수 있었다. 물론 그들이 어느 교회에 참석할지에 대한 논의는 다소 팽팽하게 남아 있지만 말이다. 자기 정의는 이 부부에게 친밀함을 키우도록 해 주었다.

자신을 명확하게 하는 것은 서로를 공감하는 것에 간접적인 영향을 준다. 혜인은 자신을 정의하기 전에는 남편의 종교적인 관심사에 경청하거나 공감할 수 없었다. 남편은 그녀를 너무나 불안하게 만들었다. 그녀는 항상 남편이 자신을 틀에 맞추려 든다고 느꼈다. 절망과 불안을 느끼는 사람들은 종종 자신의 배우자를 변화시키려고 한다. 또는 혜인의 경우처럼 입을 다물고 자신의 입장을 표명하지 않게 한다. 이것들은 친밀함을 방해하고 공감과 이해에 장애가 된다.

공감

공감은 불안하지 않을 때에만 가능하다. 기본적으로 우리는 배우자가 자신을 공감하고 이해해 주기를 간절히 원하고 또 배우자가 이런 마음을 알아주기를 바란다. 진정으로 우리를 알고 이해하고 수용하기 위해서 말이다. 우리는 때때로 배우자가 공감과 이해로 어릴 적 아픔을 보듬어 주길 원한다. 앞의 사례에서, 혜인은 남편과 의견이 다를 때에도 남편이 자신을 인정해 주기를 바랐다. 공감은 자신을 배우자의 기준에서 생각해 보는 수용력이며 배우자의 현실을 이해하려는 노력이다. 배우자의 주관적인 관점을 통해서 문제를 보려고 노력하라. 혜인의 시도는 민철의 종교적인 관점이 그에게 얼마나 중요한지, 자신이 그런 관점을 가지고 있지는 않지만 그것이 얼마나 그에게 의미 있는 것인지 이해하려는 진실된 노력이었다. 물론 이것은 쉬운 일이 아니다.

자신의 삶의 과정을 되돌아보라. 얼마나 많은 사람이 당신을 공감해 주었는가? 얼마나 많은 사람이 진정으로 당신의 말을 경청해 주었는가? 그리고 그들은 정말로 당신의 관점을 이해해 주었는가? 당신의 가족구성원, 친구, 선생님, 성직자 등을 떠올려 보라. 떠오르는 사람들의 목록을 만들어 보라. 두세 명 이상이라면 당신은 매우 운이 좋은 사람이고 또 흔치 않은 사람이다.

공감은 쉽지 않다

공감적 경청은 쉬운 일이 아니다. 그것은 말하는 내용을 듣는 것뿐만 아니라 세상을 보는 깊은 수준까지 이해하는 것이다. 우리는 공감적 경청을 통해 이해받고 정서적으로 연결되어 있다는 안정된 느낌을 경험할 수 있다. 그것은 육체적인 것이라기보다는 정서적인 느낌의 경험이다.

공감적 경청을 하기 위해서는 자기 정의를 강화하는 것이 필요하다. 진정으로 경청하려면 양육, 종교, 가족, 여가 활동, 재정 문제 혹은 성관계에 대해 배우자의 관점이 무엇이든지 불안에 휩쓸리지 않고 들을 수 있는 능력이 필요하다. 더 높은 수준으로 분화가 될수록 당신은 감정적으로 반응하지 않고 배우자의 말을 경청할 수 있을 것이다. 공감을 이룬다는 것은 전 생애적인 여정이다. 그 길에 오른 부부들은 친밀함이 증가하여 즐거울 것이다. 분명 부부들은 친밀함을 통해서 갈등과 오해를 벗고 각자의 입장을 유지하면서 더 깊이 배우자를 이해하고 존중하게 될 것이다.

친밀함이 깊어지기 위한 최선의 방법은 교묘한 기술이 아니다. 그것은 자기 정의나 분화를 장기적으로 유지해야 이루어질 수 있다. 오직 자신을 명확하게 해야만 진실된 보살핌과 공감, 화해를 할 수 있다.

보다 친밀한 관계를 이루기 위해서는 다음의 단계를 따라야 함을 기억하라.

❶ 당신이 친밀함을 어떻게 정의하고 있는지 유념하라. 당신과 배우자의 친밀함에 대한 정의가 동일한지 확인하라.

❷ 당신의 상호작용 패턴이 친밀함을 어떻게 방해하고 있는지, 그리고 그 패턴 속에

서 당신의 역할을 어떻게 변화시킬 수 있는지 검토하라.

❸ 친밀함에 대한 신념은 대단한 힘을 갖고 있음을 자각하면서 살아라. 그리고 그 신념이 원가족으로부터 어떻게 형성되었는지 알아보도록 하라. 당신의 신념에 관하여 배우자와 대화를 지속하라.

❹ 진정한 분화는 깊은 친밀함을 발전시킨다는 것을 기억하라.

11 성적 불만족 회복시키기

결혼생활에서 있을 수 있는 모든 문제 중 성생활은 가장 복잡하고 가장 좌절을 안겨주는 문제일 수 있다. 롤링 스톤즈의 노래에 이런 가사가 있다. "난 만족할 수 없어요. 아무리, 아무리 노력해도 나는 절대로 만족할 수 없어요!" 많은 부부가 이렇게 불평한다. 성생활이 부부간의 화해를 이끄는 주요한 부분임에도 불구하고, 종종 그 문제 자체가 부부 사이를 긴장시키는 근원이 된다. 결혼 전에는 서로에게 즐거움을 주던 것이 어떻게 지금에 와서는 재미없고 지루하게 되어 갈등의 근원이 될 수 있을까?

우리는 일상적으로 다음과 같은 이야기와 불평을 듣는다. "남편은 우리가 침대 속에서 한바탕 전쟁을 치르고 나면 모든 것이 나아질 거라고 생각해요." "아내는 절대로 먼저 다가오지 않아요." "그는 늘 똑같아." "성관계가 잠들기 전 마지막 일과인 것처럼 느껴져요." "난 정말 하기 싫지만, 남편에게는 그것이 얼마나 중요한지 알고 있어요." "내 생각에는 말야. 우리가 열렬히 사랑을 나누고 있는 동안 그녀는 저녁 메뉴를 생각하는 것 같아." "왜 그는 성관계를 원할 때에만 그렇게 자상할까?" "왜 그녀는 나에게 놀라움을 주는 그 어떤 것도 하려 하지 않지?" "내가 가지고 있는 가장 섹시한 속옷을 입고 있었지만 그는 잠을 자더라고요. 버림받은 기분이란 바로 이런 걸 말하는 것 같아요." 이러한 이야기는 끝도 없다. 불평의 형태는 각각 다르지만, 이야기에 반영된 긴장 수준은 비슷하다.

많은 사람들은 성에 관한 무언가를 놓치고 있다는 것을 내심 두려워한다. 그들은 아직 찾지 못했지만 만족스러운 성관계의 비밀 공식이 있다고 생각한다. 슈퍼마켓 계산대에서 줄을 서 있는 동안 옆 선반에 있는 대중 잡지의 주요 기사들을 잠시 살펴보라. '열 가지 체위' '당신의 남자(혹은 여자)를 흥분시키는 방법' '그/그녀를 애타게 하는 방법' 과 같은 기사나, 최신판 건강 잡지에서 '밤새도록 하는 방법' 에 관한 기사를 볼 수 있을 것이다. 또는 약간 강도를 더 높여서 '당신의 성생활은 몇 점인가?' 와 같은 기사도 볼 수 있을 것이다.

근처 서점을 들러 보면 만족스러운 성관계의 비밀 공식을 발견할 가능성을 추가할 수 있을 것이다. 대부분의 자기계발 책들과 기사들은 좋은 성관계란 적절한 체위와 테크닉을 알고, 적절한 몸을 만들며, 심지어 섹시한 의상을 입는 단순한 문제라고 제안한다. 몇몇 책들은 매주 배우자가 놀랄 만한 새로운 테크닉을 연습하라고 제안한다. 대중 출판물에서 볼 수 있는 '나는 어떻게 하면 더 짜릿한 성생활을 할 수 있나?' 란 질문에 대한 해답은 단순히 더새롭고 더 창조적이고 더 나은 테크닉을 알아내는 것이다.

또한 TV나 영화에서도 성적인 부분을 확인할 수 있다. 성과 관련된 모든 것은 너무 쉬워 보이고 단순해 보인다. TV나 영화에서 부부들은 만나서 함께 술을 마시고 잠시 동안 대화를 나누고는 침대로 뛰어들어 격렬한 사랑을 나눈다. 하지만 현실은 그처럼 쉽지 않다. TV는 만족스러운 성생활에는 어떠한 의사소통이나 이해, 노력도 필요하지 않다고 말하는 것 같다. 또한 만족스러운 성생활이란 적절한 화학작용에 기초하여 '그냥 발생하는' 것이라고 말한다.

✻ 성에 관한 잘못된 통념

만일 당신이 대중 잡지나 TV, 광고, 영화에서 볼 수 있는 성(sex)에 대한 기사들을 간단하게 살펴보면, 성에 관한 일반적인 통념들이 분명히 나타난다는 사실을 알 수 있을 것이다. 여기에는 다음의 몇 가지 잘못된 통념들이 포함된다. 당신의 성생활을 스스로 평가할 때 어떠한 신념들이 자신과 유사한지 자문해 보라.

통념 1: 만족스러운 성생활은 적절한 테크닉에 달려 있다

이러한 통념을 진지하게 받아들인 사람들은 적절한 테크닉이나 매뉴얼 또는 기사를 찾아낸다면 자신들의 성생활이 나아질 것이라고 믿는다. 또한 자신들이 성과 관련된 중요한 정보를 놓치고 있다고 확신한다. 그들은 불안해하며 여성 잡지나 건강 잡지의 최신 기사를 읽는다. 어느 잡지든지 성과 관련된 성공의 비밀을 발견했다고 주장하는 톱기사가 있다. 이 통념은 만족스러운 성생활을 하는 방법을 포함한 어떤 문제를 해결할 수 있는 기계적인 테크닉이나 간단한 행동적인 해결책이 존재한다는 우리의 문화적 선입견을 따른다.

많은 성생활 매뉴얼이 이 통념을 지지한다. 어떤 매뉴얼은 만족감을 증대하는 101가지 체위나 테크닉 위주의 제안을 통해서 직접적인 지지를 보낸다. 어떤 것은 더 미묘하고 간접적인 형태로 이 통념을 지지하기도 한다. 이러한 매뉴얼은 부부들이 강제적이지 않은 방식으로 생식기 외에 서로의 몸에 대해 더 알 수 있게 계획된 '감각에 초점을 둔 실습' 을 제안한다. 때로는 매우 도움이 되는 훈련이지만, 이것은 만족스러운 성관계를 가지려면 적절한 테크닉을 발견해야 한다는 신념을 강화시킨다. 이렇게 하여 매뉴얼의 저자들은 전체 관계의 맥락에서 성관계를 분리시킨다.

통념 2: 만족스러운 성생활이란 몸매가 어떠냐의 문제다

완벽한 몸과 영원한 젊음을 중요하게 여기는 문화에서는 건강 잡지를 통해 이 통념이 통속화되어 있다. 이 통념은 웨이트트레이닝, 달리기를 비롯한 그 어떤 운동으로든 완벽한 몸을 만든다면 보다 나은 성관계를 가질 수 있다고 제안한다. 많은 사람이 자신의 완벽하지 못한 몸매가 성적으로 장애물이 될 거라는 생각에 정신이 팔려 있다. 분명히 기본적으로 육체적인 건강은 성관계뿐만 아니라 삶의 많은 부분에 도움이 된다. 하지만 몸매가 완벽하다고 해서 만족스러운 성관계를 가지는 것은 아니다. 이 통념은 오랜 결혼생활에서 깊은 친밀함을 누리고 있는 노년의 부부가 느끼는 친밀한 성(sexuality)을 담아내지 못한다. 대신에 피상적으로만 성을 이해하도록 만든다.

통념 3: 만족스러운 성생활은 적절한 화학작용에 의해 일어날 뿐이다

TV 드라마나 영화에 의해 통속화된 통념 중 하나는 사람들이 상대방에게 갑자기 강렬한 매력을 느껴서 짧은 시간 내에 어떠한 노력이나 의사소통 없이도 굉장한 성적인 경험을 가진다는 것이다. 그것은 '단순히 생기는' 것이고, TV 드라마나 영화에서 보듯이 폭발하듯 갑자기 일어난다. 그러한 격렬한 성관계는 단지 적절한 환경에서 적절한 사람과의 적절한 화학작용을 조건으로 한다.

다음과 같은 추론을 할 수 있다. 성관계가 그처럼 격렬하지 않을 때에는 애당초 거기에 화학작용이 없었거나 사라졌다는 의미가 된다. 하지만 '적절한 화학작용' 이란 무엇이고, 성적 매력이 진정으로 의미하는 것은 무엇인가? 당신이 일단 그것을 찾기만 하면 정말로 절대 변하지 않고 계속되는가? 많은 사람은 처음에 느꼈던 성적 매력을 배우자에게서 더 이상 느끼지 못하게 되면 '화학작용' 이 사라진 것이라고 생각한다. 그리고 적극적으로 성적 매력을 찾으려 하기보다는 수동적으로 돌아오기를 기다린다. 이 통념의 위험은 행동하게 만들지 않고 수동성을 촉진시키는 것이다. 이는 이 책에서 제안하는 적극적으로 행동하여 삶에서 변화를 이끌어 낸다는 모델과 정반대되는 것이다.

통념 4: 성관계는 자연스럽게 이루어져야 한다

'적절한 화학작용' 통념에 이어지는 이 통념은 만족스러운 성관계는 자연스럽게 이루어져야 하고 노력해서 되는 것이 아니라고 제안한다. 성관계에서 노력하는 것은 모순적인 것인가? 성관계란 정말로 서로에게 관심이 있는 두 사람 사이에서 그저 쉽게 일어나는 것인가? 그것은 좋은 느낌이나 작은 노력, 대화가 거의 필요하지 않는 것인가? 실제로 만족스러운 성관계에는 양질의 대화와 의견 교환이 있어야 한다. 만족스러운 성관계는 서로가 원하는 것이 무엇인지 알 수 있도록 충분한 시간을 나눌 성숙한 배우자가 필요하다. 특히, 어떤 것이 그들을 성적으로 흥분시키는지 배우자와 이야기를 나누어야 한다.

통념 5: 상호 간의 오르가슴에 대한 통념

'적절한 화학작용' 통념과 유사한 이 통념은 만족스러운 성관계를 가지기 위해서는 격렬한 오르가슴을 느껴야 한다고 이야기한다. 대중 잡지에 실린 성에 관한 기사들을 다시 살펴보자. 모든 잡지는 어떻게든 오르가슴에 초점을 맞추려 한다. 공교롭게도 이 초점은 성적으로 적극적인 활동의 개념으로 좁혀진다. 서로 간의 오르가슴이 모든 성관계의 목표가 되면 강한 압박감이 생긴다. 성관계의 목적으로 오르가슴에 이르고자 하는 이 안타까운 결과는 행위에 대한 불안을 증가시켜 오로지 생식적인 성관계에 집중하게 만든다. 압박감은 덜하지만 더 친밀한 성적 관계를 희생시키고서 말이다.

통념 6: 성관계는 오락이라는 통념

이 통념은 상대에 대해 제대로 알지 못하는 두 사람 간에 가벼운 성관계가 오락의 한 형태이며 만족스럽고 깔끔하고 건전한 즐거움이라고 제안한다. 이 통념은 성관계가 정서적인 친밀함으로부터 분리되어 단순한 육체적인 것이 되는 것을 암시한다. 성관계가 분명히 오락적이고 육체적인 것이기는 하지만, 이를 친밀함으로부터 분리시키는 것은 위험하다. 궁극적으로 성관계는 친밀함의 한 형태이며 의사소통의 한 형태다. 이 통념은 육체적인 성을 유일한 목표로 만들어서 전체 관계의 맥락으로부터 분리시킨다.

통념 7: 성관계는 언제나 최고여야 한다

만일 당신이 결혼한 지 오래된 부부들에게 성관계가 언제나 대단한지를 물어본다면, 대부분의 사람들은 상당히 다양하다고 말해 줄 것이다. 그것은 때로 굉장하기도 하고 지루하기도 하다. 오랜 시간 지속될 때도 있고 '빨리 끝날' 때도 있다. 욕망에 불타오를 때도 있고 기분이 나지 않을 때도 있다. 하지만 성관계는 굉장해야 하고 항상 자발적이어야 한다는 기대나 통념은 관계에서 서로에게 성적인 압박감을 줄 수 있다. 이 통념은 부부가 서로의 성적 경험을 만족의 '중요 척도' 로 평가하게 만든다. 이 척도에서 낮게 나왔다면 성관계는 전혀 좋지 않은 것이 된다. 이 통념이 잘못된 것임을 이해하고 자신들의 성관계가 때에 따라 다양할 수 있다는 것을 받아들인 부부들이 훨씬 더 건강한 태도를 가진다.

✻ 무엇 때문에 단순한 것이 그처럼 복잡해질까

앞에서 소개한 통념들 중에 당신의 생각처럼 익숙하게 들리는 것이 있는가? 만일 당신이 그중 어떤 통념을 신봉한다면, 그 통념은 당신이 가진 성적 문제에 포함된 것이다. 그 통념은 전혀 도움이 안 되는 성적인 목표와 기준을 제시해서 당신의 성생활을 더 복잡하게 만든다. 또한 당신이 무엇인가를 놓치고 있다고 말한다. 더 깊이 들여다보면, 성적 행복감에 대한 대답이 단순히 테크닉의 문제가 아니라는 것을 알게 될 것이다. 하지만 대부분의 부부들은 성생활을 향상시키기 위해서 어디서부터 시작해야 할지 알지 못한다.

유정권, 이미애 부부의 사례

결혼 18년차인 정권과 미애 부부는 성관계를 가지는 것이 지루해져서 성생활에 활기를 불어넣기 위해 애쓰고 있다. 그들은 데이트를 하던 때에는 자신들의 성생활이 매우 만족스러웠다고 설명했다. 그리고 젊었을 때는 서로에게 손을 떼지 못했다는 농담을 했다. 성관계는 그들의 관계에서 가장 중요한 부분 중의 하나였다. 18년이 지나 두 아이가 있는 현재는 정열의 불꽃이 거의 남아 있지 않게 되었다. 성관계는 지루하고 일상적이 되었으며 그나마 자주 하지도 않게 되었다. 어느 누구도 무엇이 문제인지 알지 못했다.

"여기서 더 나아지기는 힘들 것 같아." 정권은 불평했다. "끔찍하다기보다는 단지 열정이 없는 거예요." 미애도 동의했다. 덧붙여 그녀는 이렇게 말했다. "저는 항상 남편에게 성관계가 너무도 중요하다고 느꼈어요. 결혼 초기에는 우리 부부가 성관계에 너무 중점을 둔다는 것을 느꼈고, 제가 느낀 성적인 압박감 때문에 스스로에게 화가 나기 시작했어요. 성관계를 할 때에만 남편은 편안함을 느꼈어요. 이제 우리 둘 다 너무 지친 것 같아요."

상담을 조금 더 한 이후에 정권은 미애의 수동성과 성적인 창조성의 부족에 오랫동안 화가 났다는 것이 분명해졌다. 하지만 평온함을 유지하기 위해서 누구도 서로에게 불만족을 이야기하지 않았다. 그 결과, 그들은 예의 바르고 친밀함이 있는 관계를 가질 수 있었다. 부부가 함께 아이를 양육했고 각자의 일에서 얼마간의 성공을 경험했다. 하지만 성생활에서의 '불꽃'은 오래 전에 꺼졌다.

정권과 미애는 아주 평범한 형태의 성적인 문제를 보여 주고 있다. 그들은 점잖고 안정적인 결혼생활을 하지만 한때 가졌던 정열을 잃어버린 부부들 중 하나다. 그들은 견고하지만 정열이 사라진 결혼생활을 하고 있다. 그리고 서로가 문제에 기여하고 있다는 사실을 깨닫지 못하고 있다.

권승준, 최순자 부부의 사례

승준과 순자는 또 다른 유형의 갈등을 보여 준다. 남편인 승준이 순자에 대해 성관계의 동기가 없다고 불평한 것을 들은 이후로 그녀는 마음에 동요가 생겼다. 그녀는 솔직히 말하는 것이 두려워 머뭇거리면서 말하기 시작했다. 남편은 성관계가 친밀해질 수 있는 유일한 방법이라고 생각하며 여가 시간의 대부분을 친구와 보낸다고 말했다. 그는 그녀와 대화를 거의 하지 않았다. 아이들의 일정에 관해서 이야기할 때에만 그녀와 대화를 했다.

그 시점에서 순자는 울기 시작했다. "모르는 사람하고 성관계를 가지는 것처럼 느껴져요. 당신은 성관계를 원할 때만 나에게 가까이 다가오잖아요. 난 그게 화가 나요." 승준과 순자의 관계에서 성적인 측면에 대해 보다 자세히 물어보았을 때, 순자는 좀 전보다 당황했지만 결국 이야기를 털어놓았다. "저를 위한 것은 아무것도 없어요. 그는 항상 서두르고 자기 외에는 아무도 생각해 주지 않아요. 그에게 성관계란 '흥분하고, 관계 맺고, 끝내고, 고마워!' 그게 다예요."

승준과 순자가 가지고 있는 성생활의 어려움은 또 다른 패턴으로 나타났다. 그들은 서로 간에 거리를 둔 결혼생활을 해 왔다. 그 안에는 남자는 성관계를 친밀함을 형성할 수 있는 유일한 수단으로 정의한다는 생각이 있었다. 그로 인해 배우자와의 성적인 거리감이나 분노가 생겨난 것이다. 게다가 그들의 결혼생활에는 또 다른 어려움이 있었다. 바로 성에 대한 진정한 의사소통이 빠져 있었다. 그들은 성관계와 관련된 어떤 대화도 나누지 않았다.

승준은 성관계에서 아내가 만족하려면 무엇이 필요한지 찾아보지도 않았을 뿐만 아니라 순자의 성관계에 대한 생각을 이해해 보려고도 하지 않았다. 변화하기 위해서는 지금까지 그들의 결혼생활에서 빠져 있었던 서로 간의 의사소통이 필요했다. 진솔한 대화의 결핍으로 발생한 성적인 문제에 승준과 순자가 각각 어떻게 기여했는지에 주목하라.

배동원, 김희정 부부의 사례

이 부부는 또 다른 성적인 어려움을 가지고 있다. 동원은 희정의 불감증이 자신들의 문제라고 말했다. 이전에 만났던 여자들은 모두 그와의 관계에서 오르가슴을 느낄 수 있었는데 희정은 왜 그렇지 않은지 이해할 수 없다고 말했다. 그는 아내에게 문제가 있고, 변화가 필요한 사람은 분명히 아내라고 확신했다.

남편처럼 희정도 문제가 무엇인지 이해하지 못했다. 그녀는 남편의 말이 모두 맞고, 자신이 만족할 수 있도록 그가 노력했다는 사실을 인정했다. 이와 동시에 그만큼 노력했으니 오르가슴을 느껴야 한다는 남편의 기대에 압박감을 느꼈다. 이야기를 더 나누자, 그녀는 결혼생활에서 자신이 느끼는 압박감이 이것뿐만이 아니라는 사실을 깨달았다. 결혼생활의 많은 부분에서 남편이 그녀에게 높은 기대를 가지고 있었다는 것을 알게 되었다. 또한 남편의 기대를 결코 충족시켜 줄 수 없고, 성관계 또한 그의 기대를 충족시켜 주지 못하는 또 하나의 영역이라고 생각했다. 이러니 남편과의 성관계에서 그녀가 오르가슴을 느끼지 못하는 것은 당연한 일이지 않을까?

성적인 표현은 단순한 문제가 아니다

이 세 쌍의 부부들을 통해서 말하고자 하는 것은 성적인 표현법이 아주 복잡하다는 것이다. 부부들은 각기 다른 형태의 성과 관련된 문제점을 가지고 있지만, 이러한 유형의 차이에도 불구하고 세 쌍의 부부들에게 더 많은 정보나 더 나은 테크닉이 필요한 것은 아니다. 이들 부부에게 성과 관련된 문제점은 결혼생활에서 겪는 더 큰 어려움 중 하나일 뿐이다. 세련된 테크닉이 부부들의 문제를 해결해 주지 않는다.

✽ 성과 관련된 문제의 유형

앞의 사례들을 보면, 성과 관련된 문제들은 다양한 형태로 나타난다. 첫 번째 문제의 유형은 원만하지만 열정이 사라진 결혼생활이다. 이것은 항상 욕구의 결핍과 관련된다. 부부가 둘 다 성적인 욕구가 없거나 혹은 한쪽이 다른 쪽에 비해서 성적 욕구가 적은 것이 문제가 된다.

두 번째 문제의 유형은 친밀함과 관련된 문제다. 전반적인 친밀함이 부족해서 성과 관련된 친밀함의 문제도 생겼다. 이러한 이유로 부부들은 친밀함에 대한 공통된 정의를 내리지 못하고, 함께 감정을 공유하거나 정서적으로 친밀한 관계를 맺지 못한다. 배우자 중 한 명은 성관계를 친밀함의 중요한 수단으로 정의하지만, 다른 배우자는 성관계가 그러한 목적으로 사용되는 것에 분개한다. 이러한 형태의 성과 관련된 문제는 친밀함에 대한 공통된 정의의 부족이다.

세 번째 문제의 유형은 특정한 성적인 문제들이 있을 때 발생한다. 특정한 문제들에는 불감증, 발기부전, 조루증, 성관계 시의 고통 등이 포함된다. 이것들은 매우 특정적인 문제들이다. 노련한 성 문제 치료사나 의사의 도움이 필요한 경우도 있고, 부부간의 관계에서 나타나는 커다란 문제들이 성적인 면으로 표현된 경우도 있다.

네 번째 문제의 유형은 성관계 빈도, 창조성, 실험성에서 부부간의 불일치로 발생한다. 이 경우에 부부 중 한 사람이 더 자주, 더 실험적이고 창조적인 성관계를 원한다. 반면에 다른 한 사람은 성관계에 대한 흥미도 없고 어떤 이유에서건 변화를 원하지 않는다. 이러한 문제가 관계 패턴에서 쫓기/거리두기 유형으로 변화된다.

마지막 문제의 유형은 의사소통 문제와 관련되어 있다. 자신들의 성관계나 성적 욕망, 그리고 환상에 대해 대화하는 것이 불편한 부부들은 함께 성적인 문제를 조절하는 것이 어렵다. 이것들은 의사소통에 기반한 성적인 문제라고 볼 수 있다.

성과 관련된 어려움은 더 큰 상호작용의 일부다

성과 관련된 문제들은 맥락 내에서 이해해야 한다. 앞에서 본 모든 부부의 사례는 성적인 문제가 항상 더 커다란 문제의 일부라는 사실을 말해 준다. 더불어 성적 문제가 관계 내의 커다란 문제와 관련되어 있다는 것을 알려 준다. 이 책에서는 부부들이 처음에는 스스로 만들었지만 오히려 자신들이 말려들게 된 상호작용 패턴에 대해 기술해 왔다. 대다수의 부부에게 성관계는 결혼생활의 더 큰 문제들로부터 따로 떨어뜨려서 볼 수 있는 것이 아니다. 성관계는 커다란 결혼 패턴의 일부일 뿐이다. 그리고 또 다른 형태의 의사소통일 뿐이다. 앞에서 보았던 세 쌍의 부부들은 예측 가능한 상호작용 패턴들을 가지고 있다. 그들이 보여 준 성과 관련된 어려움은 이러한 커다란 패턴들의 일부일 뿐이었다.

유정권, 이미애 부부의 사례

정권과 미애는 갈등/회피 패턴을 가지고 있었다. 3장에서 이야기했던 이 패턴으로 인해 성적인 어려움이 발생할 수 있다. 그들은 자신들의 우호적 관계를 높이 평가했고, '괜히 긁어 부스럼 만드는 것'을 원하지 않았다. 그들은 성적인 관계에 대해 화가 나 있었지만, 갈등이 수면 위로 떠오르는 것에 대한 두려움으로 누구도 이야기를 꺼내려 하지 않았다. 이러한 갈등/회피 패턴으로 인해 관계에서 성적인 측면의 문제가 발생하게 되었다.

권승준, 최순자 부부의 사례

승준과 순자는 또 다른 유형의 패턴을 보여 준다. 그들의 문제는 전반적으로 친밀감을 느끼도록 하는 데 있다. 성과 관련된 문제들을 해결하는 첫 단계는 친밀함의 본질과 삶에서 친밀함의 가치에 대해서 진솔한 대화를 하는 것이다. 승준은 순자에게 정서적으로 거리를 두었다. 순자는 관계에서 정서적으로 그를 뒤쫓았고 집안의 정서적 분위기에 대한 책임을 떠맡았다. 즉, 그녀는 부부관계를 돌보는 책임을 혼자서 모두 떠맡고 있었다. 그녀는 자신의 부부가 정서적으로 언제 냉랭해지는지를 알고 있었다. 부부간에 대화가 더 많이 필요한 때나 이야기를 꺼내야 할 때를 알고 있는 것은 그녀였다. 승준은 아내가 정서적으로 뒤쫓을 때 거리를 두고 밖에서 친구들과 시간을 보내면서 아내와 함께하지 않았다. 승준이 아내를 쫓는 경우는 오직 성적인 영역뿐이었다. 오직 성관계만이 그가 견딜 수 있는 유일한 친밀함인 것처럼 보였다. 하지만 순자는 성적으로 그와 거리를 만들었다. 오직 성관계를 맺을 때에만 남편이 다가오길 원한다는 것을 알고 있었기 때문이다. 그럴 때마다 그녀는 자신의 가치가 떨어지는 것처럼 느꼈다.

여기서 볼 수 있듯이, 이 부부에게 성적인 문제는 친밀함이라는 커다란 문제의 단지 일부분일 뿐이다. 순자는 승준을 정서적 친밀함으로 뒤쫓았고, 승준은 거리를 두었다. 그리고 승준은 순자를 성적인 친밀함의 이유로 뒤쫓았고, 순자는 거리를 두었다. 어떠한 방법으로도 그들의 패턴은 변화하지 않으며 쫓기/거리두기 패턴이 유지된다. 더 커다란 문제로부터 초래된 결과가 바로 '쫓기/거리두기의 성적 패턴'이다.

배동원, 김희정 부부의 사례

마지막으로 동원과 희정은 더욱 복잡한 형태의 성적 상호작용을 보여 준다. 이것은 지배적/복종적 관계 유형의 변형된 패턴이다. 동원은 희정을 변화시키려 하는 지배적인 모습을 보인다. 희정은 그가 아무리 성관계를 '잘' 할지라도 (옳든 틀리든) 아내인 자신을 바꾸려 하고 통제하려 하는 사람으로만 남편을 받아들인다. 그녀는 이런 남편의 행동에 대해서 중압감을 느낄 것이다. 그래서 남편이 원하는 사람이 될 수 없는 성관계가 그녀에게 중압감으로 다가오는 것이다. 이러한 상황에서 희정은 간접적인 힘을 소유한다. 성관계에서 그녀는 복종적인 것처럼 보이는 반면, 남편에게 조종당하지 않을 수도 있는 영역인 것이다.

이 세 쌍의 부부들에게 성과 관련된 문제들은 더 커다란 관계 패턴의 일부다. 육체적 테크닉과 관련해서만 성과 관련된 문제들을 생각하면 초점을 잃게 된다. 관계에서 성적인 측면이 향상되려면 더 큰 상호작용 패턴이 다루어져야 한다.

당신의 문제는 무엇인가

더 읽어 나가기 전에 잠시 멈추고 당신의 결혼생활에서 성적인 측면에 대해 생각해 보자. 당신은 결혼생활의 그러한 부분을 어떻게 평가하는가? 성적인 부분에 접근했을 때 어떤 문제가 있는 것 같은가?

....

....

....

....

패턴화된 부부관계와 성생활

당신이 생각한 문제를 더 큰 맥락 속에서 이해해 보도록 하자. 여러 가지 부부 패턴들에 대해서 생각해 본다면 조금은 예상할 수 있을 것이다. 책을 읽어 나가면서 스스로에게 계속 의문을 던져 보자. '우리 부부를 가장 잘 묘사하는 관계 패턴은 어떤 것일까?'

쫓기/거리두기 패턴

가장 명확한 패턴은 3장에서 논의했던 쫓기/거리두기 패턴이다. 이 패턴은 성과 관련해서 많은 것을 보여 준다. 이 패턴에서는 한 사람이 정서적 친밀함을 목적으로 상대방을 뒤쫓음으로써 자신의 불안을 처리하려 한다. 예상할 수 있듯이, 한 사람이 정서적 친밀함을 쫓으면 쫓을수록 상대방은 더 거리를 둠으로써 쫓기면서 발생된 불안을 처리한다. 각각의 배우자는 상대방의 태도를 강화한다. 거리를 두는 사람은 쫓기는 데서 벗어나기 위해 더 거리를 두어야 한다고 말하고, 그 반대도 마찬가지다.

하지만 성적인 영역에서 이 패턴은 늘 역전된다. 거리를 두려는 사람이 성적으로 쫓는 사람이 된다. 즉, 거리를 두려는 쪽은 성적 친밀함을 추구함으로써 자신의 불안을 처리한다. 이런 사람들은 성적으로 가까워지게 되면 친밀함이 따라올 것이라고 믿는다. 하지만 이때 정서적 친밀함을 쫓는 사람은 상대의 성적인 접근을 거부하고 성적인 영역에서 거리를 만들어 낸다. 이러한 패턴은 침실에서 극적으로 변화된다. 즉, 완전히 역전되어 버린다.

지배적/복종적 패턴

지배적/복종적 패턴도 마찬가지로 역전된다. 보통은 지배적인 배우자가 힘을 가지는 것처럼 보인다. 복종적인 배우자는 항상 지배적인 배우자의 요구에 자신이 굴복하는 것처럼 보인다. 하지만 이 관계 패턴은 수면 위로 드러난 수준과 수면 아래의 숨겨진 수준이 있다. 표면적인 수준에서는 지배적인 쪽이 항상 힘을 가진 것처럼 보인다. 하지만 숨겨진 수준에서는 복종적인 쪽이 힘을 가진다.

힘을 가지는 가장 실제적인 장소는 침실이다. 성관계는 간접적으로 힘을 되찾는 길이 된다. 종종 복종적인 사람은 '너무 피곤하거나' '머리가 아프거나' 또는 '너무 생각에 몰두해서' 성관계에 대한 관심을 잃어버린다. 복종적인 사람이 배우자의 성적인 요구에 '따르려' 하는 것은 문자 그대로 단지 '따르기만' 하는 것이다. 즉, '복종적인' 사람들은 자신이 원해서 성적 활동에 동참하는 것이 아니다. 그들은 행동을 하기는 하지만, 성적으로든 정서적으로든 그에 열중하지는 않는다. 사실 부부 중에 항상 성관계를 통제하는 쪽은 성에 관해서 흥미가 없거나 부부관계에 대한 성적 욕구가 적은 쪽인 경우가 많다. 만일 그들이 요구에 '따른다면' , 여전히 간접적인 방식으로 성관계를 통제하는 것이다. "그래요, 나는 당신과 성관계를 가지긴 할 거예요. 부탁인데, 빨리 좀 끝내 줘요."라는 말은 확실하게 반항하는 것은 아니지만, 아무튼 '복종적인' 쪽이 주도권을 가지게 만든다.

갈등/회피 패턴

어떤 부부들은 갈등/회피 패턴을 보인다. 그들은 어려운 주제의 이야기를 서로 회피함으로써 안정적인 그대로의 상태를 유지하고자 한다. 표면상으로 이러한 부부들은 매우 견고한 관계를 보여 주고 서로에게 확실하게 예의를 지킨다. 하지만 더 가까이 다가가 보면 정서적으로 거리가 있는 관계인 것이 드러난다. 이러한 거리는 침대에서 가장 확연하게 드러난다. '서로 예의 바른 성관계' 를 가지는 것이 오히려 어렵다. 이러한 패턴은 앞에서 논의했던 또 다른 패턴으로 '좋기는 하지만 열정이 없는 결혼생활' 로 진행된다. 성관계를 가질 때 '좋아요' 란 말은 어느 누구도 그것이 좋았는지 나빴는지에 대해서 불평하지는 않는다는 의미다. 하지만 어느 누구도 서로 간의 차이나 좋고 싫은 것에 대해 이야기할 용기가 없다.

관계 패턴을 명확히 하는 데서의 문제점

관계 속에서 친밀함이 어떻게 정의되는가에 대한 문제는 항상 존재한다. 종종 이러한 패턴은 예측 가능하고, 늘 그렇지는 않지만 성(gender)과 관련된 문제가 되곤 한다.

어떤 사람들(종종 여자들)은 이야기한다. "우리가 더 친밀했다면 더 많은 성적 욕구를 느꼈을 텐데……." 그러면 배우자는 이렇게 반응한다. "더 자주 더 만족스러운 성관계를 가졌다면 사이가 더 친밀해졌을 텐데……." 분명히 이 논쟁에서는 누구도 승자가 될 수 없다. 그들은 친밀함이 자신들의 이해를 바탕으로 정의되었더라면 부부가 더 큰 친밀함을 가질 수 있을 것이라는 배우자의 주장을 자신의 입장에서 이야기한다. 결국 누구도 서로에 대해 친밀함을 느끼지 못하고 자신들이 원하는 것도 얻지 못한다.

역설적 속박 패턴

마지막으로 배우자에게 "자발적으로 좀 해 봐."라고 강요해서 부부의 성적인 문제를 호전시키려 하는 사람들이 있다. 그들은 배우자에게 자발적이 되라고 강요함으로써 역설적인 속박을 만들어 낸다. 즉, 어느 누구도 상대가 강요하는 것에 대해 자발적이 될 수는 없다. 그것은 불가능하다. 당신이 성적인 부분에서 자발적으로 뭔가를 하려 할수록 그에 대해서 더 생각해야만 하고, 성관계 때는 더 긴장하게 된다. 이것은 또 다른 패턴을 파생시킬 수 있다.

예를 들어, 기정은 아내인 성희와의 성관계에서 쾌감을 느끼지 못하는 것이 불만이었다. 그가 노력하면 할수록 상황은 더 악화되었다. 특히, 아내가 문제라고 확신하자 상황이 더 나빠졌다. 그는 집 안에 아내가 읽을 만한 책들을 놓아 두었다. 성관계를 맺을 때 아내에게 조금 다르게 해 보자는 제안도 했다. 심지어 그는 아내를 위해 고급 속옷 판매 회사에서 많은 속옷도 사 주었다. 하지만 불행하게도 이러한 속옷들은 곧장 아내의 옷장으로 들어갔다. 그는 노력하면 할수록 더 불평이 쌓여 갔고 상황도 바뀌지 않았다. 성관계는 만족스러운 것과는 거리가 멀었고 결코 자발적일 수 없었다.

이 밖에도 다양한 형태의 성적 패턴들이 존재한다. 이러한 패턴들의 공통점은 이 영역의 패턴보다 더 큰 상호작용 패턴들이 부부의 성생활이 향상되는 것을 막는다는 사실이다. 육체적 테크닉, 새로운 체위, 잡지 및 책이 성적인 영역을 향상시키지는 못한다. 결국 성관계란 단지 결혼생활의 의사소통 방식 중 하나일 뿐이다. 하지만 그 자체로도 다른 영역의 의사소통 문제들이 위태롭게 될 수도 있다. 의사소통의 문제는 그 자체로 생명력을 지닌 강력한 패턴이 되고, 이는 다시 성과 관련된 문제들을 더욱 복잡하게 만든다.

자, 당신 부부의 전반적인 패턴은 어떠한가? 그리고 이 전반적인 패턴은 관계의 성적인 측면에 어느 정도 영향을 주는가? 잠시 여유를 가지고 당신 부부의 관계 패턴을 요약해 보라.

....

....

....

....

....

성적 패턴 변화시키기

명심하라. 당신을 변화시킬 수 있는 유일한 사람은 바로 당신 자신뿐이다. 이 책에서 이야기했듯이, 변화의 핵심은 우선 당신 부부의 더 커다란 관계 패턴들을 이해하는 것이다. 또한 패턴에서 당신의 역할을 이해해야 한다. 마지막으로 기존과 다르게 행동함으로써 패턴에서 당신의 역할을 변화시키기 위해 노력해야 한다. 관계의 여러 다른 측면에서도 그렇지만, 성적인 측면에서도 그렇게 하도록 노력해야 한다. 자신의 성적인 상호작용에 대해 거리를 두고 객관적으로 살펴보라. 당신이 하고 있는 역할은 무엇인가? 당신은 성에 대해서 좇는 사람인가, 아니면 거리를 두는 사람인가? 당신은 성적인 측면에서 배우자를 들볶으면 어떻게 되는지 이해하려 하지 않고 더 자주 더 만족스러운 성관계를 위해서 들볶는 쪽인가? 아주 좁은 시야로 친밀함을 정의하려 하지는 않는가? 친밀함을 빌미로 성관계에 압박을 주는가? 당신은 갈등을 회피하기 위해서 단지

'따르기만 하는' 사람인가? 당신은 배우자의 성적인 욕구가 어떠한지 알고 있는가?

대답하기 더 어려운 질문은 바로 이런 것이다. 당신은 성적으로 배우자가 흥미를 잃게 만들지는 않는가? 그렇다면 배우자가 성관계에 대한 흥미를 잃고 덜 요구하게끔 하기 위해 어떤 방법을 쓰는가? 잔소리 퍼붓기, 배우자에게 성관계에 대한 중압감 주기, 성관계를 맺지 않을 때에는 차갑게 대하기 등 모두가 답이 될 수 있다. 도색 잡지를 읽고 성인 사이트에서 시간을 보내는 것 또한 배우자에게 성욕을 느끼지 말라는 메시지를 주는 것이다. 이러한 질문을 가지고 고뇌하는 것은 변화과정의 중요한 부분이다. 질문에 솔직하게 대답하는 것이 바로 변화의 시작이다.

당신의 패턴을 깨뜨리라

당신은 성적인 친밀함을 쫓는 사람인가? 그렇다면 성관계를 시작하려고만 하지 말고 배우자에게 여유를 주는 실험을 시작해 보라. 오직 성관계만 목표로 하지 말고 성적이지 않은 형태의 애정을 보여 줌으로써 더 새롭게 해 보라. 배우자가 기대하지 않았던 포옹도 해 보고, 등도 어루만져 주고, 부드럽고 사랑스럽지만 성적이지 않은 키스를 시도해 보라.

만일 당신이 성적으로 거리를 두려는 사람이라면 성적인 부분에서 더 자발적으로 다가감으로써 패턴을 변화시켜 보라. 먼저 관계를 원한다는 것을 보여 줘서 배우자가 놀라게 해 보라. 그리고 색다른 방식으로 성관계를 시작해 보라. 침실보다는 차 안이나 부엌, 분위기 있는 저녁을 계획해 보라. 향기 좋은 오일로 배우자의 몸을 마사지해 주거나 배우자와 함께 호텔에서 오후를 보내는 것과 같이 배우자가 놀랄 만한 것을 해 보라.

성적으로 당신이 쫓는 사람이건 거리를 두려는 사람이건, 중요한 것은 당신의 성적인 패턴을 확인해서 그것을 변화시킬 수 있는 방법을 찾는 것이다. 배우자를 변화시키려는 노력은 그만두고 자기 자신의 성적인 패턴을 변화시키는 데 초점을 맞출 때 성적인 관계가 변화될 수 있는 가능성이 생긴다. 배우자를 변화시키려는 시도는 결국 실패하게 된다는 것을 기억해야 한다. 특히, 성적인 측면에서 그러하다. 다시 강조하지만, 결국 당신이 변화시킬 수 있는 유일한 사람은 바로 당신 자신뿐이다.

자기 관찰하기

자신의 성적인 패턴을 객관적으로 관찰하려 할 때는 다음 질문들을 마음속에 새겨두어야 한다. 이 질문들은 당신이 집중할 수 있게 도와줄 것이다.

- 누가 먼저 성적 접촉을 하는가?
- 그러한 시작에 어떻게 반응하는가?
- 당신의 성적인 상호작용의 다음 단계는 무엇인가?
- 만일 배우자가 싫다고 말하면 당신은 어떻게 하는가? 토라지는가? 그러한 반응을 인격적인 거부로 받아들이는가? 혹은 스스로가 매력이 없다는 신호로 받아들이는가? 당신이 반응하는 방법에 따라 그 이후에 일어나는 일이 결정되기도 한다. 중요한 것은 처음부터 끝날 때까지 성적인 상호작용에서 자신의 역할이 어떠한 지를 충분히 이해하는 것이다.
- 자신의 패턴이 어떻게 시작되는지 이해하라. 성관계는 어떻게 시작되는가?
- 성관계를 맺을 때 무엇을 하고, 어떻게 의사소통하는가? 당신이 원하는 것이나 좋아하는 것, 싫어하는 것에 대해서 분명히 이야기하는가? 배우자가 좋아하고 싫어하는 것에 대해 분명하게 알고 있는가?
- 성관계를 맺을 때 대화를 하는가? 이야기의 시작과 끝을 당신이 담당하는가? 배우자는 어떻게 하는가? 초반에 논의했던 성에 대한 통념들을 기억하라. 만족스러운 성관계는 단순히 자연적으로 발생하거나 적절한 화학작용의 문제가 아니다. 만족스러운 성관계에는 부부 상호 간의 분명한 의사소통과 피드백이 필요하다.
- 성관계를 가진 후에는 어떻게 하는가? 담배를 피우는가? 더 이상의 의사소통 없이 등을 돌리고 잠을 자는가? 혹은 다정하게 그 시간들을 보내는가?

당신의 역할을 검토할 때는 성적 상호작용에서의 시작, 행위 그 자체, 성관계 직후의 세 가지 단계를 기억하라. 변화과정은 이 세 가지 단계에서 당신의 역할을 바꾸기 시작할 때 일어난다. 오직 그때에만 변화하기 시작할 것이다.

✻ 패턴과 신념 변화시키기

만일 당신이 솔직하다면, 성적 패턴들을 어떻게 변화시킬 수 있는지에 대해서 읽는 것이 괴로울 것이다. '나는 왜 좇지 않고 뒤로 물러나는 쪽이었을까?' '나는 왜 성관계를 맺을 때 시작하는 쪽일까?' '과연 배우자를 변화시킬 방법은 존재하지 않는 것일까?'

자신의 패턴을 변화시키는 것이 힘든 가장 큰 이유 중 하나는 패턴 속에 자신이 만들어 왔던 신념체계들과 해석의 유형들이 포함되어 있기 때문이다. 이러한 신념들이 더 큰 패턴들을 촉발시켜서 성적인 패턴이 변화하는 것을 어렵게 만든다. 배우자에 대한 신념의 영역 중에는 성적인 측면이 가장 강력한 부분이다.

배우자에 대한 신념

우리는 배우자와 관계를 맺는 동안 끊임없이 배우자의 말과 행동, 그리고 그 의미를 해석한다. 이것은 특히 관계의 성적인 측면에서 그러하다. 비언어적 단서, 추측, 특정 신념들 모두가 배우자에 대한 해석에 영향을 끼친다. 다음과 같은 것이 바로 그러한 신념이다. "그가 원하는 건 성관계밖에 없어! 로맨틱한 것은 둘째 치고 나와 이야기하는 것조차 원하지 않아. 그가 생각하는 로맨틱한 오후는 맥주 마시면서 축구 보는 것밖에 없어! 그러고 나서 그이는 내가 성관계를 하고 싶어 한다고 생각하지." 또는 "아내는 항상 피곤해해요. 아내는 좋다고 말하지만 성관계 도중에 내일의 일정을 검토하고 있는 것처럼 느껴요. 아내가 진짜로는 함께 있는 것이 아니에요." 이 두 가지는 강한 신념들의 예다. 이러한 신념들이 사실이든 아니든 분명 그것은 배우자를 바라보는 강력한 틀이 된다. 여기서 볼 수 있는 것은 단순히 전형적인 유형의 신념들이다. 배우자에 대한 당신의 신념들은 훨씬 더 복잡한 것이며, 시야를 아주 좁게 만들 수 있다.

최재석, 김미선 부부의 사례

재석과 미선의 관계에서는 서로에 대한 복잡하고 강력한 신념들이 잘 나타나 있다. 결혼한 지 21년이 지난 지금, 그들은 미래에 텅 비게 될 보금자리를 생각했다. 막내가 1년 내에 대학에 들어갈 것이고, 그 후에는 둘 만의 집이 될 것이다. 문제는 바로 이것이다. 그들은 더 이상 둘만 있을 때가 편하지 않았다. 특히, 성적인 측면에서는 더욱 그랬다. '불꽃' 은 이미 오래 전에 사라졌다.

미선은 남편인 재석에게 화가 많이 났다. 특히, 성관계에 대해서 그랬다. 하지만 그녀는 화가 났다는 것을 말로 표현하는 것이 어려웠다. 한때 재석은 그녀에게 성적으로 중압감을 주었다. 그녀는 지금도 그에 대해 화가 풀리지 않았다. 그녀는 여전히 자신이 너무 피곤해서 하고 싶지 않다고 했을 때 그가 보이는 시무룩한 모습에 화가 났다. 하기 싫다고 말하면 이후 며칠 동안 그 거부에 대한 대가를 치러야 하는 것에도 압박감을 받았다. 남편은 차가운 표정으로 거리를 두고 그녀의 행동에 대해 과도하게 비판적으로 변하기 때문이다.

그러는 사이에 그녀는 재석의 부루퉁한 반응을 대하는 것보다 그가 원하는 대로 해 주는 것이 더 낫지 않았을까 생각하기도 했다. 이런 생각을 하게 되면 심지어 그런 방식으로 생각하는 것에도 화가 났다.

미선은 하루 종일 아이들과 씨름하고 밤에는 재석의 성적인 압박을 받아야 하는 것이 얼마나 피곤한 일인지를 생각했다. 그리고 원치 않는 삶을 살고 있다는 느낌을 얼마나 많이 받는지도 생각했다. 그녀는 여전히 의아했다. 남편의 눈치를 살피고 기분 좋게 해 주기 위해서 원치 않아도 이러한 성적인 요구들을 계속 따라 주어야 하는 것일까? 또한 그녀는 잠을 자고 싶은데 잘 수 없다고 느꼈던 때들이 있었다는 것도 생각했다.

그녀는 남편을 달래서 조용하게 만들 수 있는 방법은 성관계뿐이라고 생각했다. 동시에 남편이 진정제로 여기는 성관계 없이는 그를 통제할 수 없다는 사실에 너무 화가 났다. 그녀는 남편이 결코 인간 대 인간으로서 자신에게 흥미가 있는 것이 아니라 단지 성적으로 이용하기를 원한다고 생각했다. 그녀는 남편의 요구에 일일이 대응하는 것으로도 너무 정신없었기 때문에 자신의 성적 욕구는 거의 생각하지 못했다.

재석에 대해서 그녀가 가지고 있는 깊은 수준의 신념들은 이러했다. 재석은 그녀가 원하는 것에는 흥미가 없고 단지 성적인 요구만 하는 것으로 보였다. 지금의 재석은 젊었을 때보다 훨씬 더 부드러워지고 덜 요구적이었으며 더 이상 완강하지 않았지만, 미선의 강한 신념은 변화되지 않았다.

반대로 재석은 성관계를 지루한 것으로 보았다. 그는 미선이 참아 주고 있다는 사실에 차츰 지쳐 갔다. 그녀는 항상 긴장해 있고 심란한 것처럼 보였다. 좀처럼 열정적이거나 흥미가 있는 것 같지 않았다. 그는 왜 그녀가 친밀함을 줄 수 있는 성관계를 원하지 않는지 이해할 수 없었다. 그는 아내가 성생활을 통해서 친밀함을 만들어 낼 수 있기를 갈망했고, 그렇지 못한 것에 대해 실망했다. 시간이 흐르자 이 모든 것은 중요하지 않게 여겨졌고, 재석은 점차 실망하지 않은 척하기로 마음먹었다.

이것이 재석의 신념들이다. 그는 더 정열적인 결혼생활을 원했다. 하지만 미선이 자신에게 화가 나 있고 성에 대해서 정말로 흥미가 없다고 믿었다. 그는 아내가 결혼 초에 느꼈던 분노에 대한 보복으로 계속 거리를 두려 한다고 믿었다. 이러한 신념들로 인해 그는 성에 대해서 아내와 편안한 대화를 나눌 수 없었고, 이제는 친밀함조차 느끼지 못하고 있다.

이 사례에서 재석과 미선 부부는 서로 간에 거리감이 점차 커진다는 것을 알아차렸지만 누구도 그러한 틈을 막을 수 있는 방법을 알지 못했다. 그들은 너무 두려워서 힘들고 고통스러운 점을 자유롭게 이야기할 수 없었다. 불행하게도 서로에 대한 신념들은 더욱 굳어져 갔고, 해가 지날수록 이런 신념들을 지지하는 증거들이 쌓여 갔다. 그들은 이 신념을 통해 서로를 바라보았고, 이 때문에 성적으로 가까워질 수 없게 되었다.

그들의 신념은 부부 사이에서 일어나는 여러 형태의 성적인 상호작용에 영향을 주었다. 결혼 초의 신념들은 쫓기/거리두기 패턴 유형에 영향을 주었다. 성관계에서 재석은 계속 뒤쫓았고, 미선은 거리를 두었다. 그녀가 성관계에서 거리를 두려 한다고 해서 그것이 항상 '싫어'를 의미하는 것은 아니었다. 때때로 재석을 진정시키기 위해서 부탁을 들어주긴 했지만, 성관계를 하는 동안에 미선은 계속 긴장되고 수동적인 태도로 거리를 두었다. 그들의 관계 패턴은 점차 서로에게 예의 바른 모습으로 변화했지만, 성관계와 같이 껄끄러운 화제에 대해서는 대화를 나누지 않는 갈등/회피 패턴으로 발전했다.

변화하기 위해서 재석과 미선은 서로의 신념에 대해서 대화를 나누어야 한다. 이 부부가 만족스러운 성생활을 하기 위해서는 낡은 문제들을 논의하고, 성과 관련된 부분에 대해서 대화를 나누며, 상대의 오래된 상처를 이해해야 한다.

대화를 나눌 수 있다는 것은 서로를 이해하기 위해서 방어적인 반응을 통제할 수 있다는 것을 의미한다. 따라서 상대에 대한 신념들이 어떠한지 솔직히 대화를 나누어 보는 노력이 필요하다. 그렇게 한다면 신념들은 변화될 것이다. 이러한 과정은 힘이 들고 때로 좌절을 안겨 주겠지만 변화를 가져다줄 수 있다. 솔직하게 대화를 나누고 상대에게 자신의 취약한 부분까지도 드러낼 수 있다면 관계는 개선될 것이다. 감정이 이해되면 친밀함이 생긴다. 더불어 성적인 만족감도 늘어나게 될 것이다.

하지만 신념은 쉽게 변하지 않는다. 거의 20년이나 계속되어 온 불행했던 성적인 과거사는 배우자에 대한 부정적 신념이 자라고 번창할 비옥한 땅을 제공한다. "그는 성관계를 진정제로 생각해요." "그는 정말로 내가 뭘 원하고 뭘 필요로 하는지는 관심없어요." "그녀는 다정하게 다가오거나 새롭게 시도해 보는 것을 거절해요." "그녀는 성관계를 맺는 것을 좋아하지 않아요." "아내는 내가 매력적이지 않아서 다른 사람을 생각하고 있는 거예요." "그는 내가 플레이보이의 모델처럼 되어 주길 원해요. 그리고 아마도 나와 사랑을 나누는 동안에도 그 모델에 대해서 상상하고 있을걸요." 이것이 우리가 들었던 배우자에 대한 몇 가지 성적 신념들이다.

그러면 잠시 시간을 가지고 배우자에 대한 당신의 신념들을 한번 써 보자. 그리고 배우자가 가지고 있다고 생각되는 당신에 대한 성적 신념들을 간략하게 써 보자.

- 성과 관련해서 내가 가지고 있는 배우자에 대한 신념

....

....

....

....

- 성과 관련해서 배우자가 가지고 있는 나에 대한 신념

....

....

....

....

- 배우자에 대한 나의 신념이 배우자와의 성적인 상호작용에 미치는 영향

(신념들은 나를 좇게 하는가, 거리를 두게 하는가, 회피하게 하는가, 혹은 화나게 하는가?)

....

....

....

....

이제 당신이 생각해 오고 작성한 신념들을 출발점으로 해서 서로의 성적인 신념들에 대해서 배우자와 이야기해 보자. 기억하라. 그리고 명심하라. 당신의 목표는 우선 배우자에 대한 당신의 신념과 당신에 대한 배우자의 신념을 진정으로 이해하고, 그런 다음에 그 신념들을 변화시키는 것이다. 자신의 신념은 자신에게 책임이 있다는 것을 깨닫고 배우자와 자신의 신념에 대해 대화하는 것이 변화과정의 필수적인 부분이다.

✲ 내적 대화를 기억하라

많은 부부는 성관계를 하는 동안 대화를 하면서 좋거나 싫은 것, 원하거나 원하지 않는 것을 서로에게 표현할 수 있다는 사실을 잊어버린다. 이 사실은 많은 부부에게 어려운 개념일 수 있다. 그러나 이보다 더 어려운 것은 성관계 동안 당신에게 나타나는 내적 대화를 기억하는 것이다. '내적 대화'란 배우자와 공유하지 않고 혼자서만 내면의 자신과 하는 대화를 말한다. 이것은 배우자에 대한 당신의 해석에 영향을 주는 자동적인 내부적 반응이다. '아, 피곤해 죽겠네. 하지만 내가 싫다고 하면 그가 분명히 실망할 거야.' '어! 아내가 긴장하고 있네. 혹시 나 때문에 짜증난 게 아닐까? 왜 그녀는 참지 못하는 걸까?' 내적 대화는 매우 복잡하고, 배우자와 공유되지 않으며, 서로에 대한 신념을 강화시킨다. 또한 성관계를 가질 때 부부에게 큰 압박감과 긴장감을 가져다준다.

재석과 미선 부부의 이야기로 되돌아가서 생각해 보자. 성관계 시 이 부부의 내적 대화는 극도로 복잡하다. 그것은 침대에 도착하기 한참 전부터 시작된다. 먼저 성관계 전의 내적 대화를 살펴보자. 어느 이른 저녁, 남편인 재석이 이상하게 평소보다 더 자상하게 대한다고 가정해 보자. 미선은 곧장 이렇게 생각하게 된다. '그는 성관계를 하고 싶은 것이 틀림없어. 평소에는 왜 이처럼 자상하지 않는 거지? 내가 하기 싫다고 하면 실망할 게 뻔해. 그렇게 되면 또 주말 동안 인상을 찡그리고 있겠지. 난 분명히 싫다고 한 데 대한 대가를 치를 거야.' 이런 내적 대화를 하면 할수록 미선은 화가 날 수밖에 없다. 이러한 내적 대화를 거절했을 때 남편인 재석은 며칠 동안 부루퉁해져서 그녀에게 아주 비판적이었던 과거의 성적인 상처와 좌절을 상기시킬 가능성이 있다.

그녀가 엄청난 분노를 느낄수록 성관계를 할 때 기분이 좋지 않을 것이다. 이러한 신념과 내적 대화 모두가 반드시 정확한 것은 아니라는 것을 기억하라. 이것은 단지 사건(재석이 평소보다 더 자상한 것)에 대한 해석일 뿐이다. 미선은 재석의 자상한 행동을 성관계를 하고 싶은 것으로 해석했지만, 한 번도 자신의 해석을 자세하게 검토해 보지 않았다. 그녀는 하기 싫다고 말하면서 재석이 부루퉁해지지 않고 자신의 대답을 받아들이게 만들 수 있다는 확신이 없었다.

그날 저녁, 재석은 미선과 사랑을 나누고 싶다는 생각을 했다고 가정해 보자. 동시에 '그녀는 분명히 하고 싶지 않을 걸. 그러니 천천히 조용히 움직여야지.' 라고 생각하면서 미선을 부드럽게 껴안았다면, 그는 그녀가 긴장했다는 것을 알아차릴 수 있을 것이다. 그리고 또 생각할 것이다. '그녀가 초조해하는 것 같네. 왜 그녀는 하고 싶지 않을까? 왜 나는 그녀와 함께 할 수 없을까?' 그러고는 예전에 그랬던 것처럼 포기하고 옆으로 돌아누워서 아무 말도 하지 않고 잠들 것이다.

이처럼 파괴적인 내적 대화는 보통 부부 둘 다에게 일어난다. 그리고 항상 상대에 대한 신념체계와 해석을 강화한다. 그 결과, 부부는 서로 거리감을 더 느끼게 된다. 하지만 어느 누구도 현실 검증을 하려 하지 않는다. 만일 그들이 서로의 걱정과 관심을 나누었다면, 그들의 성생활은 향상의 기회를 가질 수 있었을 것이다.

예를 들어, 미선은 재석에게 이렇게 말할 수 있다. "내가 하고 싶지 않을 때는 싫다고 말할게요. 당신이 그걸 존중해 주고 화를 내지만 않는다면 나에게 상당히 도움이 될 거예요." 한편 재석도 이렇게 이야기할 수 있다. "당신이 나에게 하기 싫다고 말하면 내가 힘없이 집안을 돌아다닌다고 생각하는 것을 알아. 그리고 몇 년 전에는 그랬다는 것을 인정해. 하지만 나에게 기회를 줘. 한번 믿어 줘. 당신이 싫다고 이야기해도 나는 괜찮을 거야." 또는 그가 침대에서 미선의 긴장감을 느낀다면 천천히 부드럽게 진행하면서 그녀가 느끼는 감정에 대해서 이야기할 수도 있다. 만일 부부가 이렇게 할 수 있게 된다면 서로에 대한 신념과 내적 대화들도 변화될 것이다.

내적 대화 나누기

많은 부부의 성생활을 향상시킬 수 있는 중요한 방법 중 하나는 욕구가 무엇인지를 분명히 하고 배우자와 성에 대한 내적 대화들을 함께 나누는 것이다. 이러한 내적 대화를 함께 논의한다면 배우자에 대한 신념이 점차 변화될 수 있다. 그렇지 않고 자신의 내적 대화를 고수한다면 변화될 가능성은 줄어들게 된다.

이제는 배우자에 대한 당신의 내적 대화들을 살펴보자. 성관계 전과 관계하는 동안, 그리고 그 후에 마음속에서 무슨 일이 일어나는가? 만일 당신이 배우자와 이런 생각들을 함께 나눌 때 발생할지도 모르는 위험을 감수했을 때는 어떤 일이 일어나겠는가? 대화를 하지 않을 때와 비교해서 대화를 나누었을 때 성에 대해 보다 나은 대화를 할 수 있게 되는가? 그리고 배우자에 대한 신념과 내적 대화 중 어떤 것은 성차에 기반한다는 것 또한 염두에 두어야 한다.

성차에 기반한 신념

배우자에 대한 신념은 보통 성차에 대한 고정관념에 근거한다. 남자와 여자 사이에서 성차는 분명히 존재한다. 어떤 것은 대번에 알 수 있다. 대부분의 남자는 최소한의 전희로도 아주 빨리 오르가슴을 느낄 수 있다. 흥분하는 순간은 순식간에 끝나고, 절정의 순간도 마찬가지로 극적이다. 다시 말해서, 느끼자마자 끝난다. 대부분의 남자는 그 이후에 다음 오르가슴을 느끼기 위해서 다시 성적 긴장감을 불러일으키는 것이 어렵다. 그래서 보통 한 번 오르가슴을 느끼게 되면 그냥 엎어져서 잠을 잔다.

여자는 오르가슴에 도달하는 시간이 남자만큼 빠르지 않다. 흥분은 더 느리게 온다. 그리고 오르가슴 직전까지 완만하고 천천히 올라간다. 오르가슴 후, 여자는 남자와 아주 다르다. 많은 여자는 오르가슴의 횟수에 제한이 없다. 남자는 오르가슴에 도달해서 발기가 끝나고 흥분이 사라지고 나면 배우자를 잊어버리고 잠에 빠진다. 이것은 아내들에게 많은 좌절감을 안겨 줄 수 있다. 이처럼 간단한 요약에서도 타이밍과 같은 남녀의 차이를 확인할 수 있다. 부부간에 이러한 차이들은 논하거나 이해하지 못한다면 오해가 쌓이고 좌절감이나 분노가 생길 것이다. 아내에게 빠르게 오르가슴을 느끼게 해 줘야 한다고 생각하는 남편들이 있다면 배우자를 매우 좌절시킬 수밖에 없다. 만일 부부가 정말로 필요한 것이 무엇이며 부부간의 바람직한 각성과 만족에 대해 서로 명확하게 이야기하지 않는다면, 타이밍의 문제를 해결하는 것은 해결하기 힘들 것이다.

성차에 기반한 많은 성적인 문제는 이처럼 단순한 생물학적 차이에서 시작된다. 이를 이해하지 못하고 부부 사이에서 다양한 형태로 전희를 실험하거나 논의하지 않는다면 분노와 좌절은 증가될 것이다. 남편이 자신의 욕구를 이해해 주지 않는다고 생각하는 아내가 있다면, 그녀는 분명 남편과의 성관계에서 즐거움을 느끼지 못할 것이다.

성관계가 모든 것을 치료해 주지는 않는다

부부 워크숍을 열었을 때, 여자들은 종종 남자들이 성관계를 통해서 모든 것을 해결하려 한다고 불평한다. 그리고 남자들은 성관계를 관계의 나머지 부분과 분리한다고 불평한다. 여자들은 성관계를 하기 전에 정서적으로 친밀함을 느끼길 원한다고 말한다.

물론 이것은 너무 일반화해서 말하는 것이다. 이는 당신에게 해당될 수도 있고 그렇지 않을 수도 있다. 중요한 것은 성차에 기반한 문제와 성관계에 대해서 어떻게 생각하고 있는지 탐색해 보고, 이 탐색 내용을 배우자와 함께 나누어 보는 것이다. 당신만이 가지고 있는 성차에 기반한 문제들을 찾아보도록 하자.

그러면 다음의 몇몇 문항들을 완성해 보자.

남자들이 믿는 만족스러운 성관계

....

....

....

여자들이 믿는 만족스러운 성관계

....

....

....

□ 남자들은 이런 분위기에서 성관계를 맺고 싶다.

....

....

....

□ 여자들은 이런 분위기에서 성관계를 맺고 싶다.

....

....

....

❋ 성관계 자체에 대한 일반적인 신념

배우자에 대한 신념이나 성차에 기반한 신념과 더불어 우리는 성관계 자체에 대한 신념을 가지고 있다. 이러한 신념 중 몇 가지는 종교적인 전통에서 비롯된다. 특정 종교의 전통 속에서 자란 사람들은 성이 '죄스럽고' '더럽고' '오직 출산을 목적으로 하는 것' 이라고 배운다. 또한 출산의 통제에 대한 신념도 있는가 하면 오락적인 목적의 성관계가 괜찮다는 신념도 있다. 종교적 배경은 당신에게 성과 관련된 많은 짐들을 남겨 둔다.

이러한 신념은 종종 건전한 성관계를 갖는 데 어려움을 주기도 한다. 만일 당신이 성에 대해서 부정적인 시각을 가진 종교적 전통 속에서 자랐다면 성교육을 거의 받지 못했을 것이다. 이런 경우 성에 대한 기본적인 정보를 얻지 못했기에 건전한 성관계에 적응하는 것이 훨씬 더 힘들어질 수 있다. 따라서 성적인 문제를 낳기도 한다.

또한 성적인 관계를 변화시키고 향상시키기 위해서는 자신의 짐에 책임을 져야 한다. 이 말은 성, 배우자, 성차에 기반한 신념에 대해서 자신이 어떤 신념체계를 가지고 있는지 이해하고, 이러한 지식을 배우자와의 의사소통을 향상시키는 데 사용해야 한다는 것이다. 자존감이 향상된다면 배우자의 비난을 감수하면서도 자신의 신념에 대해서 더 정직하게 이야기할 수 있을 것이다. 부부간 대화를 통해 서로를 더 잘 이해하고 서로에게 더 공감할 때, 이런 대화는 훨씬 더 나은 성관계로의 길을 열어 준다.

❋ 원가족의 영향

마지막으로 성에 대해서 이야기할 때 우리는 원가족에서 학습했던 부분까지 고려해야 한다. 모든 가정은 아이들에게 성에 대한 태도와 가치를 전한다. 이러한 태도와 가치는 간접적으로 전달되는 모든 감정을 포함한다. 예를 들어, 성이 결혼생활에 소중한 부분인지, 단지 참고 견뎌야 하는 것에 불과한지는 언어적으로 표현되지 않더라도 부모에 의해서 아이들에게 전해지곤 한다.

종종 성에 대한 가족의 태도는 성차에 기반을 두곤 한다. 예를 들어, '사내아이는 어디까지나 사내아이다' 라는 오래된 말은 성과 관련된 행동의 이중 잣대를 암시한다. 이 말은 소년은 가능한 한 성적 경험을 많이 해야 한다고 제안하지만, 소녀의 경우는 그렇지 않다. 이것은 전통을 고수하는 가정에서 자란 여자가 결혼을 했을 때, 이중 구속(double bind)에 빠지게 한다. 즉, 여자는 데이트 기간 동안에는 성적인 부분에서 남자만큼 적극적이면 안 되지만, 결혼생활에서는 남자로부터 성적으로 대담해졌으면 하는 기대를 받는다. 이것은 가족에 의해서 전해진 성과 관련된 많은 문화적 이중 잣대 중 하나일 뿐이다. 이 밖에도 여러 가지 이중 잣대가 있다.

이제 당신의 가족이 성에 대해 어떤 것을 가르쳐 주었는지 간단히 적어 보자. 대부분의 사람은 매우 간략하게 작성할 것이다. 왜냐하면 보통은 가족과 성에 대해서 직접적으로 대화를 나누지 않기 때문이다. 그렇다면 간접적으로 당신이 배웠던 많은 것을 상기해 보자. 예를 들어, 당신의 가족이 성에 대해 이야기하지 않았다면 이야기하지 않았다는 것 자체가 바로 가족의 영향일 수 있다. 당신의 가족이 성에 대해 가르쳤던 전반적인 태도에 대해 더 개괄적으로 적어 보자. 또한 배우자가 성에 대해 가족으로부터 배웠던 내용들도 간략하게 써 보자.

성에 대한 원가족의 태도

....

....

....

....

당신이 이 물음에 대한 답을 작성할 때, 가족의 메시지는 직접적이면서도 간접적이었으며 다양한 방식으로 전해졌다는 것을 염두에 두어야 한다. 때때로 메시지는 매우 직접적으로 전달된다. 예를 들어, '관계가 좋은' 부모와 자녀는 성에 대해서 대화를 나눈다. 이러한 대화는 보통 처음에는 긴장감이 돌지만 나중에는 웃으면서 이야기할 수 있다. 그러나 아이들에게 성에 대한 건전한 태도를 전해 줄 수도 있지만, 대화 내용 중의 대부분은 매우 부정적이다. "임신은 절대 안 돼!" "~은 가까이 하지 마라." (당신의 아동기 경험을 되살려 빈 부분을 채워 보라.)

이런 가족의 메시지 중 일부가 도움을 주었을지는 모르지만, 그것은 성에 대한 진실한 정보를 주지는 않는다. 대개는 자녀에게 성적으로 곤란한 일이 발생할지도 모른다는 부모의 걱정을 반영한다. 특히, 부모가 청소년기에 성적으로 미해결된 문제가 있었다면 이런 부모의 메시지는 더욱 복잡해진다.

'기초적인 성 지식'에 대해서 부모와 직접적으로 대화를 나누지 못했더라도 많은 성적인 정보는 간접적으로 전달된다. 이처럼 간접적으로 전달된 정보는 가족 간에 성적인 대화를 나누게 되었을 때 부모의 긴장으로 드러날 수 있다. 혹은 성은 '지저분한 것이다'나 '잘못된 것이다'와 같은 말투나, '사내아이는 사내다워야' 한다는 말, 혹은 여자는 남편이 '배회하지 않게' 하기 위해서 남편을 확실히 만족시켜야 하고 한편으로는 성적인 상호작용을 통제할 책임이 있다는 말 등으로 나타난다. 이러한 주제들은 무궁무진하다.

가족이 남긴 성적 유산

가족은 특정 형태의 유산을 남긴다. 긍정적이건 부정적이건 유산은 항상 남겨진다. 성적인 부분에서 가족의 태도가 바로 그런 유산의 일부다. 성적인 태도는 한 세대에서 다음 세대로 전해져 내려간다는 사실을 기억해야 한다. 만약 가족사에 성 학대, 유기 또는 불륜과 같은 비밀이 있다면 성에 대한 오염된 태도를 물려받게 된다. 예를 들어, 이전 세대에서 불륜이 있었다면 '사람들은 신뢰할 수 없다.' '성은 매우 위험하다.' 와 같은 태도가 전해졌을 것이다.

만약 배우자 부정이라는 일관된 패턴이 있었다면 당연히 성차에 기초한 신념이 전해질 것이다. '남자는 항상 집 밖으로 맴돈다.' '남자는 성관계만 생각한다.' '여자는 신뢰할 수 없다.' 와 같은 것이 바로 이러한 신념이다. 이런 성에 기반한 신념은 흔히 배우자의 부정이나 다른 부끄러운 가족 비밀의 결과다.

아동기 성 학대

만약 어렸을 때 성 학대를 당했다면, 이것은 분명 성적 태도 형성에 중요한 요소가 된다. 성 학대는 여기서 충분히 다루지 못할 정도로 복잡한 문제이고, 성적 대화에 큰 혼란과 정신적인 외상을 남긴다. 만일 가족 중 한 사람이 가족 내에서 성 학대의 희생양이 되었다면, 그 사람은 결혼생활에서 성에 대해 극단적인 태도를 보일 것이다.

학대 희생자는 종종 정신적 외상과 극도의 불안, 그리고 수치심을 성관계와 연결시킨다. 아동기에 성 학대 경험이 있었던 성인은 결혼생활에서 성적 적응에 큰 어려움을 겪곤 한다. 이러한 경험이 있는 성인이 배우자와 성관계를 하게 되면 플래시백 현상, 엄청난 불안, 심지어 공황까지도 촉발될 수 있다. 성 학대의 생존자들은 때로 배우자와 함께 전문적인 치료자의 도움을 받아서 아이일 때 고통받았던 학대의 충격을 해결해야 한다. 그들의 배우자는 계속되는 학대의 충격으로 인해 그들이 성적으로 기능하는 것이 얼마나 힘든지를 이해해야 한다. 전문적인 치료자의 도움 없이 이런 문제를 해결하는 것은 매우 어려울 것이다.

가족의 성적 유산을 이해하는 것은 중요한 부분이다. 당신은 이전 세대로부터 어떤 성적 태도들을 물려받았는가? 이 모든 것이 당신의 성적 유산에서 중요한 부분이다.

✻ 가족 경계와 성적 메시지

성에 대한 가족의 태도는 가족 구조를 통해 의사소통된다. 모든 가족은 건강하든 건강하지 않든 특정 형태의 구조를 가진다. 이 구조는 가족이 조직된 방식과 관련된다. 예를 들어, 자녀의 양육을 책임지고 있는 부모 양쪽은 한 팀으로서 기능을 잘하고 있는가? 그렇지 않고 한쪽 배우자를 믿지 않아서 혼자서 양육을 책임지고 있는가? 여기에는 몇 가지 중요한 문제가 있다. 그 첫 번째는 경계선의 문제다.

'경계선(boundaries)' 이란 가족 구조 내에 존재하는 경계다. 이것은 부모 사이, 부모와 자녀 사이의 관계를 정의하는 눈에 보이지 않는 경계선이다. 경계선이 제대로 설정되어 있을 때 아이들은 안전감을 느끼고, 부모가 적절한 책임감을 가지고 자신들을 돌봐 줄 것으로 생각한다. 건강한 가족의 경계선은 발달적으로 적절하다. 경계선이 너무 팽팽해서 여유가 없을 정도가 되어서는 안 된다. 그렇다고 너무 느슨해서 누가 책임이 있는지 불분명해서도 안 된다. 경계선이 발달적으로 적절하다는 것은 아이가 자랄수록 책임감을 가질 것이고 더 많은 자유를 얻을 것이라는 것을 의미한다.

건강하지 않은 가족의 경계선은 책임감 있는 사람이 없고 너무 느슨하거나 너무 팽팽해서 아이들이 숨을 쉴 수 없게 만든다. 따라서 아이는 한 명의 성인으로 성장할 수가 없다. 건강한 경계선이 없으면 성 학대가 발생한다는 것은 더 말할 필요도 없다. 분명한 경계선이 없는 가족의 아이들은 아이로서 안전하지 않다. 경계선이 붕괴될 때의 최악의 결과가 바로 성 학대다.

한쪽 부모가 아이들과 성적인 이야기를 나눌 수 있는 친구가 되는 경우에는 분명하지 않은 형태의 학대가 일어날 수 있다. 이때 성생활에 대해서 부모가 이야기하는 것을 들음으로써 아이들은 의식하지 못하는 사이에 대리적인 배우자가 된다. 무슨 말을 들었든지 그 정보는 아이들에게 좋지 않은 영향을 준다. 부모가 성관계를 끔찍하고 불만족스러운 것으로 묘사한다든지, 해야만 하는 의무로 묘사한다든지, 혹은 성적인 부분에 대해 자랑한다든지 간에 이러한 이야기는 아이들에게 나쁜 영향을 끼친다. 이렇게 형성된 태도와 신념은 아이의 전 생애에 걸쳐 강력한 영향을 줄 수 있다. 당신이 아이였을 때 한쪽 부모의 성적인 친구가 된다는 것은 당신이 성인으로서 가지는 모든 성적인 태도에 부정적인 영향을 줄 수 있다.

친밀함에 대한 가족의 메시지

친밀함에 대해 논의했던 10장에서처럼, 가족들은 직접적이든 간접적이든 관계가 얼마나 친밀하고 가까운지에 관한 메시지를 주고받는다. 예를 들어, 학대나 중독이 문제인 가정에서 제대로 기능하지 않는 한쪽 부모에게 아이가 친밀함을 느끼는 것은 어려운 일이다. 이런 아이들이 성인으로 성장했을 때, 친밀함에 대한 장기적인 공포를 유발할 수도 있다. 그들은 친밀함에 대한 양가적인 감정을 가진다. 부모와 과도하게 밀접한 어른 아이(adult children)의 경우도 마찬가지다. 종종 이러한 어른 아이는 누군가와 가까워질 때 질식할 것 같고 소용돌이에 휘말린 것과 같은 공포를 느낀다. 휘말린 듯한 공포와 유기에 대한 공포는 둘 다 성적인 문제로 변할 수 있다.

이제 시간을 가지고 당신의 가족 유산, 가족 경계 그리고 친밀함에 대한 메시지가 성관계에 대한 당신의 태도에 어떠한 영향을 주었는지를 간단히 써 보자.

....

....

....

....

....

....

'침대 속에는 여섯 사람이 있다. 당신과 당신의 배우자, 그리고 각각의 부모들이 있다.' 는 이 오래된 말에는 진실이 담겨 있다. 우리는 알고 있는 것보다 더 많은 짐들을 침대로 가지고 온다. 이 짐들이 당신의 성생활에 영향을 준다는 사실을 깨닫는 것이 배우자와 함께하는 성장의 일부다. 성관계에 미치는 원가족의 영향에 대해 당신이 어떻게 생각하는지 배우자와 함께 이야기 나누는 것은 설령 고통스러울지라도 당신의 성생활이 보다 건강하고 행복해지는 중요한 과정이 된다.

✻ 성생활 향상시키기

성공적인 성생활의 핵심은 테크닉의 개선이나 새로운 체위의 개발이 아니다. 중요한 것은 당신과 배우자가 가지고 있는 전반적인 성관계 패턴에서 당신의 역할이 무엇인지 이해하는 것이다. 이것은 성적인 상호작용에서 당신의 역할을 알아차리고, 당신의 신념체계를 이해하며, 이러한 신념과 태도가 당신의 원가족에서 어떻게 형성되었는지를 아는 것이다.

다음 항목을 통해 관계의 성적인 측면에서 당신의 역할 지도를 만들어 보자.

당신의 성적인 패턴

(성적인 상호작용에서 당신의 역할과 단계를 되돌아보면서 시작하라.)

....

....

....

....

....

당신의 성에 대한 신념

(배우자에 대한 신념과 성 자체에 대한 당신의 신념을 기술하라.)

당신의 원가족 신념

(성에 대하여 원가족으로부터 무엇을 배웠는지 요약하라.)

당신의 상호작용 패턴

(당신의 신념과 원가족의 신념이 당신의 성관계 패턴에 어떻게 영향을 주었는지 요약하라.)

이 역할 지도를 완성했다면, 다음으로 중요하고 어려운 단계는 패턴에 대한 새로운 이해와 통찰을 가지고서 자신의 역할을 실제로 변화시켜 보는 것이다.

변화는 어떻게 일어나는가

이 워크북을 통해 우리는 변화로 향하는 세부적인 단계, 즉 스스로를 변화시킬 수 있는 단계들에 대하여 설명해 왔다. 성적인 문제에서 이 변화는 다음의 3단계로 요약될 수 있다.

❶ 당신의 성적 패턴이 어떻게 작용하는지, 무엇이 그 패턴을 부추기는지, 이러한 패턴이 결혼생활의 상호작용에 얼마나 큰 부분인지 이해하는 목적으로 틀을 사용하라. 이는 당신의 성관계 패턴에서 무엇이 일어나고 있고 그것이 결혼생활 패턴에서 얼마나 큰 부분을 차지하는지를 명확하게 정의할 수 있음을 의미한다. 앞에서 우리는 이런 패턴의 다양성에 대하여 논의하였다. 그러나 그 첫 단계는 패턴에서 자신의 명확한 역할이 무엇인지를 진정으로 이해하는 것이다.

❷ 다음으로 변화의 과정이 시작된다. 변화는 성관계에서의 자신의 일부를 창조적으로 변화시키는 방법을 모색함으로써 시작된다. 이것은 어려운 단계로, 성적인 문제를 만드는 자신의 행동을 변화시키는 것을 포함한다. 이는 배우자가 주도권을 가질 수 있는 시간을 주면서 시작하라는 뜻이 아니다. 배우자가 관계를 맺고 싶어하지 않을 때 자신의 반응에 주의를 기울이라는 의미다. 배우자가 거부했을 때 당신은 토라지거나 철수할지도 모른다. 특히, 인간적으로 거부되었다고 느낄 때 더욱 그렇다. 만약 당신이 성적으로 거리를 두려는 사람이면 먼저 성관계를 시작해야 한다는 것도 잊어서는 안 된다. 위험을 감수하고 새로운 것을 시도해 보라.

또한 이 단계에서 자신의 신념체계와 원가족 문제, 그리고 그것이 자신의 성적인 기능에 어떤 영향을 끼쳤는지를 이해해야 한다. 당신의 신념과 그 기원을 이해하고 좀 더 나약한 부분을 드러내며 배우자에게 더 개방함으로써 배우자와의 공감 수준과 정서적인 친밀함은 증가할 것이다.

무엇보다도 성관계 동안 대화를 하라! 당신이 좋아하는 것, 싫어하는 것, 더 원하는 것에 대해서 이야기하라. 그리고 피드백을 제공하라. 새로운 것을 시도해서 배우자를 놀라게 하라. 당신의 머리는 가장 강력한 기관이라는 것을 명심하라. 당신이 마음을 열어 편안함을 주고 공유하면 할수록 성적인 친밀함을 더 향상시킬 수 있을 것이다. 성관계 동안 눈 맞춤을 유지하면 할수록 성적인 친밀함의 수준은 더욱더 깊어질 것이다.

❸ 마지막은 자신의 반응성을 통제하는 가장 중요한 단계다. 이 책에서 계속 말해 왔듯이, 자기 자신이 되는 것은 당신 자신에 대하여 명백하고 비반응적이 되는 능력을 말한다. 이는 성적 패턴에서 자신의 역할과 문제에 기여하는 바를 이해할 수 있게 되는 것을 의미한다. 자신의 신념체계와 원가족의 짐 꾸러미를 이해하고 그 문제가 성관계에 어떠한 영향을 끼치는지 이해해야 한다. 배우자를 바꾸려는 시도보다는 자기 자신에 대하여 배우자에게 더 이야기할 수 있어야 한다. 나아가 앞서 이야기했던 성적 패턴에서의 당신의 역할을 변화시킬 수 있어야 한다.

이 모두는 말처럼 쉽지 않다. 배우자에게 방어적으로 대하고, 문제가 배우자에게 있다고 믿고, 배우자를 변화시키기 위해서 노력하는 것이 훨씬 쉬운 일이다. 자신에게 책임감을 가지고 성적 상호작용에서 오직 자기 자신의 역할만을 바꾸려고 노력하면서 자신을 명확하게 정의하고 비반응적이 되는 것은 굉장히 어렵다. 당신이 만드는 변화에 대해 배우자가 화를 내거나 걱정했을 때 느낄 수 있는 불안을 되돌아보는 것은 분명 쉬운 일이 아니다. 그러나 그것이 결국 지속적인 변화를 만들어 내기 위한 유일한 길이다.

성관계와 친밀함

마지막으로 만족스러운 성관계는 깊은 수준의 친밀함을 발달시키는 것과 관련이 있다. 친밀함은 매우 다양한 형태로 나타난다. 만족스러운 성관계는 이러한 많은 영역에서 배우자와 깊은 친밀함을 느끼는 것이다. 결혼생활을 하면서 서로에 대해 깊이 있게 알아 갈수록 성적인 친밀함의 수준 또한 깊어진다.

이것은 옷을 완전히 다 벗고 침대로 뛰어드는 것이다. 가면과 방어를 벗고 정서적으로 모든 것을 다 벗어 던진 당신을 배우자에게 보여 주고 진정으로 당신을 이해할 수 있도록 하는 것이다. 이것은 위험을 감수하고 배우자에게 나약한 부분을 보여 줄 수 있는 것이다. 또한 배우자가 당신에게 좀 더 개방적일 수 있도록 격려하기 위해서 가능한 한 공감적인 모습을 보이는 것이다.

12 부모로서의 부부

은주는 거실에서 왔다 갔다 하고 있었다. "벌써 새벽 세 시네. 승원이는 야간에 외출 금지라고 했는데 아직 안 들어오고 어디 있는 거야?" 남편인 상훈은 아래층에서 졸린 듯이 말한다. "당신 아직 안 자는 거야?" 은주는 비꼬면서 대답했다. "당연하죠. 아들이 아직 집에 안 들어왔는데 당신은 잠이 와요? 더 이상 이렇게는 못 살아요. 주말에만 벌써 세 번째예요. 내 속이 시커멓게 탔어요." 돕고 싶은 마음에 상훈은 "잠 좀 청해 봐요. 마음을 편히 먹고. 우리는 항상 승원이 얘기만 한다고."라고 말한다. 이에 은주는 큰 소리로 대꾸한다. "당신이 밤낮으로 일만 하니까 아이에게 무엇이 필요한지 모르잖아요. 나 혼자 모든 일을 다 하는 것 같아요. 승원이는 아빠가 필요하다고요." 은주는 지금 아들이 어디에 있는지 몰라서 불안하고 혼란스러웠다. "늘 내가 승원이를 외출 금지까지 시키면서 야단치면 당신은 애를 달래 주고 풀어 주기만 했잖아. 당신은 내가 했던 모든 노력을 망쳤다고. 왜 나 혼자 성가신 일을 도맡아야 하지?"

에너지 소모와 불안으로 감정적이 된 시점에서 너무도 익숙한 그들의 다툼은 금방

가라앉지 않는다. 이 부부가 아들을 위한 최선의 방법을 원하더라도 청소년기 자녀를 키우는 어려움과 부부 사이의 양육 철학의 차이는 결혼생활을 힘들게 한다. 상훈과 은주는 결혼생활에 초점을 맞추는 일을 더욱 어렵게 느끼고 있었다. 양육방식의 차이가 결혼생활에 엄청난 긴장을 몰고 온 것이다.

부모 역할을 잘 해내면서 친밀한 결혼생활을 유지하기란 어렵다. 당신은 아이들의 요구, 학교 일정, 숙제, 축구, 다른 방과 후 활동들, 청소년기 아이들의 기분 변화를 다루는 일, 대학 학자금 저축, 직장 일에까지 어떻게 초점을 맞출 수 있는가? 그러면서도 당신의 결혼생활에 친밀함을 쌓을 시간을 낼 수 있겠는가? 그러기란 쉽지 않다. 많은 부부가 결혼생활의 모든 에너지를 자녀양육에 쏟는다. 친밀한 결혼생활과 자녀양육을 모두 하는 데 따르는 긴장은 다루기가 매우 어렵다.

자녀양육은 다른 어떤 것보다 결혼생활을 더 위태롭게 한다. 원가족의 영향, 자녀양육에 대한 신념 그리고 부모와 배우자로서 어떠해야 한다는 신념은 가족생활 내에서 당신에게 고정적으로 강한 영향력을 발휘한다. 결과적으로 부모로서의 역할은 배우자와 당신의 상호작용을 강화시킬 것이다. 좋은 부모이자 좋은 배우자가 되려는 노력은 불가항력적이며 불가능한 것처럼 보일 것이다.

부모이자 배우자로서 이중 역할(dual role)을 잘하려면 공감, 분명한 의사소통, 존중, 인내, 무비판적 경청 등의 기술이 필요하다고 본다. 게다가 좋은 부모가 되기 위해서는 아동발달에 대한 기본적 이해, 효과적이고 비체벌적인 훈육방법, 급속히 변하는 아이들의 세계를 이해하는 기본적인 능력이 필요하다. 이 두 역할은 무리한 요구다. 이중 역할은 기분 좋은 날에도 해내기가 무척 어려울 것이다. 당신은 자신과 배우자의 욕구, 그리고 복잡하면서도 변화하는 아이들의 욕구에 어떻게 초점을 맞추겠는가? 그러다 보면 부부관계를 돈독히 할 만한 충분한 시간이 없는 것처럼 느껴질 것이다. 일상적인 하루 일과를 끝내고 TV 앞에서 편히 쉬거나 잠을 자는 것이 부부관계와 서로에 대한 매력보다 우선시된다.

두 가지 역할 균형의 어려움

문제는 분명하다. 복잡하고 요구적인 두 역할 간에 균형을 맞추려고 노력하다 보면 큰 긴장이 유발된다. 당신은 두 역할의 건강함을 동시에 확보하기 위해서 어떻게 할 것인가? 우리가 아이들에게 줄 수 있는 최상의 선물은 안전하고 애정 어린 결혼생활의 울타리 안에서 그들을 양육하는 것이다. 이것은 자녀양육에 압력을 느끼는 결혼생활과는 전혀 다른 것이다.

우리는 이 장에서 두 역할 간에 균형을 잡을 수 있는 역동에 관해 탐색할 것이다(재혼한 부부와 혼합가정 내의 미묘한 차이 및 역동에 관한 부분은 13장을 보라). 독특한 당신의 가정 내에서 이러한 문제들을 주의 깊게 살펴보는 일이 중요하다. 이러한 변수들이 당신에게 어떻게 영향을 미치는지에 주의할수록 당신과 배우자의 상호작용을 더 크게 변화시킬 수 있을 것이다.

결혼생활의 건강함을 유지하는 일은 힘들다. 당신은 아이들을 건강하고 균형 있게 양육하려고 애쓸 때 꼭 무언가를 희생해야 하는 것은 아닌가 생각하게 된다. 그 희생양은 보통 결혼생활이 된다. 어떻게 하면 부부의 친밀함을 촉진시키는 작업과 더불어 요구가 많은 아이들을 양육하는 것이 가능할까?

상호작용, 논쟁 및 역할

함께 자녀를 양육하려는 노력, 그러면서도 여전히 결혼생활의 친밀함을 유지하려는 노력 속에서 어떤 예측 가능한 패턴이 생길 것이다. 상훈과 은주 부부가 아들이 차를 몰고 집으로 돌아오기만을 불안하게 기다릴 때, 그들은 이미 예측 가능한 상호작용 중 하나를 시작했다. 익숙한 논쟁이 시작된 것이다. 부부는 양육방식의 차이로 논쟁을 벌이는 데 그리 오래 걸리지 않았다. 은주는 자녀양육의 주된 책임이 자신에게 있다고 주장했고, 남편으로부터 더 많은 도움이 필요했다고 했다. 상훈은 한계와 결론을 내리는 일은 언제나 자기 몫이라고 주장했다. 문제는 핵심이 아닌 주변을 맴돌았다. 그들이 익숙한 논쟁을 한 이유는 상황에 대한 불안 때문이었다. 양육방식의 차이는 자녀양육에 대한 노력과 부부간의 친밀함을 손상시키는 예측 가능하고 역효과적인 상호작용을 쉽게 만들어 낼 수 있다.

상훈과 은주의 문제를 숙고해 보면서 자녀양육을 둘러싸고 있는 당신의 상호작용에 대해 생각해 보라. 3장에서 설명했듯이, 부부 상호작용에는 두 가지 규칙이 있다.

- 당신의 관계에는 예측 가능한 패턴이 있다.
- 패턴화된 행동은 균형을 맞추고 서로를 강화시킨다.

이러한 규칙은 당신이 상호작용 패턴을 형성할 때 자동적으로 작용한다. 이것은 당신과 배우자 앞에 놓인 문제의 본질과는 관계없이 발생하는 것이다.

3장에서 설명했듯이, 당신의 대화방식은 특히 당신이나 배우자가 불안해하거나 초조해할 때 여러 의사소통 유형 중 하나로 나타난다. 자녀양육 논쟁은 문제가 있는 상호작용과 말다툼으로 쉽게 번진다. 문제가 있는 의사소통에서 당신의 역할을 더 잘 이해하기 위해 다음의 관계 패턴 유형을 고려해 보라. 어느 패턴이 당신에게 해당되는가? 특히, 가족의 생활과 자녀들의 요구가 연관되었을 때 당신과 배우자가 불안한 가운데 어떻게 상호작용하는지 보여 주는 관계 패턴 유형이 있는가? 다음의 패턴화된 양식을 고려해 보자. 그리고 당신의 상황을 가장 잘 설명해 주는 유형이 어떤 것인지 살펴보자.

갈등/회피 부부

갈등/회피 부부는 자녀양육 문제에 수반되는 잠재적인 논쟁거리를 슬쩍 비켜 간다. 각각의 배우자는 의견의 일치나 불일치를 일으킬 수 있는 주제들을 꺼내지 않음으로써 자녀양육에 대한 불안을 통제 가능한 수준으로 유지한다. 아이들과 관련된 문제가 있을 때, 보통 한 배우자는 다른 배우자가 불안하지 않게 하려고 허둥지둥 그 문제를 처리한다. 그 과정에서 문제를 처리하는 쪽은 잠재적인 불일치를 피하기 위해 배우자에게 의견을 묻는 것을 피한다.

일반적으로 이 유형의 배우자들은 불안이 높을 때(예: 자녀양육에 대한 의견 불일치) 표면으로 드러날 수 있는 상대방의 정서적 욕구를 두려워한다. 그러나 아이들이 가진 중요한 문제가 무시된다면 상황은 항상 악화될 것이다. 즉, 결혼생활에서 긴장이 증가할 것이고 아이들이 가진 문제는 더욱 심각해질 것이다.

쫓기/거리두기 부부

쫓기/거리두기 부부는 친밀함이 아예 없거나 제한된 경우로, 양육 결정에 대한 완벽한 합의 부족으로 결론 없는 이야기를 반복한다. 거리를 두는 배우자는 양육 문제를 의논할 때나 문제를 해결할 때 항상 쫓아 오는 배우자에게 반작용을 한다. 예를 들어, "상훈 씨, 승원이 이야기 좀 해야겠어요. 승원이 담임선생님 말씀이 정말 걱정돼요. 우리는 더 많은 대화를 나눠야 해요." 이때 거리를 두는 배우자는 이렇게 대응할 것이다. "걱정할 것 없어요." 그리고 전보다 더욱 불안하고 낙담한 상태에 있는 쫓기 역할의 배우자를 버려둔 채 정서적으로 거리를 둔다. 문제는 해결되지 않고 부부 사이에 거리감과 긴장만 증가한다.

이 패턴이 변형된 경우, 자신의 불안과 불확실함을 표면화시킨 쫓는 쪽의 배우자가 자녀양육 결정에 대해 거리를 두는 쪽을 비난한다. 대개 거리를 두는 배우자는 일방적인 양육 결정을 하거나 쫓는 배우자에게 완전히 책임을 전가시킨다. 이로 인해 쫓는 쪽이 문제 해결을 위해 거리를 두는 쪽을 더욱 심하게 쫓게 된다.

고속 에스컬레이터 부부

고속 에스컬레이터 부부는 자녀양육 문제와 관련해서 자신들의 의견과 의도의 정확성을 상대에게 설득시키려는 부부다. 어느 쪽도 상대방과 합의점을 찾으려고 하지 않는다. 대신 각각의 배우자는 자신의 사고방식에 상대방이 맞춰 주길 바란다. 어느 쪽도 의논에 앞서 생각하거나 심사숙고하지 않는다. 각자 자신의 불안과 반작용을 표면화시켜서 말한다. 그 때문에 더욱 격렬한 대화가 발생한다. 이 과정에서 자녀 문제는 온데간데없이 사라져 버린다. 왜냐하면 갈등은 빠르게 통제 불능으로 바뀌고 더 이상 자녀의 욕구가 무엇인지에 초점을 맞추지 않기 때문이다.

이 유형의 부부가 자녀와 관련된 문제를 해결하려고 할 때 부부는 논쟁에 휘말리곤 한다. 예를 들어, 학교와 관련된 문제를 해결하려는 노력 대신에 그 문제가 누구 탓인지를 가지고 서로를 공격하고 비난하기 시작한다. 그들은 상대방을 공격하고 비난하느라 자녀 문제에 대한 창의적인 해결법을 찾지 못한다.

수동적/공격적 부부

수동적/공격적 부부는 정서적인 게릴라 전투에 착수한다. 편들기와 삼각관계(triangular situation) 만들기(이 경우 제삼자는 아이가 된다)는 이러한 부부에게 흔하게 발생한다. 자녀는 부모 사이에 진행 중인 힘겨루기에 지렛대가 된다. 배우자에 대한 불신의 세월과 표면화된 갈등에 대한 두려움 때문에 부부는 이 상호작용 유형을 발달시킨다. 두 배우자는 자녀양육 문제에 대한 자신들의 생각을 드러내기는 것을 삼간다. 그리고 자신들이 바라는 결과를 얻어 내기 위해 상대방의 등 뒤에서 행동하는 것을 선택한다.

예를 들어, 아이가 어떤 일을 할 때 당신이 바라는 것과 배우자가 바라는 것이 서로 다르다면, 상대 배우자 몰래 아이에게 그 일을 하도록 하고 나중에 발각되더라도 이미 되돌리기에는 늦은 것처럼 일을 꾸밀 수 있다. 이 상호작용 유형에는 많은 삼각관계가 생길 수 있다. 앞에서 원가족 문제를 이야기하면서 설명했던 삼각관계가 가족 내에서 쉽게 발생한다. 삼각관계는 부모들의 의견이 일치하지 않을 때 한쪽 부모가 자녀와 동맹을 맺는 것이다(6장을 참조). 예를 들어, "아버지께선 이번 주말에 네가 차를 쓰면 안 된다고 말씀하셨지만, 출장 중이시니 네가 차를 쓴다 해도 모르실 거야."라고 말한다면 삼각관계가 형성된다.

이러한 삼각관계 유형은 자녀와 부모 모두에게 심각한 손상을 입힌다. 삼각관계는 가족 모두에게 더 많은 논쟁과 거리감, 고통을 초래한다. 아이들에게 상처를 입히는 것뿐만이 아니다. 부부가 친밀해질 수 있는 가능성을 매우 줄이기도 한다.

지배적/복종적 부부

지배적/복종적 부부는 쉽게 알아볼 수 있다. 한쪽 배우자는 크고 작은 문제들과 관련된 모든 결정을 과도하게 주도한다. 복종적인 배우자는 지배적인 배우자에게 모든 결정을 양보한다. 그러나 표면 아래를 들여다보면 각각의 배우자는 서로에게 정서적으로 동등하게 의존하고 있음을 알 수 있다.

순응적인 배우자가 없다면 지배적인 사람은 누구도 통제할 수 없으며 더욱이 자기개념(self-concept)을 느낄 수 없을 것이다(만약 지배적인 사람에게 아무도 의존하지 않는다면 자신을 무가치하고 불쾌하게 느낄지도 모른다). 누군가가 이끌어 주지 않으면 복종적인 배우자는 혼자라고 느끼고 사랑받지 못한다고 느낀다. 왜냐하면 이런 사람은 주목받지 못하기 때문에 아무에게도 의지하려 들지 않기 때문이다.

자녀양육 문제에서 이 유형의 부부는 분명한 문제에 부딪힌다. 지배적인 부모는 큰 소리를 내고 통제하며 대부분의 결정을 내리는 것처럼 보인다. 그러나 복종적인 배우자는 자녀와 건강하지 않은 동맹을 맺고 번번이 배우자의 결정을 약화시킨다. 이런 가정의 아이들은 일찍부터 지배적인 부모를 무시하는 법을 배운다. 그리고 자신들의 욕구를 복종적인 부모에게 요구한다.

예를 들어, 민수는 목소리가 크고 강압적이며 거만한 아버지였다. 그는 아이들을 계속 꾸짖고 그들에게 지나친 요구를 했으며 매우 높은 기대치를 가지고 있었다. 아내 미진은 남편보다 온화하고 복종적이며 관대해 보였다. 그녀는 직접적으로 민수의 양육방식에 맞서지는 않았다. 그러나 남편이 아이들에게 내린 엄격한 귀가 시간을 다반사로 무시했다. 그리고 민수가 사업차 출장을 갔을 때 아이들이 원하는 것은 무엇이든 허락해 주었다. 아이들은 외출 시 허락을 받아야 하거나 돈이 필요하면 항상 그녀에게 부탁했다. 현실적인 면에서 민수는 아이들이 원하는 것이 무엇인지 거의 몰랐고, 가족 누구도 아버지와 상의하지 않았다.

이러한 역동 때문에 지배적/복종적 부부는 종종 삼각관계를 만든다. 앞서 설명했듯이, 이것은 부모와 자녀 간은 물론 부부간의 친밀함도 위태롭게 한다. 이 역동 유형에는 실질적인 균형이나 부부애가 존재하지 않는다.

과대기능/과소기능 부부

과대기능/과소기능 부부는 그들의 역할에 거의 균형이 없다. 과대기능 배우자가 대부분의 자녀양육 책임을 떠맡는다. 과소기능 배우자는 아이들의 일상생활에 밀접하게 관여하지 않는다. 이러한 역할들은 흔히 문화나 성(gender)에 기반을 둔다. 과대기능하는 부모가 점점 더 많은 역할을 할수록, 과소기능하는 부모의 역할은 점점 더 줄어든다. 과소기능하는 배우자는 자신의 시간을 사업과 취미 및 친구들에게 자유롭게 할애한다. 그리고 가족생활에서 일어나는 일들에 점차적으로 신경을 덜 쓰게 된다.

이 부부의 유형은 적어도 두 가지 문제를 일으킨다. 첫째, 과대기능하는 배우자는 분노를 느끼기 시작한다. 그 결과로 부부간의 친밀함이 손상된다. 이는 분노를 느끼는 개인이 상대방에게 더욱더 정서적인 거리를 만들기 때문이다. 둘째, 아이들이 상처를 입는다. 과대기능하는 부모는 아이들에게 지나치게 열중하기 쉬운데, 이는 과소기능하는 배우자가 가족생활에 무심한 동안 아이들의 생활에 과도한 투자를 하기 때문이다.

안정되고 건강한 부부

안정되고 건강한 부부는 일반적으로 자녀양육이나 다른 잠재적인 민감한 문제에 대해서 의논하기를 주저하지 않는다. 이들은 갈등을 즐기지는 않지만, 이러한 대화를 자녀양육이라는 협력적이면서도 복잡한 과정에서 반드시 필요한 단계로 생각한다. 그리고 자녀양육에 있어 부부관계가 힘과 지지, 그리고 다양한 아이디어를 제공해 주는 강력한 이점으로 작용한다고 본다.

건강한 부부는 수년간의 자녀양육을 통해서 그들의 시간을 함께 일군다. 따라서 자녀양육으로 인해 일어나는 모든 변화를 통해 계속적으로 서로를 알아 왔다. 이들은 자녀양육의 가장 어려운 문제들까지도 다룰 수 있고 원칙과 처벌에 관한 문제도 잘 다룰 수 있다. 그 결과로 이들은 부모와 배우자라는 이중 역할에 균형을 맞춘다.

✲ 당신의 자녀양육 패턴은 어떤 유형인가

앞에서 기술한 자녀양육 패턴을 살펴본 후에 당신이 사용하는 패턴 유형의 특징을 기술할 수 있는가? 당신은 하나의 유형을 사용하지 않고 여러 방식을 조합해서 사용할 수도 있다. 당신의 역할을 바꾸고 자녀양육 방식을 변화시키기 위해서, 이러한 방식들 중 어떤 것이 당신의 패턴을 가장 잘 나타내는지 이해하는 것이 중요하다.

이제 잠시 시간을 가지고 당신과 배우자가 자녀양육 활동이라는 일상 속에서 고정되게 사용하는 상호작용 유형을 적어 보자. 이러한 상호작용이 나타나는 일주일간을 떠올려 보고 당신이 양육 관련 활동을 하고 있을 때 당신과 배우자가 만들어 내는 상호작용 유형을 생각해 보라.

우리 부부의 자녀양육 패턴

....

....

....

....

이 질문에 답한 후에 당신이 자녀양육에서 곤란한 문제를 처리해야 할 때 휘말리게 되는 당신과 배우자의 상호작용 유형에 대해서 생각해 보라. 이 패턴은 당신의 일상적인 패턴들과 크게 다른가? 그렇다면 다음 빈칸에 간략하게 기술해 보라.

자녀양육에 문제가 발생했을 때 우리 부부의 상호작용 패턴

....

....

....

당신 자신의 반응을 확대해 보면서 상호작용에서 당신의 역할을 살펴보았는가? 자녀양육에 관한 상호작용에서, 특히 불안할 때 당신이 하는 역할은 무엇인가? 당신은 과대기능하는가, 쫓는가, 거리를 두는가, 혹은 회피하는가? 그 문제에 대한 당신의 기여도를 적어 보라.

나의 자녀양육 방식

....

....

....

....

상호작용 방식의 영향

모든 상호작용의 유형은 불안할 때 나타난다고 앞서 기술한 바 있다. 무언가 잘 되지 않을 때 그러한 패턴들 중 하나에 빠지게 된다. 이때 적어도 세 가지 부정적인 결과들이 나타날 수 있다.

- 자녀와 해결하고자 하는 문제가 해결되지 않을 것이다. 배우자와 역효과적인 상호작용을 하는 데 너무 많은 에너지를 소모해서 자녀와 창의적으로 문제를 해결하는 데 쓸 에너지가 충분하지 않을 것이다.
- 상호작용의 결과로 배우자와 논쟁하면서 긴장이 유발되어 배우자와 더욱 거리감을 느끼게 될 것이다. 이 때문에 자녀양육 문제에 대해 부부가 창의적으로 작업하는 것은 말할 것도 없고 친밀함을 쌓는 것이 더욱 어려워질 수 있다. 부부 사이가 멀어질수록 두 사람은 부모로서 점점 더 효과적으로 기능하지 못하게 된다.
- 당신과 배우자 사이에 자녀양육 문제와 관련된 긴장이 증가할 때 아이와 삼각관계를 형성하기 쉽다. 이때 많은 형태의 삼각관계가 형성될 수 있다. 예를 들어, 한

쪽 부모는 다른 쪽 부모와 대치한 채 논쟁에서 아이와 한편이 될 수 있다. 또는 한 쪽 부모가 자녀에게 부부 문제를 털어놓을 수도 있다. 이로 인해 자녀와 다른 부모 사이에 거리가 생긴다(이 문제는 아이에게 큰 스트레스가 된다.). 과대기능하는 부모는 너무 지쳤을 때 맏이에게 부적절한 도움을 요청할 수도 있다. 쫓는 배우자는 자신의 배우자에게 너무 실망한 나머지, 자녀를 친구로 만들려고 할 수도 있다. 가능성은 끝이 없다. 결국 이러한 삼각관계와 불완전한 상호작용은 아이들에게 상처를 주고 부부 사이의 친밀함마저 손상시킨다.

❋ 자녀양육에 대한 신념체계

자녀양육에 대한 신념체계는 부부 사이에 비생산적인 상호작용 패턴을 부추긴다. 대개 부부들은 자녀양육에 대한 기본적인 신념에 대해 개방적으로 이야기하지 않는다. 마음속에 숨어 있는 수많은 가정들을 개방적으로 거론하지 않기 때문에 양육 파트너십 형성이 곤란해질 수 있다.

당신은 남편이나 아내를 당신의 반려자로, 연인으로, 친구 또는 재정적인 파트너로 선택했을 수 있다. 당신은 결혼 전에 이미 배우자와 자녀를 갖는 문제를 의논했을 수도 있다. 아마도 자녀에 대한 당신의 요구에 관해 배우자로부터 동의를 얻었을 수도 있다. 자녀를 몇 명 낳을 것인지도 의논했을 것이다. 그러나 당신은 오로지 일이나 자녀양육 한쪽에만 몰두하는 배우자를 선택하지는 않았을 것이다. 중요한 것은 당신이 부모와 배우자로서의 이중 역할을 충족시키는 데서 발생하는 긴장을 고려하지 못했다는 점이다.

하위체계

어떤 가족이든 배우자와 아이들이 상호작용을 할 때 작동하는 하위체계가 있기 마련이다. 하위체계는 더 큰 집단 내의 하위집단이다. 예를 들어, 두 명의 아이가 있는 가정에는 세 개의 하위체계가 존재한다. 부부, 자녀양육 그리고 형제 하위체계다. 이러한 하위체계는 각각 충족되어야 할 특정 욕구와 수행해야 할 역할이 있다.

부부 하위체계에는 그 자체만을 위한 시간이 필요하다. 부부는 밖으로 나가 데이트를 즐기고 대화를 나눌 시간과 결혼생활을 윤택하게 할 시간이 필요하다. 자녀양육 하위체계에서는 계속 변화 중인 아이들의 발달 욕구를 다룰 필요가 있다. 형제 하위체계에서는 형제관계를 형성하는 데 필요한 형제자매의 욕구에 초점을 맞출 필요가 있다.

이들 각각의 하위체계들은 그 자체의 고유한 경계와 눈에 보이지 않는 구획을 지니면서 다른 하위체계들로부터 분리되어 유지된다. 멤버십(예: 결혼)이나 활동(예: 낚시를 좋아하고 함께 낚시에 가는 사람들)은 그 경계가 어디인지 명확하다. 가족 내의 다른 사람들은 경계를 존중해야 하며, 함께 하자는 제의를 받지 않았다면 그 경계를 침해하지 않아야 한다.

하위체계가 잘 기능하기 위해서 각각의 하위체계마다 충족되어야 할 특정 욕구가 있다. 우리는 부부관계가 원만하지 않다면 부모 역할도 잘 해내기 어려울 거라고 믿는다. 이와 동시에 자녀양육에 대한 책임은 결혼생활에 막대한 대가를 치르게 한다. 불행히도 결혼생활에 대한 우리의 신념 중 일부는 이를 더욱더 어렵게 만들 수 있다. 부부들은 종종 효과적으로 역할을 수행하기 위해 애만 쓰게 만드는 결혼생활과 자녀양육에 대한 특정 신념들을 고수한다. 자신들의 행동에 대한 깨달음조차 없이 말이다. 다음의 여러 신념에 대해서 생각해 보고 당신의 상황에 해당되는 것을 찾아보라. 이러한 신념 모두는 비생산적인 상호작용과 논쟁에서 쉽게 발생하는 것들이다.

✻ 자녀양육에 대한 통념

앞 장에서 살펴본 것처럼, 통념은 흔히 잘못된 메시지를 보낸다. 모든 통념은 진실의 핵심에서 비롯되지만 여러 다른 삶의 장면에 보편적이고 가공된 적용을 하기 위해서 확장된다. 분명 실무율적 사고나 흑백논리는 당신과 배우자에게 융통성이 없는 방식이다. 만약 당신이 주의하지 않는다면 가족생활에서 발생하는 감정적인 상황에서 전부 아니면 전무 식의 실무율적 사고나 흑백논리가 쉽게 발생할 것이다. 당신은 이러한 점에 대해서는 생각조차 하지 않고 수년 동안 통념을 고수해 왔을 수도 있다. 마치 통념이 확고부동한 진실인 것처럼 문제에 통념을 적용했을 것이다. 그것이 바로 결혼생활을 위험에 빠트린다.

통념 1: 좋은 부모라야 좋은 배우자가 될 수 있다

좋은 배우자 되기와 좋은 부모 되기에는 전적으로 다른 기술이 필요하다. 좋은 부모가 되려면 수반되어야 할 사항이 있다. 하지만 당신의 배우자가 좋은 배우자가 되기에 충분한 자격이 있다고 확신하기는 어렵다. 좋은 부모는 아동이나 청소년이 필요로 하는 경청, 지도, 훈육, 교육을 아이들의 연령에 적절한 방식으로 제공할 수 있어야 한다.

만약 여덟 살과 열다섯 살의 두 자녀가 있다면, 좋은 부모는 두 자녀를 똑같이 대우하기보다 아이들 각자의 연령에 따라 양육하는 법을 알아야 한다. 하지만 불평등한 태도로 다른 배우자를 격분하게 만든다면 그 배우자는 '좋은' 배우자가 될 수 없다.

당신은 때때로 자신이 통상적인 수준보다 더 많은 시간과 에너지를 자녀들에게 쏟아야 하는 상황에 놓여 있는 것을 발견할 것이다. 마치 시간 제한이 있는 프로젝트처럼 말이다. 이러한 이유로 자신의 결혼생활을 위해 할애할 수 있는 시간이 줄어들게 된다. 많은 배우자가 일상생활 속에서 이와 같은 편차를 이해해 왔고 오랫동안 참아왔다. 어쩌면 당신은 아이를 돌보는 일이 끝나면 특별한 시간과 활동으로 '잃어버린 시간'을 보상할 수 있다고 기대했을 것이다. 만약 당신과 당신의 배우자가 평등한 결혼에 기반을 두고 살았다면 관계에 대한 책임을 동등하게 나눌 수 있을 것이다.

결혼생활에서의 친밀함은 자녀와의 양육관계에서 나타나는 애정과는 다르다. 한 역할은 두 배우자가 정서적으로 동등할 것을 요구하며, 또 다른 역할은 부모와 아이들이 정서적으로 동등하지 않기를 요구한다. 각 역할마다 다른 기술과 자각을 요구한다.

두 역할 사이를 넘나들며 그 기술들을 사용할 수 있다고 기대하는 것은 오산이다.

자녀양육은 양육을 위한 기술, 제한과 기대치의 확고부동함 그리고 아동과 청소년의 발달 욕구에 대한 지식을 요구한다. 배우자나 파트너가 되기 위해서는 자녀양육과 동일한 기술—교육 능력, 스스로를 아는 능력—을 요구할 뿐만 아니라 그 역할을 통해 우정과 친밀함의 유대를 맺을 수 있어야 한다.

통념 2: 자녀의 요구를 우선시하는 것이 건강한 가족(결혼)생활이다

당신의 가족이 당신과 배우자, 그리고 아주 어린 아이들(예를 들어, 열 살보다 어린 연령)로 이루어져 있다면, 아이들에게 필요한 양육과 지도는 가족생활에서 중요한 부분이다. 부모와 아이들 간의 정서적인 친밀함과 감정적인 교류는 아이들의 유년기 정신적 · 정서적 발달을 위해 실제로 필요하다. 아이들은 중학생 시기까지는 또래와 더 많은 정서적 유대가 필요하고 부모와는 좀 더 융통성 있는 관계구조가 필요하기 때문에 그 차이를 이해해 주는 부모의 현명함이 필요하다.

건강한 가족생활은 가족 구성원, 특히 아이들의 발달적 변화와 함께 변화해야 한다. 아이들이 성장하고 변화함에 따라 결혼생활은 점차 성숙해져야 하고 긍정적으로 다루어져야 한다. 예를 들어, 아이가 초등학교에 입학하면 사회적 경험의 증가, 일관된 교육 그리고 제한된 환경이 필요하다. 반면에 부모를 하루 종일 바쁘게 했던 자녀양육에 대한 요구는 초등학생 시기부터 줄어들기 시작한다. 이 단계에서는 결혼생활에 대한 당신의 노력을 지속하는 것이 중요하다. 어린아이들은 당신의 시간, 에너지, 열정을 지나치게 요구할 수 있다. 그러나 자녀가 유아일 때부터 집을 떠날 때까지 당신이 결혼생활에 쏟는 정성은 실제로 당신에게 여분의 에너지를 줄 것이다. 책임감 있고 자녀의 요구에 민감한 부모가 될 수 있는 에너지를 말이다.

통념 3: 자녀는 부부생활의 건강함에 영향을 받지 않는다

자녀들의 삶과 당신의 결혼생활이 별개이긴 하지만 자녀들이 자신의 일상을 어떻게 관리하는지는 결혼생활의 불안 수준에 영향을 미친다. 그리고 계속해서 강조해 왔듯이, 당신과 배우자의 불안은 어떻게 친밀함을 추구하고 유지하며 회피하는가와 관련된 주요소다.

가족과 부부의 삶에는 '우회적 결탁(detouring)' 이라는 역동이 있다. 우회적 결탁은 당신과 배우자의 불안이 참을 수 없는 수준에 도달했을 때, 그리고 다른 사람과 삼각관계를 맺고 싶은 욕구가 존재할 때 발생한다. 부부가 결혼생활에서 심각한 불안을 겪을 때 자녀 문제는 삼각관계를 형성하는 상습적인 우회적 결탁이 될 수 있다. 이와 유사하게, 시간이 지나면서 아이들은 부부 갈등에 두려움을 느끼게 되고 당신의 관심을 요구할 것이며, 이것은 당신의 결혼생활에 새로운 관점을 제공할 것이다. 아이들은 이를 두려움이나 습관 또는 신념으로 표현할 수 있다. 이것이 무시되어서는 안 된다. 좀 더 자란 자녀는 한층 더 독창적인 방식으로 부모의 관심을 받는다.

당신이 이를 지각하지 못할 때조차도, 아이들은 쉽사리 당신 부부의 상호작용의 일부가 될 수 있다는 점을 기억하는 것이 중요하다. 그것을 인식하든 못하든 당신이나 배우자는 극도로 불안할 때 아이들의 이름을 부른다. 자녀는 당신의 결혼생활에서 가장 강한 영향을 받을 가능성이 매우 크다.

통념 4: 자녀가 성장하면 부부가 함께 즐길 시간이 있을 것이다

이 통념은 결혼 초기의 함정이다. 이것은 당신의 첫아이가 유아였을 때부터 시작된다. 이때는 한 시간 동안 다른 사람에게 아기를 맡기는 것조차 힘들다. 그러나 아이들이 성장한다 해도 배우자와 단 둘이 있을 시간을 갖기는 여전히 어렵다. 우리는 자녀 중심의 헌신적 생활 때문에 (주말 동안 떨어져 있는 것은 말할 것도 없이) 저녁 외식조차 할 수 없다고 말하는 많은 부부들을 보았다.

분명히 당신은 아이들을 사랑한다. 당신은 아이들에게 격려, 양육, 원칙, 교육과 같은 방법이 필요하다는 것을 자각하고 있다. 아이들을 위한 시간에 앞서 '부부의 시간'을 두려는 생각은 이기적이고 자녀에게 소홀한 것으로 보일 수 있다. 그러나 배우자와 부모로서의 두 가지 역할은 균형을 유지해야만 한다. 월러스타인(Wallerstein, 2000)과 동료들은 25년간의 연구 결과에서 이혼한 부모의 아이들은 자신의 부모가 둘이 함께 있는 시간을 소중하게 느꼈다고 보고했다. 가족적인 활동과 부부만의 시간을 갖는 것은 다르다.

이 통념은 아이들이 청소년이나 성인이 되어 자신의 길을 찾아가고 나면 당신은 배우자와 많은 시간을 보낼 수 있다고 말한다. 만약 당신이 아이들이 자라는 동안 결혼생활을 계속해서 잘해 오지 않았다면, 아이들이 집을 떠난 후 당신의 결혼생활에는 아무것도 남지 않았다는 사실을 알게 될 것이다. 가정에서 자녀들의 욕구가 다른 사람들의 욕구(둘 만의 시간을 원하는 부모의 욕구를 포함하여)와 균형을 이룰 때, 당신의 자녀들은 건강한 성인으로 성장할 것이다.

통념은 상호작용을 만든다

결혼생활에 대한 이 네 가지 통념들은 부부 상호작용에 문제를 일으킨다. 이 통념들은 기대와 신념을 자극한다. 당신이 이 통념들을 고수한다면 부부생활을 보호하고 유지하기 위해서 열심히 노력할 필요가 없다고 믿을 수도 있다. 심지어 당신이 자녀양육에 몰두하는데도 자녀를 독립된 존재로 키워 나갈 수가 없을 것이다. 이것은 많은 부부에게 공통된 함정이다. 이런 부부들은 자녀들이 떠난 중년기가 되어서야 자신들의 결혼생활에 남은 것이 거의 없다는 사실을 깨닫는다. 이 통념들에 의문을 갖지 않고 자녀양육을 하는 동안 부부생활의 중요성이 우선시되지 않는다면, 친밀함은 천천히 그리고 소리 소문 없이 사라질 것이다.

당신의 통념에 도전하라

부부의 자녀양육에 대한 이 네 가지 통념이 모든 경우를 나타내는 완전한 목록은 아닐지라도, 당신이 매우 바쁘거나 불안한 시기에 아이들은 당신이 생각했던 것보다 더 큰 영향을 받는다는 사실을 알 수 있을 것이다. 당신이 매우 바쁘거나 불안할 때 이와 같은 통념에 가장 취약하다. 불안 수준이 높아질 때, 비반응적으로 행동하고 생각하려는 당신의 능력은 현저하게 낮아진다는 것을 기억하라.

이 시점에서 당신은 결혼생활과 자녀양육의 특정 영역에 작용하는 통념들을 생각해 보고 싶을 것이다. 어떤 통념이 당신의 결혼생활과 가족 내 긴장을 가장 잘 반영하는가? 그 통념이 당신의 역할과 행동에 어떻게 영향을 미치는지 귀 기울여 보라.

부부의 자녀양육에 대한 나의 통념들

1. ....

....

....

2. ....

....

....

3. ....

....

....

4. ....

....

....

✤ 아이들의 발달 욕구에 대한 신념

부부의 상호작용은 통념의 영향을 받을 뿐 아니라 아이들의 발달 욕구에도 영향을 받는다. 부부가 서로에 대한 지식을 공유하고 배우는 것은 부부에게 중요한 영역이다. 당신이 부모로서 기능할 때도 제한된 환경, 양육, 원칙, 지도, 놀이 시간, 기타 아이들의 욕구에 대한 자신의 신념을 토대로 행동한다. 당신이 아이들의 욕구에 대해 행하는 신념과 배우자의 신념이 같지 않을 수도 있다. 사실상 당신의 신념은 원가족의 영향을 토대로 했기 때문에 특정 시기에 아이의 욕구가 무엇인지에 대해서도 매우 다른 개념을 소유할 수 있다.

당신이 아이들의 발달 욕구에 대해서 얼마나 알고 있는지에 대해 지금 살펴보는 것이 효과적일 것이다. 우리가 말하고자 하는 것은 훈육, 또래와의 사회화, 성인과의 관계성, 사생활, 원리, 의존성, 자율성의 정도 그리고 가족과 함께 있거나 떨어져 있는 시간이 아이의 연령 변화에 따라 적절한가 하는 것이다. 아동과 청소년 발달에 대한 정보나 신념에서 배우자가 다른 생각을 갖는 일은 흔한 일이다. 지식은 책, 잡지, 전문가, 친구 또는 가족에게서 얻을 수 있다. 그것은 정확할 수도 있고 부분적으로만 사실이거나 가족 전설을 근거로 한 것일 수도 있다. 중요한 사실은 당신이 어떻게 자녀양육을 하고 당신이 자녀양육 문제에 대해서 어떻게 배우자와 상호 작용하는지가 그 신념들의 기초가 된다는 것이다.

발달 욕구는 변화한다

아이들이 청소년으로 성장해 감에 따라 당신의 자녀양육 방식도 변해야 한다는 사실을 깨달아야 한다. 십대가 되면, 당신의 자녀는 또래들과 관계를 맺는 데 많은 시간을 할애하기 때문에 가족과 함께하는 시간이 적어진다. 청소년들은 세상을 향해 나아가는 동안에도 가족과 연결되어 있어야 하는데, 이 변화는 건강한 발달을 위해 결정적인 부분이다. 자녀양육은 당신의 가치를 분명히 할 것과 일상적인 기대에 대해 유연함을 유지할 것을 요구한다. 수용 가능한 행동에 대한 규칙은 여러 해에 걸쳐 일관되게 적용되어야 하지만, 그렇다고 십대에게 일어나는 모든 문제가 부부간에 싸움이 되지는 않는다. 청소년을 양육하는 데 있어서 최상의 규칙 중 하나는 신중하게 당신의 싸움을 결정하는 일이다. 사소한 싸움에 당신의 에너지를 낭비하지 말라. 그러나 싸움이 필요한가를 결정하는 일은 부부간의 중요한 결정사항이 되어야 한다. 이때는 이 장의 앞부분에서 확인했던 상호작용 방식으로 인해 대화가 매우 어려울 수도 있다.

당신과 배우자는 자신의 가치를 희생하지 않고 슬쩍 피하는 싸움을 함으로써 이득을 얻을 수 있다. 만약 아들이 친구들과 이야기하느라 30분 늦게 집에 왔다면, 그것은 집에서 5마일 거리에 있는 극장에서 30분 늦게 집에 왔던 경우와 다르다. 당신은 자신이 할 말이나 행동을 알 수 있겠지만 당신의 배우자는 그것을 알고 있을까? 아마도 아닐 것이다. 아들이 늦게 왔을 때, 그에게 말하기 전에 배우자와 대화를 나누었다면 한결 더 나았을 것이다. 관리할 수 있는 수준에서 당신의 불안을 유지해야 한다는 사실을 기억하라. 자녀양육에서 성급하게 결정하고 행동하는 것은 최상의 선택이 아니다. 잠깐이라도 배우자와 함께 기다리고 생각하고 의논하는 것이 당신의 불안을 감소시키는 데 도움이 될 것이다. 또한 당신이 아들과 이 문제를 놓고 대화하기로 결정할 때까지 참는 것도 배우자에게 긍정적인 작용을 할 것이다.

우선순위에 대한 신념

어느 가족이든지 가족 내에서 무엇이 중요한지에 대해서 아이들에게 예를 들어 주고 가르친다. 이를 가족 우선순위라 한다. 우선순위는 집집마다 다르다. 우선순위는 신체적인 안전과 안정, 교육 욕구, 사회적 기회나 운동의 기회 또는 예술적 기회가 될 수도 있다. 가장 중요한 것은 부부가 그들의 우선순위가 무엇인지, 그리고 그들의 아이들과 어떻게 협의해야 하는지를 함께 이해하고 아는 것이다.

만약 당신이 지난주 내내 배우자에게 버림받았다고 느끼고 있었는데, 배우자가 아들과 함께 풋볼 경기를 보러 가는 데에만 정신이 팔려 있다면 어떻겠는가? 배우자가 당신과 둘이 풋볼 경기를 보러 가자고 제안한다 하더라도 당신은 그 초대가 혼란스럽게 느껴질 것이다. 당신의 배우자가 아들의 풋볼 경기를 부부로서 보러 가나 부모로서 보러 가나 똑같다고 생각할지라도, 당신은 배우자의 전적인 관심을 받지 못하기 때문에 자신의 욕구가 충족되지 않을 거라는 사실을 알고 있다. 누구의 우선권이 이길까? 부부로서의 욕구와 가족으로서의 욕구를 모두 가지고 있을 때, 우선순위의 균형을 맞추기란 쉬운 일이 아니다.

결혼생활을 둘러싼 경계선 긋기

부부들에게 일상적으로 같이 즐기는 오락이 무엇인지 물을 때마다 "우리는 저녁을 먹으러 외출해요." "우리는 함께 캠핑을 가요." 등과 같은 대답을 듣곤 한다. 여기서 '우리' 는 가족 전체를 의미한다. 가족생활은 충분히 양육되고 있을지 모르나, 부부생활은 언제 양육되는가? 당신의 결혼생활을 위해 정기적인 시간을 갖는 일은 매우 중요하다. 가족의 위기 혹은 자녀양육의 위기가 있을 때라도, 부부가 친구로서나 연인으로서 함께 시간을 보낸다면 힘든 시기를 이겨내는 데 필요한 애정과 신뢰의 기반이 마련될 것이다. 오직 둘만이 있는 장소에서 배우자와 함께 부부관계를 조망해 보는 일은 헤아릴 수 없을 만큼 귀중하다. 당신의 자녀양육 투쟁을 위한 시간은 오락과 즐거움을 위한 부부 시간과 분리해서 유지해야 한다. 당신 부부에게서 이 원칙이 보이지 않는다면, 자녀는 부부 둘만의 시간에 쉽게 끼어들어 당신들을 방해할 것이다. 특히, 당신의 아이가 품행이 좋지 않고 사고를 치는 데 명수라면 말이다.

당신은 결혼생활에 경계선을 그을 필요가 없다고 믿지만 당신의 배우자는 그렇지 않다면, 신념 간에 의미 있는 차이가 있는 것이다. 이는 둘의 만족을 위해서 탐색되고 해결되어야 한다. 이 신념 차이는 원가족의 영향 때문인데, 이는 종종 특정 문제의 모델이 되곤 한다. 당신이 배우자와 부모의 이중 역할을 잘 수행하고자 한다면 경계를 유지하는 것이 중요하다.

예를 들어, 부부 중의 한 사람은 부모가 자신들의 즐거움에만 너무 열중하거나 아이들을 보살피는 데 무관심한 가족에서 자랐을 수도 있다. 그러한 가족에서 자란 아이들은 기껏해야 찬밥 신세에 지나지 않는다. 그들의 신체적 · 정서적 욕구는 대개 건강한 관심을 받지 못한다. 그러한 배경에서 자랐다면, 당신은 현재 가족에게 너무 헌신하느라 부부생활에는 거의 시간을 쏟지 못할 것이다. 설령 당신의 행동이 아이들에 대한 순수한 사랑과 관심에 의해서 동기화되었더라도 그것은 문제가 될 수 있다. 배우자와 부모의 역할 간 균형과 역할 각각에 할애하는 시간의 균형은 매우 중요하다.

역할에 대한 신념

자녀양육을 할 시기에 당신은 결혼생활 내 역할들을 어떻게 다뤄야 할까? 결혼생활 동안에 당신은 애정, 대화, 재산, 가정 관리 그리고 성관계에 대해서 동등하게 책임이 분배되기를 원할 것이다. 그러나 당신은 자녀양육의 노동에 대해서는 더 전통적인 분배를 할지도 모른다.

반면에 당신은 남편 또는 아내의 도움을 최소로 한 채 양육을 주도하는 부모가 되기를 바랄 수 있다. 혹은 아이들에 대한 양육을 전담한 채 당신이 자녀양육의 주된 짐을 짊어지려고 할 수도 있다. 자녀양육과 관련해서 역할이 작용하는 방식에 대한 신념은 매우 중요하며, 부모가 된 부부들은 세심한 대화를 나누어야 한다.

결혼생활에서의 역할뿐만 아니라 자녀양육에서의 역할의 차이 역시 성역할에 대한 당신의 생각에 의해 결정된다. 결혼생활에서 아내와 부모로서의 여성 역할에 대해서 당신이 자라면서 배웠던 것과 배우자가 배웠던 것 간에는 큰 차이가 있을 수 있다.

예를 들어, 당신의 배우자는 어렸을 적에 어머니가 돌아가시고 아버지 손에서 자랐다고 가정해 보자. 남성과 여성의 능력이나 하고자 하는 의지에 대한 배우자의 다른 기대치와 생각들은 당신의 사고를 자극한다. 흔히 부부들은 자녀양육을 시작할 때 성에 기초한 전통적인 역할을 의문없이 받아들인다. 세월이 흘러 이것은 커다란 좌절을 불러온다. 남편은 열심히 일만 하고 아내 혼자 자녀양육의 책임을 진다고 가정한다면, 아내의 분노는 점차 증가할 것이다. 또한 이러한 역할 문제는 부부의 친밀함에 부정적인 영향을 주어 동반자 관계를 손상시킬 수도 있다.

부모로서의 배우자에 대한 신념

성에 기초한 신념체계 외에도, 자신의 배우자가 부모와 배우자로서의 이중 역할을 해낼 능력이 있다고 신뢰하는 것도 중요한 영역이다. 당신은 배우자를 아이들의 부모로서 얼마나 신뢰하는가? 당신의 신념에 의해 정의된 배우자의 무능력은 아이들과 그들의 욕구를 다룰 때 표면화될 수 있다. 어쩌면 당신은 배우자가 좋은 부모일 때조차 남편으로서 그의 능력을 의심할지도 모른다. 이러한 것들은 당신의 이중 역할 관계의 모든 부분들이다.

부부가 함께하는 자녀양육은 신뢰를 필요로 한다

만일 당신이 배우자가 유능한 부모라고 생각하지 않는다면, 당신은 앞서 논의했던 상호작용 패턴 중 하나에 쉽게 빠질 수 있다. 예를 들어, 배우자가 어린 자녀들에게 충분히 전념한다고 생각하지 않는다면, 당신은 배우자를 쫓기 시작할 것이고 배우자가 더욱 전념하도록 밀어붙이려고 잔소리를 하면서 들볶을 것이다. 배우자가 청소년기 자녀들에게 지나친 행동을 한다고 믿는다면, 당신은 십대 자녀의 버릇없는 행동을 너그러이 봐 주거나 용서해 줌으로써 과잉 보상할 테고 적절한 상벌 습관을 유지하기 어려울 것이다. 혹은 당신이 과대기능하면서 모든 자녀양육을 도맡아 할 수도 있다. 배우자의 양육 기술에 대한 부정적인 신념은 역효과적인 상호작용 패턴을 촉진할 것이다. 이는 문제를 악화시킬 뿐이다.

다음으로 넘어가기 전에 잠시 생각할 시간을 갖자. 자녀양육에 대한 당신의 신념체계는 무엇인가? 자녀양육에 대한 배우자의 신념과 당신의 신념은 어디에서 갈등을 빚고 있는가? 당신의 신념체계 목록을 만들어 보라. 그런 다음 적은 내용을 반드시 배우자와 비교해 보라.

....

....

....

....

....

....

자녀양육에 대한 원가족의 영향

당신은 얼마나 자주 "난 절대 우리 엄마, 아빠 같은 부모는 되지 않을 거야."라고 말하는가? 그러나 부지불식간에 당신은 자녀양육에 배우자로서 함께 참여하거나 하지 않는 방법의 모델로 원가족을 사용할 수 있다. 이런 일은 아주 흔하다. 그러나 문제가 있는 가족에서 자란 많은 사람은 이런 지침에 원가족을 모델로 거의 사용하지 않는다. 그들은 좋은 모델이 부족하다. 당신은 이러한 배경을 지녔거나 혹은 운이 좋아서 함께 아이들을 기르며 부부간의 친밀함도 유지하려고 노력하는 부모를 두었을 수 있다.

어쨌든 당신이 성장한 가족은 부모가 되는(혹은 되지 않는) 방법에 대한 당신의 신념에 영향을 끼쳤다. 성장하는 동안 당신은 부모의 상호작용을 보면서 자녀양육에 대해 배웠다. 그들은 당신의 모델이었다. 그리고 당신 가족이 사용한 모델의 일부는 그들의 독특한 가족구조에 기초한 것이다.

가족구조

가족구조는 연령이나 가족 안에서의 기능, 그리고 구성원들 사이의 상호작용뿐만 아니라 출생 순서에 의해 배정된 역할에 따른 영향력에 대한 계급으로서 가족의 실제 구성원을 나타낸다. 당신의 생애 초기 경험은 많은 부분 가족구조의 영향을 받았다. 당신의 가족구조는 두 분의 부모님과 친자들로 구성된 완전한 가족이었는가? 재혼 가족구조였는가? 편부모 가족구조였는가? 편부모에게 의미 있는 다른 외부 사람이 있었는가? 조부모, 삼촌 또는 이모와 한집에 살았는가? 그러면 자녀양육은 어떻게 수행되었는가? 당신은 여러 번 양부모 혹은 가족을 바꾸면서 살았는가? 아마도 이는 당신에게 부부가 자녀양육을 하는 다양한 비전형적인 예들을 남겨 주었을 것이다. 이와 같은 가족구조 유형에 따라 다양한 자녀양육 모델이 제공된다.

출생 순서

출생 순서는 당신의 원가족에게 모델이 되었던 다양한 신념체계를 암시한다. 예를 들어, 당신은 맏이가 어린 동생들보다 더 많은 책임을 져야 하다고 배워 왔다. 가족구조 내의 이러한 신념체계는 좀처럼 사라지지 않는다. 가족 내에서 가장 어렸던 사람은 나이 오십에도 여전히 모든 원가족들에게 '막내'로 불린다.

만약 당신의 배우자가 두 명의 형제 중 막내였고 당신은 네 명의 형제 중 맏이였다면, 나머지 아이들에 대한 책임과 리더십, 솔선수범에 대한 기대치와 관련해서 부부간에 차이가 있을 수 있다. 그리고 상대방에게 얼마나 많은 자율이나 의존을 기대하는가에 따른 불확실성이 있을 수 있다.

성 차

가족구조에 성차 요소를 추가하면 더욱 복잡한 혼합형이 만들어진다. 만일 당신이 아버지는 두 가지 일을 하고 어머니는 다소 무능력한 가정에서 세 명의 남동생이 있는 장녀였다면 어땠을까? 당신은 아마도 어느 정도 어른 대접을 받으면서 자랐을 것이다.

당신은 다른 가족들을 돌보고 요구를 들어주는 작은 어른으로 대접받았을 것이다.

만약 당신의 배우자는 누나가 있고 어머니는 전업 주부이며 아버지는 밖에서 일하는 가정에서 자랐다면, 그는 자신의 욕구를 돌봐 주는 두 명의 여성에 의해 길러졌을 수 있다. 그렇다면 그는 다른 사람의 욕구를 들어주는 일에 어떠한 책임도 지지 않을 것이다. 게다가 자신의 욕구를 들어주길 기대할 것이다.

다른 가족구조는 결혼생활과 자녀양육에 많은 다른 기대를 발생시킨다. 한편 당신은 배우자가 당신과 기대를 공유하고 있을 거라 가정한다. 하지만 배우자는 아주 다른 기대를 가진 다른 가족 유형에서 자랐다. 이것은 당신의 다른 기대치 설정을 비교하는 데 있어서 매우 중요하다.

✻ 다른 강력한 영향

당신이 무엇을 믿고 배우자와 부모로서 어떻게 행동해야 하는지에 영향을 미치는 것은 원가족의 형태와 구조가 전부는 아니다. 다른 영향들도 있다. 부모가 알코올중독자나 약물남용자였는가? 부모 사이에 가정폭력이 있어서 건강한 양육이 차단되고 불안정한 상황을 겪었는가? 부모가 배우자로서 서로 관계를 맺는 부분뿐만 아니라 아이들을 공동 양육하는 능력에 영향을 줄 만한 만성적인 정신질환이 있었는가? 조부모 같은 인척이 당신 가족과 함께 살았는가? 그렇다면 이런 것들이 당신의 성장에 어떤 영향을 주었음이 분명하다. 부부가 함께 어떻게 자녀양육을 해야 하는지에 대한 당신의 신념과 모델은 주로 그러한 기억과 경험으로부터 나온다.

박정민, 김태희 부부의 싸움

정민과 태희는 결혼 8년차 부부다. 그들에게는 열다섯 살인 아들과 열세 살인 딸, 그리고 열 살인 아들이 있다. 태희는 지역 병원 응급실의 간호사로 일한다. 정민은 개인 사업으로 컴퓨터 판매를 하는데 집에서 일을 한다. 아이들은 학교와 연계된 방과 후 기관과 팀에서 모두 활동하고 있다. 딸은 개인 플루트 레슨을 받고 있고, 큰아들은 아침에 신문을 돌린다.

태희의 일정하지 않은 일정으로 인해, 그녀와 정민은 아이들을 학교에 데려다 주는 일이나 식사 준비 순서를 정하는 마지막 순간에 싸우곤 한다. 정민은 이러한 자질구레한 일에서 많은 불안을 경험한다. 그는 전업 주부인 어머니가 계시는 평온한 가정에서 삼형제의 막내로 자랐기 때문에 스트레스나 불규칙한 생활을 경험하지 못했다. 아버지는 지역 공장에서 정해진 시간만큼 일했고, 어머니가 모든 집안일을 했으며 아이들을 차로 등하교시켰다.

반면에 태희는 두 가지의 시간제 일에다 집안일도 함께 하면서 자신과 남동생을 보살피는 어머니 밑에서 자랐다. 알코올중독자인 태희의 아버지는 거의 2년에 한 번씩 직업을 바꾸었다. 정민과 태희는 역할에 대한 다른 기대치와, 배우자와 부모의 이중 역할에서 다른 신념체계를 가지고 결혼생활을 해 왔다.

그들의 가족구조로 인한 불가피한 일정 때문에, 정민은 딸에게 자주 식사 준비를 부탁한다. 딸아이는 그의 믿음직한 구원자였는데, 특히 그가 오후에 일을 해야 할 때 그러했다. 정민은 딸이 도와주는 것이 고마워서 이따금 친구와 영화를 보러 갈 용돈을 달라는 딸의 부탁을 들어주었다. 아들들은 딸처럼 그를 도와주지 않았고, 아버지가 자기들한테는 절대로 용돈을 주지 않는다고 태희에게 불평했다. 아들들이 용돈 문제로 아버지와 다투기보다 그녀에게 불평을 하면, 그녀는 항상 아들들에게 용돈을 주었다.

정민와 태희가 그들의 역할에서 발전시킨 이러한 구조는 때때로 집안일에서 두 아들을 배제하고 정민과 딸이 동맹을 맺는 삼각관계를 만들어 냈다. 이것은 아들들과 아버지의 관계에서뿐만 아니라 남매의 관계에서도 긴장감을 발생시켰다. 특히, 아들들이 딸의 특별한 역할을 시샘할 때 더욱 그랬다. 이와 유사하게 태희는 딸과 거리감 있는 관계가 되었다. 함께 보내는 시간이 적은 데다 딸과 정민이 만들어 낸 정서적 친밀함 때문이었다.

정민이 일정에 대해서 태희와 상의하는 것을 잊어버리고, 대신에 딸과 식사 준비나 막내 동생의 숙제를 봐 주는 일을 이야기할 때마다 이러한 역동들은 가열되었다. 태희는 정민에게 무시당하면 불같이 화를 냈다. 그녀는 어린 시절에 자신의 아버지에게 무시당했던 것처럼 상처를 받았다.

정민과 태희의 경우는 가족관계에서 발달하는 서로 다른 역동과 구조, 그리고 그 구조 내 원가족의 메시지와 모델의 영향력을 보여 준다. 그러면 당신이 발전시킨 가족구조의 유형에 대해서 생각해 보자. 역할들은 어떻게 다루어졌는가? 당신은 얼마나 오랫동안 원가족 메시지를 보관해 오고 있었는가? 그것이 부모로서 당신의 기대에 어떻게 영향을 끼쳤는가? 다음의 빈칸에 자녀양육에 대해 당신의 가족으로부터 배웠던 것을 요약해 보라.

당신의 가족은 자녀양육에 대해 어떻게 가르쳤는가

아동기와 십대 시절에 당신은 부모님을 지켜보았다. 아마도 원가족 내의 어느 부모든지 당신에게 "이 일은 엄마/아빠가 하기로 되어 있는 일이야."라고 직접적으로 말하지는 않았지만, 배우자끼리 서로에게 어떻게 행동해야 하는가에 대한 예뿐만 아니라 당신이 규칙적으로 목격했던 자녀양육의 예들이 있었을 것이다.

예를 들어, 당신의 아버지가 일터에서 돌아왔을 때 어머니는 저녁을 준비하고 있었다. 아버지는 상사에 대해 투덜거리면서 걸어와서는 샐러드를 준비하고 있던 어머니에게 키스를 하려고 그녀를 잡아당겼다. 그러자 어머니는 단호한 목소리로 말했다.

"여보! 지금은 안 돼요. 재형이가 제때 운동할 수 있게 저녁을 준비해야 된단 말이에요."

아버지의 애정 표현의 시도는 30초 만에 끝났다. 하지만 당신은 자녀로서 아버지의 애정 어린 제스처가 받아들여지지 않는 것을 보았고, 어머니는 흔들리지 않고 우선적으로 저녁 식사 준비를 하고 있고 또 재형이가 제시간에 운동하러 가는 것에 신경 쓴다는 것을 알게 된다. 이런 애정 표현은 너무 순식간에 일어나서 누군가에게 영향을 주었는지는 알 수 없다. 하지만 그에 기저한 신념들은 분명히 나타난다.

이러한 유형의 상호작용에서 당신이 관찰한 것은 기억 저장소에 쌓여 간다. 메시지는 분명했다. 그것은 배우자와 부모로서의 역할 균형에 대한 간접적인 메시지였으며, 첫 번째 우선권은 매우 명확했다. '가족 내에서 어머니는 부부의 애정 표현, 심지어 부엌에서 하는 짧은 키스보다 아이들의 욕구를 먼저 채워 주고 자녀를 양육하는 일을 우선적으로 생각해야 한다.'

부모로서의 배우자에 대한 가족 신념이 부모의 표준 역할에 어떤 영향을 주었는지 다음 예를 통해 생각해 보자. 부모로서 당신 부모님의 관계는 '어머니는 돌보는 사람, 아버지는 엄격한 사람' 으로 모델링 되었는가? '네 아빠가 집에 오실 때까지 기다려라!' 와 같은 모델이었는가? 혹은 아버지는 돈을 벌고 세금을 내고 집을 수리하고, 어머니는 양육자 겸 훈육자였는가? 어머니가 2교대로 일을 하는 동안 아버지는 야간에 일을 했기 때문에 당신이 학교에서 돌아왔을 때 아버지가 집에 있었는가? 당신의 숙제를 확인하고 공부를 도와주는 것은 누구의 책임이었는가? 혹은 어머니가 낮에 집안일을 하고 저녁을 만들고 청소를 하고 당신의 학교 과제를 도와준 반면, 아버지는 일을 하고 집에 돌아와서 신문을 읽고 저녁을 먹은 후에 TV 앞에서 잠들어 버리는 등 가족과 진정으로 상호작용하지 않았는가?

당신은 일반적인 가정에서 자라다가 나중에 재혼한 가정에서 자랐을 수도 있다. 그로 인해 성인기 이전에 이들 패턴 중 하나 이상을 경험했을 수도 있다. 배우자의 양육에 대한 태도는 당신의 원가족에서 발달된 것이다. 다른 태도들은 겉으로 드러나는 반면, 이러한 태도들은 쉽게 식별될 수 없었을 것이다.

성에 기초한 행동은 태도로 쉽게 드러나는 영역이다. 예를 들어, 당신은 사내아이들은 인생이나 적절한 행동 등을 아버지로부터 가장 잘 배울 수 있다고 믿을 것이다. 마찬가지로 당신은 여자아이들은 아버지보다는 어머니와 더 가깝고 타인에 대해 더 큰 민감성을 발달시킨다고 믿을 것이다. 가족 내에서 세월이 흐르면서 길러진 그러한 태도는 당신의 아이들이 어떻게 양육되어야만 하고, 자녀양육이 당신의 결혼생활을 어떻게 방해할지에 관해서 엄격한 기대치가 될 것이다. 이와 같이 당신은 원가족으로부터 학습했던 양육에 대한 많은 태도들을 가지고 있다.

당신은 무엇을 배웠는가

자라면서 당신은 배우자와 부모의 역할, 그리고 두 역할의 균형을 유지하는 방법에 대해 많은 것들을 배운다. 비록 당신의 부모가 직접적으로 가르치지는 않았더라도 당신은 부모라는 모델을 지켜보면서, 그리고 부모가 직·간접적으로 드러낸 신념을 통해 배워 왔을 것이다. 자녀양육에 대해 부모로부터 배운 것을 이해하는 것뿐만 아니라 배우자와 배운 것을 공유하는 것이 중요하다. 당신과 배우자는 자신의 가족력으로부터 양육 지도(parenting map)를 갖춘 채 결혼했다는 사실을 기억하라.

✽ 불안의 역할 — 행동 촉진제

'자기(self)' 를 정의함에 있어서 기본적 요소는 당신이 자라는 동안 가족으로부터 학습한 바를 이해하는 것이다. 또한 7장과 8장에서 논의했듯이 그것에 포로가 되거나 극단적으로 행동하지 않아야 한다. 자기 정의라는 것은 당신이 가족 모델로부터 원하는 것을 선택하고, 변화를 바라는 것을 비반응적으로 선택하는 것을 의미한다. 8장에서 언급했듯이, 이를 위해서는 현재 삶 속에서 배우자와의 관계뿐만 아니라 다른 유의미한 사람들과의 관계를 분화시키고 잘 정의하는 것이 필요하다.

이 책을 통해서 우리는 자기 정의의 필요성과 당신의 삶의 역사에 영향을 준 것들을 가려 내는 방법을 찾을 필요성에 대해 이야기해 왔다. 불행하게도 긴장감이 증가하거나 내면에서 불확실함이 높아져 갈 때, 당신의 내면에서 소용돌이치는 불안은 당신을 반응적으로 만든다. 이러한 불안은 당신이 자녀나 배우자에게 반응적이 되도록 할 수 있다. 당신을 힘들게 하는 것에 대해서 배우자와 대화를 나누려 할 때, 심지어 배우자가 문 밖으로 나가거나 TV 쇼 프로로 도망가려고 할 때조차, 이러한 불안은 당신이 배우자를 쫓도록 자극할 것이다. 반면에 배우자의 불안 수준은 긴장 상태에 있는 당신에게서 도망칠 때 줄어든다. 불안은 당신이 과대기능하도록 하고 갈등을 회피하도록 동기화시킬 수 있다. 본질적으로 불안은 당신의 사고력을 낮추고 관계방식을 제대로 정의하지 못하게 해서 쉽게 물러서도록 만든다. 이러한 현상은 자녀양육에서 더 분명하게 드러난다.

가족 구성원은 패턴화된 방식으로 서로 교류하고 공유한다. 개인 내에 있는 불안은 반작용의 촉진제이자 촉매다. 이런 반작용은 집 안에서 홀로 있을 수 있는 유일한 공간인 욕실에서 위로를 찾으려는 행동이 될 수도 있다. 또는 아이들에게 감정을 폭발하는 것으로 나타나거나 배우자의 양육방식 때문에 배우자에게 시위를 할 수도 있다.

불안은 자녀양육을 더욱 어렵게 만든다. 가족에 대한 당신의 신념, 즉 아이들은 마땅히 보살핌을 받아야 하고 받을 만한 가치가 있다는 것, 아이들은 어머니나 아버지에 의해서 길러져야 한다는 것, 그리고 어머니와 아버지는 공동의 선을 위해 함께 노력해야 한다는 것과 같은 신념은 긴장을 만들어 내고 시간이 지날수록 불안의 수준을 증가시킨다. 당신이 부모 혹은 배우자로서 불안을 느낀다면, 그것은 당신이 성장하는 동안 학습했던 것이 더 이상 작용하지 못하기 때문이다. 어쩌면 당신은 배우자와 함께 아이를 키우는 것이 좋다고 믿더라도 그 양육방법을 모를 수도 있다.

자기 자신을 유지하고 정의하려면 자신의 양육 패턴을 숙고해 보는 데 더 많은 시간을 써야 한다. 당신은 승원이가 야간 통행 금지를 어긴 지 세 번째 되는 날 밤에 기강을 잡는 방법을 가지고 배우자와 의논하기 전, 스스로 편안하게 생각할 수 있는 시간을 조금이라도 가져야 한다. 또한 배우자가 이런 영역에서 불안을 느낀다는 사실을 깨닫는 것도 중요하다.

배우자와 함께 당신의 신념을 분명히 하는 대화를 나누는 동안에 배우자의 말을 경청해 보라. 자녀양육에 대한 원가족 신념과 지금 당신 가족 내의 요구 간에 중립지대를 찾고 타협하는 일은 매우 중요한 과정이다. 하지만 이러한 과정이 당신의 불안 수준을 자극할 수 있다. 배우자와 풍부한 대화를 함에 따라 자기 이해가 증가될 것이며, 이는 훌륭한 시작이 된다. 불안하다면 항상 당신 자신의 행동에 초점을 두고 시작하라.

✻ 삼각관계와 아이들

불안이 가족 내에서 커질수록, 그리고 분화가 덜 된 사람일수록 자신의 삶에 대한 결정을 중요한 사람의 반응에 의지한다. 이 생각의 경계선을 지키는 데 있어서 당신은 점점 더 자신의 반응을 타인(예: 자녀)에게 의지해 행동하게 되고, 당신과 타인은 분리된 사고와 감정을 지닌 개별화된 두 사람이 아니라 점점 더 단일한 사람처럼 행동할 수 있다. 만약 당신 내면에 소용돌이치는 불안이 존재한다면, 당신은 사려 깊은 결정을 내리는 것이 불가능해진다.

앞에서 논의했듯이, 당신의 불안은 지표가 될 수 있다. 불안할 때 자신을 관찰하기 시작하라. 당신은 어떻게 하는가? 배우자에 대해서 자녀에게 불평하는가? 배우자에 대한 개인적인 실망을 자녀와 지나칠 정도로 나누는가? 이런 행동은 자녀뿐 아니라 결혼생활의 친밀함까지 손상시킨다. 특히, 자녀가 취학 연령이고 당신과 가까워지기를 원한다면, 자녀는 당신에게 소중한 비밀을 나누는 친구처럼 느껴질 수 있다. 그러나 당신과 자녀가 만든 삼각관계가 당신의 욕구를 충족시켜 주더라도, 그것은 매우 건강하지 못한 방식이다. 절친한 친구와 같은 친밀함은 같은 세대(성인과 성인, 아이들과 아이들)에서 생겨야 하는 것이다.

부부의 상호작용 향상을 위해서 당신의 부모 역할을 어떻게 변화시킬 수 있는가

- 정기적으로 자신을 위한 시간을 가져라. 당신이 즐겁게 할 수 있는 활동으로 당신 자신의 정신과 영혼을 살찌게 하라.
- 정기적으로 당신의 배우자와 함께 시간을 가져라. 당신과 배우자가 자녀들로부터 떨어져 시간을 보내는 의식을 개발하라. 이는 신성불가침한 시간이다. 방해 요인들로부터 이 시간을 지켜라.
- 자녀양육 문제를 배우자와 의논하는 규칙적인 시간을 가져서 당신의 신념체계와 비교해 보라. 이것은 단지 당신들이 오늘 직면해야 하는 긴급한 문제가 있을 때만이 아니라 차분하게 미리 계획해 놓은 논의를 하는 것으로 시작해야 한다. 배우자와 부모로서의 역할 유지를 위해서 하는 일들에 대한 당신의 생각을 배우자에게 이야기하라. 그리고 배우자에게 조언을 요청하라. 배우자에 대해서 비판하지 말라. 더불어 당신이 자신을 향상시키기 위해서 하는 일에 대해 더 많이 이야기하라.
- 당신의 결혼생활이 당신에게 얼마나 중요한지 자녀들에게 알려 주라. 함께 쉬고 함께 놀기에 편안한 시간에 애정을 말로 표현하면서 그에 대해 분명히 나타내라.
- 자녀들이 무엇을 어떻게 하면서 지내는지 대화하기 위해서 자녀들과 함께 있는 시간을 만들라. 그 시간 동안 당신이 얼마나 자녀들을 사랑하는지 그들이 알도록 하라. 이 대화에 당신의 배우자를 초대하라. 자녀들은 다른 형제자매들과 나누지 않아도 되는 부모님의 온전한 관심을 받는 것을 좋아한다.
- 가족은 변하며 자녀들은 부모 곁을 떠나 자신의 삶을 살도록 되어 있다는 사실을 기억하라. 당신과 배우자는 자녀들이 다 자라고 나면 둘만 남게 될 것이다. 서로 편안해지도록 노력하라. 낯선 사람처럼 되어서는 안 된다.

다음 빈칸에 배우자와 함께 부모와 배우자로서의 이중 역할을 향상시키기 위해 당신이 스스로 할 수 있는 일들을 요약해 보라. 기억하라. 당신은 배우자를 변화시킬 수 없다. 당신은 오로지 당신 자신만을 변화시킬 수 있다.

13 재혼한 부부: 혼합가족

이장에서는 이전의 결혼에 종지부를 찍고 새로운 가정을 꾸미는 복잡한 과제에 초점을 맞추었다. 이전 결혼에서 낳은 자녀로 인해 발생하는 복잡한 문제뿐만 아니라 이전 결혼의 실패, 힘겨운 상호작용 패턴 등도 살펴볼 것이다. 최근 연구들(Gottman, 2000; Wallerstein, 2000)에서 이혼율이 지난 25~30년 동안 변하지 않은 것으로 나타났다. 결혼한 부부의 절반은 결국 이혼으로 끝을 낸다. 남녀 모두 이혼 후 7년 이내에 재혼을 하거나 다른 사람과 진지한 만남을 시작한다. 재혼한 사람들 중에 두 번째 결혼의 이혼율은 70%에 이른다. 그들의 결혼 기간이 채 10년이 되지 않는다는 사실은 놀랄 만한 통계치다. 우리는 결혼의 실패를 통해 얻는 것이 무엇일까? 무엇이 이토록 재혼을 어렵게 하는 것일까?

❋ 재혼해서 사는 일이 왜 이리 힘든 걸까

대중매체에서 묘사하고 있는 재혼가족의 모습은 별 도움이 못 된다. TV는 곤경에 처한 재혼가족의 모습을 프로그램으로 만들어 정말 그럴듯하게 보여 준다. 그러나 우리는 30분만 보면 TV 프로그램의 내용이 현실과 거리가 멀다는 것을 알게 된다. 재혼가족이 건강한 삶을 살려면 부부는 이전 결혼생활과는 다른 방식으로 살아야 한다. 그렇게 살려고 할 때, 재혼한 부부는 건강한 삶이 무엇인지 어떻게 알 수 있을까?

12장에서 건강한 결혼생활과 양육관계를 위해 고려해야 할 몇 가지 요소들을 강조한 바 있다. 특히 강조했던 점은 부부관계의 질이 나머지 가족의 조화에 미치는 영향이었다. 이것은 자녀가 있는 재혼가족의 경우 더욱 그러하다. 결혼생활의 활력은 재혼가족의 활력소가 될 수 있지만 그 자체가 안정은 아니다.

재혼생활을 잘해 나가면서 두 사람이 재혼 전에 낳은 아이들을 건강하게 키우기란 매우 어렵다. 이는 엄청난 과제다. 성공적인 결혼생활을 위해서는 상당한 에너지, 끈기, 융통성, 창조성, 희망, 인내 그리고 명확한 사고가 필요하다. 이전 결혼에서 좌절감, 패배감, 절망감을 경험했다면 성공적인 결혼생활을 위한 특성들을 가지기는 힘들 것이다.

재혼생활은 고려해야 할 문제들이 많다. 이 장에서는 재혼한 부부의 관계에 대해 논의할 것이다. 우리는 재혼을 두 번째 결혼으로 보지만, 세 번째 혹은 네 번째 결혼도 고려해야 할 사항은 같다. 차이는 다만 상황이 더욱 복잡하다는 것이다. 그러나 재혼한 부부들은 모두 공통된 경험을 갖고 있는데, 그것은 바로 '상실' 이다. 당신의 결혼생활이 이혼으로 끝이 났건 배우자의 죽음으로 끝이 났건, 결혼생활을 끝낸 모든 이들에게 상실은 공통 요소다.

✻ 핵심은 상실, 상실, 또 상실이다

누구에게든 상실은 힘든 경험이다. 결혼생활의 상실과 함께 죄책감, 비통함, 슬픔, 후회, 배신감을 갖고 있다면 두 배로 힘이 들 것이다. 부부가 이혼했을 때, 당사자들은 아마도 이러한 감정들 중 하나 혹은 전부를 경험했을 것이다. 당신은 별거나 이혼의 고통에서 벗어나기를 원했겠지만, 괴로운 감정들은 여전히 당신에게 남아 있다. 당신이 슬퍼하지 않으려 하거나 얼마나 비통했는지 생각하지 않으려 할 때조차도 그런 감정들은 슬며시 살아난다.

결혼생활이 끝난 원인이 이혼이든 배우자의 죽음 때문이든, 재혼을 결심했을 때는 마음을 뒤흔드는 감정과 의문이 많았을 것이다. 새로 시작한 결혼생활에 만족하더라도, 당신은 이해할 수 없는 이유들로 새 배우자에게 불안함을 느낄 수 있다. 즉, 이전 결혼생활에서 풀리지 않은 감정 때문에 현재의 배우자를 반신반의하게 된다. 이런 감정에 의미를 부여하고 영향을 받는 한, 당신은 심각한 어려움을 겪을 것이다.

이전 결혼생활에 대한 감정을 잘 정리한다면 새로운 결혼생활에 큰 이익이 될 것이다. 감정을 정리하면서 무엇이 잘못됐는지 이해하고 해결할 수 있을 뿐만 아니라 그 결혼생활에서 실현되지 못한 꿈에 대해 이해할 수도 있다. 어떻게 상처를 받았는지 이해하는 것은 치유에서 중요하다. 사람들은 잃어버린 꿈에 대해 스스로 애도하는 작업이 재혼생활을 정서적으로 더 활기차고 건강하게 한다는 사실을 알지 못한다. 그렇기에 당신의 어떤 점이 이전 결혼생활의 실패에 기여했는지 충분히 이해하는 것이 중요하다.

다음의 질문을 주의 깊게 읽어 보라. 이러한 질문은 당신이 한쪽으로 밀어 놨던 해결되지 않은 쟁점들이 드러나도록 도와준다. 이 중에는 당신이 의문을 가져 본 적도 없는 질문이 있을 것이다. 이 질문은 단지 출발점일 뿐이다. 이러한 쟁점의 확인은 당신이 더 잘 이해할 필요가 있는 과거의 일들에 윤곽을 잡아 줄 것이다. 이로써 당신은 스스로를 돌볼 수 있다. 이 질문들은 지금은 표면 아래 있지만 현 관계에서 반복될 수 있는 쟁점을 분명히 하기 위해 만든 것이다. 이 질문들에 답해 나가다 보면, 자기 이해의 폭이 넓어지고 해결해야 할 점들을 알게 되며 건강한 재혼생활의 문이 열릴 것이다.

- 처음에 이전 배우자의 어떤 점에 매력을 느꼈는가?

- 처음에 매력을 느꼈던 특징들이 결혼생활 동안에 당신을 화나게 했는가?

- 이전 배우자의 좋았던 부분을 다섯 가지 적어 보라.

- 이전 배우자의 싫었던 부분을 다섯 가지 적어 보라.

- 결혼생활이 끝난 이유가 뭐라고 생각하는가? 당신의 어떤 점이 결혼생활에서 문제가 되었는가?

- 당신과 이전 배우자가 일상적으로(최소한 한 달에 한 번) 다투었던 주제의 목록을 작성해 보라.

- 이전 배우자의 가족들과 함께 있을 때 어떤 느낌이었는가? 그들과 있을 때 기분이 좋았는가?

- 이전 배우자는 자신의 가족들 앞에서 당신을 어떻게 대했는가? 가족보다 당신에게 더 신경을 쓴다고 느꼈는가?

- 재혼 전에 어떤 특징을 가진 사람을 배우자로 원했는가? 그 특징들은 이전 배우자에게도 있던 것인가? 어떤 점이 '환상적인 배우자' 인 것처럼 보이게 했는가?

- 결혼생활에 대한 당신의 환상은 무엇이었는가?

✔ 이전의 결혼이 어떻게 끝났는지 생각할 때 당신을 가장 슬프게 하는 것은 무엇이었는가?

✔ 당신의 가장 깊은 상처는 무엇이었는가? 가장 큰 상실은 무엇이었는가?

✔ 이전 결혼생활에서 당신이 상실했던 것을 애도하기 위해 어떤 노력을 했는가?

✔ 이전 결혼생활이 어떻게 끝났느냐가 현재 결혼생활의 문제에 어떤 영향을 미치는가? (예를 들어, 이전의 결혼생활 중에 지금의 배우자를 만나서 데이트를 하다가 이혼한 것이라면, 당신은 현재 배우자가 다른 사람과 불륜을 저지를지도 모른다는 불신감을 느낄 수도 있다.)

이러한 질문들에 답하는 데는 시간이 좀 걸릴 것이다. 당신은 모든 질문에 답하기 전에 이전의 문제로 되돌아가 보는 것이 도움이 된다는 점을 발견할 것이다. 질문에 대한 답을 다 쓰고 나면 자기 자신, 결혼생활에서 고대했던 것, 당신이 했던 역할을 이해하는 좋은 출발이 될 것이다. 상실에 대한 훈습을 하려면 당신이 무엇을 상실했는지 알아야 한다. 당신이 할 수 있는 한 최대로 스스로를 용서해 주라. 그러나 이전 결혼생활에 뿌리박혀 있는 비현실적인 기대가 아직 남아 있다는 것을 염두에 두라.

✻ 과거를 실은 화물차

앞의 질문에 답하는 동안에 눈치챘겠지만, 우리 모두는 과거의 짐을 가지고 결혼생활을 시작한다. 단지 당신이 보지 않을 뿐이다. 두 번째 혹은 세 번째 결혼을 하는 사람은 생각보다 더 많은 짐들을 가지고 있다. 당신은 이전의 결혼으로부터 현재 필요한 것이 무엇인지 이미 배웠다고 확신하겠지만, 이전 결혼에서 좋았던 것이 무엇인지 알고 있는가? 처음 결혼했을 때 무엇을 추구했는지 알고 있는가? 당신이 이런 점들을 배우자에게 더 이상 기대하지 않고 있음을 어떻게 알 수 있는가?

앞의 질문들을 다시 살펴봄으로써 당신은 자신의 발전을 위해 상실한 것들을 좀 더 애도해야 할 필요가 있다는 것을 깨달았을 것이다. 발전한다는 것은 잃어버린 꿈을 이해하고 건강하지 않은 짐을 내려놓고(즉, 이전 배우자에게 거절되었던 아픔을 수용하는 것이 다음 배우자에게 다시 거절당할 것을 의미하는 것은 아니다.) 자기 초점을 명확하게 하는 것이다.

명확한 자기 초점은 신뢰나 정절과 같은 당신 자신의 문제로 인해 이전 배우자를 비난하는 것을 막아 준다. 자기 초점이 없는 과거의 짐은 현재 결혼생활의 미래를 파괴할 수 있다. 너무 많은 사람이 과거의 고통과 상실을 충분히 다루지 않은 채 새로운 관계로 뛰어든다.

이전 장들(특히 8장)에서 살펴보았듯이 명확한 자기 초점을 유지하는 능력은 결혼의 안정성과 행복에 결정적이다. 따라서 자기 초점을 유지하면 과거의 관계에서 비롯된 잔재를 이해하고 그것이 현재의 관계에 어떻게 나타나는지 알 수 있는 능력이 생긴다.

과거의 잔재는 결혼생활에서 당신이 상호작용하는 방식에 영향(대개 관계에 피해를 주는)을 미치는 과거의 통념, 신념, 기대로 가장 잘 나타난다.

과거의 잔재는 경청하는 능력, 배우자에게 공감하는 능력, 배우자와 상호작용하는 방식을 창조적으로 변화시키는 능력을 방해한다. 과거를 실은 화물차는 눈에 보이지는 않지만 당신의 인생 여정에 포함되어 있다. 자기 초점은 자신의 과거에 대해 좋은 관점을 갖게 하고, 당신이 준비되었을 때 과거의 짐이 당신의 삶에서 떨어져 나올 수 있는 기회를 가져다준다.

그러므로 과거의 짐은 과거의 관계에서 고통스럽고 부정적인 경험과 연합된 신념 및 기대의 집합체다. 그것은 새롭고 희망찬 관계로의 여정이 시작될 때 당신을 압박한다. 자기에게 초점을 두고 과거의 배우자에 대한 비난을 줄임에 따라, 그동안 그 짐들이 더 큰 친밀함을 얻기 위한 노력을 방해하고 있었음을 알 수 있을 것이다. 그리고 기본적인 관계 상호작용에서 당신의 역할을 깨달을 때 자신의 짐을 보게 될 것이다.

현재 관계에서의 상호작용 패턴

당신이 자신보다 배우자나 배우자의 행동에 더 초점을 두고 있다면, 거기에는 문제가 있는 상호작용이 수반될 가능성이 높다. 모든 불확실과 기대, 이전 관계에서 채워지지 않은 욕구, 치유되지 않은 상처 등은 현재 관계의 모든 측면에 영향을 줄 수 있다. 당신이 어떻게 행동하고 반응할지, 심지어 목소리 톤까지도 말이다.

오대진, 신수진 부부의 사례

대진과 수진은 현재 결혼 3년차다. 수진은 10년 전에 이미 결혼한 적이 있다. 그녀는 전 결혼에서 여덟 살 난 아들과 여섯 살 난 딸을 두었고, 현재 함께 살고 있다. 아이들은 격주로 주말에 친부를 방문한다. 전남편은 같은 동네에 살고 있다. 대진도 결혼 경험이 있다. 전부인이 자신의 가장 친한 친구와 불륜을 저지른 사실을 알게 되면서 둘은 헤어졌다. 대진의 부모님은 근처 동네에 살고, 수진의 부모님은 차로 다섯 시간 정도 걸리는 다른 지방에 살고 계신다.

이 부부는 부동산 중개업자인 수진의 직업 때문에 자주 싸웠다. 수진은 직업적으로 성공했고 그 분야에서 높은 평가를 받고 있는 것에 대해 굉장한 자부심을 가지고 있다. 그녀는 종종 시외에서 열리는 업무상 모임과 회의에 참석하였다. 대진은 회계사로 일했고, 주로 그 지역 내에서 일했다. 그는 직업적인 면에서 어느 정도 융통성이 있었고, 특히 수진이 밤에 일해야 할 때는 더욱 그랬다. 그래서 수진이 고객에게 집을 보여 주고 있을 때 그가 자주 아이들과 함께 집에 있었다. 아내가 직업상 알게 된 남자들을 포함한 많은 사람과 접촉하는 것은 그의 쓰라린 부분이었다. 그는 아내의 성공과 가족을 위한 재정적인 지원에 감사했다. 하지만 아내가 새로운 사람들과 보내는 시간에 질투가 났다.

대진의 질투는 수진의 아이들과 그의 상호작용(특히, 그가 홀로 아이들과 있을 때의)에 관한 논쟁에서 드러난다. 수진의 아이들은 엄마가 일터에서 돌아오면 대진의 거친 태도와 기강을 잡으려는 경향을 즉시 일러바친다. 언제나 그렇듯이, 수진은 대진이 있는 곳으로 달려가 정신적 고문을 시작한다. 그녀는 그가 새아버지로서 어떻게 행동했는지, 왜 그랬는지 묻는다. 논쟁이 한창일 때 수진은 간혹 이전 배우자의 이름으로 대진을 부르기도 한다.

대진이 결혼생활에서 느끼는 불안감은 그녀의 아이들에게 화를 내고 거칠게 대하는 것으로 표현된다. 그는 수진에게 엄마로서 아이들을 신경 쓴다면 밤에는 일하지 말아야 하는 게 아니냐고 말해 버린다. 죄의식에 사로잡힌 상태로 수진은 울음을 터뜨리고 혼자 침실로 들어간다. 이것은 결혼생활 3년 동안 빈번하게 나타나는 상호작용 패턴이다. 대진과 수진은 둘 다 이러한 상호작용을 수정하거나 변화시키려고 시도하지 않는다.

대진의 행동은 아내가 자신을 버리고 바람을 피울 것이라는 두려움 때문에 나타난 것이다. 앞서 이야기한 대로, 그는 전부인에게 배신당했을 뿐만 아니라 가장 친한 친구에게도 배신을 당했다. 그의 내면은 결혼생활에서 통제력을 잃고 아내에게 배신당할 가능성에 지나치게 민감하지만, 그의 행동은 감정과는 반대로 명확하게 통제적이고 무신경하게 보인다.

반면에 수진은 전남편이 친구들과 외출할 때, 집에 홀로 갇혀 있는 느낌으로 보냈던 밤들을 잊을 수가 없다. 그녀는 근처에 위로해 줄 만한 친척이 없었을 뿐더러 다른 주부들과 가까운 관계를 만들 기회도 없었다. 그녀는 대진을 안정적이고 믿을 수 있는 사람이라 생각하면서도, 그가 남자이기 때문에 여전히 아이들의 정서적인 안정에 대해 걱정하면서 믿지 못했다. 이러한 상호작용을 일으키는 요인은 다음과 같다. 첫째, 수진이 대진을 믿지 못하는 것 둘째, 직장생활을 잘하고 싶은 수진의 욕구 셋째, 첫 결혼에서 상실한 것을 만회하고자 하는 수진의 욕구 넷째, 아내가 자신에게 싫증을 내고 다른 사람에게 관심이 생겨 자신을 저버릴 것이라는 대진의 불안이 그것이다. 이로 인해 이 부부는 불신과 비난의 순환을 멈추지 못하고 되풀이한다.

이 사례에서 볼 수 있듯이, 재혼생활에는 두 배우자의 정서적인 짐(예: 배신, 상처, 질투, 부모로서의 죄책감에 대한 공포)이 많다. 이런 짐들은 빈번하게 논쟁을 불러일으킨다. 성별과 일에 관련된 신념들, 결혼과 정절에 대한 통념, 양육과 평등에 대한 통념들 모두는 수진이 야근을 마치고 집으로 돌아와서 부부가 지금처럼 심한 싸움을 할 때 표면으로 올라온다.

아마도 당신은 앞에 기술된 내용들을 보면서 자신의 결혼생활에 있는 특성들을 깨달았을 것이다. 특히, 당신이 재혼을 했다면 더욱 그러할 것이다. 이 부부의 경우처럼, 당신의 모든 신념과 통념으로 꽉 찬 화물차는 당신을 뒤로 끌고 가기 때문에 그 줄을 끊기는 매우 어렵다. 이전 관계에서 얻은 과거의 짐은 새 복합가족(stepfamily, 이혼, 재혼 등으로 혈연이 없는 사람이 가족으로 포함되는 새로운 가족-역자 주)을 해체시킬 수 있다. 종종 오래된 짐에서 비롯된 비현실적인 가정(assumption)들이 복합가족의 미래의 행복을 파괴할 수 있다.

✻ 재혼가족에게 예측 가능한 마찰점

재혼생활에는 깊은 불안이 있을 수 있다. 특히, 초기 몇 달 혹은 몇 년 동안에는 더욱 그렇다. 당신과 배우자 모두 불안을 느낀다. 그것은 부분적으로는 지난 관계의 미해결된 상처와 고통, 그리고 깨진 꿈의 결과다. 그것은 당신의 짐이다. 앞서 말했듯이, 이 짐은 당신의 새로운 관계에 많은 문제를 초래한다.

당신은 논쟁의 주된 내용이 변하긴 하지만 결혼생활 혹은 재혼생활에서 패턴화된 상호작용이나 예상했던 논쟁이 일어나고 있음을 깨달았을 것이다. 우리는 이전 장에서 쫓기/거리두기 패턴이나 지배적/복종적 패턴과 같은 결혼생활의 상호작용 패턴을 설명하였다. 그러나 우리가 재혼생활에 관해 생각할 때, 우리는 아직 해결되지 않은 다양한 짐과 다른 가족 구성원(특히 아이들) 때문에 부부의 상호작용이 매우 복잡하다는 것을 염두에 두어야 한다.

여기 재혼생활을 하는 부부의 상호작용을 더욱 복잡하게 만드는 세 가지 예측 가능한 쟁점이 있다. 물론 이 세 가지만이 당신 부부의 상호작용에 영향을 주는 것은 아니다. 이 쟁점들을 읽은 후에 떠오르는 것이 더 있을 것이다. 그러나 우리는 이것이 한 번 이상 재혼한 가족 대부분에서 가장 빈번하게 발생하는 패턴이라는 점을 발견했다. 그 첫 번째 패턴은 '네 것, 내 것' 이라고 불리는 것이다.

네 것, 내 것

이 부부의 상호작용은 배우자가 자신의 아이를 제대로 돌보지 않거나 무시한다고 걱정하면서 나타난다. 당신과 배우자의 짐으로 인해 상호작용은 쉽게 일어난다. 그리고 당신 자녀의 욕구와 다른 가족구성원의 욕구가 충돌하는 사건에 의해 상호작용이 촉발된다. 혈연관계와 가족력에 얼마나 충실하느냐가 이 상호작용의 핵심이다.

결혼생활의 논쟁은 아마도 다양하고 많은 양육 문제에 관한 '네 것, 내 것' 패턴에 의하여 더욱 격렬해질 것이다. 이러한 갈등은 당신의 결혼생활에 커다란 고통과 거리감을 유발한다. 사실은 결혼생활의 친밀함이 상실되었기 때문에 매우 격렬해진 것일 수도 있다. 영철과 희순 부부는 이런 사례들 중 하나다.

김영철, 이희순 부부의 사례

이 부부는 결혼생활 4년차다. 둘 다 두 번째 결혼이다. 그들은 세 아이가 있는데, 함께 살고 있는 두 아들은 희순이 전 결혼에서 낳았고, 영철이 전 결혼에서 낳은 딸은 친모와 살고 있다. 딸이 주말을 보내러 부부의 집에 오면, 영철은 딸을 무척 보호하려고 든다.

예를 들어, 희순의 아들들이 TV를 보고 있을 때 딸이 그 프로를 좋아하지 않는다면, 딸아이는 영철에게 자신이 보고 싶은 것을 못 보게 한다고 불평한다. 영철은 아이들에게 무슨 일인지 묻지 않는다. 그래서 영철은 딸이 오빠들에게 무엇을 보고 싶어 하는지는 거의 말하지 않고 오빠들이 먼저 물어봐 주길 바란다는 것을 알지 못한다. 딸이 요구하지 않으면 아들들은 자기들이 보고 싶은 프로를 계속 본다. 그러면 딸은 삐치고 토라지고 아빠에게 문제를 해결해 달라고 하는 것이다.

희순은 남편이 전 결혼에서 낳은 유일한 아이이자 현재 복합가족의 유일한 딸인 의붓딸에 대해 민감하다. 한편으로 희순은 아들들이 수년간 친부모의 싸움을 견디며 살아왔고 이제는 휴식이 필요하다고 생각하기 때문에 그들이 걱정되었다. 희순은 딸이 왜 오빠들에게 말하는 법을 터득할 수 없는 건지 알 수 없었다. 영철은 전부인이 개인적인 관계에 여념이 없어 자식을 외면했던 만큼 딸이 또다시 외면당할까봐 걱정되었다.

영철은 딸이 자신에게 오면, 희순에게 '아들들을 바로잡아 달라' 고 요구한다. 딸과 TV를 함께 보지 않는 것에 대해, 영철은 아들들이 '무신경' 하고 '이기적' 이며 희순에게는 '엄마로서 낙제' 라고 말한다. 영철이 아들들의 이러한 태도에 대해 말할 때면 희순은 매번 격분한다. 그녀는 딸이 스스로 말하지 못하고 아빠가 싸움을 대신해 주길 바라는 '응석받이 공주' 라고 되받아친다.

그들이 서로에게 가시 박힌 말들을 쏘아대고 있을 때면 영철의 딸은 입을 다문 채 싸우는 것을 듣고 있다. 딸은 아빠가 희순과 재혼했기 때문에 여전히 자신이 외면당하고 있고 불안하다고 느낀다. 영철과 희순은 부부로서 가족의 문제를 바로 잡는 방법을 찾기 위한 노력을 전혀 하지 않는다. 대신에 각자 자신의 자녀들을 독자적으로 양육하려고 한다. 그들에게는 이러한 방법이 훨씬 더 쉽다. 결국 이 부부의 친밀함은 급속히 사라져 갔다.

이 사례에서 영철과 희순은 가족 대화를 통해서 역효과를 낳는 양육방식과 그 결과로 생기는 논쟁을 변화시킬 필요가 있다. 결국 이것은 어른만의 문제도 아니고 '네 것, 내 것' 의 문제도 아니다. 어떻게 하면 아이들이 더 잘 지낼 수 있는지에 대한 방법은 다섯 명의 모든 가족이 대화를 나누어야 하는 가족의 문제다. 일보 전진을 위해 딸아이가 스스로 말할 수 있도록 돕는 것이 중요하다. 그 후 영철과 희순은 이 장의 앞에서 소개했던 질문을 재검토하는 시간을 가졌다. 그래서 자신들의 과거의 짐이 결혼생활의 개선을 막고 있었다고 결론 내렸다. 이것이 해결되지 않는 한 부부의 갈등은 더욱 증가하여 매우 위험해질 것이고, 그들의 고속 에스컬레이터 방식은 통제할 수 없게 될 것이다.

당신도 똑같아

재혼 부부들의 문제 있는 상호작용 패턴의 두 번째는 '당신도 똑같아' 다. 이 상호작용은 당신과 배우자가 논쟁 속에 빠져 있을 때 점점 더 뜨거워진다. 당신이 전 결혼에서 가지고 온 것이나 버림받고 방치되고 등한시되었다고 느끼는 것들 중 미해결된 짐은 이 상호작용 패턴을 부추긴다.

친밀함과 관련된 논쟁에서 졌다고 생각하는 배우자는 변함없이 친밀함에 대해 몸서리친다. 그들이 거리를 두고 싶어 하는 절박한 욕구는 이렇게 표현된다. "당신도 전남편(혹은 전부인)하고 똑같아." 이 일은 대개 옳든 그르든 둘 중 한 사람이 자신이 원하는 것을 분명하게 정의하려고 할 때 생긴다.

배우자가 원하는 것이 당신에게 전 배우자를 떠오르게 하거나 혹은 배우자가 자신의 기대를 말하는 태도가 전 배우자와 유사하게 느껴질 수 있다. 그러나 그 영향력은 같다. 배우자의 말은 긴장감을 돌게 하고, 당신이 누구인지 정의 내리도록 요구한다. 만약 당신이 그럴 준비가 되어 있지 않다면, 배우자를 더 가까이 끌어당기기 위해 "당신도 똑같아."라고 말하게 된다. 이로써 당신이 관계를 끝낼 것이라는 배우자의 불안은 높아진다. 배우자는 당신을 비난할 수도 있고, 타협하자면서 자신이 내뱉은 말을 축소하는 식으로 당신을 쫓아갈 수도 있으며, 계속해서 싸우려 들 수도 있다.

또한 배우자가 알코올중독, 가정이나 직장에서의 기능 저하, 서투른 양육처럼 당신의 불안 수준을 굉장히 상승시키는 습관을 가진 사람일 때 이러한 문제 있는 상호작용이 나타날 수 있다. 전 결혼생활에서 이런 것들이 문제 영역이었을 때는 더욱 그렇다. 배우자의 습관은 생김새와 이름만 다를 뿐 이전 배우자와 같은 사람을 선택한 것은 아닐까 싶을 정도로 당신을 놀라게 한다.

그 사람은 아직도 아이들의 아빠(혹은 엄마)야

마지막으로 재혼 부부의 세 번째 독특한 상호작용 패턴은 '그 사람은 아직도 아이들의 아빠(혹은 엄마)야' 다. 종종 이 문제 있는 상호작용은 아이들과 친부모의 관계에 대해 이야기하면서 발생한다. 그것은 아이들의 친부모인 이전 배우자에게 충실했던 당신 내면의 해결되지 못한 감정이 짐으로 전환된 것이다.

예를 들어, 당신과 배우자는 재정 문제로 격렬한 논쟁을 하고 있고 아이들의 친아버지에게서 받는 양육비가 가족의 생활비로 중요하다는 점을 알고 있다고 가정해 보자. 만약 그 돈이 시기적절하게 들어오지 않는다면 어떤 일이 발생할까? 만약 돈에 쪼들려서 예금계좌가 마이너스가 된다면 어떻게 될까? 혹은 아이들의 친아버지가 아이들을 데려가는 날짜를 맘대로 바꾸는 습관을 가지고 있다면? 이 모든 동요와 불안은 새로운 관계에 커다란 긴장을 형성할 것이다. 당신의 현 배우자는 당신의 전 배우자에 대해 매우 신뢰할 수 없는 사람이라고 비난하면서 아이들을 방문하는 날짜를 법원 명령에 따라 바꾸어야 한다고 불평하기 시작할 것이다.

이 시점에서 당신은 "그 사람은 아직도 애들 아빠(혹은 엄마)예요."라고 대응할 것이다. 이 말은 당신의 불안이 견딜 수 없는 수준까지 치솟고, 전 배우자 때문에 생겨난 미해결된 짐이 여전히 당신을 괴롭히고 있으며, 현 배우자가 경제적인 면에 대해 불평하는 바람에 극도로 짜증이 났을 때 저절로 튀어나올 것이다.

아이들의 아빠가 무책임하다고 불평하는 것이 현재 재정 문제의 해결에 도움이 되지 않으니, 차라리 그가 아이들을 볼 수 있는 권리를 허용해 줘야 한다고 선언할 수도 있다. 하지만 이는 문제의 핵심이 아니라 재정 문제의 해결을 슬쩍 피하는 것이다.

'네 것, 내 것' '당신도 똑같아' '그 사람은 아직도 아이들의 아빠(혹은 엄마)야.' 이 세 가지 전형적인 상호작용에는 현재 결혼생활을 지속할 수 있을지에 대한 당신의 불안뿐 아니라 당신이 처리하기 위해 부단히 노력 중인 오래된 과거의 짐들도 내재되어 있다. 당신이 다른 관계에서 실패하고 고통 속에서 살아왔다면 결혼생활이 잘못되어 가고 있다는 공포와 불안을 회피하기는 어려울 것이다.

상호작용은 12장에서 설명했던 대로 결혼생활을 하고 있는 어떤 부부에게든 일어날 수 있다. 이런 상호작용의 반복을 피하기 위해서 결혼생활의 형태를 바꾸는 것뿐 아니라 재혼생활에까지 이어 온 자신의 짐에 대해 계속해서 확인하고 알아가기를 지속하는 것은 매우 중요하다. 다음으로는 상호작용을 불러일으키고 영향을 주는 통념과 신념들을 살펴보자. 그다음 부부 상호작용에서 당신의 역할을 변화시키고 불안을 감소시켜 좀 더 자기 초점적이 되려면 그 신념과 통념을 어떻게 변화시켜야 할지 스스로 점검해 보자.

❊ 재혼에 대한 통념

재혼생활에 독특한 상호작용이 존재하듯이 독특한 통념도 존재한다. 아마도 이 통념들 중 일부는 당신이 생각했던 것일 수도 있다. 이 통념이 배우자와의 관계에서 당신의 생각과 행동에 작용한다는 것을 인정하기란 어려울 것이다. 정직해지라. 그리고 이 통념들 중 어떤 것을 믿고 있는지 자문해 보라. 통념들이 당신의 행동에 얼마나 영향을 주고 있는지 좀 더 생각해 보라. 당신의 목소리 톤, 찌푸린 표정, 문제 해결에 대한 경직성 모두가 당신의 머릿속에서 생각하는 통념의 위력을 나타내고 있다.

이 통념이나 잘못된 믿음의 근원을 탐색함에 따라, 당신이 왜 그것들을 버리거나 놔

주기 어려운지 깨달을 수 있을 것이다. 대개 결혼에 관한, 특히 재혼에 관한 신념들은 상실을 수용하는 어려움 및 우리가 집착하는 비현실적인 기대들과 관련이 있다. 또한 이 통념의 강도는 우리를 둘러싼 대중문화에 영향을 받는다. 즉, 통념은 다양한 원인에 의해 생겨나는 것이다. 통념은 우리가 그것을 사실로 받아들이기 때문에 계속 존재하는 것이다. 그리고 그것은 현재의 결혼생활에서 더욱 건강하고 훌륭한 친밀함을 만들기 위한 당신의 능력에 장애물이 된다.

통념 1: 재혼은 이전 결혼에서 놓쳤던 모든 것을 수정할 기회를 준다

이전 결혼생활에서 잘못된 점을 이해하는 것은 분명 매우 가치 있는 일이다. 이전 결혼생활 동안에 생긴 일은 물론, 가장 중요한 것은 이전 배우자를 선택했을 때 내면에서 일어났던 감정적인 모든 것을 스스로 평가하고 파악하는 것이다. 그러나 재혼은 '바로잡기' 의 기회로 생각하는 것은 바보 같은 짓이다. 무엇보다도 그것은 당신과 배우자에게 결혼생활을 잘해야 한다는 불필요한 압력을 준다. 이런 압력은 당신과 배우자 모두 혹은 둘 중 한 명을 맥없이 무너지게 할 것이다. 이 통념은 당신이 실패한 결혼에 대해서 힘들더라도 현명하게 대처할 기회를 막기 때문에 비현실적이고 건강하지 못한 것이다.

통념 2: 나를 사랑한다면 내 아이도 사랑할 것이다

이 통념은 실로 굉장하다. 우리는 이 통념을 재혼가족에게서 듣곤 한다. 배우자는 당신을 선택했고 당신에게 애정을 느꼈다. 다행스럽게도 배우자가 당신의 아이들이 당신의 사랑에 얼마나 영향을 받았는지 이해한다고 해도 이를 혼동해서는 안 된다. 당신의 배우자는 당신과 결혼한 것이다. 배우자에게 당신의 기준에 따라 당신의 아이들을 사랑하라고 요구할 수는 없다. 그런 기대는 당신의 배우자에게 부당한 것이자 당신의 아이들에게도 부당한 압력을 주는 것이며, 당신 자신에게도 비현실적인 것이다.

당신과 배우자가 서로 사랑하고 서로를 관심으로 돌보며 배우자가 당신의 아이들을 존중한다면 건강한 복합가족이 될 수 있다. 배우자가 이를 위해 아이들을 사랑해야만 할 필요는 없으며, 이후 몇 년 동안 부모의 역할에 배속될 필요도 없다. 아이들에 대한 사랑이 미처 발전되지도 않은 배우자가(그러기에는 몇 년이 걸릴 수도 있다) 어떻게 아이들을 양육하기를 기대할 수 있겠는가?

당신과 배우자는 당신들의 관계를 위해 서로를 선택했다. 만약 새 배우자가 아이들에게 존경할 만한 지지자가 되고자 노력한다면 그걸로 충분하다. 비록 아이들이 당신 인생에 필요하고 가치 있는 부분이라 할지라도 당신의 배우자는 당신과 결혼한 것이지 아이들과 한 것이 아니다. 그렇게 함으로써 배우자는 아이들이 당신의 인생에서 소중하며 중심적인 부분임을 수용하고 존중할 것이다. 요구하지 않았는데도 양육을 도와준다는 것은 배우자 또한 아이들을 사랑한다는 것이다. 당신이 이를 수용한다면 이 문제에 대해 당신과 아이들, 그리고 배우자가 느끼는 압력을 줄여 줄 것이다. 이러한 종류의 압력은 결혼생활을 끝나게 할 수도 있는데, 다른 여러 결혼생활을 보더라도 그렇다.

한 가지 공통적인 오해는 새로운 배우자가 재혼생활 초기에 일순간 재혼가족에 대해서 변함없는 사랑을 느끼게 되고 또 그래야 한다고 믿는 것이다. 이러한 욕구가 일어나는 이유는 변함없는 가족임을 느끼려는 데서 생긴다. 그러나 일순간에 생기는 사랑은 존재하지 않는다. 사랑은 적당한 양육이 있을 때에야 자라나며, 압력하에서는 시들어 버린다.

어른이건 아이건 사람 사이의 사랑은 선택이 아닌 우연에 의해서는 기대할 수 없다. 수년에 걸친 재혼가정에 대한 연구에서는 어느 정도 시간이 지나야 재혼가족이 한데 어우러지고 자리를 잡는다고 한다. 사랑을 키우는 데는 시간이 필요하다. 새 배우자를 존중하고 양육 책임에 대한 기대를 낮추어야 한다. 이것은 당신과 아이들의 부모 자식 관계를 안정적으로 유지할 수 있도록 해 줄 것이고, 양부모가 아이들의 삶에 압력을 덜 느끼면서 편안해지도록 도와줄 것이다.

통념 3: 전 배우자는 무능하고 무책임했으니 새 배우자는 아이를 위해 그 단점을 보완해야 한다

당신의 새로운 배우자는 당신의 아이들이 아닌 당신을 사랑하기 때문에 같이 사는 것이다. 그러므로 당신은 배우자와 아이들 사이에 우정이 자라나길 부탁하거나 바랄 수는 있어도 전 배우자가 가진 단점을 해결할 마법 같은 해결책을 기대해서는 안 된다. 아이들은 '새아버지', '새어머니' 라는 마법의 약을 통해 낙담하지 않도록 보호되기보다 아버지, 어머니에 대해 스스로 판단해야 한다.

만약 당신의 배우자가 아이들의 좋은 친구(부모가 아닌)라면, 당신의 아이들은 성장하고 발달하는 데 있어서 어떤 것도 잃지 않을 것이다. 아이들에게는 '아버지에 대한 좋은 모델' 이 필요하다는 일반적인 지식과는 달리, 친부모와 함께 살 수 없는 당신의 자녀가 그들을 사랑하는 또 다른 어른(즉, 현재 배우자)과 지지적인 우정을 나눈다는 것은 더 큰 의미가 있다.

통념 4: 재혼가족에게 중요한 것은 양육관계이며, 부부생활은 저절로 잘 굴러갈 것이다

우리는 12장에서 이 통념의 한 형태를 살펴보았다. 특히, 재혼가족일수록 당신의 에너지는 부부생활의 적응에 쓰여야 한다. 세 번째 통념에서 이야기했듯이, 새로운 배우자와 당신의 관계는 결혼관계이지 양육관계가 아니다. 당신이나 배우자는 전 결혼에서 이미 자녀를 두었을 것이다. 그 아이들은 새로운 결혼에서 낳은 아이들이 아니다. 부부생활은 절대 알아서 잘 굴러가지 않는다. 재혼가족에서는 전 결혼에서 낳은 아이들의 양육을 친부모가 하는 것이 최선이다.

재혼가족에서 아이의 친부모가 '적극적' 이 되어야 한다는 이러한 발상은 선뜻 받아들이기 어려울 수 있다. 우리는 새아버지와 새어머니가 처음에는 많은 문제점을 가지고 있다는 것을 발견했다. 그러나 당신 아이의 건강한 심리적 발달을 위해서는 이를 이해하는 것이 중요하다. 재혼생활의 모든 변화는 아이들의 삶에 적용되어도 무방할 정도가 되어야 한다. 아이가 부모들이 이혼한 것에 대해 분노를 품고 있다면, 당신이 아이에게 낯선 사람이 그들을 양육해도 되는지 물어볼 때 그 분노가 확산될 것이다.

재혼가정에서 가족이 유대를 맺기 위해서는 시간, 인내 그리고 유연성이 필요하다. 당신은 이를 이전의 두 가족구성원들 간의 재구성 과정으로 바라봐야 한다. 그들은 건강한 새 가족구성체가 되기 위해서 각기 이전 가족의 추억과 습관을 유지할 필요가 있다. 이것이 바로 혼합가족이 아닌 재혼가족인 것이다. 이 둘의 경계는 좀 더 유연해야 한다. 가족구성원 각자의 기대와 습관의 계속적인 변화를 인정하고 각 구성원이 다양한 애도과정들을 이겨내어 감정적인 합의점에 도달하기까지는 완전한 가족으로 느끼지 않을 수도 있다. 이 전체적인 과정은 5년 혹은 그 이상이 걸릴 수 있다.

통념 5: 나의 원가족은 당연히 새 배우자를 사랑해 줄 것이며, 아이 역시 새 배우자를 존경하고 사랑할 것이다

이 가정과 기대는 불합리하며 도달하기 불가능하다. 당신의 원가족은 당신이 현재의 결혼생활에 충실하며 헌신을 다한다고 느꼈을 것이다. 반면에 어떤 친척들은 전 배우자와의 관계에 더 흡족했을지도 모른다. 그러나 당신과 아이들에게 상실이 주요한 문제였듯이, 당신의 친인척들도 그랬을 것이다. 예를 들어, 당신의 이혼은 그들에게도 받아들이기 어려웠을 것이며, 전 배우자와의 친분을 단절하는 동시에 당신을 지지하는 방법을 생각하느라 골치가 아팠을 것이다. 이혼은 모든 가족구성원들을 힘들게 한다. 그러므로 모두의 상실에 대해 신경을 쓰는 것이 도움이 될 것이다.

친척 중 일부는 현재의 배우자를 사랑해 주고 충실하게 대해 줄 것이다. 하지만 일부는 아닐 수도 있다. 이것은 그들이 당신을 포기하는 것을 의미하는 것이 아니라 단지 그들도 힘겨운 것이다.

심지어 아이들이 당신의 새로운 배우자에게 정서적 개방을 하기란 매우 힘든 일이다. 전 배우자와 부모 자식 관계를 유지하면서 새로운 부모를 위한 자리를 만드는 데에는 많은 시간이 걸린다. 어떤 아이들은 그럴 수 없을지도 모른다. 반면에 빨리 개방하는 아이들도 있는데, 이후에 그들은 자신의 선택에 굉장한 죄책감을 느끼기도 한다.

당신이 함께하기로 결정한 배우자에게 아이들이 정서적 개방을 하도록 강요할 수 있는 사람은 아무도 없다. 당신이 통제할 수 있는 사람은 당신 자신뿐이다. 시간, 인내 그리고 유연성은 아이들이 새로운 배우자에게 정서적으로 개방하는 법을 배울 수 있도록 해 준다.

이 통념에 동의하도록 강요하는 것은 묻어 두었던 과거의 짐과 불쾌한 느낌을 버리고자 하는 욕구 때문이다. 당신은 불안 속에서 아이들과 가족에게 엄청난 압력을 주지 않도록 조심하라. 다시 말하지만, 당신의 아이들은 떨어져 살고 있는 부모에 대한 사랑이 멈추어야 새 부모에 대한 사랑이 시작되는 것은 아니다. 아이들은 당신의 배우자와 서로 존중하는 우정을 가짐과 동시에 그들의 친부모 모두와 정서적인 관계를 가져야 한다.

요컨대, 이러한 통념이 실제로 당신의 결혼생활의 갈등과 어떻게 상호작용을 일으키는지 기억하라. 통념을 믿게 되면 당신은 배우자가 그 통념을 따르도록 만들거나 변화시키려고 할 것이다. 만약 재혼생활이 어때야 한다는 당신의 통념에 배우자가 완전히 따라 준다면, 당신은 일관되게 어떤 역할을 하게 될 것이다. 이러한 통념에서 당신은 역할이 있다. 그 역할은 당신의 의견, 요구, 비합리적이고 경직된 시간들에 의해 정의된다. 성공적인 재혼가족의 특징 중 하나는 유연성이다. 유연성이 없다면 당신은 통념에 의해 좌우되고, 그것은 결혼생활을 황폐화시킬 것이다.

배우자에 대한 신념

이러한 통념들을 믿게 되면 새 배우자에 대한 강력한 신념이 쉽게 생기게 된다. 게다가 이러한 신념들은 당신에게 절망과 우울을 안겨 줄 수 있다. 당신은 배우자가 아이들을 보살피지 않을까 봐 걱정하기 시작한다. 이러한 통념들이 새 배우자에 대한 강력하고도 부정적인 신념이 되지 않도록 그것에 의문을 가져보는 것이 대단히 중요하다.

결혼생활과 재혼에 대한 원가족의 신념

배우자와 나머지 가족들은 결혼생활에 대한 당신의 생각에 영향을 주었다. 물론 재혼도 마찬가지다. "주례가 '죽음이 우리를 갈라놓을 때까지' 라고 말했지, 안 그래?" 와 같은 말들은 휴일 날 친척들이 둘러앉아 이야기를 나눌 때나 가족들 또는 이웃들의 온갖 결혼생활에 관해 이야기할 때 나오는 뻔한 것일 수 있다.

원가족이 드러내 놓고 이야기하지 않은 결혼과 관련된 신념은 공론화된 신념만큼이나 소리 소문 없이 작용할 수 있다. 그것은 앞 세대의 경험에 달려 있다. 그러나 재혼생활을 잘해 나갈 수 있는 모범적이고 지속적인 모델은 거의 없다. 어쩌면 당신의 가족 중에 재혼해서 잘 사는 사람이 있을 수도 있겠지만, 첫 결혼과 관련된 이야기들이 자연스럽게 거론되는 것과는 달리 재혼은 아이들이 있는 데서 공공연하게 의논하지 않는다. 재혼과 관련된 대화를 주저하는 이유는 재혼이 다시 시작하는 것을 의미하기 때문일 것이다. 결혼생활을 다시 시작하는 불확실함을 경험해야 하는 만큼 두려울 수 있다. 가족들은 보통 가족관계 내에 불안을 유발시키는 문제에 대해 공개적으로 말하기를 꺼린다. 그들은 조용히 술렁이고 가담할 뿐 자신들의 불안을 표출하는 격렬한 논의는 하지 않는다.

성장하는 동안 당신이 수용할 수 있다고 생각했던 것은 무엇인가? 당신의 의견은 무엇이었는가? 부끄러웠던 것은 무엇이었는가? 이혼은 점잖은 사람들도 고려할 수 있는 선택사항으로서 표현되었는가, 아니면 단지 죄 많은 사람들이나 하는 행동으로 표현되었는가? 틀림없이 당신의 친척들은 가정폭력, 약물중독 또는 배우자의 부정처럼 감정적으로 괴로운 주제들에 대한 자신들의 신념을 이야기했을 것이다. 첫 결혼생활을 시작했을 때, 당신은 부모나 삼촌, 고모 또는 사촌으로부터 "네 가족을 자랑스럽게 만들어라." 와 같은 원치 않는 설교를 들었을 수도 있다.

이러한 초기 영향들을 더욱 상세하게 그려 내길 원한다면 다음의 문제를 완성해 보는 것이 도움이 될 것이다. 당신 가족의 역사와 신념체계에 대해 기술하면서 다음의 문장을 완성하라.

- 당신이 사랑하는 사람과 결혼할 때 ....

- 이혼이란 ....

- 당신의 배우자가 사망한다면, 당신은 삶의 안정을 위해 .... 해야 한다.

- 아이들이 있을 경우, 이혼은 ....

- 한 번 이상 결혼하는 여성은 ....

- 한 번 이상 결혼하는 남성은 ....

- 결혼생활에서 사랑이란 ....

당신이 적은 내용들을 읽고 심사숙고해 보라. 당신의 비평이나 신념이 유아기에 받은 교육이나 성인으로서의 최근 경험에 의해 생긴 것인지의 여부를 평가해 보라. 원가족에게 받은 영향들은 친척들이 당신과 새 배우자에게 반응하는 방법에서 생생하게 나타날 수 있기 때문에 유의하는 것이 중요하다. 당신은 자신의 신념을 변화시킬 수 있지만, 친척들의 신념에 직접적인 영향을 줄 수는 없다. 당신이 할 수 있는 전부는 그들의 편견과 선입견을 인식하는 것이다. 그리고 그러한 편견과 선입견이 진실인지 아닌지를 결정하는 것이다. 당신이 원가족과 친척들에게 둘러싸여 있을 때 불안해하지 않으면서 반응적이 되지 않도록 유지하는 것이 목표가 되어야 한다.

원가족으로부터 받은 신념의 영향

당신은 앞의 문제를 완성함으로써 현재의 결혼생활에서 당신을 구속하는 원가족 신념들에 대해 분명해졌을 것이다. 당신의 신념은 새 결혼생활에서 새로운 방식으로 생각하고 행동하도록 개방하는 능력을 제한할 수 있다. 예를 들어, 현재의 아내가 당신을 속일 것 같다고 생각하거나 그녀가 직장에서 관심 있는 동료를 발견한다면, 당신은 아내가 회사에 갈 때마다 의심할 것이다. 심지어 당신은 아내가 회사에 못 나가도록 해야 한다고 믿을지도 모른다. 그리고 당신은 가족을 위해 혼자서도 충분히 벌 수 있다고 생각할 것이다. 당신은 연약함을 드러내면서 솔직해질 수 있는가? 아내를 잃을지도 모른다는 두려움을 그녀와 공유할 수 있는가? 배우자의 정절을 의심하는 신념을 원가족이 심어 주지 않았다 하더라도, 당신이 과거 결혼생활에서 무심코 두려운 마음을 드러냈다가 상처를 입었다면 아마도 이제는 그런 두려움을 공유하려 들지 않을 것이다.

이것은 한 가지 예다. 변해 버린 결혼생활에 대한 당신의 생각이나 정절, 믿음, 공유하고 싶은 욕구, 약속, 애정, 친밀함, 양육에 대한 책임, 혹은 성역할에 대한 믿음이 어떻게 형성되었는지 확인할 수 있는 수많은 예가 있다. 당신은 정말로 한 여자를 믿을 수 있는가? 당신을 위해 동반자가 되고자 하는 한 남자를 진정으로 신뢰할 수 있는가? 당신은 배우자가 자녀양육을 분담하여 도와주고 당신 아이들의 양육을 지원해 줄 것으로 믿는가?

이전 결혼생활에서 그랬듯이, 지금의 새 결혼생활에서도 이런 모든 신념은 일정 기간 동안 시험대에 놓인다. 당신은 자신이 믿을 수 있는 것을 아는 것이 필요하다. 당신의 꿈은 경험과 실패로 인해 변화하기 때문이다. 머지않아 우리는 가족들로부터 배웠던 신념에 의문을 가지게 될 뿐더러 우리의 많은 신념을 변화시킬 것이다. 유사하게 당신은 시대에 뒤떨어지는 신념을 고수할 수도 있다. 그 신념들이 당신의 전 결혼생활이나 부모님 세대의 결혼생활에서는 사실이었을지 모르지만, 당신의 현재 결혼생활에서도 여전히 적합하다고 생각하는가? 다행히 당신은 당신과 당신 부부의 노력을 확증해 주는 신념을 깨달을 수 있을 것이다.

✻ 자신을 새롭게 바꾸고 버릴 것은 버리라

재혼생활에 대한 도전은 실로 대단한 것이다. 당신은 신념과 편견을 가지고 있을 것이다. 당신의 새 배우자 또한 신념과 편견을 가지고 있다. 그리고 당신의 아이들은 정서적인 상처를 가지고 있다. 아이들의 친부(친모)도 자신들만의 문제를 가지고 있으며, 그것은 당신의 삶과 연루되어 있다. 당신의 가족들(아마도 당신의 가족, 현 배우자의 가족, 전 배우자의 가족 그리고 현 배우자의 전 배우자의 가족)은 앞으로 해결해야 할 상실을 가지고 있다. 심지어 친구들도 당신 결혼생활의 변화로 인해 변했을 것이다. 이것은 앞으로 몇 년의 시간에 걸쳐 다루어질 매우 큰 변화이자 상실이다.

그러나 한 가지 변하지 않는 것이 있다면 바로 당신이다. 당신 자신을 개선시키라. 개선이란 자기 초점과 자기 정의를 지속하는 것을 말한다. 당신의 과거의 짐, 신념, 정서와 행동에 대한 더 깊은 이해는 당신의 결혼생활에 도움이 될 것이다. 서로 합치려는 재혼가족의 경우 더욱 자기 초점을 유지하기가 어렵다. 그러나 결혼생활의 미래는 변화 없이는 불투명 할 뿐이다.

재혼생활에서의 자기 초점은 핵심적이긴 하지만 첫 번째 결혼에서보다 더 어려운 일이다. 이는 재혼한 사람들이 다른 사람들과의 관계 내력을 더 많이 갖고 있기 때문이다. 당신에게는 약속이 깨짐으로써 고통이 추가되었고, 도달하지 못할 기대를 가짐으로써 고뇌가 추가되었다. 당신의 과제는 자신의 오래된 짐과 신념을 이해하고, 자기 초점에 도달하기 위한 노력의 일부로서 버려야 할 것이 무엇인지를 알아내는 것이다.

이 밖에도 다른 것이 더 있다. 재혼은 새로운 친구, 가족 또는 친구의 흔들리는 믿음 그리고 자신에 대한 불신을 가진 채 새로운 장소에서 이루어지는 것이다.

이러한 환경에서의 자기 초점은 당신 자신에 대한 지속적인 주의를 요하며 유연성과 용서를 필요로 한다. 당신 자신에게 관대해지면 결혼생활에서 향상된 자기 초점을 유지할 수 있다. 당신의 성장에 집중함으로써 당신의 주변 사람들을 통제하려는 잘못된 노력을 덜 하게 될 것이다. 또한 재혼가족의 경우 다시 결혼에 실패하고 싶지 않기 때문에 다른 사람에 대한 통제가 광범위하게 존재한다. 그러나 타인을 통제하고 타인에게 영향력을 행사하고자 하는 시도는 재혼의 실패를 보장할 뿐이다.

철진의 사례

철진은 2년째 결혼생활을 해 왔다. 이 결혼은 벌써 세 번째 결혼이다. 그는 열여덟 살에 첫 번째 결혼을 했는데, 그는 당시 해군이었고 휴가 중이었다. 첫 번째 부인인 윤자는 열일곱 살이었다. 결혼한 지 일 년이 되기도 전에 윤자는 이혼서류를 접수했다. 그녀는 철진이 바다에 나가 있는 동안 이웃 남자와 가까운 사이가 되었던 것이다. 철진은 아내의 부정과 이혼이 제기되었다는 것을 알았을 때 망연자실했다.

2년 후에 철진은 희연을 만나 사랑에 빠졌다. 희연은 첫 번째 부인과 모든 면에서 달랐다. 그녀는 한결같았고, 성실했으며, 가족을 원했고, 경력 개발을 하려는 철진의 선택을 존중해 주었다. 그들은 결혼해서 5년 동안 세 아이를 낳았다. 철진이 밖에서 일하는 동안 희연은 집에서 어머니 역할에 최선을 다했다. 그는 가족을 부양할 정도의 돈을 벌었고, 일하는 동안 희연의 정숙함을 걱정한 적은 없었다.

결혼한 지 10년이 되었을 때 두 살에서 아홉 살까지의 네 아이를 두게 되었고, 철진은 그 생활에 차츰 질려 갔다. 희연과 있는 것이 즐겁지 않았고 그녀도 그와 단둘이 시간을 보내려고 하지 않았다. 얼마 안 가서 철진은 동료인 미경과 친구가 되었다. 이윽고 그녀와 애정관계로 발전했고, 그 관계는 희연이 알기 전까지 6개월간 지속되었다. 희연은 철진과 대면했을 때 그녀에게 충실하든지, 아니면 가족을 떠나라는 마지막 말을 했다. 철진은 애정관계의 짜릿함과 살아 있다는 느낌을 포기할 수 없었다. 결국 희연은 이혼을 제기했다. 철진은 집을 나왔고, 성실히 양육비를 지불하고 규칙적으로 아이들을 방문했다.

그의 연인인 미경은 곧 결혼하자는 압력을 가했다. 결혼에 대한 그의 공포는 혼자가 된다는 공포에 가려졌다. 철진은 이혼한 지 1년도 안 되어 미경과 결혼했다. 그는 지금 결혼 2년째인데 자신이 왜 미경은 믿지 못하는지 혼란스러웠고, 삶이 다시 지루해진 것 같았으며, 미경과 자주 말다툼을 했다.

이 사례에서 철진에게 남은 과제는 어린 나이에 결혼하도록 자극한 그의 과거의 짐(자신의 신념과 원가족의 신념)과 혼자가 되는 것에 대한 공포를 해결하는 것이다. 그는 자신의 신념을 들여다보고, 미경과 있을 때 그 신념들이 어떻게 불안을 일으키는지 알아야 한다. 그는 자신의 일부를 변화시키기에 앞서 갈등 속에서 자신의 역할을 알고 수용해야 할 것이다. 비록 시작부터 그들의 관계에는 배반과 고통 같은 올라가야 할 힘든 언덕이 있었지만, 그의 개선된 자기 초점은 결혼생활을 더욱 건강하게 할 것이다.

그러나 철진처럼 힘든 상황에서도 변화는 가능하다. 철진은 자기 초점을 발달시킬 수 있다. 사실 자기 초점을 향상시키는 것이 그의 결혼생활을 도울 수 있는 유일한 방법이다. 불행하게도 그는 자신을 대하는 미경의 태도를 바꾸고 그녀가 직장에서 다른 사람들과 시시덕대는 것을 바꾸기만 한다면 결혼생활이 즉시 바로잡아질 것이라고 믿을 수도 있다. 그렇다면 그것은 틀린 것이다. 철진은 세 번째 결혼의 성공이 아내의 행동에 달려 있다고 잘못 믿고 있다.

사실 철진의 행복은 아내가 그의 불안 수준을 낮춰 주는 것이 아니라 스스로에 대한 자기 정의 과정에 달려 있다. 이 사례와 마찬가지로 당신도 복잡한 가족에서 불안을 낮추는 방법을 찾듯이 자기 정의와 자기 초점을 돕는 것이 무엇인지 찾기 시작해야 한다. 당신은 오직 당신 자신만을 변화시킬 수 있다. 당신 자신, 그리고 당신의 행동을 변화시키라. 그리고 당신이 느끼는 것을 변화시키라. 이러한 것들이 더 나은 결혼생활로 변화시켜 줄 것이다.

14 돈과 주도권

돈과 관련된 문제들은 사실 돈에 대한 문제가 아니다. 오히려 돈은 신뢰, 힘, 통제의 상징이다. 신념체계로 깊이 뿌리박혀 있는 이러한 문제들은 매우 복잡한 부부간의 상호작용을 낳는다. 부부의 신념체계들이 명료하게 논의되어야 돈에 대해 더 건강한 대화를 할 수 있다.

정대훈, 송윤혜 부부의 사례

윤혜는 서둘러 출근 준비를 하고 있었다. 옷을 입고 집을 나서려 할 때, 퇴근길에 식료품 가게에 들러야 한다는 것을 생각해 냈다. 그래서 책상 서랍에서 통장을 꺼냈다. 그것을 가지고 현관으로 걸어오면서 무심결에 내역을 살펴보았다. 시어머니에게 송금된 50만 원의 금액을 보았고, 그녀는 갑자기 피가 거꾸로 솟는 것 같은 기분이 들었다. 그래서 큰 소리로 남편 대훈의 이름을 불렀다.

"대훈 씨! 당신이 쓴 이 돈 뭐야? 나한테 한마디 상의도 없이 이게 뭐야! 어머니를 만났다는 걸 왜 내가 몰라야 해? 당신 어디 있어? 늦었단 말이야. 빨리 말해줘!"

"나 여기 있어." 대훈은 투덜거리면서 천천히 그녀에게 걸어왔다. "뭐 큰일이라도 났어? 엄마가 그 주에 돈이 필요하셨대. 우리가 도와드린 거야."

"바로 이런 게 나를 괴롭히는 거야!" 윤혜는 소리 질렀다. "당신하고 당신 엄마 사이에 무슨 일이 일어나고, 당신이 무엇을 의논하고, 당신 엄마가 무엇을 하는지 나는 전혀 알지 못하고 있어. 당신은 나와 있는 것보다 어머니와 더 많은 시간을 보내잖아! 지금 늦었으니까 오늘 밤에 이야기 좀 해."

대훈은 윤혜를 경멸하는 눈으로 쳐다보았다. "이야기할 것도 없어. 단지 당신의 그 빌어먹을 불안 때문에 우리가 이렇게 말다툼하는 거잖아. 당신이 뭘 어떻게 생각하든지 나한텐 엄마도 중요해. 당신, 사람이 너무 꼬였어!"

윤혜는 울면서 현관문 쪽으로 뛰어나가며 급히 문을 열었다. 그러고는 문이 닫히든 말든 상관하지 않고 차로 달려갔다. 대훈은 고개를 저으며 넌더리난다는 듯이 그녀에게 손을 흔들었다. 그리고 문을 쾅 닫고는 신문으로 눈을 다시 돌렸다.

요즈음 대훈과 윤혜처럼 돈 문제로 싸우는 부부들은 어디에서나 볼 수 있다. 맞벌이 가정의 부가적인 긴장과 결합된 이러한 싸움은 많은 부부에게 매우 힘든 문제다. 특히, 스트레스 상황에서 돈은 문제와 갈등의 중요한 원인이 될 수 있다.

❊ 무엇이 문제인가

앞의 예에서 보다시피, 이러한 상황을 유발한 것은 돈이라고 말할 수 있다. 하지만 왜 50만 원의 돈이 문제가 되는 것일까? 모든 것이 원가족과 과도하게 관련된 것이거나 힘과 영향력 때문이라고 말할 수 있다. 돈은 많은 것을 나타낸다. 자녀 문제나 시댁과 처가, 직장, 성관계 문제처럼 평소에 부부들이 다투는 모든 문제에서 돈은 갈등의 중심에 있다. 왜냐하면 결혼생활에서의 영향력과 힘을 다루는 데 있어서 돈이 매개물이기 때문이다.

✻ 전형적인 재정적 문제

돈과 관련된 문제로 논쟁하는 수백 쌍의 부부들의 말을 들어 보면, 그 내용은 대부분 갖가지 재정적 문제들로 가득 차 있다. 어떤 부부들의 경우는 한쪽은 돈을 쓰길 원하는데 다른 쪽은 저축하기를 원해서 팽팽한 긴장감이 생긴다. 또 다른 부부들의 경우는 이러한 논쟁이 약간 변형되어 있다. 한쪽은 퇴직한 이후를 생각해서 저축하면서 살기를 원하는 반면, 다른 쪽은 인플레이션이 일어나 자신들의 돈 가치가 떨어지기 전에 빨리 돈을 써야 한다고 생각한다. 한쪽은 아이들의 학자금 문제로 고민하고, 다른 쪽은 여유로운 휴가를 보내길 원한다. 어떠한 경우든 배우자 사이의 극단적인 대립은 통제권에 대한 많은 갈등과 긴장을 낳는다. 변함없는 사실은 사람들이 모든 부분에서 자신의 관점으로 배우자를 변화시키려 한다는 것이다.

대훈과 윤혜 사이의 갈등과 유사한 논쟁을 하는 부부들도 있다. 이러한 부부들은 원가족이나 일가 친척들에게 얼마를 썼는지에 대해서 논쟁한다. 부모나 형제들에게 선물을 했거나 돈을 빌려 주었을 수도 있다. 심지어 어려운 일을 당한 친척들을 도와주었을 수도 있다. 만일 당신은 원가족을 힘닿는 데까지 도와주고 싶지만 배우자는 당신의 원가족들이 무책임해서 도와줄 필요가 없다고 생각한다면 긴장감이 유발될 수 있다. 만일 도와주기로 했다면 그러한 결정은 어떻게 이루어지는가? 혼자서 하는가? 더 나아가 몰래 도와주는가? 그렇지 않으면 대화나 타협을 통해서 하는가?

부부들은 둘이서 합의하지 않고 혼자 결정해서 사용한 돈이 얼마인지 때문에 자주 논쟁한다. 이러한 돈은 스타벅스 커피를 마시거나 직장에서 동료들과 점심을 먹을 수 있는 현금을 말한다. 하지만 새 옷이나 값비싼 드레스를 사고 싶다면 어떻게 될까? 이러한 결정들이 혼자서 또는 몰래 이루어질 수 있는가? 신용카드로 구입이 이루어지거나 당신의 예금계좌에서 출금된 돈이라면? 여기에는 정답이 없다. 더 중요한 질문은 이것이다. 당신 부부는 어떤 일이든 함께 결정하는가? 이러한 주제들에 대한 당신 부부의 대화는 어떠한가?

돈과 아이들

돈과 관련된 자녀 문제들도 있다. 축구나 무용 레슨, 태권도를 하는 데 얼마나 많은 돈을 써야 하는가? 유명 브랜드 옷을 사 주거나 아이들의 물건을 백화점에서 사는가? 아이들의 학자금으로 얼마를 저축하는가? 아이들이 자신의 용돈은 스스로 벌어야 한다고 생각하는가? 그렇지 않으면 뭔가를 하지 않아도 일정 금액의 용돈을 주어야 하는가?

어떤 가정은 청소년기의 아이들이 매월 일정한 용돈을 받을 때 돈의 가치에 대해 배울 수 있다고 생각한다. 그렇게 함으로써 준비물이나 옷, 영화표, CD 등을 살 수 있는 여유 돈을 스스로 계획할 수 있다고 생각한다. 만일 무엇인가 사고 싶은데 여유 돈이 없다면, 그것은 단지 아이들에게 운이 없는 것이다.

이와 더불어 가장 중요한 문제는 아이들에게 얼마를 줄지 부부가 함께 결정하느냐다. 실제로 이 문제는 단순히 돈에 대한 것만이 아니다. 형편이 좋은 가정도 매우 사소한 것, 심지어 식료품비를 어떻게 나누는지를 가지고 논쟁한다. 수입이 충분하지만 대출을 미리 받을 것인지, 즉 채무가 없도록 노력할 것인지, 학자금을 위해서 저축할 것인지에 대해서 다투는 가정도 있다. 이러한 경우에 부부는 사전에 계획하길 원하지만 돈 때문이 아니라 완전히 다른 이유로 계획하길 원할 수도 있다. 단지 형편이 어려워졌다고 해서 이러한 논쟁들이 확대되는가? 분명히 아니다. 다른 무엇인가가 일어나고 있다.

대부분의 부부에게 돈은 다른 무언가를 상징한다. 지출이냐 저축이냐에 대한 문제, 아이들이나 친척들에게 돈을 주는 문제, 또는 '값비싼' 구매를 부부가 함께 할 것인지 따로 할 것인지에 대한 문제를 논쟁할 때 돈은 항상 다른 무언가를 상징한다. 그렇기에 돈과 관련된 논의가 엄청나게 확대되는 것이다.

✻ 돈의 상징적 의미

돈이란 것은 매우 자주 관계 속에서 주도권과 영향력, 통제권이 어떻게 배분되는지를 상징한다. 또한 돈은 신뢰에 대한 문제이고, 돈과 관련해서 배우자를 바라보는 관점에 대한 것이다. 배우자를 신뢰하지 못할수록 배우자의 소비나 저축 습관을 더 통제하려 하고 영향력을 발휘하고 관리하려 할 것이다. 신뢰란 두 사람의 경제적 감각뿐만 아니라 배우자의 돈에 관한 전문적 지식을 인정하는가의 여부와도 관련이 있다.

대훈과 윤혜의 사례에서 본 것처럼, 돈은 부모 자식 관계를 유지하는 수단일 수도 있다. 또한 힘에 대한 것일 수도 있다. 예를 들어, 통장 입출금을 관리하는 사람이 사용된 돈에 대한 통제권을 가진다. 그것이 바로 힘의 형태다. 또한 돈에 의해서 의사소통이 완전히 파괴될 수도 있다.

대훈은 부부의 공동 예금계좌를 이용해 자신의 어머니를 도우려는 마음을 윤혜에게 솔직하게 말할 수 없었다. 그는 갈등을 회피하기 위해서 윤혜 몰래 자신의 어머니를 도우려 했다. 게다가 돈은 윤혜, 대훈 그리고 그의 어머니 사이에 나타나는 분명한 삼각관계에서 주요한 문제였다. 복잡한 돈 문제들에 대한 불안이 이처럼 엄청날 수 있다는 사실을 아는 일은 그리 어렵지 않다. 마찬가지로 불안 또한 단순히 돈 자체에 대한 것이 아니다.

믿지 못할 때 불안은 통제할 수 없게 된다

우리는 당신이 이 책을 통해서 자신의 불안을 관리하는 방법을 배워서 향상된 자기 정의를 함으로써 행복한 결혼생활을 할 수 있을 것이라는 점을 분명히 해 왔다. 당신이 점점 더 불안해할수록 비생산적인 상호작용 형태 중 하나로 돈과 관련된 문제를 다루려 할 것이다.

예를 들어, 당신은 불안해질 때 배우자의 소비를 통제하는 방법으로 배우자를 좇을 것이다. 또는 배우자가 돈을 너무 많이 쓴다고 생각할 때 더욱 횡포를 부려서 배우자의 소비를 까다롭게 지시하려 할 것이다.

불안은 배우자가 갈등/회피 패턴을 선택하도록 이끌 수 있다. 살림이 어려워질수록 당신은 더욱더 돈에 대해 이야기하는 것을 꺼려할 것이다. 만일 당신과 배우자가 얼마를 지출할지 계획을 세우기 위해 고심한다면, 그리고 지출 계획의 압박감 속에서 산다면, 우리가 말하는 것이 훨씬 잘 이해될 것이다. 얼마만큼 소비하고 저축하고 기부할 것인지는 당신 가족의 잘못된 통념와 신념체계에서 비롯된다. 돈과 관련된 당신의 견해는 당신의 신념체계에 의해 강화된다.

돈에 관해 이야기할 때 어떤 방식으로 하는가

잠시 동안 재정적 문제에 대해서 당신과 배우자가 대화하는 방식을 상기해 보라. 돈과 관련된 문제를 마음속에 하나 그려 보자. 누가 저축에 대한 걱정을 먼저 제기하고, 누가 배우자의 눈치를 보지 않고 임의대로 쓸 돈이 약간은 있어야 한다고 말하며, 누가 숨겨진 빚이 있는 것은 아닌가 하는 걱정을 말하는가? 재정적 문제의 유형들은 대체적으로 어떻게 그려지는가? 문제들은 분명히 예측 가능한 상호작용 패턴으로 빠질 것이다. 다음을 읽으면서 당신의 전형적인 재정적 논의를 가장 잘 기술한 상호작용 패턴은 어떤 것인지 한번 생각해 보라.

앞에서 말한 것처럼, 돈에 대한 불안이 증가할 때 당신의 재정적 상호작용은 더 격렬해질 것이다. 또한 돈에 대한 신념들이 당신의 불안을 증가시킬 것이다. 돈과 관련된 문제가 있으며 어려운 상호작용에 의해서도 불안은 발생한다. 이러한 신념과 상호작용이 부부간에 여러 패턴을 일으켜서 재정적 문제의 해결을 어렵게 만든다.

쫓기/거리두기 부부

이 유형에서 부부는 거리를 두려는 쪽이 천천히 철회하는 동안, 쫓는 쪽은 거리를 두려는 쪽과 이야기를 더 하기 위해서 걱정하면서 쫓고 들볶고 조른다. 살림이 어려워졌을 때, 쫓는 쪽은 부족한 돈에 대해서 걱정하고 계획을 세우고 싶어 하며 배우자의 소비 습관에 대해서 더 많이 알기를 원한다.

거리를 두려는 쪽은 "진정하고 긴장 좀 풀어. 다 괜찮을 거야. 너무 걱정하지 마."라고 말하고 TV를 본다. 물론 이것은 쫓는 배우자가 이전보다 더 불안해지는 역설적인 효과를 낳는다. 극단적인 경우에 거리를 두려는 쪽은 자신들의 수입이 얼마이고 어디에다 얼마를 쓰는지 밝히지 않는다. 심지어 배우자가 전혀 알지 못하는 예금계좌를 살려 두는 사람들도 있다. 배우자가 금전 사정을 캐물으면 물을수록 거리를 두려는 쪽은 더욱더 거리를 두고 비밀스러워진다. 이 유형의 상호작용이 강해질 때, 본래의 돈과 관련된 문제들은 더욱더 해결하기 힘들어진다. 그때부터는 상호작용 자체가 문제가 된다.

쫓기/거리두기 패턴의 한 가지 변형은 장시간에 걸쳐 예산표나 계획표, 투자 서류를 검토하면서 다른 배우자에게 정서적으로 거리를 두는 경우다. 배우자가 자신의 시간을 그렇게 쓰겠다는데 불평이나 할 수 있겠는가? 예산 계획을 검토하는 배우자는 가계 재정을 다 살펴보려고 한다. 하지만 실제로 그들은 배우자로부터 거리를 두기 위해서 재정 문제를 이용하고 있을 뿐이다. 돈은 그들이 원하는 행동을 하기 위한 수단일 뿐이다.

지배적/복종적 부부

지배적인 배우자는 복종적인 배우자의 소비를 통제하고 영향력을 행사하려 한다. 그리고 배우자가 어디에 어떻게 돈을 쓰는지 정확하게 알기를 원한다. 예금계좌를 세밀히 조사하고 배우자가 더 검소하게 돈을 사용하도록 '유용한' 제안을 계속해서 배우자에게 강요한다. 또한 돈을 얼마나 썼는지 알아보기 위해 영수증을 확인한다. 복종적인 배우자는 지배적인 쪽의 통제에 굴복한다. 하지만 종종 그들은 가계부에 사용 내역을 기록하는 것을 '잊어버리고' 영수증을 '잃어버리고' 신용카드 청구서를 숨긴다. 심지어 충동적인 쇼핑에 몰두하기도 한다. 결국 누가 부부의 공동 재정에 진정한 통제권을 가지는지 분명하지 않게 된다.

윤병수, 권지현 부부의 사례

병수와 지현은 금전적 문제에서 지배적/복종적 부부의 전형적인 예다. 병수는 부지런히 가정의 소비와 지출을 통제한다. 지현은 남편에게 생활비를 타서 식료품과 옷, 아이들의 학용품을 산다. 병수는 지현이 구매한 모든 것에 대한 영수증을 요구하고, 때때로 그녀가 더 검소해질 것을 강요한다. 표면적으로 지현은 아주 복종적으로 보인다. 반발도 거의 하지 않는다. 하지만 그녀는 정기적으로 가계부에 기록하는 것을 잊어버리고, 경우에 따라서 미친 듯이 쇼핑하고 신용카드 청구서를 숨긴다. 나중에 병수는 신용카드 청구서가 한도액에 다다른 것을 보았을 때 충격을 받았다.

갈등/회피 부부

이미 말했던 것처럼, 돈은 많은 것들을 상징한다. 또한 관계에서 돈은 독이 되는 문제일 수 있다. 이러한 독이 되는 문제들에 부딪혔을 때 갈등/회피 패턴 부부의 '해결책' 은 단순히 돈에 대해서 말하는 것을 회피하는 것이다. 이러한 상호작용 유형은 불안과 관련된다. 돈과 관련된 어떠한 계획도 없이 대화를 끝내기 때문에 재정적인 곤란함을 경험한다. 이러한 부부들은 돈에 대해서 대화할 때 너무 불안해지기 때문에 그 문제를 다루는 상황을 회피한다.

과대기능/과소기능 부부

돈에 대한 문제들을 다룰 때, 이 유형의 부부들은 예측 가능한 패턴 속에서 움직인다. 불안이 증가하거나 살림이 어려워짐에 따라 한쪽 배우자가 너무 많은 재정적 책임을 떠맡는다. "나에게 맡겨. 이 혼란을 빠져나갈 방법을 내가 찾아볼게." 라고 과대기능자는 말한다. 가정을 위해서 과대기능하는 배우자가 혼자서 불안을 떠맡는다. 그들은 많은 책임을 지지만 배우자에게 도움을 기대하지 않는다. 이런 패턴이 오랜 기간 동안 유지되면서 분노가 쌓이게 된다. 어느 시점에서 과대기능하는 배우자는 스스로에게 묻는다. "왜 나 혼자 모든 것을 다 하고 있지? 통장을 관리하고 청구서들을 정리하고 장기적인 계획을 세워야 할 책임이 왜 나에게만 있는 거야?" 이 부부에게는 균형과 대화가 사라지고 없다.

고속 에스컬레이터 부부

청명과 숙자 부부는 고속 에스컬레이터 유형의 좋은 예다. 청명은 쇼핑을 좋아하고 무엇이든 제일 좋은 것을 사야 한다고 믿는다. 하지만 그의 아내 숙자는 정반대다. 그녀는 아이들의 교육과 퇴직 후를 위해서 저축을 해야 한다고 생각한다. 그녀는 세일할 때만 쇼핑을 했다. 그들의 차이는 분명하게 드러났다. 어느 날 청명이 새 코트를 하나 사서 집으로 왔을 때, 숙자는 폭발해 버렸다. "당신 쇼핑 중독이야? 입을 만한 코트가 집에 네 벌이나 있는데, 도대체 뭘 생각하고 있는 거야? 노후생활까지 얘기하진 않더라도 대학 갈 애들이 셋이나 되잖아." 숙자의 말에 청명 또한 화를 냈다. "당신이 내 엄마야? 내 돈 내가 쓰는 거니까 아무 말도 하지 마. 돈 벌려고 힘들게 일했다고. 내가 힘들게 번 돈, 내가 쓰고 싶은 데 쓸 거야!" 그들의 대화는 주제에서 벗어나 다른 쪽으로 치닫고 있었고, 원만한 해결에 대한 일말의 희망도 없이 대화는 급속도로 확대되었다. 새 코트라는 문제는 그들이 서로를 비난하고 흠을 잡을 때 완전히 사라져 버렸다. 논쟁이 확대되면 될수록 본래의 문제가 해결될 가능성은 점차 사라져 버린다.

다음의 빈칸에 돈과 관련된 문제를 얘기할 때 나타나는 당신 부부의 상호작용 유형을 기술해 보라.

....

....

....

....

모든 상호작용 패턴에는 문제를 해결하기 위한 시도가 늘 존재한다. 지출 계획을 세우고, 저축과 소비 사이에 적절한 균형을 맞추고, 아이들의 학자금용 적금계좌를 만들고, 빚을 갚고, 별장을 사는 등 문제가 무엇이든 간에, 불안이 상호작용에서의 긴장감을 증가시키게 되면 문제 해결은 불가능해진다. 처음에 문제를 해결하려고 시도했던 상호작용 패턴은 이제 그 자체로 생명력을 지니게 된다.

게다가 이러한 상호작용 패턴들은 당신과 배우자가 가지고 있다고 인정했던 신념체계에 의해서 더 격렬해지게 된다. 당신은 돈 자체나 배우자, 성차에 대한 신념들을 가지고 있다. 이러한 신념들 때문에 대화와 상호작용이 격렬해진다. 또한 이러한 신념들은 대화와 상호작용을 어렵게 만드는 데다 차분한 대화를 어렵게 만드는 많은 문제를 가지고 있다.

돈에 대한 신념체계

당신이 돈에 대해서 믿는 것은 무엇인가? 소비보다 저축이 더 낫다고 평가하는가? 혹은 투자와 소비는? 사고 싶은 것이 있더라도 조금 미룰 수 있는가, 아니면 충동적인 소비에 빠지는가? 아이들을 위해서는 돈을 어떻게 사용하는가? 아이들이 유명 브랜드 옷을 살 때 부모들이 돈을 주어야 하는가, 아니면 받은 용돈으로 사도록 내버려 두어야 하는가? 당신은 신용카드가 효율적이라고 생각하는가? 저축에 대해서는 어떻게 생각하는가? 생활비를 미리 계획해야 한다는 의견은 어떻게 생각하는가? 휴가나 유흥 또는 아이들의 대학 학자금을 위해 얼마나 저축해야 한다고 생각하는가? 돈이 만족감을 나타내는가? 현재나 미래의 안전감을 나타내는가? 혹은 둘 다인가?

당신은 돈이 많고 적음에 대해서 얼마나 걱정하는가? 어떤 사람들에게 돈 문제나 부족한 돈은 불안의 근원이다. 재정적인 어려움이 임박하지 않았을까 걱정하는 사람들도 있다. 또 다른 사람들은 어떠한 상황이 일어났건 '어딘가에서 돈이 떨어질 거야.'라고 믿는다. 돈과 관련된 자신의 신념체계를 알고 있든 모르고 있든 간에, 분명 당신은 돈에 대한 일련의 신념들을 가지고 있다. 불행히도 모든 사람이 배우자와 똑같은 신념을 가지고 있지는 않다. 배우자와 돈에 대해서 서로 믿고 있는 바를 논의한 적이 있는가? 재정적으로 무엇이 최우선인가에 대해 당신의 생각을 배우자와 이야기해 본 적이 있는가?

배우자에 대한 신념

배우자에 대한 신념의 핵심에는 신뢰 문제가 있다. 당신은 돈 씀씀이에서 배우자를 신뢰하는가? 그렇지 않으면 배우자가 카드를 쓸 때 두 번 생각해 보지 않고 그냥 사 버리는 그런 사람이라고 생각하는가? 만일 후자라면 당신은 배우자의 소비를 통제하는 방법을 고민할 것이다. 반대로 '인색하고' 항상 '생기지도 않을 만일의 경우를 대비해 저축하는 사람' 으로 배우자를 바라보는가? 그렇다면 배우자가 항상 당신을 통제하려 든다고 믿을 것이다. 그 결과, 당신은 배우자 몰래 청구서를 숨기거나 비상금을 챙기려 할 것이다. 당신은 돈에 대한 어떠한 관점과 신념을 가지고 있는지 배우자에게 솔직하게 말할 수 있는가? 아니면 때때로 배우자가 분명히 화를 낼 것이라고 생각하고서는 그런 이야기를 미뤄 두는가?

분명히 배우자에 대한 당신의 신념들은 고통스러운 상호작용을 유발할 것이다. 예를 들어, 배우자가 충동적으로 돈을 쓰는 경향이 있다고 믿는다면, 당신은 배우자에게 위세를 부리고 통제하려 하거나 훈계하고 들볶고 귀에 들어오지도 않는 잔소리를 해대면서 배우자를 좇을 것이다.

반면 배우자가 당신의 재정을 통제하려 하고 돈 쓰는 것을 감시한다고 믿을 수도 있다. 그렇게 믿는다면 당신은 갈등을 회피하려 할 것이고, 당신의 소비나 관점을 배우자에게 정직하게 말하지 않을 것이다.

자, 다음의 빈칸에 돈과 관련해서 배우자에 대한 당신의 신념들을 써 보라.

....

....

....

....

....

....

성차에 대한 신념

재정이라는 영역에는 문화적 가정과 기대들이 포함되어 있다. 부부들이 가진 많은 신념은 미디어나 직업의 세계를 통해서 들어온 것이다. 우리들은 재벌 총수와 기업체의 리더들이 항상 남성인 세상에서 자랐다. 직업 세계에서 여성 리더의 출현은 근래 20년 동안의 일이다.

변화되었다고는 하나 이러한 변화가 빠르게 이루어지는 것은 아니다. 여전히 많은 부부는 어릴 때 형성된 성차에 근거한 재정관리 모델을 무비판적으로 받아들인다. 청구서를 정리하고 필요한 물건을 사는 일을 좋아하는 능력 있는 배우자에게 돈관리를 맡기기보다, 남자가 여자보다 돈관리를 더 잘한다는 문화적인 틀을 고수하거나 부모들의 재정관리 패턴을 그대로 따라서 행동한다.

반면 건강한 부부들은 둘 중에 누가 돈관리를 하고, 심지어 청구서 정리나 통장 정리는 누가 할 것이며, 무슨 목적으로 투자할 것인지를 함께 논의한다. 이러한 유형의 균형 잡힌 재정 계획은 기본적으로 평등한 관계를 필요로 한다. 평등한 관계를 형성하기 위해서는 각자가 재정을 관리할 수 있는 충분한 역량을 가지고 있고 기본적인 신뢰가 형성되어 있어야 한다. 하지만 성에 기초한 편견은 재정에 대한 균형 잡힌 평등한 관계를 어렵게 만든다.

다음은 우리가 들어본 적 있는 성차에 기반한 신념의 일반적인 예다. '여자들은 쇼핑을 하기 위해(또는 돈을 쓰기 위해서) 산다.' '남자들은 독재적이고 아내를 통제하려 하고 무책임하다.' '남자가 여자보다 계산이 훨씬 빠르다.' 지금부터 당신이 가진 성차에 기반한 신념들에 대해서 한번 생각해 보라. 당신이 성차에 기초해서 돈에 대해 믿는 것에는 어떤 것이 있는가?

종종 당신의 대답은 원가족 신념에 의해서 형성된 것이다. 잠시 시간을 두고 성차와 돈에 대해서 당신이 믿고 있는 것을 검토해 보라. 당신의 생각들을 다음 빈칸에 써 보고, 쓴 것을 배우자와 함께 검토해 보라. 자신의 대인관계에 이러한 관점들이 있는지 자문해 보고, 배우자와의 재정적 협력에 관한 새로운 모델을 만들 시간을 가져 보라.

....

....

....

....

....

이러한 공동의 작업 시간은 배우자와 함께 대화를 나누는 중요한 과정이다. 배우자가 당신과 다른 신념들을 가지고 있다면 어떻게 해야 하는가? 예를 들어, 아버지가 회계사이고 어머니가 미술가인 배우자의 집안에서 두 사람의 합의하에 아버지가 모든 재정을 관리했다고 상상해 보라. 그리고 당신은 아버지가 일주일씩이나 장거리 트럭 운전을 하면서 힘들게 돈을 벌어 오고, 어머니는 직장을 다니면서 양육도 하고 청구서도 정리하고 은행 업무를 보는 가정에서 자랐다고 상상해 보라. 당신은 계산이 빠른데, 배우자는 길게 배열된 숫자들을 더해서 합계를 내는 계산을 할 때마다 계산이 틀릴 수도 있다. 하지만 당신의 배우자는 돈과 관련된 것을 부모로부터 배워 왔기 때문에 오직 남자가 돈관리를 해야 한다고 확고하게 믿고 있는 상황이다(즉, 돈관리는 남자들의 '영역' 이라고 믿고 있다.). 이런 경우에 당신은 서로의 관점에 대해 충분히 이야기를 나누고 타협하는가, 아니면 성차라는 이유로 간주해 버리는가?

원가족의 영향

돈과 배우자, 성차에 대한 당신의 신념을 곰곰이 생각해 보면 그러한 신념이 어디에서 비롯되었는지 조금은 알 수 있을 것이다. 당신은 자라면서 직·간접적으로 돈에 대한 많은 교육을 받을 수 있다. 부모가 아이들에게 소비나 저축 계획을 분명하고 직접적으로 가르쳤을지도 모른다. 아이들에게 용돈을 주고, 자기 옷을 소중히 하는 방법을 가르쳤을지도 모른다. 또한 부모는 아이들이 스스로 저축하기를 기대했을 수도 있다. 심지어 아이들이 스스로 대학 학자금 적금도 관리하길 기대했을 수 있다.

반대로 필요로 하는 것들은 모두 다 부모님이 해 주고, 당신이 나중을 위해 저축하는 것을 기대하지 않았을 수도 있다. 그렇지 않고 부모님이 아무것도 직접 해 주시지 않고, 원하는 것은 스스로 알아서 해결하도록 기대했을 수도 있다. 당신의 부모님이 어떤 양육 스타일을 가졌든 간에, 돈에 대해서 직접적으로 배웠든 그렇지 않든 간에 당신은 원가족으로부터 돈과 관련된 많은 신념을 흡수했을 것이다.

가족의 유산

세대 간 전해지는 돈 관리법 또한 다양한 방식으로 영향을 미친다. 예를 들어, 당신의 조부모님이나 증조부모님이 전쟁으로 모든 것을 잃었다면, 이것이 당신의 재정적인 유산의 일부가 된다. 또다시 일어날지 모르는 엄청난 재정적 재앙을 대비해서 저축하고 검소하게 살도록 가르침을 받아왔을 것이다. 만일에 있을지 모르는 어려운 때를 위해 저축하는 것은 가치 있는 일이다. 실제로 저축의 필요성은 절박한 재정적 재앙에 대한 불안한 기대에 근거한다. 그것은 안전을 위한 것뿐만 아니라, 생활을 보호하는 것이다.

많은 이민 세대는 아이들에게 이와 유사한 가르침을 준다. 그들은 이민 왔을 때 무일푼으로 시작했고, 자신의 아이들이나 손자들을 위해서 검소하게 생활하고 힘들게 오랜 시간을 일했다. 이러한 유산들에서 세 가지 중요한 핵심 가치들을 볼 수 있다. 즉, 열심히 일하고, 검소하게 살며, 미래를 위해 저축하는 것이다. 유산에 포함된 이러한 요소들은 여러 세대로 전해질 수 있다.

반대로 부모님이 많은 재산을 상속받은 부자였다면 완전히 다른 가치들을 물려받았을 것이다. 아무 생각 없이 펑펑 쓰는 것만 생각하고 저축하거나 검소하게 사는 것에는 신경 쓰지 않았을 것이다. 원가족의 재정적인 유산이 무엇인지에 대해 제대로 파악하는 것은 돈에 대한 당신과 배우자의 태도가 어떻게 생겨났는지 이해하는 첫걸음이다.

돈과 주도권

당신은 가족들로부터 돈과 주도권의 관계에 대한 중요한 가르침을 받았을 것이다. 가족 중 누가 경제권을 쥐고 있는가? 그 사람이 꼭 돈을 벌어오는 사람은 아니다. 아버지는 월급을 어머니에게 맡기고 용돈을 타서 쓰셨는가? 어머니가 생활비나 그 밖의 소비를 통제했을 때, 아버지는 어떻게 반응했는가? 반대로 아버지가 돈을 벌어온 사람은 자신이라며 경제권을 잡으셨는가? 당신의 부모님은 맞벌이를 하셨는가? 그러한 것이 경제적인 주도권에 어떻게 영향을 끼쳤는가? 다시 말하지만, 돈과 주도권에 대해서 간접적으로 무엇을 배웠는지 이해해야 한다.

돈과 불안

원가족 중에 돈 걱정을 가장 많이 하는 사람은 누구였는가? 그 사람은 돈을 걱정하면서 다른 가족들에게 어떻게 했는가? 다른 가족구성원들에게 돈을 아껴 써야 한다고 가르치고 큰 소리로 나무라고 압력을 주었는가, 아니면 단순히 다른 사람 몫까지 더 많이 일했는가? 당신의 가정에 경제적 위기가 있었는가? 누가 책임을 떠맡았는가? 그들은 어떻게 대처했는가?

대부분의 가정은 한 번쯤 경제적으로 힘든 시기와 재정적인 스트레스를 겪는다. 그러한 일을 겪으면 평소보다 더 많은 불안이 생겨나게 된다. 가족구성원 모두가 그러한 불안을 느낀다. 그 시기 동안 누가 책임을 떠맡았는가? 한 사람이 과대기능하고 해결책을 찾아냈는가? 어느 한 사람이 불안에 대한 반응으로써 지나치게 통제적이 되었는가? 그렇지 않으면 가정의 문제를 함께 해결하고 재정적인 위기가 해결될 때까지 함께 노력했는가?

돈의 가치

돈은 의미와 가치의 전달 수단이다. 돈은 어렸을 때 당신이 잃어버린 안전함과 편안함을 가져다줄 수 있다. 경제적으로 안전함을 느끼지 못하는 가난한 환경에서 성장했던 아이들은 나중에 성인이 되어서 재정적인 안락함과 안전함을 중요한 목표로 삼을 것이다. 이러한 사람들의 도식(schema)에서 돈은 매우 높은 가치를 가진다.

반대로 모든 것이 풍족한 환경에서 성장했던 사람들은 많은 월급이나 유가증권에 우선적인 가치를 두기보다는 수수함과 자유로움에 높은 가치를 둘 것이다. 돈은 조금 덜 벌더라도 자유롭게 예술적, 학문적, 활동적 목표를 추구할 수 있는 일을 선택할 것이다. 20년 전, 한 사회학자가 그러한 사람들을 '하강 이동(downwardly mobile)' 이라는 용어로 명명한 적이 있다. 즉, 그들은 부모보다 덜 부유해지기를 선택한 것이다.

또한 돈은 당신과 배우자에게 충분한 퇴직금과 같은 형태의 미래의 안전함을 전해 줄 수 있다. 과거에 부모님들은 연금이 부족했거나 저축할 만큼 돈이 넉넉하지 못했기 때문에 안전함을 느낄 수 없었을 수도 있다.

돈은 당신이 독립과 안전을 얼마나 가치 있게 생각하는지에 대한 상징일 수 있다. 또한 자기 가치(self-worth)의 상징일 수 있다. 만일 부모님이 먹고 살기 위해서 적당히 일하고 수입에 맞게 생활하는 것을 보았다면 더욱 그러할 것이다. 어렸을 때 당신은 부모님처럼 살지는 않을 거라고, 당신이 즐기고 싶은 것은 누릴 정도로 살겠다고 결심했을지도 모른다. 만일 당신의 이러한 중요한 문제들을 배우자가 이해하지 못한다면 재정적인 것에 대한 오해가 많이 생겨날 수 있다.

당신은 무엇을 배웠나

돈에 관한 당신의 신념들 대부분은 원가족으로부터 생겨난다. 자, 잠시 시간을 두고 돈에 대해서 원가족으로부터 무엇을 배웠고 가족 내에서 돈과 관련된 문제가 어떻게 다루어졌는지 다음에 써 보라. 그리고 생각한 것을 배우자와 나누어 보라.

....

....

....

....

....

....

❋ 돈과 재정: 신뢰를 향한 시련

돈은 가족 간 신뢰의 상징이다. 부부와 아이들에게 재정적 건강함은 매우 중요한 부분이다. 돈은 의식주와 같은 기본적인 안전 욕구를 포함하기 때문에 어느 정도의 불안감도 없이 부부에게 무시될 수 있는 것이 아니다. 신뢰를 형성하기 위해서는 가족구성원들이 스스로 기존의 상호작용을 변화시킬 수 있는 능력을 가져야 하고, 자기 자신의 신념과 원가족 경험을 이해할 수 있어야 한다. 돈과 관련된 부분에서 가족 간 신뢰를 형성하려면 역효과를 초래하는 상호작용에서 당신의 역할을 변화시키는 것이 중요하다. 이것은 매우 어려운 일이다.

예를 들어, 소비에 대한 배우자의 판단을 신뢰하지 않는다면, 당신은 그 외 다른 일에 대한 배우자의 능력도 신뢰하지 못하게 된다. 당신은 돈과 관련해서는 배우자를 믿지 않는다고 말할 수 있는가? 이것은 논의하기 꽤 어려운 문제다.

하지만 이러한 신뢰의 문제가 다루어지지 않는다면 당신은 과대기능하는 역할을 자신이 맡아야 한다고 느낄 것이다. 이러한 과대기능은 다양한 방법으로 발생할 수 있다. 예를 들어, 배우자가 부부 공동 계좌에서 돈을 지나치게 많이 찾는 경우라면, 비상금으로 쓸 돈을 공동 수입에서 따로 모아 두는 형태로 발생할 수 있다. 또 다른 경우, 비상시에 쓸 수 있도록 배우자가 알지 못하는 예금계좌에 잔고를 숨겨 둘 수도 있다.

만일 당신이 배우자에 대한 불신감과 불안을 배우자와 논의하기보다 스스로 과대기능하는 것을 선택한다면, 비밀 행동의 목록은 끝이 없을 것이다. 당신은 부부 사이에 비밀을 만들어 내길 진정으로 원하는가? 그것은 당연히 부부간의 친밀함을 방해할 것이다. 결국 불신이란 한쪽 배우자가 다른 쪽 배우자의 불안을 통제하는 것으로 설명될 수 있다. 종국과 시연의 이야기는 이것을 잘 보여 주는 예다.

전종국, 유시연 부부의 사례

종국과 시연은 결혼 20년차 부부다. 종국은 40대 후반이고 첫 결혼이다. 시연은 40대 중반이고 이번이 세 번째 결혼이다. 이전 결혼들은 육체적으로나 정신적으로 그녀에게 괴로움의 연속이었다. 이전 결혼에서 돈은 항상 문젯거리였다. 전남편들은 그녀의 모든 소비를 통제하려 했고, 늘 욕설을 일삼았으며, 낭비가 심하고 돈을 숨긴다며 그녀를 비난했다. 그럴 때마다 그녀는 전남편들의 심한 통제에 반발하여 돈을 남김없이 다 써 버리곤 했다.

짐작했겠지만, 시연은 학대가 심한 폭력적인 가정에서 자랐다. 하루 벌어 하루 먹고 사는 그녀의 가족들에게는 돈이 늘 문제였다. 그녀의 아버지는 혼자서는 절대 끊을 수 없는 노름꾼이었다. 도박에 대해 비난하는 사람들은 늘 아버지에게 언어적 공격을 받았고, 때때로 육체적인 학대도 받았다. 종국을 만났을 때 시연은 그가 그녀를 통제하지 않는 남자라고 보았다. 그녀의 평가는 정확했다.

반면 종국은 알코올중독 가정에서 자랐다. 시연과 결혼하기 전, 종국은 여러 해 동안 마리화나 중독에 빠져 있었지만 결혼 이후에는 약을 끊었다. 하지만 그는 독립적인 것을 좋아했고 부부로서 함께 있는 시간을 간절히 원하지는 않았다. 종국은 월급으로 받는 돈에서 상당액을 생활비로 시연에게 주고, 조금 떼어서 혼자 쓸 돈을 남겨 두었다. 이것은 그의 아버지가 술 마시는 데 많은 돈을 썼음에도 불구하고 그의 부모가 수입을 관리하던 방식이었다.

시연은 종국의 수입이 얼마인지 알지 못했고, 그가 어디에 돈을 쓰는지도 알지 못했다. 하지만 그가 매달 쥐어 주는 월급과 자신의 수입을 가지고 공동 생활비로 사용했다. 남편이 공동 계좌에 동의하지 않았기에, 그녀는 이렇게 하는 것에 합의했다. 매달 날라 오는 청구서를 해결하고 나면 자신만을 위한 돈이 거의 남지 않았기 때문에, 시연은 그 합의의 대가로 과대기능자의 역할을 할 수밖에 없었다.

그 합의는 그녀에게 자기를 학대하고 자기 능력을 알아주지 않는 남자들에게 통제받지 않겠다는 독립심을 심어 주었다. 종국은 부부가 함께 해야 하는 대부분의 일들을 시연 에게 미뤘다. 그는 자신의 독립적인 성향(원가족 문제나 통념에서 비롯된)을 잃어버리는 것이 너무 두려웠기에 진정한 결합으로 나아갈 수 없었다.

이 사례에서 보듯이, 종국과 시연의 수입관리 방식에는 많은 중요한 문제들이 있다.

상호작용 유형을 살펴봤을 때, 분명히 시연은 가족의 모든 돈을 관리하는 과대기능자다. 이러한 패턴의 부부는 그들의 재정에 대해서 논의할 때 발생할지 모르는 갈등을 회피한다. 상호작용은 그들의 강한 신념체계에 의해 지속된다. 시연은 통제받거나 상처받는 것을 원하지 않기 때문에 갈등을 회피한다. 종국은 관계에서 떨어져 있는 것을 선호하고 자신의 재정은 대부분 개인적인 것으로 유지하는 것이 중요하다고 믿는다.

이 부부는 모두 자신들의 신념을 강화시키는 강한 원가족 경험이 있었다. 종국은 부모님이 했던 재정적인 패턴을 단순히 반복하고 있다. 시연은 이전의 결혼생활에서 돈과 관련된 많은 갈등을 겪었기 때문에 현재의 합의가 긴장감을 경감시켜 주므로 과대기능자의 역할에도 화를 내지 않는다. 비록 이러한 관계 패턴이 불공평한 것이지만, 그것이 평화적인 합의였기 때문에 반발하지 않는 것이다. 부부 모두 자신들의 합의가 불행하다고 생각하지 않지만, 그들의 결혼생활은 친밀함이 결여되어 서로에게 고통을 준다. 만일 자신들의 관계를 향상시키길 원한다면, 그들은 돈과 관련된 패턴화된 행동을 변화시켜야 할 것이다. 하지만 패턴을 변화시키기 위해서는 그들의 상호작용, 신념, 원가족 모델을 변화시키기 위한 힘든 작업을 해야만 할 것이다.

✲ 재정적인 상호작용에서 역할 변화시키기

돈과 친밀함에 관한 상호작용의 역할 변화는 서두르지 말고 꾸준히 하면서 반사적으로 반응하지 않는 단계를 거쳐야 한다. 당신이 돈과 관련된 문제를 배우자와 함께 처리하든 혼자 처리하든 그렇게 할 때 어떻게 느껴지는지 기록하는 일지를 써 보는 것은 도움이 될 것이다.

실제로 일지를 쓸 수 없다면 마음속으로 일지를 써 보도록 노력하라. 즉, 돈과 관련된 문제를 다룰 때 느껴지는 모든 감정에 주의를 집중해 보라. 그리고 느껴지는 감정들에 이름을 붙여 보라. 돈과 관련된 불안이 느껴질 때, 배우자에게 거리를 두거나 쫓기보다는 자기 인식, 자기 관찰을 하면 비반응적으로 머물 수 있을 것이다.

차분함을 유지하는 것은 대부분의 상황에서 그렇지 않은 것보다 효과적이다. 그렇게 함으로써 돈과 관련된 신념들을 생각해 보는 기회를 가질 수 있다. 또한 재정적인 상호작용에서 당신의 역할, 신념체계 그리고 돈과 관련된 원가족 경험을 이해할 때에도 차분함을 유지하는 것이 효과적이다.

변화를 일으키는 단계

1단계

변화를 창조하려면 먼저 당신이 돈에 대해 논의하고 있는 '비디오' 를 보라. 가장 최근에 했던 재정적 논의를 비디오로 녹화했다고 가정해 보자. 그 비디오를 본다면 무엇을 볼 수 있는가? 소비나 저축 계획을 세우는 것이든, 채무를 감소시키려는 것이든, 아이들의 학자금에 대한 것이든, 분명히 무엇인가가 일어났다. 그것이 무엇인가? 불안함이 느껴졌을 때 어떤 일이 일어났는가? 배우자를 통제하려 했거나 쫓았는가? 갈등을 회피하기 위해 배우자와 거리를 두었는가? 대화를 하면서 급속도로 확대되었는가? 대체로 당신이 불신과 불안을 느낄 때 배우자와 어떻게 상호작용하는가? 빈칸에 다음 두 질문에 대한 답을 써 보라.

- ✔ 불안함을 느낄 때 당신의 역할을 기술해 보라.
- ✔ 돈과 관련해서 이야기하고 있을 때 당신과 배우자 사이에 무슨 일이 일어나는지 기술해 보라.

....

....

....

....

....

2단계

돈에 대해서 당신이 믿고 있는 강력한 신념과 돈이 상징하는 것들을 생각하고 논의해 보라. 예를 들어, 돈을 써야 한다고 생각하는가, 아니면 저축을 해야 한다고 생각하는가? 부부가 함께 돈을 관리해야 하는가, 아니면 각자 따로 관리해야 하는가? 재정적 파트너로서 당신의 배우자를 충분히 신뢰하는가?

✔ 돈에 대한 나의 신념은 ....

....

....

✔ 성차와 돈에 대한 나의 신념은 ....

....

....

✔ 배우자와 돈에 대한 나의 신념은 ....

....

....

3단계

당신의 신념체계와 상호작용 결과에 끼친 원가족의 영향을 검토해 보라. 원가족의 유산들을 배우자와 함께 이야기해 보라. 돈에 대해서 아이들과 이야기해 보고, 다음 세대에게 어떤 것을 가르치고 있는지 생각해 보는 것도 중요하다.

....

....

....

....

4단계

당신의 불안한 반응에 머무는 것을 학습하라. 당신 자신을 느끼되 반응하지는 말라. 배우자에게 불안하고 반사적인 반응을 천천히 하도록 노력해 보라. 7장과 8장에서 세웠던 전략들을 실천해 보라.

나 자신을 유지하기 위해서 나는 무엇을 할 수 있는가?

5단계

변화를 시도해 보라. 문제가 무엇인지 생각해 보라. 배우자에 대한 전체적인 신뢰의 문제인가, 아니면 생활비를 책정하는 것이 문제인가? 장기간의 재정 계획을 세우는 것에 대한 문제인가, 아니면 채무를 갚아 나가는 것이 문제인가? 당신이 어떠한 변화를 원하는지 배우자와 함께 생각해 보라. 부부로서 가장 시급한 재정적 문제는 무엇인가?

6단계

돈과 관련해서 배우자와 상호작용을 계속하면서 당신의 반작용을 자제해 보라. 이것은 도전이다. 당신이 어떻게 느끼고 무엇을 생각하며 제안하고자 하는 계획이 무엇인지 알아차리는 것과 배우자의 제안을 경청하는 것이 중요하다. 그리고 절충적인 합의가 이루어질 때까지 (비판하거나 입을 다물거나 갑자기 나가 버리거나 하지 않고) 배우자와 계속 대화해야 한다.

고려해야 할 주요 질문들은 다음과 같다.

- ✔ 당신은 어떠한 부분을 협상하길 원하는가?
- ✔ 당신의 재정 계획에서 어떠한 점이 고쳐질 수 있고, 또 확고한 것은 무엇인가?
- ✔ 배우자의 제안들을 경청하기 위해서 주제에 머무르면서 자신의 신념들을 변화시키려면 어떻게 해야 하는가?
- ✔ 어떻게 하면 배우자를 비난하지 않고 경청할 수 있는가?

15 백년해로의 길

자신이 이 책을 읽고 결혼생활에 노력할 시간을 갖는다면, 당신이 지금껏 해 오던 다른 어떤 방식보다 성공적일 것이다. 왜냐하면 당신은 행복이 지속되는 결혼을 바라 왔기 때문이다. 당신은 이혼 통계 수치를 높이는 것을 피하고 싶은 것이 아니라 평생 동안 지속될 수 있는 양질의 결혼생활을 바랄 것이다. 어쩌면 당신은 결혼 50주년을 맞은 부부의 기쁨을 보았거나 손을 잡고 해변을 한가로이 거닐며 인생의 가을을 맞은 노년의 부부를 보았을 수도 있다. 당신은 그 부부의 우정, 위로, 서로에 대한 편안함을 동경한다. 그리고 오랜 세월을 함께하며 나눠 온 그들만의 역사에 감탄한다. 사랑하고 헌신하는 누군가와 함께 늙어 간다는 것은 경이로운 일이다.

많은 사람이 사랑, 우정, 배려, 공유된 이야기가 있는 장기적인 관계를 원하지만, 실제로 그렇게 되기란 매우 어렵다. 지금까지 당신이 이해했듯이, 인생 여정은 쉽지 않고 복잡한 사건들로 채워져 있다. 우리는 이 책을 통해 당신을 도울 수 있는 입증된 원칙과 관점을 제공하려고 노력해 왔다. 그러나 당신도 이미 알겠지만, 그러한 원칙을 행동에 옮기려면 많은 에너지와 노력이 필요하다. 때로는 변화를 만들어 내는 과정 동안 쉽게 낙담하거나 너무나 많은 생각을 해야 하는 것으로 보일 수도 있다.

인생 여정에서 관계를 향상시키고 관계 안에서 자신의 역할 변화를 위해 계속 노력하려면 마음속에 다섯 가지 중요한 원칙을 가지고 있어야 한다. 그 원칙들은 긴 여정 동안 당신을 도와줄 것이다.

원칙 1: 헌신

관계를 장기적으로 유지하는 데 필요한 첫 번째 원칙은 너무나 분명해서 말할 필요도 없다. 그것은 헌신이다. 이 원칙은 단순해 보이는데, 실은 그렇지 않다. 헌신이란 장기적인 결혼관을 갖는 것으로 단기간에 초점을 맞추는 것이 아니다.

변화를 창조하는 것은 단기과정이 아니다. 즉각적인 만족감을 소중히 여기는 사람들은 이 여정을 지속할 수 없다. 당신이 거시적인 결혼관을 취할 수 없다면 목표를 달성할 수 없을 것이다. 2장에서 결혼에 관한 대중적인 통념들을 살펴보았다. 문화적으로 용납된 많은 통념은 근시안적인 결혼관을 제공한다. 불행하게도 삶과 헌신적인 관계는 너무나 많은 굴곡을 겪기 때문에 단기간의 즉각적인 만족을 추구하는 시각을 가지고서는 지속되기 어렵다. 이를 잘 이겨낸 부부들은 그 여정에 도사리고 있는 도전, 문제, 위기 그리고 마음의 고통에서 살아남는다. 거시적인 관점이 이를 가능하게 하는 것이다.

도망치지 마라

장기적인 헌신에 대한 거시적 관점에서 중요한 것은 도망쳐서는 안 된다는 것이다. 심각한 문제가 생길 때마다 이를 제쳐 두거나 새로 시작하면 된다고 생각한다면, 당신은 스스로 해야 하는 어려운 일을 하지 않을 것이다. 그것은 새로 운동 계획을 세우고 이주일 후에 당신의 몸매가 어떻게 변했는지 확인하는 것과 비슷하다. 즉, 당신의 몸이 이주일이 지나도 별로 달라지지 않았다고(그리고 원하는 몸매와 다르다고) 낙심해서

운동을 그만두는 것과 같다. 변화에는 시간이 걸린다.

우리는 한쪽 발은 결혼생활에 담그고 다른 쪽 발은 뺀 채로 살고 있는 수많은 부부와 작업을 해 왔다. 이런 행동은 결코 안정적이지 않다. 그런 부부들은 결혼생활을 실제로 끝내지는 않았지만 관계 극복에 자신의 모든 에너지를 쏟지도 않는다. 그들은 빠져나갈 가능성을 남겨 두고는 결혼생활의 변화를 위해 충분히 헌신하지 않았다.

물론 충분히 헌신한다는 것은 결과적으로 누군가가 당신을 더 행복하게 만들어 줄 것이라는 환상을 떨쳐 내는 것을 의미한다. 2장에서 여덟 번째 통념이었던 이 환상은 이상적인 천생연분에 대한 통념이다. 이 통념은 당신이 자신의 실수를 교정하고 완벽한 배우자를 찾아야만 당신의 문제를 해결할 수 있으며 이상적인 결혼생활이 가능하다는 개념이다. 이 통념은 잘못되었을 뿐만 아니라(통계를 보면, 두 번째와 세 번째 결혼이 첫 번째 결혼보다 더 쉽게 실패한다) 지금의 결혼생활에서 당신이 해야만 하는 노력 또한 방해할 것이다. 딱 맞는 사람을 찾으려는 당신의 환상은 현 관계에서 필요한 조치들을 막을 것이다.

사랑을 느끼지 못하면 어쩌죠

'사랑을 느끼지 못하면 어쩌죠?' 는 아주 흔한 질문이다. 이것은 2장에 기술된 낭만적인 사랑의 통념에 근거한다. 이 통념은 사랑은 선택의 여지가 거의 없는 감정이라고 말한다. 당신은 사랑에 빠지지만 그 사랑은 곧 식는다. 당신은 수동적이며, 사랑은 당신에게 일어날 수도 있고 아닐 수도 있다. 당신은 애정이 식거나 배우자에게 더 이상 사랑을 느끼지 못한다면 부부관계가 끝났다고 믿을지도 모른다. 이 통념을 믿는 한, 당신이 할 수 있는 전부는 사랑을 되돌리기 위해 기다리거나 아예 떠나 버리는 것이다.

사랑은 동사(verb)라는 점을 기억하라. 감정이 돌아오기를 기다리기보다 앞서서 행동하라. 배우자가 사랑받길 원하는 방법대로 사랑해 주라. 지금 사랑이라는 감정을 느끼지 못하더라도 걱정하지 마라. 배우자를 사랑스럽게 대하는 것뿐만 아니라 자기 자신과 자신의 역할을 변화시키는 데 초점을 맞추라. 당신의 결혼생활이 당신이 바라던 결혼생활과 같은지 생각해 보라. 만약 결혼생활이 당신이 바라던 대로 잘 되고 있다면 당신은 배우자를 어떻게 대할까? 그대로 하도록 노력하면서 사랑스럽게 파트너를 대하라. 그러면 놀라운 일이 벌어질 것이다.

헌신은 성실을 의미한다

요즈음 성실(integrity)이라는 말이 자주 사용되기는 하지만, 우리 주변에서 성실의 모범을 찾기는 어렵다. 핵심을 말하자면, 성실이란 당신이 되고자 하는 사람이 되는 것이다. 당신이 하고자 하는 것을 하는 것이다. 또한 당신 자신을 분명히 정의하는 것이다. 그런 다음 바로 그 사람이 되는 것이다. 성실이란 경계와 합의를 분명히 하고 자신의 말을 지키는 것을 의미한다. 당신이 어디에 있는지 또는 누구와 시간을 보내든지 당신 자신이 될 수 있는 용기를 갖는 것이다. 성실은 당신의 존재에 대해 당신과 배우자 모두가 명확히 하는 것, 그리고 항상 정직한 것을 의미한다.

성실은 정직이다. 갈등을 피하기 위해서 당신이 원하는 것이나 당신이 누구인지를 포기하는 것은 성실을 손상시키는 것이다. 그러면 결과적으로 정직하지 못하게 된다. 구매한 물건을 배우자에게 말하기 두려워 신용카드 전표를 숨기는 것은 불성실이다. 갈등을 피하기 위해서 자신의 성실을 손상시키고 있는 것이다. 긴장을 유발할지도 모른다는 이유로 어떤 사람과의 점심 약속을 배우자에게 얘기하는 것을 '잊었다면' 갈등을 피하기 위해서 당신의 성실을 손상시키고 있는 것이다. 성실은 모든 크고 작은 일들을 정직의 토대 위에 세우는 것이며, 신뢰는 성실을 근거로 한다. 이런 신뢰는 배우자가 항상 말한 바대로 할 것이라는 것을 알고, 당신 역시 항상 당신이 말한 바대로 행하고 약속할 것을 지킬 것이라는 데서 생긴다.

✻ 원칙 2: 삶은 험난하다

스콧 펙(Scott Peck)은 그의 베스트셀러 『끝나지 않은 길(The Road Less Traveled)』(1998)에서 단순하지만 의미심장한 문장을 소개한 바 있다. 사실상 삶은 한 가지 문제가 끝나면 또 다른 문제가 따라온다. 이 말은 특히 결혼생활에 많은 지혜를 전해 준다. 오랜 세월 결혼생활을 해 온 부부들에게 그들이 살아온 길이 쉬웠는지, 걱정은 없었는지 물어 보라. 많은 부부가 자신들이 겪은 고초에 대해 들려줄 것이다. 그들은 직장생활을 하면서 자녀양육을 하거나 혹은 병들고 늙어 가는 부모님을 돌보는 고통에 대해 이야기할지도 모른다. 그들은 당신에게 자신들의 인생 여정 동안 함께한 경제적인 문제, 스트레스, 좌절했던 일, 비극적인 사건 등을 말해 줄 것이다. 오래된 결혼 맹세에 '병들 때나 건강할 때, 기쁠 때나 슬플 때' 라는 말이 들어간다는 사실에 놀라지 말라. 오래된 결혼 맹세를 보면 삶이 예측 불가능하다는 사실을 알 수 있다. 그리고 사실 삶은 '하나의 문제가 해결되면 또 다른 문제가 따라온다.'

그러나 이 단순한 문장이 함축하고 있는 매우 중요한 원칙이 있다. 이 문장은 부부들에게 장기적인 안목을 가질 수 있는 용기를 북돋워 주고 순간의 실망에 빠지지 않게 한다. 삶과 결혼생활은 쉬워야 한다고 믿는 사람들은 고달픈 시간을 보낸다. 우리는 "결혼 첫해에 잘 적응한다면 그 후에는 매사가 더 쉬워질 거라고 생각했어요." 라고 말하는 많은 부부의 얘기를 들어 왔다. 그들이 고려하지 못한 것은 가족의 삶은 결코 고정되어 있지 않다는 사실이다. 그것은 쉬지 않고 변화한다. 직장생활도 변하고, 아이들은 태어나서 성장하고 변화하여 부모 곁을 떠난다. 부모들은 병들고 늙고 죽는다. 이러한 인생주기의 문제와 위기의 한가운데에서 부부는 적응하기 위해 계속해서 사랑하고, 성장하기 위해 최선을 다해야 한다.

이러한 변화의 와중에도 부부간에 우정을 쌓을 시간을 따로 마련해 두어야 한다는 사실을 기억하라. 결혼생활이 순탄하지 않을 수도 있다. 우리는 예측 가능한 삶의 위기와 변화들 중에서 관계 내에서 발생하는 문제에 당신이 기여하는 역할을 파악하기 위해 이 책의 자료들을 재검토하는 것이 중요하다고 믿는다.

적응의 필요성

한 문제가 끝나면 또 다른 문제가 따라오는 것이 삶이라면, 적응은 건강한 삶을 위해 중요하다. 완고하여 변하지 않는 사람들은 힘든 시간을 보내게 될 것이다.

성공적인 부부들은 대화와 의사소통에서 폭넓은 수용력을 지니고 있다. 그들은 생활이 바뀔 때 나타나는 불안에도 건강한 감사를 할 줄 안다. 예측 가능한 삶의 위기로 인해 발생하는 불안은 예전의 방식으로 쉽게 복귀하게 만든다. 불안은 배우자를 쫓기 위해서, 거리를 두기 위해서, 싸우기 위해서, 변화시키기 위해서, 갈등을 피하기 위해서 혹은 변화를 피하기 위해서 당신에게 일어날 수 있다.

성공적인 부부들은 건강하지 못한 행동 패턴인 오래된 방식으로 회귀하지 않고 불안을 통해 발전할 수 있다. 그들은 적응하고 변화하고 확장할 수 있다. 그들은 점점 불안해지거나 오래된 패턴에 사로잡힐 때 깨달음을 얻는다. 그들은 자신의 반응을 변화시키는 법과 자신에게 초점을 맞추는 법을 알고 있다. 완고한 성격의 사람들은 변화와 적응에 저항한다. 그리고 자신의 경직성 때문에 관계에서 실패하곤 한다.

자축의 필요성

삶이란 한 문제가 끝나면 또 다른 문제가 따라오기 때문에 행복한 날들을 축하하는 시간이 필요하다. 속도를 늦추고 순간에 충실하면서 당신의 작은 성공들을 축하하라. 당신이 부부로서 하기를 원했던 일을 이룰 때마다, 혹은 당신이 부부로서 새로운 도전을 하거나 적응할 때마다 축하할 시간을 가지라. 심지어 스트레스가 심할 때조차도 자녀양육의 성공을 축하하라. 목표에 이르렀을 때 축하하라. 당신 자녀의 성취를 축하하라. 스트레스가 심했던 일주일을 외식으로 끝내는 것을 축하하라. 당신이 배우자에게 감탄하고 있는 것을 축하하라. 삶의 어려움들이 인생의 기쁨을 감소시키도록 내버려 두지 마라. 당신이 할 수 있는 한 언제라도 그 순간을 축하하라.

✻ 원칙 3: 자기 초점과 자기 정의

지금쯤 당신은 이미 자기 초점에 대해서 수없이 들었을 것이다. 우리는 이 책에서 시종일관 이 원칙을 강조해 왔다. 우리는 관계 내에서 자신의 역할에 초점 두기, 자신의 신념체계에 초점 두기 그리고 원가족으로부터 가져온 과거의 잔재에 초점 두기에 대해서 이야기했다. 우리는 배우자와 당신의 상호작용을 제삼자의 입장에서 관찰해 보는 것과 당신의 역할을 더욱 창조적으로 변화시키는 데 초점을 두는 것에 대해서도 설명했다.

이와 동시에, 자기 초점 원칙은 장기적인 결혼생활을 하는 데 있어서 중요하다. 연습을 필요로 하고, 집중해야 하며, 에너지를 쏟아야 한다. 그러한 과정은 때로 좌절을 안겨 주기도 한다. 많은 사람들은 자기 초점이 매우 어렵다고 한다. 그러나 논쟁을 한 후에 "내가 이 논쟁에 어떤 영향을 미쳤지?"라고 자문한다면, 당신은 자기 초점의 길을 걷고 있는 것이다. 당신이 원가족으로부터 가져온 낡은 인습이 결혼생활에 미치는 영향에 대해 배우자와 대화하기 시작할 때, 자기 초점은 드러난다. 당신이 자신의 신념체계로 인해 배우자의 말을 오해한다는 사실을 인정할 때, 당신은 자기 초점의 길 위에 있는 것이다.

당신의 문제에 자기 초점을 활용하는 것은 결혼생활을 풍요롭게 성장시키는 데 꼭 필요한 평생의 원칙이다. 자기 초점은 급격하게 바뀌지 않으며 시간이 걸린다. 결혼생활이 삶의 예측 가능한 문제들과 부딪힐 때, 긴장은 찾아오고 오래되고 익숙한 논쟁과 패턴이 쉽게 드러난다. 이러한 논쟁들은 성, 양육, 경제적인 문제에 의해서, 혹은 단순한 어떤 것에 의해서도 생길 수 있다. 그런 다음 그들은 패턴화된 예측 가능한 상호작용으로 변한다. 이러한 상호작용에서는 자신의 역할 변화에 초점을 맞추는 일이 중요하다. 그렇지 않다면 배우자에게 초점을 맞추게 될 것이고, 배우자에게 변화를 강요하게 될 것이다. 그러나 이 전략은 문제를 더 악화시킬 뿐이다.

자기 초점은 자기 정의 위에 세워진다

7장과 8장에서 설명했듯이, 자기 정의는 자기 초점에 필수적이다. 특히, 한참 불안할 때 자기에 대해 분명한 지각이 없다면 다른 누군가에게 의지하게 될 것이다. 성실과 신뢰는 자기 정의를 토대로 세워진다. 상황이 힘들어질 때 자기감(sense of self)을 지킬 수 없다면 신뢰가 흔들리게 된다. 예를 들어, 당신이 배우자가 원하는 대로 자신을 다른 사람으로 변화시키려고 노력하거나 배우자가 원하는 것은 무엇이든지 한다면, 배우자가 당신을 신뢰하기는 더욱 어려워질 것이다. 당신의 배우자는 자신이 당신을 변화시킬 수 있다면, 마찬가지로 다른 누군가 또한 당신을 변화시킬 수 있다고 생각할 것이다. 만약 당신이 견고하지 않고 잘 정의된 사람이 아니라면 관계에서 영구적인 친밀함을 형성하기 어려울 것이다.

친밀함

10장에서 설명했듯이, 진정한 친밀함은 자기 정의가 분명할 때만 생길 수 있다. 만약 배우자가 당신을 변화시키려고 하는 것이 두렵거나 배우자가 바라는 대로 당신을 변화시킬까 봐 두렵다면, 당신은 친밀감 형성에 어려움을 겪을 것이다. 배우자가 당신에게 다가오는 것으로 인해 당신이 불안해지거나 거리를 두려 한다는 것을 알게 된다면, 아마도 당신은 자기 정의와 자기감을 고수할 능력을 확신하지 못하는 것일 수 있다. 동일한 방식으로, 당신이 불안할 때 배우자와 훨씬 더 정서적인 친밀함을 추구한다면, 또는 갈등이나 급속히 확대되는 논쟁을 피하려는 자신을 발견한다면, 당신은 충분히 완전하게 분화되지 않았다(8장 참조). 심지어 성적 친밀함도 분화에 대한 움직임에 달려 있다.

그래서 이 세 번째 원칙은 장기간의 결혼생활 유지를 위해 끊임없이 자기 초점과 자기 정의를 해야 한다고 제안한다. 더욱이 불안이 심할수록 이러한 작업을 할 수 있어야 한다.

✻ 원칙 4: 반사적으로 행동하지 말고 먼저 행동하라

스티븐 코비(Steven Covey)는 그의 고전적 저서 『성공한 사람들의 일곱 가지 습관(The Seven Habits of Highly Effective People)』(1989)에서 유능한 사람들은 항상 앞장서서 행동하며 단순히 반사적으로 행동하지 않는다고 이야기한다. 이는 부부관계에서 더욱 그러하다. 우리가 앞서 설명했듯이, 반작용은 자기 초점의 정반대 개념이다. 반응적일 때, 당신은 자동적으로 반응하는 불안에 의해 동기화되며 특정한 상황에 의해 자극되는 자신을 발견한다.

자동적인 반응은 신념체계, 통념 혹은 원가족 문제에 의해 촉발되므로 위험하다. 이 조합은 역기능적인 부부 상호작용을 생산한다. 반작용은 필연적으로 역기능적인 논쟁으로 귀결되며, 이러한 논쟁은 분명 당신과 배우자에 대한 더 깊은 이해를 어렵게 만든다.

먼저 행동한다는 것은 자기 관찰을 의미한다

반면에 먼저 행동하는 것은 자기 초점을 증가시킨다. 그것은 상호작용과 논쟁으로부터 물러나도록 만들며 "내가 이 논쟁에 미치는 영향은 무엇인가?" 라는 질문을 하게끔 만든다. 먼저 행동하기는 3장에서 살펴보았던 상호작용을 상상하는 비디오처럼 자신을 살펴보고 자신의 역할을 바꾸는 기술을 사용하는 것이다.

먼저 행동한다는 것은 변화를 위한 시작이다

먼저 행동하는 사람들은 변화가 그들에게 오기만을 기다리지 않는다. 그들은 상대의 변화 혹은 자발적인 변화에 대해 환상을 가지지 않는다. 그들은 상호작용에서 자신의 역할을 변화시키는 작업을 함으로써 변화를 주도한다. 그들은 신중하게 자신의 역할을 평가한다. 또한 불안할 때 자신들이 할 수 있는 것이 무엇인지 안다. 그들은 자신들이 방어적이 되기 쉬운지, 쫓는 사람이 되기 쉬운지, 거리를 두는 사람이 되기 쉬운지, 혹은 회피자, 확대자, 과대기능자, 그 밖의 무엇이 되기 쉬운지를 안다.

먼저 행동한다는 것은 배우자에게 다가가는 것이다

먼저 행동하기는 배우자와 함께 계속적으로 확인하는 것이다. 그것은 배우자가 이해하고 있는지의 여부를 물어보는 것이다. 그것은 격렬한 논쟁이 한창일 때 배우자가 당신이 '이해하고 있다' 는 것을 느끼는지의 여부나 당신이 전체적으로 핵심을 놓치고 있지는 않은지의 여부를 배우자에게 묻는 것이다. 그것은 자기 정의의 한 부분이며 당신에 대해서 배우자와 더 많은 것을 공유하는 것이다.

먼저 행동한다는 것은 회복시키는 것이다

결국 먼저 행동하는 사람들은 배우자와 함께 확인한 후에야 갈등을 마무리 짓는다. 갈등이나 오해가 있은 후에 먼저 행동하는 사람들은 배우자를 향해, "좀 어때요? 우리는 간밤에 힘든 대화를 나누었고 당신이 오늘은 어떤지 알고 싶어요." 라고 말한다. 먼저 행동하는 사람들은 갈등이 원만하게 끝나는 것보다 있을지 모르는 상처를 치료하고 회복하는 데 주의를 기울인다.

✲ 원칙 5: 수용

우리는 당신이 이 원칙을 통해서 배우자를 변화시켜야 한다는 환상을 포기하길 바란다. 당신은 어쩌면 오랜 시간의 결혼생활을 통해 결혼관을 형성함으로써 그 과정 속에서 다시 헌신했을지도 모른다. 당신은 상호작용에서 당신의 역할을 변화시키려는 노력을 적극적으로 했을 수도 있다. 그리고 자기 정의를 향상시켰을지도 모른다. 그러나 결국 진실로 사랑한다는 것은 그 사람을 수용(acceptance)하는 것이다. 수용은 단순히 배우자를 변화시키는 것을 그만두는 것이 아니다. 그것은 배우자를 있는 그대로 받아들이는 것을 의미한다. 이것이야말로 당신의 내면 깊숙한 곳에서 열망하는 것이 아닌가? 당신은 배우자에게 당신 그 자체로 받아들여진 경험이 있는가?

장기간의 결혼생활은 수용과 우정이라는 이름 위에 세워진다. 사람의 성격은 크게 변하지 않는다. 외향적인 사람들이 내향적인 사람이 되지 않으며, 내향적인 사람들이 외향적인 사람이 되지 않는다. 인지적인 사람들이 갑자기 감정대로 대화하는 법을 배우지 않으며, 정서적인 사람들이 감정을 배제하고 대화하는 법을 배우지 않는다. 대부분 당신이 보는 대로 얻게 된다. 당신이 아무리 노력해도 배우자는 크게 달라지지 않을 것이다. 그러나 상호작용은 변할 수 있다. 상호작용 내 당신의 역할 또한 변할 수 있다. 그러나 사람은 크게 변하지 않는다.

이는 당신이 수용할 수 없는 행동을 받아들여야 한다는 의미일까? 물론 그렇지 않다. 학대(또는 중독)를 수용하는 것은 결코 좋지 않다. 그러나 대개 이러한 문제는 당신이 바꾸려고 하는 것이 아니다. 당신은 주로 배우자의 성격을 바꾸기 위해 노력한다. 당신은 맥락 내에서 배우자를 바라보는 작업을 해야 한다. 배우자를 원가족에 의해 조형된 한 아이로 보려고 시도해 보라. 배우자의 강점들과 약점들을 살펴보라. 그리고 그 강점을 강화시키라. 그리고 계속해서 그에게 감사하라. 그의 실패를 인내해 주라. 그리고 그를 존재 자체로 수용하라. 당신이 배우자에게 줄 수 있는 최고의 선물을 주려고 노력하라. 수용은 많은 종교적인 전통에서 '은총' 이라는 이름으로 불리는 것이다. 대부분 순수한 친밀함과 장기간의 결혼생활은 배우자에 대한 깊은 수용의 결실이다.

참고문헌

Beavers, Robert W. (1997). *Psychotherapy and Growth. A Family Systems Perspective.* New York: Bruner/Mazel.

__________. (1985). *Successful Marriage.* New York: W. W. Norton.

Beck, A. T. (1976). *Cognitive Therapy and the Emotional Disorders.* New York: International Universities Press.

__________. (1988). *Love is Never Enough.* New York: Harper & Row.

Beck, J. (1985). *Cognitive Therapy: Basic and Beyond.* New York: The Guilford Press.

Bowen, M., & Kerr, M. E. (1988). *Family Evaluation.* New York: W. W. Norton.

Bray, J., & Hetherington, E. M. (1993). Families in transition: Introduction and overview. *Journal of Family Psychology* 7, 3-8.

Carter, E. A., & McGoldrick, M. (Eds.). (1980). *The Family Life Cycle: A Framework for Family Therapy.* New York: Gardner Press.

Clinebell, H. J., & Clinebell, C. H. (1970). *The Intimate Marriage.* New York: Harper & Row.

Covey, S. (1989). *The Seven Habits of Highly Effective People: Restoring the Character Ethic.* New York: Simon & Schuster.

Dattilio, F. M., & Padesky, C. A. (1990). *Cognitive Therapy with Couples.* Sarasota, Florida: Professional Resource Exchange, Inc.

Friedman, E. (1985). *Generation to Generation: Family Process in Church and Synagogue.* New York: Guilford Press.

Glick, P., & Lin, S. (1986). Recent change in divorce and remarriage. *Journal of Marriage and the Family 48*, 443-441.

Gottman, J. (1999). *The Marriage Clinic.* New York: W. W. Norton.

__________. (2000). *The Seven Principles for Making Marriage Work.* New York: Three Rivers Press.

Jocobson, N. S., & Addis, M. (1993). Research on couple therapy: What do we know? Where are we going? *Journal of Consulting and Clinical Psychology 61*(1), 85-93.

Jocobson, N. S. (1984). Acomponent analysis of behavioral marital therapy: The relative effectiveness of behavior exchange and communication/problem - solving training. *Journal of Consulting and Clinical Psychology 61*(1), 85-93.

Lewis, J. M., Beavers, W. R., Gossett, J. T., & Phillips, V. A. (1976). *No single Thread: Psychological Health in Family Systems.* New York: Brunner/Mazel.

O' Hanlon, W. H., & Weiner-Davis, M. (1989). *In Search of Solutions: A new Direction in Psychotherapy.* New York: W. W. Norton.

Peck, S. (1998). *The Road Less Traveled.* New York: Simon & Schuster.

Schnarch, D. M. (1991). *Constructing the Sexual Crucible.* New York: W. W. Norton.

__________. (1997). *Passionate Marriage: Sex, Love, and Intimacy in Emotionally Committed Relationships.* New York: W. W. Norton.

Wallestein, J. (2000). *The Unexpected Legacy of Divorce: A Twenty-Five Year Landmark Study.* New York: Hyperion.

Watzlawick, P., Bavelas, J., & Jackson, J. (1967). *Pragmatics of Human Communication: A Study of International Patterns, Pathologies, and Paradoxes.* New York: W. W. Norton.

찾아보기

《인 명》

Beck, A. T. 94
Bowen, M. 139, 184, 259

Carter, E. A. 38
Clinebell, C. H. 242
Clinebell, H. J. 242
Covey, S. 397

Dattilio, F. M. 94

Friedman, E. 184

Gibran, K. 142
Gottman, J. 13, 17, 102, 229

House, J. 14

Mcgoldrick, M. 38

Padesky, C. A. 94
Peck, S. 393

Schnarch, D. 184

Verbrugge, L. 14

Wallerstein, J. 12, 29, 320
Wittgenstein, L. 91

《내 용》

가족 경계 298
가족 비밀 156
가족 우선순위 323
가족 통념 144
가족구조 328
가족생활주기 39
가족체계이론 68
갈등 212
갈등/회피 부부 215, 308, 372
갈등/회피 패턴 75, 204, 280
개념적 틀 91
객관적 사실 추구자 216

건설적 혼란 82, 173, 181
결합 141
경계선 298, 324
경청 기술 181
고속 에스컬레이터 214
고속 에스컬레이터 부부 309, 373
고속 에스컬레이터 패턴 74
공감 173, 263
과대기능/과소기능 관계 패턴 69
과대기능/과소기능 부부 312, 372
과대기능자 149
과소기능자 149
관계 패턴 58
관계생활주기 38
균형 잡힌 관계 패턴 68

나 전달법 225
내 입장 259
내면 응시 192
내적 관계 지도 139
내적 대화 119, 290
너 전달법 225
넓은 시야 97

단기적 해결책 185
독심술 98
독이 되는 문제 22, 156
돈 365
두 사람 문제 58, 60
두 사람 언어 60

만물박사 217
명확한 태도 205

바꿔 말하기 84, 181
발달 욕구 322
방어적이지 않은 자세 유지하기 181
복합가족 348
부모로서의 부부 305
부부 만족감 191
부부 정체감 39
부부치료 15
분리 141
분화 186, 261
불안 147, 152, 194, 200, 206, 251, 333, 379
불안 척도 172
불안함이 없는 존재 184
빈약한 추론 97

사고 오류 94, 99
삼각관계 152, 335
상보성 68
상생적 해결책 179, 182
상실 341
상호작용 방식 314
상호작용 패턴 250
샌드위치 세대 40
생활주기 38
성 269
성 차 328
성 학대 297
성관계 303
성실 392
성역할 148, 256
성적 메시지 298
성적 불만족 267
성적 친밀함 249
성적 학대 156
성차 101
수동적/공격적 부부 310
수용 94, 175, 398
신념 254
신념체계 88, 89, 101
신뢰 381
실무율적 사고 95
심미적 친밀함 245
싸움/도주 부부 151
싸움/도주 패턴 70

아동기 신념 138
안정되고 건강한 부부 312
양육을 통한 친밀함 242
어른 아이 299
여가 활동 친밀함 244
역설적 속박 패턴 281
역할 325
영적 친밀함 244
왜곡된 사고 94

외적 대화 119
우정 16
우회적 결탁 319
원가족 39
원가족 메시지 257
원가족 문제 255
의도적인 반응 155
의사소통 원칙 122
의사소통 패턴 61
이중 구속 295
이중 역할 306, 326
이혼율 12
인지심리학 91

자기 개념 311
자기 관찰 172, 397
자기 분화 184
자기 인식 80
자기 자신을 유지하기 184, 259, 261
자기 정의 183, 186, 198, 205, 258, 262, 362, 395
자기 초점 19, 80, 362, 395
자기반성 192
자녀양육 패턴 313
자동적인 가정 109
자동적인 반응 155, 397
자축 394

잘못된 통념 30
잠시 중단하기 85
장기적 해결책 185
재정적 문제 367
재혼 340
재혼가족 348
적응 394
적절한 화학작용 270
정서적 회복 220, 228
정신적 외상 140
조각 맞추기 161, 176
주도권 378
주제에 머무르기 84
중 독 158
지배적/복종적 관계 패턴 70
지배적/복종적 부부 150, 215, 279, 311, 371
지배적/복종적 패턴 279
질문하기 83
쫓기/거리두기 146
쫓기/거리두기 부부 151, 309, 370
쫓기/거리두기 패턴 65, 68, 116, 279

착한 아이 148
초월적 가치체계 16
출생 순서 328

친밀함 114, 239, 241, 251, 303, 335, 396

큰 문제 영역 77

타임아웃 190, 204
터널 시야 96
투사 109
틀 161

파국적 사고 94
패턴화된 싸움 57
평화주의자 215

하강 이동 380
하위체계 315
한 사람 문제 58
한 사람 변화 모델 33
항상성 72
해결중심치료 49
행동 촉진제 333
헌신 390
혼합가족 339
흑백논리 96
희생양 148

저자 소개

데이비드 올슨 박사(David Olsen, Ph. D.)

데이비드 올슨 박사는 뉴욕 Samaritan 상담센터의 책임자로, 20여 년간 부부 및 가족 치료를 하고 있다. Menninger 클리닉에 있는 Menninger 평생학습 프로그램에서 교수, 자문, 워크숍 리더 등으로 활동했으며, *Integrative Family Therapy*와 *When Helping Starts to Hurt*(공저)를 저술하였다.

더글라스 스티븐스 박사(Douglas Stephens, Ed. D.)

더글라스 스티븐스 박사는 뉴욕 Samaritan 상담센터의 교육을 담당하고 있다. 부부 및 가족 치료 분야에서 20년 이상의 경험을 가지고 있으며, 가족치료에 대한 워크숍과 교육을 하고 있다.

역자 소개

신희천 | 서울대학교 심리학과 상담전공 석사 및 박사
상담심리사 1급, 부부 및 가족상담 전문가 1급
현재 아주대학교 심리학과 상담전공 교수, 아주심리상담센터 부소장

한소영 | 아주대학교 심리학과 상담전공 박사수료
상담심리사 1급
현재 아주심리상담센터 전문상담원

윤미혜 | 아주대학교 심리학과 상담전공 석사
상담심리사 2급
현재 아주대학교 학생상담센터 전임연구원

배병훈 | 아주대학교 심리학과 상담전공 석사

백혜영 | 아주대학교 심리학과 상담전공 석사
상담심리사 2급
현재 화성시 청소년지원센터 청소년동반자

부부, 연인보다 아름답게 사는 법
- 부부심리 워크북 -
The Couple's Survival Workbook

2009년 2월 25일 1판 1쇄 발행
2023년 10월 20일 1판 8쇄 발행

지은이 • David Olsen · Douglas Stephens
옮긴이 • 신희천 · 한소영 · 윤미혜 · 배병훈 · 백혜영
펴낸이 • 김 진 환
펴낸곳 • (주) 학지사
04031 서울특별시 마포구 양화로 15길 20 마인드윌드빌딩 5층
대표전화 • 02) 330-5114 팩스 • 02) 324-2345
등록번호 • 제313-2006-000265호
홈페이지 • http://www.hakjisa.co.kr
인스타그램 • https://www.instagram.com/hakjisabook

ISBN 978-89-6330-008-5 93180

정가 16,000원

역자와의 협약으로 인지는 생략합니다.
파본은 구입처에서 교환하여 드립니다.